十八大以来廉政新规定

（2020年版）

人民出版社

出 版 说 明

党的十八大以来，以习近平同志为核心的党中央高度重视、全面推进党风廉政建设，使党风、政风为之一新，得到了全国人民的衷心拥护和高度评价。五年多来，党中央、国务院等部门先后出台了一系列关于廉政建设的重要规定。这些规定具有极强的指导性、针对性、示范性和可操作性，是全面改进工作作风的基础。

为了继续将党风廉政建设引向深处，方便广大领导干部和各级党政机关贯彻执行这些规定，充分发挥人民群众的监督作用，我们编选了《十八大以来廉政新规定》一书。

本书自 2014 年 4 月上市以来，深受广大读者的喜爱，多次增补和重印，发行数量近百万册。此次增补，在《十八大以来廉政新规定（2019 年版）》的基础上，主要是新收录了 2019 年 1 月以来最新出台的 14 项廉政新规定，同时删去已修订或失效的 3 项规定，收录总数由 68 项调整为 80 项，以便更好地满足读者的需求。不妥之处，敬请指正。

人民出版社

2020 年 4 月

目　录

引导示范带头

提倡厉行节约

目录

规范公务行为

严禁公款送礼

十八届中央政治局关于改进工作作风、密切联系群众的八项规定

（中共中央政治局，2012 年 12 月）

一、中央政治局全体同志要改进调查研究，到基层调研要深入了解真实情况，总结经验、研究问题、解决困难、指导工作，向群众学习、向实践学习，多同群众座谈，多同干部谈心，多商量讨论，多解剖典型，多到困难和矛盾集中、群众意见多的地方去，切忌走过场、搞形式主义；要轻车简从、减少陪同、简化接待，不张贴悬挂标语横幅，不安排群众迎送，不铺设迎宾地毯，不摆放花草，不安排宴请。

二、要精简会议活动，切实改进会风，严格控制以中央名义召开的各类全国性会议和举行的重大活动，不开泛泛部署工作和提要求的会，未经中央批准一律不出席各类剪彩、奠基活动和庆祝会、纪念会、表彰会、博览会、研讨会及各类论坛；提高会议实效，开短会、讲短话，力戒空话、套话。

三、要精简文件简报，切实改进文风，没有实质内容、可发可不发的文件、简报一律不发。

四、要规范出访活动，从外交工作大局需要出发合理安排

出访活动，严格控制出访随行人员，严格按照规定乘坐交通工具，一般不安排中资机构、华侨华人、留学生代表等到机场迎送。

五、要改进警卫工作，坚持有利于联系群众的原则，减少交通管制，一般情况下不得封路、不清场闭馆。

六、要改进新闻报道，中央政治局同志出席会议和活动应根据工作需要、新闻价值、社会效果决定是否报道，进一步压缩报道的数量、字数、时长。

七、要严格文稿发表，除中央统一安排外，个人不公开出版著作、讲话单行本，不发贺信、贺电，不题词、题字。

八、要厉行勤俭节约，严格遵守廉洁从政有关规定，严格执行住房、车辆配备等有关工作和生活待遇的规定。

关于在干部教育培训中进一步
加强学员管理的规定

（中共中央组织部，2013 年 2 月）

为进一步加强学员管理、切实改进干部教育培训学风，按照《十八届中央政治局关于改进工作作风、密切联系群众的八项规定》及中央办公厅、国务院办公厅《实施细则》精神，结合干部教育培训工作实际，作出如下规定。

一、无论什么级别的干部参加学习培训都是普通学员，必须端正学习态度，树立学员意识，严格遵守学习培训和廉洁自律的各项规定，把精力主要放在学习上，认真完成培训任务。干部管理部门和干部教育培训机构要对参训干部提出具体要求。

二、干部在校学习期间，要住在学员宿舍，吃在学员食堂。学员之间、教员和学员之间不得用公款相互宴请。班级、小组不得以集体活动为名聚餐吃请。学员不得外出参加任何形式的可能影响公正执行公务的宴请和娱乐活动。对违反规定的学员予以退学处理。

三、组织学员外出进行现场教学、实地考察调研等活动时，不准警车带路，不接受宴请，一律吃自助餐或便餐，不收受纪念品和土特产，不安排与学习无关的旅游和娱乐活动。对违反规定的，追究培训机构有关领导和带队负责人的责任。

四、学员不准接受和赠送礼品、礼金、有价证券和支付凭证及土特产等，不得接待以探望为名的各种礼节性来访。学员之间不准以学习交流、对口走访、交叉考察、集体调研等名义互请旅游。对违反规定的学员，视情节轻重予以约谈提醒、通报批评或责令退学。对于接受和赠送贵重礼品、礼金、有价证券和支付凭证的，将有关情况通报干部主管部门和所在单位，按规定处理。

五、学员参加学习期间不再承担所在单位的工作、会议、出国（境）考察等任务。如因特殊情况确需请假的，必须严格履行请假手续。累计请假时间超过总学时 1/7 的，按退学处理。未经批准擅自离校的，责令退学。

六、学员必须自己动手撰写发言材料、学习体会、调研报告和论文等，不准请人代写，不准抄袭他人学习研究成果，不准秘书等工作人员"陪读"。对违反规定的学员，视情节轻重予以取消成绩、通报批评或责令退学。

七、学员学习培训期间，不得留公车驻校，不得借用其他单位和个人的车辆"伴读"。对违反规定的学员，予以通报批评。

八、学员在校期间及结（毕）业以后，一律不准以同学名义搞"小圈子"，不得成立任何形式的联谊会、同学会等组织，也不得确定召集人、联系人等开展有组织的活动。不得利用同学关系在干部任用和人事安排以及子女入学、就业、经商等方面相互提供方便、谋取私利。对违反规定的在校学员，牵头人予以退学处理，参与者予以通报批评；对结（毕）业后的学员，由有关部门严肃查处。

九、干部教育培训管理部门和培训机构要厉行节约、勤俭办学，不得在高档宾馆、风景名胜区举办培训班，不得超标准安排食宿，不得发放高档消费品和纪念品，严禁借培训之名搞公款旅游。对违反规定的，追究主办单位领导人员责任。

各级组织人事部门、干部教育培训机构和干部所在单位要高度重视，按照职责分工和干部管理权限，分级管理，分工负责，切实抓好学员管理工作。组织人事部门要将学员在校期间的主要表现记入个人档案，作为干部考核内容和任职、晋升的重要依据，对重点培训班次要派专人跟班。干部教育培训机构要完善规章制度，严格校规校纪，从紧安排教学，从严要求学员，教育引导教师、班主任、组织员等做好学员的服务和管理。干部所在单位要支持和鼓励干部参加学习培训，不安排工作，不派人看望，为干部集中精力搞好学习创造条件。

各地区各部门要结合实际，研究提出贯彻本规定的具体措施，切实抓好落实。中央组织部将适时检查本规定落实情况。

关于进一步规范党政领导干部在企业兼职（任职）问题的意见（节选）

（中共中央组织部，2013 年 10 月）

为贯彻落实中央关于从严管理干部的要求，加强干部队伍建设和反腐倡廉建设，根据《中华人民共和国公务员法》、《中国共产党党员领导干部廉洁从政若干准则》和有关文件规定精神，现就进一步规范党政领导干部在企业兼职（任职）问题提出如下意见。

一、现职和不担任现职但未办理退（离）休手续的党政领导干部不得在企业兼职（任职）。

二、对辞去公职或者退（离）休的党政领导干部到企业兼职（任职）必须从严掌握、从严把关，确因工作需要到企业兼职（任职）的，应当按照干部管理权限严格审批。

辞去公职或者退（离）休后三年内，不得到本人原任职务管辖的地区和业务范围内的企业兼职（任职），也不得从事与原任职务管辖业务相关的营利性活动。

辞去公职或者退（离）休后三年内，拟到本人原任职务管辖的地区和业务范围外的企业兼职（任职）的，必须由本人事先向其原所在单位党委（党组）报告，由拟兼职（任职）企业出具兼职（任职）理由说明材料，所在单位党委（党组）按规定审核并按照干部管理权限征得相应的组织（人事）部门同意后，方可兼职（任职）。

辞去公职或者退（离）休后三年后到企业兼职（任职）的，应由本人向其原所在单位党委（党组）报告，由拟兼职（任职）企业出具兼职（任职）理由说明材料，所在单位党委（党组）按规定审批并按照干部管理权限向相应的组织（人事）部门备案。

三、按规定经批准在企业兼职的党政领导干部，不得在企业领取薪酬、奖金、津贴等报酬，不得获取股权和其他额外利益；兼职不得超过1个；所兼任职务实行任期制的，任期届满拟连任必须重新审批或备案，连任不超过两届；兼职的任职年龄界限为70周岁。

四、按规定经批准到企业任职的党政领导干部，应当及时将行政、工资等关系转入企业，不再保留公务员身份，不再保留党政机关的各种待遇。不得将行政、工资等关系转回党政机关办理退（离）休；在企业办理退（离）休手续后，也不得将行政、工资等关系转回党政机关。

五、按规定经批准在企业兼职（任职）的党政领导干部，要严格遵纪守法，廉洁自律，禁止利用职权和职务上的影响为企业或个人谋取不正当利益。党政领导干部在企业兼职期间的履职情况、是否取酬、职务消费和报销有关工作费用等，应每年年底以书面形式报所在单位党委（党组）。

六、限期对党政领导干部违规在企业兼职（任职）进行清理。各地区各部门各单位要根据本意见规定，按照干部管理权限对领导干部在企业兼职（任职）情况进行一次摸底排查，对发现的问题要限期纠正。

七、清理工作完成后，如再发现党政领导干部有违规在企业兼职（任职）或领取报酬隐瞒不报的行为，一经查实，要按照有关规定严肃处理。

八、党政领导干部在其他营利性组织兼职（任职），按照本意见执行。

参照公务员法管理的人民团体和群众团体、事业单位领导干部，按照本意见执行；其他领导干部，参照本意见执行。

九、各地区各部门各单位可根据本意见精神，按照干部管理权限，制定相应的管理实施办法，加强对各级各类领导干部在企业兼职（任职）的规范管理。

十、本意见自发布之日起施行。以往规定与本意见不一致的，按照本意见执行。

关于在党的群众路线教育实践活动中严肃整治"会所中的歪风"的通知

（中共中央纪委、中央党的群众路线教育
实践活动领导小组，2013 年 12 月）

近年来，一些地方将历史建筑、公园等公共资源变为私人会所的现象屡见不鲜，其中存在违法设立经营、侵占群众利益、助长奢靡之风、滋生腐败行为等问题，群众反映强烈。特别是一些党员领导干部出入私人会所，吃喝玩乐，甚至搞权钱交易、权色交易等，严重影响党风政风，带坏了社会风气。为深入贯彻落实中央八项规定精神，坚决反对"四风"，遵照中央指示，现就严肃整治"会所中的歪风"提出如下要求：

一、各地区各部门各单位党委（党组）要组织力量深入调研，依法加强监管，结合反"四风"活动采取有针对性的措施加以解决。要把整治"会所中的歪风"作为教育实践活动反"四风"的内容，严肃整治；在整改落实和建章立制中，提出明确要求，加强对党员干部的教育和管理，发现问题及时提醒、坚决纠正。

二、各级纪检监察机关要加强监督执纪，盯住党员领导干部，严肃查处出入私人会所吃喝玩乐等违规违纪行为，严格责任追究，及时通报曝光，形成威慑。

三、党员领导干部在教育实践活动整改落实、建章立制中要作出承诺：不出入私人会所、不接受和持有私人会所会员卡，自觉接受党组织和人民群众的监督。

党政领导干部选拔任用工作条例

(中共中央，2014年1月)

第一章 总 则

第一条 为认真贯彻执行党的干部路线方针政策，落实从严治党、从严管理干部的要求，建立科学规范的党政领导干部选拔任用制度，形成有效管用、简便易行、有利于优秀人才脱颖而出的选人用人机制，推进干部队伍革命化、年轻化、知识化、专业化，建设一支高举中国特色社会主义伟大旗帜，以马克思列宁主义、毛泽东思想、邓小平理论、"三个代表"重要思想和科学发展观为指导，信念坚定、为民服务、勤政务实、敢于担当、清正廉洁的高素质党政领导干部队伍，保证党的基本路线全面贯彻执行和中国特色社会主义事业顺利发展，根据《中国共产党章程》和有关法律法规，制定本条例。

第二条 选拔任用党政领导干部，必须坚持下列原则：

(一) 党管干部原则；

(二) 五湖四海、任人唯贤原则；

(三) 德才兼备、以德为先原则；

（四）注重实绩、群众公认原则；

（五）民主、公开、竞争、择优原则；

（六）民主集中制原则；

（七）依法办事原则。

第三条　选拔任用党政领导干部，必须符合把领导班子建设成为坚持党的基本理论、基本路线、基本纲领、基本经验、基本要求，全心全意为人民服务，具有领导社会主义现代化建设能力，结构合理、团结坚强的领导集体的要求。

应当注重培养选拔优秀年轻干部，注重使用后备干部，用好各年龄段干部。

应当树立注重基层的导向。

第四条　本条例适用于选拔任用中共中央、全国人大常委会、国务院、全国政协、中央纪律检查委员会工作部门或者机关内设机构领导成员，最高人民法院、最高人民检察院领导成员（不含正职）和内设机构领导成员；县级以上地方各级党委、人大常委会、政府、政协、纪委、人民法院、人民检察院及其工作部门或者机关内设机构领导成员；上列工作部门内设机构领导成员。

选拔任用民族区域自治地方党政领导干部，法律法规和政策另有规定的，从其规定。

选拔任用参照公务员法管理的县级以上党委和政府直属事业单位和工会、共青团、妇联等人民团体及其内设机构领导成员，参照本条例执行。

上列机关、单位选拔任用非中共党员领导干部、处级以上

12

非领导职务的干部，参照本条例执行。

第五条 本条例第四条所列范围中选举和依法任免的党政领导职务，党组织推荐、提名人选的产生，适用本条例的规定，其选举和依法任免按照有关法律、章程和规定进行。

第六条 党委（党组）及其组织（人事）部门按照干部管理权限履行选拔任用党政领导干部职责，负责本条例的组织实施。

第二章　选拔任用条件

第七条 党政领导干部应当具备下列基本条件：

（一）自觉坚持以马克思列宁主义、毛泽东思想、邓小平理论、"三个代表"重要思想和科学发展观为指导，努力用马克思主义立场、观点、方法分析和解决实际问题，坚持讲学习、讲政治、讲正气，思想上、政治上、行动上同党中央保持高度一致，经得起各种风浪考验。

（二）具有共产主义远大理想和中国特色社会主义坚定信念，坚决执行党的基本路线和各项方针政策，立志改革开放，献身现代化事业，在社会主义建设中艰苦创业，树立正确政绩观，做出经得起实践、人民、历史检验的实绩。

（三）坚持解放思想，实事求是，与时俱进，求真务实，认真调查研究，能够把党的方针政策同本地区本部门实际相结合，卓有成效开展工作，讲实话，办实事，求实效，反对形式主义。

（四）有强烈的革命事业心和政治责任感，有实践经验，有胜任领导工作的组织能力、文化水平和专业知识。

（五）正确行使人民赋予的权力，坚持原则，敢抓敢管，依法办事，清正廉洁，勤政为民，以身作则，艰苦朴素，勤俭节约，密切联系群众，坚持党的群众路线，自觉接受党和群众批评和监督，加强道德修养，讲党性、重品行、作表率，带头践行社会主义核心价值观，做到自重、自省、自警、自励，反对官僚主义，反对任何滥用职权、谋求私利的不正之风。

（六）坚持和维护党的民主集中制，有民主作风，有全局观念，善于团结同志，包括团结同自己有不同意见的同志一道工作。

第八条 提拔担任党政领导职务的，应当具备下列基本资格：

（一）提任县处级领导职务的，应当具有五年以上工龄和两年以上基层工作经历。

（二）提任县处级以上领导职务的，一般应当具有在下一级两个以上职位任职的经历。

（三）提任县处级以上领导职务，由副职提任正职的，应当在副职岗位工作两年以上，由下级正职提任上级副职的，应当在下级正职岗位工作三年以上。提任处级以上非领导职务的任职年限，按照有关规定执行。

（四）一般应当具有大学专科以上文化程度，其中厅局级以上领导干部一般应当具有大学本科以上文化程度。

（五）应当经过党校、行政院校、干部学院或者组织（人

14

事）部门认可的其他培训机构的培训，培训时间应当达到干部教育培训的有关规定要求。确因特殊情况在提任前未达到培训要求的，应当在提任后一年内完成培训。

（六）具有正常履行职责的身体条件。

（七）符合有关法律规定的资格要求。提任党的领导职务的，还应当符合《中国共产党章程》规定的党龄要求。

第九条 党政领导干部应当逐级提拔。特别优秀或者工作特殊需要的干部，可以突破任职资格规定或者越级提拔担任领导职务。

破格提拔的特别优秀干部，应当德才素质突出、群众公认度高，并且符合下列条件之一：在关键时刻或者承担急难险重任务中经受住考验、表现突出、作出重大贡献；在条件艰苦、环境复杂、基础差的地区或者单位工作实绩突出；在其他岗位上尽职尽责，工作实绩特别显著。

因工作特殊需要破格提拔的干部，应当符合下列情形之一：领导班子结构需要或者领导职位有特殊要求的；专业性较强的岗位或者重要专项工作急需的；艰苦边远地区、贫困地区急需引进的。

破格提拔干部必须从严掌握。不得突破本条例第七条规定的基本条件和第八条第七项规定的资格要求。任职试用期未满或者提拔任职不满一年的，不得破格提拔。不得在任职年限上连续破格。不得越两级提拔。

第十条 拓宽选人视野和渠道，党政领导干部可以从党政机关选拔任用，也可以从党政机关以外选拔任用。地方党政领导班子成员应当注意从担任过县（市、区、旗）、乡（镇、街道）党政领导职务的干部和国有企事业单位领导人员中选拔。

第三章　动　议

第十一条　党委（党组）或者组织（人事）部门按照干部管理权限，根据工作需要和领导班子建设实际，提出启动干部选拔任用工作意见。

第十二条　组织（人事）部门综合有关方面建议和平时了解掌握的情况，对领导班子进行分析研判，就选拔任用的职位、条件、范围、方式、程序等提出初步建议。

第十三条　初步建议向党委（党组）主要领导成员报告后，在一定范围内进行酝酿，形成工作方案。

第四章　民主推荐

第十四条　选拔任用党政领导干部，必须经过民主推荐。民主推荐包括会议推荐和个别谈话推荐，推荐结果作为选拔任用的重要参考，在一年内有效。

第十五条　领导班子换届，民主推荐按照职位设置全额定向推荐；个别提拔任职，按照拟任职位推荐。

第十六条　领导班子换届，民主推荐由同级党委（党组）主持，应当经过下列程序：

（一）召开推荐会，公布推荐职位、任职条件、推荐范围，提供干部名册，提出有关要求，组织填写推荐表；

（二）进行个别谈话推荐；

（三）对会议推荐和谈话推荐情况进行综合分析；

（四）向上级党委汇报推荐情况。

第十七条 领导班子换届，会议推荐由下列人员参加：

（一）党委成员；

（二）人大常委会、政府、政协党组成员或者全体领导成员；

（三）纪委领导成员；

（四）人民法院、人民检察院主要领导成员；

（五）党委工作部门、政府工作部门、人民团体主要领导成员；

（六）下一级党委和政府主要领导成员；

（七）其他需要参加的人员。

推荐人大常委会、政府、政协领导成员人选，应当有民主党派、工商联主要领导成员和无党派代表人士参加。

参加个别谈话推荐的人员参照上列范围确定，可以适当调整。

第十八条 领导班子换届，根据会议推荐、个别谈话推荐情况和领导班子结构需要，可以差额提出初步名单进行二次会议推荐。二次会议推荐由下列人员参加：

（一）党委成员；

（二）人大常委会、政府、政协党组成员或者全体领导成员；

（三）人民法院、人民检察院主要领导成员；

（四）纪委副书记；

（五）其他需要参加的人员。

第十九条 个别提拔任职的民主推荐程序，可以参照本条例第十六条、第十八条规定进行，也可以先进行个别谈话推荐，根据谈话情况，经党委（党组）或者组织（人事）部门研究，提出初步名单，再进行会议推荐。

第二十条 个别提拔任职，参加民主推荐人员按下列范围执行：

（一）民主推荐地方党政领导班子成员人选，参照本条例第十七条、第十八条规定执行，可以适当调整。

（二）民主推荐工作部门领导成员人选，会议推荐由本部门领导成员、内设机构领导成员、直属单位主要领导成员和其他需要参加的人员参加；本部门人数较少的，可以由全体人员参加。根据实际情况还可以吸收本系统下级单位主要领导成员参加。参加个别谈话推荐的人员参照上列范围确定，可以适当调整。

（三）民主推荐内设机构领导成员人选，参照前项所列范围确定。

第二十一条 个人向党组织推荐领导干部人选，必须负责地写出推荐材料并署名。所推荐人选经组织（人事）部门审核符合条件的，纳入民主推荐范围，缺乏民意基础的，不得列为考察对象。

第二十二条 党委和政府及其工作部门个别特殊需要的领

导成员人选，可以由党委（党组）或者组织（人事）部门推荐，报上级组织（人事）部门同意后作为考察对象。

第五章　考　察

第二十三条　确定考察对象，应当根据工作需要和干部德才条件，将民主推荐与平时考核、年度考核、一贯表现和人岗相适等情况综合考虑，充分酝酿，防止把推荐票等同于选举票、简单以推荐票取人。

第二十四条　有下列情形之一的，不得列为考察对象：

（一）群众公认度不高的。

（二）近三年年度考核结果中有被确定为基本称职以下等次的。

（三）有跑官、拉票行为的。

（四）配偶已移居国（境）外；或者没有配偶，子女均已移居国（境）外的。

（五）受到组织处理或者党纪政纪处分影响使用的。

（六）其他原因不宜提拔的。

第二十五条　领导班子换届，由本级党委书记与副书记、分管组织、纪检等工作的常委根据上级党委组织部门反馈的情况，对考察对象人选进行酝酿，本级党委常委会研究提出考察对象建议名单，经与上级党委组织部门沟通后，确定考察对象。对拟新进党政领导班子的考察对象，应当在一定范围内进行公示。

个别提拔任职，由党委（党组）研究确定考察对象。

考察对象一般应当多于拟任职务人数。

第二十六条 对确定的考察对象，由组织（人事）部门按照干部管理权限进行严格考察。

部门与地方双重管理干部的考察工作，由主管方负责，会同协管方进行。

第二十七条 考察党政领导职务拟任人选，必须依据干部选拔任用条件和不同领导职务的职责要求，全面考察其德、能、勤、绩、廉。

突出考察政治品质和道德品行，深入了解理想信念、政治纪律、坚持原则、敢于担当、开展批评和自我批评、行为操守等方面的情况。

注重考察工作实绩，深入了解履行岗位职责、推动和服务科学发展的实际成效。考察地方党政领导班子成员，应当把有质量、有效益、可持续的经济发展和民生改善、社会和谐进步、文化建设、生态文明建设、党的建设等作为考核评价的重要内容，更加重视劳动就业、居民收入、科技创新、教育文化、社会保障、卫生健康等的考核，强化约束性指标考核，加大资源消耗、环境保护、消化产能过剩、安全生产、债务状况等指标的权重，防止单纯以经济增长速度评定工作实绩。考察党政工作部门领导干部，应当把执行政策、营造良好发展环境、提供优质公共服务、维护社会公平正义等作为评价的重要内容。

加强作风考察，深入了解为民服务、求真务实、勤勉敬业、奋发有为，反对形式主义、官僚主义、享乐主义和奢靡之风等情况。

强化廉政情况考察，深入了解遵守廉洁自律有关规定，保持高尚情操和健康情趣，慎独慎微，秉公用权，清正廉洁，不谋私利，严格要求亲属和身边工作人员等情况。

各级党委（党组）应当根据实际，制定具体考察标准。

第二十八条 考察党政领导职务拟任人选，应当保证充足的考察时间，经过下列程序：

（一）组织考察组，制定考察工作方案；

（二）同考察对象呈报单位或者所在单位党委（党组）主要领导成员就考察工作方案沟通情况，征求意见；

（三）根据考察对象的不同情况，通过适当方式在一定范围内发布干部考察预告；

（四）采取个别谈话、发放征求意见表、民主测评、实地走访、查阅干部档案和工作资料、同考察对象面谈等方法，广泛深入地了解情况，根据需要进行民意调查、专项调查、延伸考察；

（五）综合分析考察情况，与考察对象的一贯表现进行比较、相互印证，全面准确地对考察对象作出评价；

（六）向考察对象呈报单位或者所在单位党委（党组）主要领导成员反馈考察情况，并交换意见；

（七）考察组研究提出人选任用建议，向派出考察组的组织（人事）部门汇报，经组织（人事）部门集体研究提出任用建议方案，向本级党委（党组）报告。

第二十九条 考察地方党政领导班子成员拟任人选，个别谈话和征求意见的范围一般为：

（一）党委和政府领导成员，人大常委会、政协、纪委、人民法院、人民检察院主要领导成员；

（二）考察对象所在单位领导成员；

（三）考察对象所在单位有关工作部门或者内设机构和直属单位主要领导成员；

（四）其他有关人员。

第三十条 考察工作部门领导班子成员拟任人选，个别谈话和征求意见的范围一般为：

（一）考察对象上级领导机关有关领导成员；

（二）考察对象所在单位领导成员；

（三）考察对象所在单位内设机构和直属单位主要领导成员；

（四）其他有关人员。

考察内设机构领导职务拟任人选，个别谈话和征求意见的范围参照上列规定执行。

第三十一条 考察党政领导职务拟任人选，应当听取考察对象所在单位组织（人事）部门、纪检监察机关、机关党组织的意见，根据需要可以听取巡视机构和其他相关部门意见。

组织（人事）部门应当就考察对象的党风廉政情况听取纪检监察机关的意见。对拟提拔的考察对象，应当查阅个人有关事项报告情况，必要时可以进行核实。对需要进行经济责任审计的考察对象，应当委托审计部门按照有关规定进行审计。

第三十二条 考察党政领导职务拟任人选，必须形成书面考察材料，建立考察文书档案。已经任职的，考察材料归入本人档案。考察材料必须写实，全面、准确、清楚地反映考察对象的情况，包括下列内容：

（一）德、能、勤、绩、廉方面的主要表现和主要特长；

（二）主要缺点和不足；

（三）民主推荐、民主测评等情况。

第三十三条 党委（党组）或者组织（人事）部门派出的考察组由两名以上成员组成。考察人员应当具有较高素质和相应资格。考察组负责人应当由思想政治素质好、有较丰富工作经验并熟悉干部工作的人员担任。

实行干部考察工作责任制。考察组必须坚持原则，公道正派，深入细致，如实反映考察情况和意见，对考察材料负责，履行干部选拔任用风气监督职责。

第六章 讨论决定

第三十四条 党政领导职务拟任人选，在讨论决定或者决定呈报前，应当根据职位和人选的不同情况，分别在党委（党组）、人大常委会、政府、政协等有关领导成员中进行酝酿。

工作部门领导成员拟任人选，应当征求上级分管领导成员的意见。

非中共党员拟任人选，应当征求党委统战部门和民主党派、工商联主要领导成员、无党派代表人士的意见。

部门与地方双重管理干部的任免，主管方应当事先征求协管方意见，进行酝酿。征求意见一般采用书面形式进行。协管方自收到主管方意见之日起一个月内未予答复的，视为同意。双方意见不一致时，正职的任免报上级党委组织部门协调，副职的任免由主管方决定。

第三十五条 选拔任用党政领导干部，应当按照干部管理权限由党委（党组）集体讨论作出任免决定，或者决定提出推荐、提名的意见。属于上级党委（党组）管理的，本级党委（党组）可以提出选拔任用建议。

对拟破格提拔的人选在讨论决定前，必须报经上级组织（人事）部门同意。越级提拔或者不经过民主推荐列为破格提拔人选的，应当在考察前报告，经批复同意后方可进行。

第三十六条 市（地、州、盟）、县（市、区、旗）党委和政府领导班子正职的拟任人选和推荐人选，一般应当由上级党委常委会提名并提交全委会无记名投票表决；全委会闭会期间急需任用的，由党委常委会作出决定，决定前应当征求全委会成员的意见。

第三十七条 党委（党组）讨论决定干部任免事项，必须有三分之二以上成员到会，并保证与会成员有足够时间听取情况介绍、充分发表意见。与会成员对任免事项，应当发表同意、不同意或者缓议等明确意见。在充分讨论的基础上，采取口头表决、举手表决或者无记名投票等方式进行表决。

党委（党组）有关干部任免的决定，需要复议的，应当经党委（党组）超过半数成员同意后方可进行。

第三十八条　党委（党组）讨论决定干部任免事项，应当按照下列程序进行：

（一）党委（党组）分管组织（人事）工作的领导成员或者组织（人事）部门负责人，逐个介绍领导职务拟任人选的推荐、考察和任免理由等情况，其中涉及破格提拔的人选，应当说明破格的具体情形和理由；

（二）参加会议人员进行充分讨论；

（三）进行表决，以党委（党组）应到会成员超过半数同意形成决定。

第三十九条　需要报上级党委（党组）审批的拟提拔任职的干部，必须呈报党委（党组）请示并附干部任免审批表、干部考察材料、本人档案和党委（党组）会议纪要、讨论记录、民主推荐情况等材料。上级组织（人事）部门对呈报的材料应当严格审查。

需要报上级备案的干部，应当按照规定及时向上级组织（人事）部门备案。

第七章　任　　职

第四十条　党政领导职务实行选任制、委任制，部分专业性较强的领导职务可以实行聘任制。聘任办法另行规定。

第四十一条　实行党政领导干部任职前公示制度。

提拔担任厅局级以下领导职务的，除特殊岗位和在换届考察时已进行过公示的人选外，在党委（党组）讨论决定后、下发任职通知前，应当在一定范围内进行公示。公示内容应当真实准确，便于监督，涉及破格提拔的，还应当说明破格的具体情形和理由。公示期不少于五个工作日。公示结果不影响任职的，办理任职手续。

第四十二条 实行党政领导干部任职试用期制度。

提拔担任下列非选举产生的厅局级以下领导职务的，试用期为一年：

（一）党委、人大常委会、政府、政协工作部门副职和内设机构领导职务；

（二）纪委内设机构领导职务；

（三）人民法院、人民检察院内设机构的非国家权力机关依法任命的领导职务。

试用期满后，经考核胜任现职的，正式任职；不胜任的，免去试任职务，一般按试任前职级安排工作。

第四十三条 实行任职谈话制度。对决定任用的干部，由党委（党组）指定专人同本人谈话，肯定成绩，指出不足，提出要求和需要注意的问题。

第四十四条 党政领导职务的任职时间，按照下列时间计算：

（一）由党委（党组）决定任职的，自党委（党组）决定之日起计算；

（二）由党的代表大会、党的委员会全体会议、党的纪律检查委员会全体会议、人民代表大会、政协全体会议选举、决定任命的，自当选、决定任命之日起计算；

（三）由人大常委会或者政协常委会任命或者决定任命的，自人大常委会、政协常委会任命或者决定任命之日起计算；

（四）由党委向政府提名由政府任命的，自政府任命之日起计算。

第八章　依法推荐、提名和民主协商

第四十五条　党委向人民代表大会或者人大常委会推荐需要由人民代表大会或者人大常委会选举、任命、决定任命的领导干部人选，应当事先向人民代表大会临时党组织或者人大常委会党组和人大常委会组成人员中的党员介绍党委推荐意见。人民代表大会临时党组织、人大常委会党组和人大常委会组成人员及人大代表中的党员，应当认真贯彻党委推荐意见，带头依法办事，正确履行职责。

第四十六条　党委向人民代表大会推荐由人民代表大会选举、决定任命的领导干部人选，应当以本级党委名义向人民代表大会主席团提交推荐书，介绍所推荐人选的有关情况，说明推荐理由。

党委向人大常委会推荐由人大常委会任命、决定任命的领导干部人选，应当在人大常委会审议前，按照规定程序提出，介绍所推荐人选的有关情况。

第四十七条　党委向政府提名由政府任命的政府工作部门

和机构领导成员人选，在党委讨论决定后，由政府任命。

第四十八条 领导班子换届，党委推荐人大常委会、政府、政协领导成员人选和人民法院院长、人民检察院检察长人选，应当事先向民主党派、工商联主要领导成员和无党派代表人士通报有关情况，进行民主协商。

第四十九条 党委推荐的领导干部人选，在人民代表大会选举、决定任命或者人大常委会任命、决定任命前，如果人大代表或者人大常委会组成人员对所推荐人选提出不同意见，党委应当认真研究，并作出必要的解释或者说明。如果发现有事实依据、足以影响选举或者任命的问题，党委可以建议人民代表大会或者人大常委会按照规定程序暂缓选举、任命、决定任命，也可以重新推荐人选。

政协领导成员候选人的推荐和协商提名，按照政协章程和有关规定办理。

第九章 公开选拔和竞争上岗

第五十条 公开选拔、竞争上岗是党政领导干部选拔任用的方式之一。公开选拔面向社会进行，竞争上岗在本单位或者本系统内部进行，应当从实际出发，合理确定选拔职位、数量和范围。一般情况下，领导职位出现空缺且本地区本部门没有合适人选的，特别是需要补充紧缺专业人才的，可以进行公开选拔；领导职位出现空缺，本单位本系统符合资格条件人数较多且人选意见不易集中的，可以进行竞争上岗。

公开选拔县处级以下领导干部，一般不跨省（自治区、直辖市）进行。

第五十一条 公开选拔、竞争上岗方案设置的条件和资格，应当符合本条例第七条和第八条的规定，不得因人设置资格条件。资格条件突破规定的，应当事先报上级组织（人事）部门审核同意。

第五十二条 公开选拔、竞争上岗工作在党委（党组）领导下进行，由组织（人事）部门组织实施，应当经过下列程序：

（一）公布职位、资格条件、基本程序和方法等；

（二）报名与资格审查，参加公开选拔的应当经所在单位同意；

（三）采取适当方式进行能力和素质测试、测评，比选择优（竞争上岗也可以先进行民主推荐）；

（四）组织考察，研究提出人选方案；

（五）党委（党组）讨论决定；

（六）履行任职手续。

第五十三条 公开选拔、竞争上岗应当科学规范测试、测评，突出岗位特点，突出实绩竞争，注重能力素质和一贯表现，防止简单以分数取人。

第十章　交流、回避

第五十四条 实行党政领导干部交流制度。

（一）交流的对象主要是：因工作需要交流的；需要通过交流锻炼提高领导能力的；在一个地方或者部门工作时间较长的；按照规定需要回避的；因其他原因需要交流的。

交流的重点是县级以上地方党委和政府的领导成员，纪委、人民法院、人民检察院、党委和政府部分工作部门的主要领导成员。

（二）地方党委和政府领导成员原则上应当任满一届，在同一职位上任职满十年的，必须交流；在同一职位连续任职达到两个任期的，不再推荐、提名或者任命担任同一职务。

同一地方（部门）的党政正职一般不同时易地交流。

（三）党政机关内设机构处级以上领导干部在同一职位上任职时间较长的，应当进行交流或者轮岗。

（四）经历单一或者缺少基层工作经历的年轻干部，应当有计划地到基层、艰苦边远地区和复杂环境工作。

（五）加强干部交流统筹。推进地区之间、部门之间、地方与部门之间、党政机关与国有企事业单位及其他社会组织之间的干部交流。

（六）干部交流由党委（党组）及其组织（人事）部门按照干部管理权限组织实施，严格把握人选的资格条件。干部个人不得自行联系交流事宜，领导干部不得指定交流人选。同一干部不宜频繁交流。

（七）交流的干部接到任职通知后，应当在党委（党组）或者组织（人事）部门限定的时间内到任。跨地区跨部门交流的，应当同时迁转行政关系、工资关系和党的组织关系。

第五十五条 实行党政领导干部任职回避制度。

党政领导干部任职回避的亲属关系为：夫妻关系、直系血亲关系、三代以内旁系血亲以及近姻亲关系。有上列亲属关系的，不得在同一机关担任双方直接隶属于同一领导人员的职务或者有直接上下级领导关系的职务，也不得在其中一方担任领导职务的机关从事组织（人事）、纪检监察、审计、财务工作。

领导干部不得在本人成长地担任县（市）党委和政府以及纪检机关、组织部门、人民法院、人民检察院、公安部门正职领导成员，一般不得在本人成长地担任市（地、盟）党委和政府以及纪检机关、组织部门、人民法院、人民检察院、公安部门正职领导成员。

第五十六条 实行党政领导干部选拔任用工作回避制度。

党委（党组）及其组织（人事）部门讨论干部任免，涉及与会人员本人及其亲属的，本人必须回避。

干部考察组成员在干部考察工作中涉及其亲属的，本人必须回避。

第十一章　免职、辞职、降职

第五十七条 党政领导干部有下列情形之一的，一般应当免去现职：

（一）达到任职年龄界限或者退休年龄界限的。

（二）受到责任追究应当免职的。

（三）辞职或者调出的。

（四）非组织选派，离职学习期限超过一年的。

（五）因工作需要或者其他原因，应当免去现职的。

第五十八条 实行党政领导干部辞职制度。辞职包括因公辞职、自愿辞职、引咎辞职和责令辞职。

辞职应当符合有关规定，手续依照法律或者有关规定程序办理。

第五十九条 引咎辞职、责令辞职和因问责被免职的党政领导干部，一年内不安排职务，两年内不得担任高于原任职务层次的职务。同时受到党纪政纪处分的，按照影响期长的规定执行。

第六十条 实行党政领导干部降职制度。党政领导干部在年度考核中被确定为不称职的，因工作能力较弱、受到组织处理或者其他原因不适宜担任现职务层次的，应当降职使用。降职使用的干部，其待遇按照新任职务的标准执行。

降职使用的干部重新提拔，按照有关规定执行。

第十二章 纪律和监督

第六十一条 选拔任用党政领导干部，必须严格执行本条例的各项规定，并遵守下列纪律：

（一）不准超职数配备、超机构规格提拔领导干部，或者违反规定擅自设置职务名称、提高干部职级待遇；

（二）不准采取不正当手段为本人或者他人谋取职位；

（三）不准违反规定程序推荐、考察、酝酿、讨论决定任免干部；

（四）不准私自泄露动议、民主推荐、民主测评、考察、酝酿、讨论决定干部等有关情况；

（五）不准在干部考察工作中隐瞒或者歪曲事实真相；

（六）不准在民主推荐、民主测评、组织考察和选举中搞拉票等非组织活动；

（七）不准利用职务便利私自干预下级或者原任职地区、单位干部选拔任用工作；

（八）不准在工作调动、机构变动时，突击提拔、调整干部；

（九）不准在干部选拔任用工作中封官许愿，任人唯亲，营私舞弊；

（十）不准涂改干部档案，或者在干部身份、年龄、工龄、党龄、学历、经历等方面弄虚作假。

第六十二条　加强干部选拔任用工作全程监督，严肃查处违反组织人事纪律的行为。对违反本条例规定的事项，按照有关规定对党委（党组）主要领导成员和有关领导成员、组织（人事）部门有关领导成员以及其他直接责任人作出组织处理或者纪律处分。

对无正当理由拒不服从组织调动或者交流决定的，依照法律及有关规定予以免职或者降职使用。

第六十三条　实行党政领导干部选拔任用工作责任追究制度。凡用人失察失误造成严重后果的，本地区本部门用人上的不正之风严重、干部群众反映强烈以及对违反组织人事纪律的行为查处不力的，应当根据具体情况，追究党委（党组）主要领导成员、有关领导成员、组织（人事）部门和纪检监察机关有关领导成员以及其他直接责任人的责任。

第六十四条　党委（党组）及其组织（人事）部门对干部选拔任用工作和贯彻执行本条例的情况进行监督检查，受理有关干部选拔任用工作的举报、申诉，制止、纠正违反本条例的行为，并对有关责任人提出处理意见或者处理建议。

纪检监察机关、巡视机构按照有关规定，对干部选拔任用工作进行监督检查。

第六十五条　实行组织（人事）部门与纪检监察机关等有关单位联席会议制度，就加强对干部选拔任用工作的监督，沟通信息，交流情况，提出意见和建议。联席会议由组织（人事）部门召集。

第六十六条　党委（党组）及其组织（人事）部门在干部选拔任用工作中，必须严格执行本条例，自觉接受组织监督和群众监督。下级机关和党员、干部、群众对干部选拔任用工作中的违纪违规行为，有权向上级党委（党组）及其组织（人事）部门、纪检监察机关举报、申诉，受理部门和机关应当按照有关规定查核处理。

第十三章　附　　则

第六十七条　本条例对工作部门的规定，同时适用于办事机构、派出机构、特设机构以及其他直属机构。

第六十八条 选拔任用乡（镇、街道）的党政领导干部，由省、自治区、直辖市党委根据本条例制定相应的实施办法。

第六十九条 中国人民解放军和中国人民武装警察部队领导干部的选拔任用办法，由中央军事委员会根据本条例的原则规定。

第七十条 本条例由中共中央组织部负责解释。

第七十一条 本条例自发布之日起施行。2002年7月9日中共中央印发的《党政领导干部选拔任用工作条例》同时废止。

关于加强干部选拔任用
工作监督的意见

（中共中央组织部，2014 年 1 月）

加强干部选拔任用工作监督，是保证选贤任能、纯洁用人风气的重要举措。近些年来，各级党委（党组）和组织人事部门认真贯彻党的干部路线方针政策，加强选人用人监督，整治用人上不正之风，取得积极成效。但是，在一些地方和单位，违规用人问题仍时有发生，跑官要官、拉票贿选、买官卖官等不正之风屡禁不止，干部群众反映强烈。日前，中央颁发了新修订的《党政领导干部选拔任用工作条例》（以下简称《干部任用条例》），这既是规范干部选拔任用工作的总章程，也是加强干部选拔任用工作监督的重要依据。为了贯彻落实党要管党、从严治党方针，严明组织纪律，大力营造风清气正的用人环境，保证《干部任用条例》严格执行，经中央同意，现提出如下意见。

一、认真贯彻《干部任用条例》，严格按制度规定选人用人。各级党委（党组）和组织人事部门要不折不扣执行《干部任用条例》，严格按规定的原则、标准、条件、资格、程序和纪律办事，有规必依、执规必严。严禁违反规定程序选拔任用干部，严禁私自干预下级或原任职单位干部任用，严禁在干部考察中隐瞒或歪曲事实真相，严禁在干部档案上弄虚作假，严禁跑风漏气，严禁突击提拔调整干部，严禁封官许愿、任人唯亲、营私舞弊，严禁采取跑官要官、说情打招呼等手段为本人或他人谋取职位，严禁搞拉票等非组织活动，严禁超职数配备、超机构规格提拔干部或违规提高干部职级待遇。

二、严格把好人选廉政关，坚决防止"带病提拔"。要严格考察人选对象的党风廉政情况，认真听取纪检监察机关意见，对有问题反映应当核查但尚未核查或正在核查的，不得提交党委（党组）讨论决定，对有反映但不构成违纪的要从严掌握。对人选对象，要认真查阅个人有关事项报告情况，必要时进行核实，对不如实填报或隐瞒不报的，不得提拔任用。要严格干部档案审核，对人选干部身份、年龄、工龄、党龄、学历、经历等档案信息要仔细核查，不得放过任何疑点。对干部任职公示期间收到的有关问题反映，要按规定认真调查核实，没有查清之前，不得办理任职手续。

三、严厉查处违规用人行为，坚决整治用人上的不正之风。不论是集中换届还是日常干部选拔任用，对违反组织人事纪律的实行"零容忍"、坚决不放过，发现一起、查处一起，让那些搞不正之风的人不仅捞不到好处，而且受到严厉惩处。对跑官要官的，一律不得提拔使用，并记录在案，视情节给予批评教育或组织处理；对拉票贿选的，一律排除出人选名单或取消候选人资格，已经提拔的责令辞职或者免职、降职，贿选的还要依纪依法处理；对买官卖官的，一律先停职或免职，移送执纪执法机关处理；对违反规定作出的干部任用决定，一律宣布无效，按干部管理权限予以纠正；对说情、打招呼和私自干预下级干部选拔任用的，一律坚决抵制，视情节给予批评教育或组织处理。健全完善"12380"综合举报受理平台，坚持和完善立项督查制度，对群众反映的选人用人问题，认真查核、严肃处理。加大违规用人案件通报、曝光力度，发挥警示震慑作用。

四、建立倒查机制，强化干部选拔任用责任追究。认真落实《党政领导干部选拔任用工作责任追究办法（试行）》有关规定，凡出现"带病提拔"、突击提拔、违规破格提拔等问题，都要对选拔任用过程进行倒查，存在隐情不报、违反程序等失职渎职行为的，不仅查处当事人，而且追究责任人，一查到底、问责到人。对一个地方和单位连续发生或大面积发生违反组织人事纪律问题的，以及对违反组织人事纪律行为查处不力的，必须严肃追究党委（党组）主要领导的责任，严肃追究组织人事部门和相关部门负责人的责任。要建立干部选拔任用纪实制度，为开展倒查、追究问责提供依据。

五、加大监督检查力度，及时发现和纠正存在的问题。以贯彻落实《干部任用条例》等法规为主要内容，加强选人用人工作监督检查，着力检查程序是否合规、导向是否端正、风气是否清正、结果是否公正。要强化重点检查，对干部群众反映强烈的突出问题、举报反映多的地方和单位进行有针对性的检查；深化巡视检查，充分发挥巡视对选人用人的监督作用；

开展普遍检查，每 3 至 5 年分级分类对所有有用人权的单位全面检查一遍。要注重事前监督，严格执行干部选拔任用工作有关事项报告制度，凡应报告而未报告的任用事项一律无效，防止出现违规破格提拔干部、任人唯亲、借竞争性选拔变相违规用人等问题。要加强结果监督，坚持和完善干部选拔任用"一报告两评议"、离任检查等制度，有效规范选人用人行为。

六、组工干部要坚持公道正派，严格执行组织人事纪律。各级组织人事部门要把干部选拔任用工作监督摆在突出位置来抓，干部监督机构要具体负责监督任务的组织实施，干部工作机构要结合自身职责做好有关监督工作。干部考察组要履行"一岗双责"，既做好考察工作，又监督用人风气。组工干部要切实增强党性，坚持原则、公道正派、敢于担当，严格按党的政策办事、按规章制度办事、按组织程序办事，带头维护干部工作的严肃性，坚决抵制和纠正用人上的不正之风。对违反组织人事纪律的，一律清除出组工干部队伍。

关于进一步整治"会所中的歪风"的通知

（中共中央纪委、中央党的群众路线教育实践活动领导小组，2014 年 5 月）

中央纪委、中央党的群众路线教育实践活动领导小组《关于在党的群众路线教育实践活动中严肃整治"会所中的歪风"的通知》（群组发〔2013〕31 号）下发后，各地区各部门各单位认真学习贯彻，采取有力措施，加强专项整治，取得了初步成效。根据中央有关指示精神，为巩固已有工作成果，进一步整治"会所中的歪风"，现提出如下要求。

一、进一步加大整治力度。这次整治主要针对在历史建筑、公园等公共资源中实行会员制的会所、只对少数人开放的场所、违规出租经营的场所。各省（区、市）要制定工作方案，明确任务要求，落实责任单位，组织力量集中时间开展专项清理，切实解决存在的违法设立经营、侵占群众利益、助长奢靡之风、滋生腐败行为等问题。对设在历史建筑、公园等公共资源中的会所依法依规整治，杜绝历史建筑、公园等公共资源违法违规出租现象，建立健全加强监管的长效机制。于 7 月底前将专项整治工作情况报中央党的群众路线教育实践活动领导小组办公室。

二、继续把整治"会所中的歪风"作为教育实践活动反"四风"重要内容。党员领导干部不出入私人会所是指，党员领导干部不得出入实行会员制、只有会员才能出入的会所或不向公众开放、只对少数人开放的餐饮服务、休闲娱乐、美容健身等场所。第二批教育实践活动中，要组织党员领导干部作出不出入私人会所、不接受和持有私人会所会员卡的公开承诺，并纳入对照检查的内容，在专题民主生活会上进行明示，自觉接受监督。对第一批教育实践活动中党员领导干部的承诺情况及整改落实、建章立制情况要进行回头看，发现问题坚决纠正。

三、中央和国务院有关部门要认真履行职责，与省区市密切配合、上下联动。公安、民政、住建、商务、文化、税务、工商、旅游、宗教工作等部门要在认真抓好本系统专项整治的同时，加强工作指导和政策研究，进一步健全完善监管制度，推动专项整治工作深入开展。

四、各地区各部门各单位要强化监督检查，对党员领导干部违规出入私人会所的行为，一经发现，严肃查处；对典型问题通报曝光，以形成威慑，警示教育党员干部。

党政主要领导干部和国有企业
领导人员经济责任审计规定实施细则

（中共中央纪委机关、中共中央组织部、
中央编办、监察部、人力资源和社会保障部、
审计署、国资委，2014 年 7 月）

第一章　总　　则

　　第一条　为健全和完善经济责任审计制度，规范经济责任审计行为，根据《中华人民共和国审计法》、《中华人民共和国审计法实施条例》、《党政主要领导干部和国有企业领导人员经济责任审计规定》（中办发〔2010〕32 号，以下简称两办《规定》）和有关法律法规，以及干部管理监督的有关规定，制定本细则。

　　第二条　本细则所称经济责任审计，是指审计机关依法依规对党政主要领导干部和国有企业领导人员经济责任履行情况进行监督、评价和鉴证的行为。

　　第三条　经济责任审计应当以促进领导干部推动本地区、本部门（系统）、本单位科学发展为目标，以领导干部任职期

间本地区、本部门（系统）、本单位财政收支、财务收支以及有关经济活动的真实、合法和效益为基础，重点检查领导干部守法、守纪、守规、尽责情况，加强对领导干部行使权力的制约和监督，推进党风廉政建设和反腐败工作，推进国家治理体系和治理能力现代化。

第四条 领导干部履行经济责任的情况，应当依法依规接受审计监督。经济责任审计应当坚持任中审计与离任审计相结合，对重点地区（部门、单位）、关键岗位的领导干部任期内至少审计一次。

第二章 审计对象

第五条 两办《规定》第二条所称党政主要领导干部，是指地方各级党委、政府、审判机关、检察机关，中央和地方各级党政工作部门、事业单位和人民团体等单位的党委（含党组、党工委，以下统称党委）正职领导干部和行政正职领导干部，包括主持工作一年以上的副职领导干部。

第六条 两办《规定》第二条所称地方各级党委和政府主要领导干部经济责任审计的对象包括：

（一）省、自治区、直辖市和新疆生产建设兵团，自治州、设区的市，县、自治县、不设区的市、市辖区，以及乡、民族乡、镇的主要领导干部；

（二）行政公署、街道办事处、区公所等履行政府职能的政府派出机关的主要领导干部；

（三）政府设立的开发区、新区等的主要领导干部。

第七条 两办《规定》第二条所称地方各级审判机关、检察机关主要领导干部经济责任审计的对象包括地方各级人民法院、人民检察院的党政主要领导干部。

第八条 两办《规定》第二条所称党政工作部门、事业单位和人民团体等单位党政主要领导干部经济责任审计的对象包括：

（一）中央党政工作部门、事业单位和人民团体等单位的主要领导干部；

（二）地方各级党委和政府的工作部门、事业单位和人民团体等单位的主要领导干部；

（三）履行政府职能的政府派出机关的工作部门、事业单位、人民团体等单位的主要领导干部；

（四）政府设立的开发区、新区等的工作部门、事业单位、人民团体等单位的主要领导干部；

（五）上级领导干部兼任有关部门、单位的正职领导干部，且不实际履行经济责任时，实际负责本部门、本单位常务工作的副职领导干部；

（六）党委、政府设立的超过一年以上有独立经济活动的临时机构的主要领导干部。

第九条 两办《规定》第三条所称国有企业领导人员经济责任审计的对象包括国有和国有资本占控股地位或者主导地位的企业（含金融企业，下同）的法定代表人。

根据党委和政府、干部管理监督部门的要求，审计机关可以对上述企业中不担任法定代表人但实际行使相应职权的董事长、总经理、党委书记等企业主要领导人员进行经济责任审计。

第十条 领导干部经济责任审计的对象范围依照干部管理权限确定。遇有干部管理权限与财政财务隶属关系、国有资产监督管理关系不一致时，由对领导干部具有干部管理权限的组织部门与同级审计机关共同确定实施审计的审计机关。

第十一条 部门、单位（含垂直管理系统）内部管理领导干部的经济责任审计，由部门、单位负责组织实施。

第三章 审计内容

第十二条 审计机关应当根据领导干部职责权限和履行经济责任的情况，结合地区、部门（系统）、单位的实际，依法依规确定审计内容。

审计机关在实施审计时，应当充分考虑审计目标、干部管理监督需要、审计资源与审计效果等因素，准确把握审计重点。

第十三条 地方各级党委主要领导干部经济责任审计的主要内容：

（一）贯彻执行党和国家、上级党委和政府重大经济方针政策及决策部署情况；

（二）遵守有关法律法规和财经纪律情况；

（三）领导本地区经济工作，统筹本地区经济社会发展战略和规划，以及政策措施制定情况及效果；

（四）重大经济决策情况；

（五）本地区财政收支总量和结构、预算安排和重大调整等情况；

（六）地方政府性债务的举借、用途和风险管控等情况；

（七）自然资源资产的开发利用和保护、生态环境保护以及民生改善等情况；

（八）政府投资和以政府投资为主的重大项目的研究决策情况；

（九）对党委有关工作部门管理和使用的重大专项资金的监管情况，以及厉行节约反对浪费情况；

（十）履行有关党风廉政建设第一责任人职责情况，以及本人遵守有关廉洁从政规定情况；

（十一）对以往审计中发现问题的督促整改情况；

（十二）其他需要审计的内容。

第十四条 地方各级政府主要领导干部经济责任审计的主要内容：

（一）贯彻执行党和国家、上级党委和政府、本级党委重大经济方针政策及决策部署情况；

（二）遵守有关法律法规和财经纪律情况；

（三）本地区经济社会发展战略、规划的执行情况，以及重大经济和社会发展事项的推动和管理情况及其效果；

（四）有关目标责任制完成情况；

（五）重大经济决策情况；

（六）本地区财政管理，以及财政收支的真实、合法、效益情况；

（七）地方政府性债务的举借、管理、使用、偿还和风险管控情况；

（八）国有资产的管理和使用情况；

（九）自然资源资产的开发利用和保护、生态环境保护以及民生改善等情况；

（十）政府投资和以政府投资为主的重大项目的研究、决策及建设管理等情况；

（十一）对直接分管部门预算执行和其他财政收支、财务收支及有关经济活动的管理和监督情况，厉行节约反对浪费情况，以及依照宪法、审计法规定分管审计工作情况；

（十二）机构设置、编制使用以及有关规定的执行情况；

（十三）履行有关党风廉政建设第一责任人职责情况，以及本人遵守有关廉洁从政规定情况；

（十四）对以往审计中发现问题的整改情况；

（十五）其他需要审计的内容。

第十五条 党政工作部门、审判机关、检察机关、事业单位和人民团体等单位主要领导干部经济责任审计的主要内容：

（一）贯彻执行党和国家有关经济方针政策和决策部署，履行本部门（系统）、单位有关职责，推动本部门（系统）、单位事业科学发展情况；

（二）遵守有关法律法规和财经纪律情况；

（三）有关目标责任制完成情况；

（四）重大经济决策情况；

（五）本部门（系统）、单位预算执行和其他财政收支、财务收支的真实、合法和效益情况；

（六）国有资产的采购、管理、使用和处置情况；

（七）重要项目的投资、建设和管理情况；

（八）有关财务管理、业务管理、内部审计等内部管理制度的制定和执行情况，以及厉行节约反对浪费情况；

（九）机构设置、编制使用以及有关规定的执行情况；

（十）对下属单位有关经济活动的管理和监督情况；

（十一）履行有关党风廉政建设第一责任人职责情况，以及本人遵守有关廉洁从政规定情况；

（十二）对以往审计中发现问题的整改情况；

（十三）其他需要审计的内容。

第十六条 国有企业领导人员经济责任审计的主要内容：

（一）贯彻执行党和国家有关经济方针政策和决策部署，推动企业可持续发展情况；

（二）遵守有关法律法规和财经纪律情况；

（三）企业发展战略的制定和执行情况及其效果；

（四）有关目标责任制完成情况；

（五）重大经济决策情况；

（六）企业财务收支的真实、合法和效益情况，以及资产负债损益情况；

（七）国有资本保值增值和收益上缴情况；

（八）重要项目的投资、建设、管理及效益情况；

48

（九）企业法人治理结构的健全和运转情况，以及财务管理、业务管理、风险管理、内部审计等内部管理制度的制定和执行情况，厉行节约反对浪费和职务消费等情况，对所属单位的监管情况；

（十）履行有关党风廉政建设第一责任人职责情况，以及本人遵守有关廉洁从业规定情况；

（十一）对以往审计中发现问题的整改情况；

（十二）其他需要审计的内容。

第四章　审计评价

第十七条　审计机关应当依照法律法规、国家有关政策以及干部考核评价等规定，结合地区、部门（系统）、单位的实际情况，根据审计查证或者认定的事实，客观公正、实事求是地进行审计评价。

审计评价应当有充分的审计证据支持，对审计中未涉及、审计证据不适当或者不充分的事项不作评价。

第十八条　审计评价应当与审计内容相统一。一般包括领导干部任职期间履行经济责任的业绩、主要问题以及应当承担的责任。

第十九条　审计评价应当重点关注经济、社会、事业发展的质量、效益和可持续性，关注与领导干部履行经济责任有关的管理和决策等活动的经济效益、社会效益和环境效益，关注任期内举借债务、自然资源资产管理、环境保护、民生改善、科技创新等重要事项，关注领导干部应承担直接责任的问题。

第二十条　审计评价可以综合运用多种方法，包括进行纵向和横向的业绩比较、运用与领导干部履行经济责任有关的指标量化分析、将领导干部履行经济责任的行为或事项置于相关经济社会环境中加以分析等。

第二十一条　审计评价的依据一般包括：

（一）法律、法规、规章和规范性文件，中国共产党党内法规和规范性文件；

（二）各级人民代表大会审议通过的政府工作报告、年度国民经济和社会发展计划报告、年度财政预算报告等；

（三）中央和地方党委、政府有关经济方针政策和决策部署；

（四）有关发展规划、年度计划和责任制考核目标；

（五）领导干部所在单位的"三定"规定和有关领导的职责分工文件，有关会议记录、纪要、决议和决定，有关预算、决算和合同，有关内部管理制度和绩效目标；

（六）国家统一的财政财务管理制度；

（七）国家和行业的有关标准；

（八）有关职能部门、主管部门发布或者认可的统计数据、考核结果和评价意见；

（九）专业机构的意见；

（十）公认的业务惯例或者良好实务；

（十一）其他依据。

第二十二条　审计机关可以根据审计内容和审计评价的需

要，选择设定评价指标，将定性评价与定量指标相结合。评价指标应当简明实用、易于操作。

第二十三条 审计机关可以根据本细则第二十一条所列审计评价依据，结合实际情况，选择确定评价标准，衡量领导干部履行经济责任的程度。对同一类别、同一层级领导干部履行经济责任情况的评价标准，应当具有一致性和可比性。

第二十四条 对领导干部履行经济责任过程中存在的问题，审计机关应当按照权责一致原则，根据领导干部的职责分工，充分考虑相关事项的历史背景、决策程序等要求和实际决策过程，以及是否签批文件、是否分管、是否参与特定事项的管理等情况，依法依规认定其应当承担的直接责任、主管责任和领导责任。

对领导干部应当承担责任的问题或者事项，可以提出责任追究建议。

第二十五条 被审计领导干部对审计发现的问题应当承担直接责任的，具体包括以下情形：

（一）本人或者与他人共同违反有关法律法规、国家有关规定、单位内部管理规定的；

（二）授意、指使、强令、纵容、包庇下属人员违反有关法律法规、国家有关规定和单位内部管理规定的；

（三）未经民主决策、相关会议讨论或者文件传签等规定的程序，直接决定、批准、组织实施重大经济事项，并造成国家利益重大损失、公共资金或国有资产（资源）严重损失浪费、生态环境严重破坏以及严重损害公共利益等后果的；

（四）主持相关会议讨论或者以文件传签等其他方式研究，在多数人不同意的情况下，直接决定、批准、组织实施重大经济事项，由于决策不当或者决策失误造成国家利益重大损失、公共资金或国有资产（资源）严重损失浪费、生态环境严重破坏以及严重损害公共利益等后果的；

（五）对有关法律法规和文件制度规定的被审计领导干部作为第一责任人（负总责）的事项、签订的有关目标责任事项或者应当履行的其他重要职责，由于授权（委托）其他领导干部决策且决策不当或者决策失误造成国家利益重大损失、公共资金或国有资产（资源）严重损失浪费、生态环境严重破坏以及严重损害公共利益等后果的；

（六）其他失职、渎职或者应当承担直接责任的。

第二十六条 被审计领导干部对审计发现的问题应当承担主管责任的，具体包括以下情形：

（一）除直接责任外，领导干部对其直接分管或者主管的工作，不履行或者不正确履行经济责任的；

（二）除直接责任外，主持相关会议讨论或者以文件传签等其他方式研究，并且在多数人同意的情况下，决定、批准、组织实施重大经济事项，由于决策不当或者决策失误造成国家利益损失、公共资金或国有资产（资源）损失浪费、生态环境破坏以及损害公共利益等后果的；

（三）疏于监管，致使所管辖地区、分管部门和单位发生重大违纪违法问题或者造成重大损失浪费等后果的；

（四）其他应当承担主管责任的情形。

第二十七条　两办《规定》第三十七条所称领导责任，是指除直接责任和主管责任外，被审计领导干部对其职责范围内不履行或者不正确履行经济责任的其他行为应当承担的责任。

第二十八条　被审计领导干部以外的其他人员对有关问题应当承担的责任，审计机关可以以适当方式向干部管理监督部门等提供相关情况。

第五章　审计报告

第二十九条　审计机关实施经济责任审计项目后，应当按照相关规定，出具经济责任审计报告和审计结果报告。

第三十条　两办《规定》第二十七条所称审计组的审计报告，是指审计组具体实施经济责任审计后，向派出审计组的审计机关提交的审计报告。

第三十一条　审计组的审计报告按照规定程序审批后，应当以审计机关的名义书面征求被审计领导干部及其所在单位的意见。根据工作需要可以征求本级党委、政府有关领导同志，以及本级经济责任审计工作领导小组（以下简称领导小组）或者经济责任审计工作联席会议（以下简称联席会议）有关成员单位的意见。

审计报告中涉及的重大经济案件调查等特殊事项，经审计机关主要负责人批准，可以不征求被审计领导干部及其所在单位的意见。

第三十二条　审计组应当针对被审计领导干部及其所在单位提出的书面意见，进一步核实情况，对审计组的审计报告作出必要的修改，连同被审计领导干部及其所在单位的书面意见一并报送审计机关。

第三十三条　审计机关按照规定程序对审计组的审计报告进行审定，经审计机关负责人签发后，向被审计领导干部及其所在单位出具审计机关的经济责任审计报告。

第三十四条　经济责任审计报告的内容主要包括：

（一）基本情况，包括审计依据、实施审计的基本情况、被审计领导干部所任职地区（部门或者单位）的基本情况、被审计领导干部的任职及分工情况等；

（二）被审计领导干部履行经济责任的主要情况，其中包括以往审计决定执行情况和审计建议采纳情况等；

（三）审计发现的主要问题和责任认定，其中包括审计发现问题的事实、定性、被审计领导干部应当承担的责任以及有关依据，审计期间被审计领导干部、被审计单位对审计发现问题已经整改的，可以包括有关整改情况；

（四）审计处理意见和建议；

（五）其他必要的内容。

审计发现的有关重大事项，可以直接报送本级党委、政府或者相关部门，不在审计报告中反映。

第三十五条　两办《规定》第二十八条所称审计结果报告，是指审计机关在经济责任审计报告的基础上，精简提炼形成的提交干部管理监督部门的反映审计结果的报告。审计结果报告重点反映被审计领导干部履行经济责任的主要情况、审计发现的主要问题和责任认定、审计处理方式和建议。

审计机关可以根据实际情况，参照本细则第三十四条规定，确定审计结果报告的主要内容。

第三十六条　审计机关应当将审计结果报告等经济责任审计结论性文书报送本级党委、政府主要负责同志；提交委托审计的组织部门；抄送领导小组（联席会议）有关成员单位；必要时，可以将涉及其他有关主管部门的情况抄送该部门。

第六章　审计结果运用

第三十七条　经济责任审计结果应当作为干部考核、任免和奖惩的重要依据。

各级领导小组（联席会议）和相关部门应当逐步健全经济责任审计情况通报、责任追究、整改落实、结果公告等制度。

第三十八条　纪检监察机关在审计结果运用中的主要职责：

（一）依纪依法受理审计移送的案件线索；

（二）依纪依法查处经济责任审计中发现的违纪违法行为；

（三）对审计结果反映的典型性、普遍性、倾向性问题适时进行研究；

（四）以适当方式将审计结果运用情况反馈审计机关。

第三十九条 组织部门在审计结果运用中的主要职责：

（一）根据干部管理工作的有关要求，将经济责任审计纳入干部管理监督体系；

（二）根据审计结果和有关规定对被审计领导干部及其他有关人员作出处理；

（三）将经济责任审计结果报告存入被审计领导干部本人档案，作为考核、任免、奖惩被审计领导干部的重要依据；

（四）要求被审计领导干部将经济责任履行情况和审计发现问题的整改情况，作为所在单位领导班子民主生活会和述职述廉的重要内容；

（五）对审计结果反映的典型性、普遍性、倾向性问题及时进行研究，并将其作为采取有关措施、完善有关制度规定的参考依据；

（六）以适当方式及时将审计结果运用情况反馈审计机关。

第四十条 审计机关在审计结果运用中的主要职责：

（一）对审计中发现的相关单位违反国家规定的财政收支、财务收支行为，依法依规作出处理处罚；对审计中发现的需要移送处理的事项，应当区分情况依法依规移送有关部门处理处罚；

（二）根据干部管理监督部门、巡视机构等的要求，以适当方式向其提供审计结果以及与审计项目有关的其他情况；

（三）协助和配合干部管理监督等部门落实、查处与审计项目有关的问题和事项；

（四）按照有关规定，在一定范围内通报审计结果，或者以适当方式向社会公告审计结果；

（五）对审计发现问题的整改情况进行监督检查；

（六）对审计发现的典型性、普遍性、倾向性问题和有关建议，以综合报告、专题报告等形式报送本级党委、政府和上级审计机关，提交有关部门。

第四十一条 人力资源社会保障部门在审计结果运用中的主要职责：

（一）根据有关规定，在职责范围内办理对被审计领导干部和有关人员的考核、任免、奖惩等相关事宜；

（二）对审计结果反映的典型性、普遍性、倾向性问题及时进行研究，并将其作为采取有关措施、完善有关制度规定的参考依据；

（三）以适当方式及时将审计结果运用情况反馈审计机关。

第四十二条 国有资产监督管理部门在审计结果运用中的主要职责：

（一）根据国有企业领导人员管理的有关要求，将经济责任审计纳入国有企业领导人员管理监督体系；

（二）将审计结果作为企业经营业绩考评和被审计领导人员考核、奖惩、任免的重要依据；

（三）在对国有企业管理监督、国有企业改革和国有资产处置过程中，有效运用审计结果；

（四）督促有关企业落实审计决定和整改要求；

（五）对审计发现的典型性、普遍性、倾向性问题及时进行研究，并将其作为采取有关措施、完善有关制度规定的参考依据；

（六）以适当方式及时将审计结果运用情况反馈审计机关。

第四十三条 有关主管部门在审计结果运用中的主要职责：

（一）对审计移送的违法违规问题，在职责范围内依法依规作出处理处罚；

（二）督促有关部门、单位落实审计决定和整改要求，在对相关行业、单位管理和监督中有效运用审计结果；

（三）对审计结果反映的典型性、普遍性、倾向性问题及时进行研究，并将其作为采取有关措施、完善有关制度规定的参考依据；

（四）以适当方式及时将审计结果运用情况反馈审计机关。

第四十四条 被审计领导干部及其所在单位根据审计结果，应当采取以下整改措施：

（一）在党政领导班子或者董事会内部通报审计结果和整改要求，及时制定整改方案，认真进行整改，及时将整改结果书面报告审计机关和有关干部管理监督部门；

（二）按照有关要求公告整改结果；

（三）对审计处理、处罚决定，应当在法定期限内执行完毕，并将执行情况书面报告审计机关；

（四）根据审计结果反映出的问题，落实有关责任人员的责任，采取相应的处理措施；

（五）根据审计建议，采取措施，健全制度，加强管理。

第七章　组织领导和审计实施

第四十五条　各地应当建立健全领导小组或者联席会议制度，领导本地区经济责任审计工作。领导小组组长可以由同级党委或者政府的主要负责同志担任。

第四十六条　领导小组或者联席会议应当设立办公室。同时设立领导小组和联席会议的地方，应当合并成立一个办公室。办公室与同级审计机关内设的经济责任审计机构合署办公，负责日常工作。办公室主任应当由同级审计机关的副职领导或者同职级领导担任。

第四十七条　领导小组或者联席会议应当建立健全议事规则和工作规则，各成员单位应当加强协作配合，形成制度健全、管理规范、运转有序、工作高效的运行机制。

第四十八条　各地可以根据干部管理监督的需要和审计机关的实际情况，按照领导干部工作岗位性质、经济责任的重要程度等因素，对审计对象实行分类管理，科学合理地制定经济责任审计年度计划和中长期计划。

第四十九条　审计机关应当向组织部门等提出下一年度经济责任审计计划的初步建议。组织部门等根据审计机关的初步建议，提出下一年度的委托审计建议。

第五十条　领导小组（联席会议）办公室对委托审计建议进行研究讨论，共同议定并提出经济责任审计计划草案，由审计机关报本级政府行政首长批准后，纳入审计机关年度审计工作计划并组织实施。

第五十一条　经济责任审计计划一经本级政府行政首长批准不得随意变更。确需调整的，应当按照本细则第四十九条、第五十条规定的程序进行调整。

第五十二条　对地方党委与政府的主要领导干部，党政工作部门、高等院校等单位的党委与行政主要领导干部，企业法定代表人与不担任法定代表人的董事长、总经理、党委书记等企业主要负责人的经济责任审计，可以同步组织实施，分别认定责任，分别出具审计报告和审计结果报告。

各地可以根据实际情况，研究制定同步实施经济责任审计的操作办法。

第五十三条　审计机关应当探索和推行经济责任审计与其他专业审计相结合的组织方式，统筹安排审计力量，逐步实现对审计计划、审计项目实施、审计文书报送、审计结果利用等的统一管理。

审计机关组织实施经济责任审计时，应当有效利用以往审计成果和有关部门的监督检查结果。

第五十四条　审计机关实施经济责任审计时，可以提请有关部门和单位协助，有关部门和单位应当予以支持，并及时提供有关资料和信息。

审计机关提请领导小组（联席会议）成员单位协助时，

应当由领导小组（联席会议）办公室统一负责联系和协调。

第五十五条　在经济责任审计项目实施过程中，遇有被审计领导干部被有关部门依法依规采取强制措施、立案调查或者死亡等特殊情况，以及不宜再继续进行经济责任审计的其他情形的，审计机关报本级政府行政首长批准，或者根据党委、政府、干部管理监督部门的要求，可以中止或者终止审计项目。

第八章　附　　则

第五十六条　根据地方党委、政府的要求，审计机关可以对村党组织和村民委员会、社区党组织和社区居民委员会的主要负责人进行经济责任审计。

村党组织和村民委员会主要负责人经济责任审计的内容，应当依照《中华人民共和国村民委员会组织法》第三十五条的规定，结合当地实际情况确定。

社区党组织和社区居民委员会主要负责人经济责任审计的内容，可以参照本细则的相关规定确定。

第五十七条　对本细则未涉及的审计机关和审计人员、被审计领导干部及其所在单位，以及其他有关单位和个人在经济责任审计中的职责、权限、法律责任等，依照《中华人民共和国审计法》、《中华人民共和国审计法实施条例》、两办《规定》和其他法律法规的有关规定执行。

第五十八条　部门和单位可以根据两办《规定》和本细则的规定，制定本部门和单位内部管理领导干部经济责任审计的规定。

第五十九条 本细则由审计署负责解释。

第六十条 本细则自印发之日起施行。审计署 2000 年 12 月印发的《县级以下党政领导干部任期经济责任审计暂行规定实施细则》和《国有企业及国有控股企业领导人员任期经济责任审计暂行规定实施细则》（审办发〔2000〕121 号）同时废止。

关于深化"四风"整治、巩固和拓展党的 群众路线教育实践活动成果的指导意见

（中共中央办公厅，2014 年 11 月）

　　习近平总书记在党的群众路线教育实践活动总结大会上发表重要讲话，对巩固和拓展教育实践活动成果、加强党的作风建设、全面推进从严治党作出战略部署，提出明确要求。现就深化"四风"整治、巩固和拓展教育实践活动成果提出如下指导意见。

一、充分认识巩固和拓展教育 实践活动成果的重要意义

　　1. 坚持不懈抓好作风建设。各级党组织必须充分认识作风建设的长期性复杂性艰巨性，牢固树立持续整改、长期整改的思想，切实把作风建设紧紧抓在手上，坚持抓常、抓细、抓长，以锲而不舍、驰而不息的决心和毅力，持续努力、久久为功，推进集中反"四风"改作风转为经常性的作风建设，形成作风建设新常态。

2. 始终保持反"四风"高压态势。要清醒地看到，教育实践活动取得的成效还是初步的，基础还不稳固。要采取有力措施抓好整改落实，防止曲终人散，使活动期间形成的反"四风"改作风良好势头戛然而止，改作风成为一阵风；防止束之高阁，对活动中作出的公开承诺、制定的整改措施不再过问、不再落实；防止推诿扯皮，对整改任务无单位认领或者虽认领了却不牵头沟通、有解决方案却迟迟没有行动；防止反弹反复，活动一过一切照旧，"四风"卷土重来。

3. 总结运用好教育实践活动宝贵经验。坚持教育与实践并重，一手抓"四风"整治，一手抓经常性教育；坚持问题导向，经常分析党员、干部作风状况和本地区本部门本单位群众反映强烈的"四风"问题，有什么问题就解决什么问题，什么问题突出就重点解决什么问题；坚持领导带头，牢牢抓住县处级以上领导机关、领导班子、领导干部这个重点，督促他们以上率下、作出示范、树立标杆；坚持最讲认真精神，严格标准不降格，严抓落实不懈怠，严肃执纪不手软；坚持开门改作风，经常听取群众意见建议，及时公布整改落实情况，自觉接受群众评价监督；坚持围绕中心、服务大局，以优良作风促进经济社会科学发展，以科学发展检验作风建设成效。

二、切实兑现承诺，持续深入
抓好整改落实

4. 认真落实整改任务。对领导班子整改方案和领导干部整改措施落实情况进行盘点分析,真实掌握整改落实的进展、效果和存在问题,有针对性地拿出对策。定期公开后续整改进展情况,群众认可一件、销号一件,绝不允许出现"烂尾工程"或"形象工程"。

5. 深入推进专项整治。各地区各部门各单位要扭住党中央确定的21项专项整治任务,进一步把责任明确到位、措施落实到位、问题解决到位。各牵头单位要成立专门工作班子,制定实施方案,细化分解具体任务,加强协调和调度;参与单位要按照职责分工,主动配合、抓好落实。专项整治工作纳入落实中央八项规定督促检查内容。

6. 上下联动推进整改。各行业系统要聚焦基层和群众反映强烈的政风行风问题,确定需要上下联动整改的重点项目,制定专门方案,上下互动、挂牌督办。各省区市党委要统筹抓好省、市、县三级联动整改,认真梳理基层需要上级牵头解决的问题,列出联动整改项目清单,明确责任单位和具体措施,抓好组织实施。

三、强化源头治理,健全和落实改进作风常态化制度

7. 切实加强制度建设。认真执行中央出台的《党政机关厉行节约反对浪费条例》等文件精神,针对存在问题,修订完善或制定相应配套措施,坚决防止上有政策下有对策、无视制度规定的行为。各地区各部门各单位要按照作风建设要求、

体现机关和干部管理规律、反映行业和领域特点，搞好制度承接，抓好新旧制度衔接，确保出台的每项制度行得通、有效果、管长久。

8. 围绕权力运行扎紧织密制度笼子。中央和国家机关要围绕规范权力运行，带头建立权力清单制度，梳理职权目录，厘清权力边界，依法公开权力运行流程。地方各级党政机关及其工作部门，要加快建立并公布本级权力清单，完善重大事项、重大决策民主协商和咨询制度，健全党务公开、政务公开和各领域办事公开制度。执法监管部门要针对权责交叉、多头执法、自由裁量权过大等问题，着力理顺执法体制、完善执法程序。窗口单位和服务行业要围绕改进服务态度、简化办事流程、提高服务效能，着力完善便民服务、高效服务、优质服务制度规定。国有企业要建立健全经营投资责任追究机制，完善企业管理人员薪酬制度，规范履职待遇和业务支出。高等学校要完善内部治理结构，健全考试招生制度，规范科研经费和设备管理办法。

9. 强化正风肃纪维护制度严肃性。加大制度执行监督检查力度，明确违规处理的具体办法，始终坚持对踩"红线"、闯"雷区"的零容忍，触犯法律的及时移交司法机关处理。坚持"一案双查"，既要追究当事人责任，也要追究监管领导责任，防止以集体责任代替个人责任。对顶风违纪、影响恶劣的典型案例，要指名道姓予以通报曝光。

四、严肃党内政治生活，坚决克服自由主义、
分散主义、好人主义、个人主义

10. 严格执行党内政治生活制度。各级领导班子要坚持民主集中制，完善并严格执行民主决策机制、集体领导与个人分工负责相结合的制度、请示报告制度。各级党组织要着力解决不按规定开展党内活动，党内生活质量不高、流于形式、难以发挥作用的问题，切实提高党内政治生活的政治性原则性战斗性。党员领导干部要严格执行双重组织生活会制度，既要认真参加领导班子民主生活会，又要以普通党员身份参加所在党支部的组织生活会。要坚持"三会一课"、民主评议党员、党员党性定期分析等制度，结合实际开展主题党日、警示教育等活动。结合年度考核，对各级领导班子和领导干部贯彻执行党内政治生活有关规定情况进行检查，各级领导班子要在自查基础上向上级党组织专题报告。

11. 用好批评和自我批评武器。要将开门听取意见、认真撰写对照检查材料并报上级审核把关、深入谈心交心、严肃开展批评、上级党组织点评并严格督导等有效做法固定下来，促进批评和自我批评常态化；按照教育实践活动专题民主生活会标准，切实开好 2014 年度领导干部民主生活会。基层党组织组织生活会要明确组织学习、谈心谈话征求意见、撰写简要对照检查材料、召开支部委员会开展批评和自我批评、召开党员大会进行民主评议等方法步骤，确保组织生活会有质量地召

开、党员都能参加。

12. 坚持党性原则基础上的团结。每一名党员、干部都必须站在党和人民立场上，坚持个人服从组织、少数服从多数、下级服从上级、全党服从中央，坚决维护中央权威，坚决维护党的集中统一。各级领导班子要大力提倡掏心见胆、并肩奋斗的真团结，领导班子成员要坚持大事讲原则、小事讲风格，多沟通、勤补台，正确处理权力行使、利益分配、沟通协调上的分歧，营造心往一处想、劲往一处使的生动局面。

五、充分发挥领导带头表率作用，继续保持 作风建设以上率下态势

13. 不断推进领导机关作风建设。各级党政机关要结合实际，持续开展作风建设专题活动，每年确定一个方面的作风问题，集中攻坚解决。全面推行机关联系基层、干部联系群众"双联系"制度，落实党员干部直接联系群众制度，开展在职党员到社区报到为群众服务工作。中央和地方机关工委牵头负责，继续开展机关作风和行风评议监督工作。

14. 加强领导班子领导干部作风教育。把作风教育纳入各级党委（党组）中心组学习和集体学习内容，每年至少集中开展一次专题学习。党员领导干部要联系思想、工作和作风建设实际，每年至少为基层党员、干部讲一次党课。各级党校、行政学院、干部学院要开设作风教育专门课程，各类主体班次都要把作风教育作为学员必修课。

15. 严格考核领导班子领导干部作风。坚持选拔看作风、考核考作风、监督管作风。建立领导班子领导干部作风状况定期分析机制，制定实施领导班子领导干部作风建设考核办法，把作风状况作为年度考核和干部考察重要内容，结合干部考察、工作检查、专项巡视、重点督查等方式，多渠道了解干部作风情况。

六、着力夯实基层基础，建强联系
群众组织体系、服务体系、
监督体系、保障体系

16. 加强基层服务型党组织建设。建立健全基层组织体系，强化基层党组织政治功能，充分发挥战斗堡垒作用。严把党员队伍入口、疏通出口，加强党员教育管理，稳妥有序处置不合格党员，推动党员立足本职岗位发挥先锋模范作用。继续整顿软弱涣散党组织，建立常态化机制，每年按一定比例倒排，滚动开展整顿。

17. 完善基层为民服务平台。强化县级行政服务中心、乡镇和街道一站式服务大厅、村和社区便民服务站点三级平台服务功能，推广为民服务全程代理、一站式服务、网络服务等做法。全面清理部门延伸到村、社区的公共事务，着力整改基层牌子多、检查评比多等问题。

18. 健全基层民主管理机制。在村和社区普遍推行"四议两公开"等民主管理制度。全面建立村务监督委员会，进一步规范监督内容、权限和程序，保证村级各项事务公开、公平、公正。

19. 推动人财物向基层倾斜。充实加强基层干部队伍，选派党政机关年轻干部到基层工作。认真落实基层党组织工作经费、服务群众专项经费、基层干部报酬待遇和基本养老医疗保险。注重从基层培养选拔干部，加大从村、社区干部和优秀大学生村官中考录公务员力度，适当提高基层干部待遇，逐步改善工作生活条件。建立健全市、县、乡党委书记基层党建工作三级联述联评联考机制，结合年度考核每年开展一次述职评议考核。

七、加强组织领导，落实作风建设各项责任

20. 明确作风建设责任。各级党委（党组）必须树立正确政绩观，把抓好党建作为最大政绩，切实做到真管真严、敢管敢严、长管长严。党委担负着抓作风建设的主体责任，党委（党组）书记担负着第一责任。各级党委（党组）要认真履职尽责，党委（党组）书记要成为从严治党的书记。对各级各部门党组织负责人特别是党委（党组）书记的考核，首先要看抓党建的实效，考核其他党员领导干部工作也要加大这方面的权重。

21. 形成作风建设合力。要充分发挥职能部门作用，明确和落实相关责任，形成作风建设齐抓共管的整体格局。要把思

想教育、纪律约束、监督查处融为一体,坚持正面教育与警示惩戒并重、立规与执纪并举、自律与他律结合,打好作风建设"组合拳"。要加强宣传和舆论引导工作,继续营造抓作风树新风的良好舆论氛围。

22. 加强作风建设督查。建立健全作风建设督查机制。2014 年年底,各级党委(党组)要结合年度工作总结,对整改落实情况进行一次"回头看"。2015 年适当时机,各地区各部门各单位要对整改落实工作以及巩固和拓展教育实践活动成果情况组织专项检查,党中央将进行专项检查。

领导干部干预司法活动、插手具体案件处理的记录、通报和责任追究规定

（中共中央办公厅、国务院办公厅，
2015 年 3 月）

第一条 为贯彻落实《中共中央关于全面推进依法治国若干重大问题的决定》有关要求，防止领导干部干预司法活动、插手具体案件处理，确保司法机关依法独立公正行使职权，根据宪法法律规定，结合司法工作实际，制定本规定。

第二条 各级领导干部应当带头遵守宪法法律，维护司法权威，支持司法机关依法独立公正行使职权。任何领导干部都不得要求司法机关违反法定职责或法定程序处理案件，都不得要求司法机关做有碍司法公正的事情。

第三条 对司法工作负有领导职责的机关，因履行职责需要，可以依照工作程序了解案件情况，组织研究司法政策，统筹协调依法处理工作，督促司法机关依法履行职责，为司法机关创造公正司法的环境，但不得对案件的证据采信、事实认定、司法裁判等作出具体决定。

第四条 司法机关依法独立公正行使职权，不得执行任何

领导干部违反法定职责或法定程序、有碍司法公正的要求。

第五条 对领导干部干预司法活动、插手具体案件处理的情况，司法人员应当全面、如实记录，做到全程留痕，有据可查。

以组织名义向司法机关发文发函对案件处理提出要求的，或者领导干部身边工作人员、亲属干预司法活动、插手具体案件处理的，司法人员均应当如实记录并留存相关材料。

第六条 司法人员如实记录领导干部干预司法活动、插手具体案件处理情况的行为，受法律和组织保护。领导干部不得对司法人员打击报复。非因法定事由，非经法定程序，不得将司法人员免职、调离、辞退或者作出降级、撤职、开除等处分。

第七条 司法机关应当每季度对领导干部干预司法活动、插手具体案件处理情况进行汇总分析，报送同级党委政法委和上级司法机关。必要时，可以立即报告。

党委政法委应当及时研究领导干部干预司法活动、插手具体案件处理的情况，报告同级党委，同时抄送纪检监察机关、党委组织部门。干预司法活动、插手具体案件处理的领导干部属于上级党委或者其他党组织管理的，应当向上级党委报告或者向其他党组织通报情况。

第八条 领导干部有下列行为之一的，属于违法干预司法活动，党委政法委按程序报经批准后予以通报，必要时可以向社会公开：

（一）在线索核查、立案、侦查、审查起诉、审判、执行等环节为案件当事人请托说情的；

（二）要求办案人员或办案单位负责人私下会见案件当事人或其辩护人、诉讼代理人、近亲属以及其他与案件有利害关系的人的；

（三）授意、纵容身边工作人员或者亲属为案件当事人请托说情的；

（四）为了地方利益或者部门利益，以听取汇报、开协调会、发文件等形式，超越职权对案件处理提出倾向性意见或者具体要求的；

（五）其他违法干预司法活动、妨碍司法公正的行为。

第九条 领导干部有本规定第八条所列行为之一，造成后果或者恶劣影响的，依照《中国共产党纪律处分条例》、《行政机关公务员处分条例》、《检察人员纪律处分条例（试行）》、《人民法院工作人员处分条例》、《中国人民解放军纪律条令》等规定给予纪律处分；造成冤假错案或者其他严重后果，构成犯罪的，依法追究刑事责任。

领导干部对司法人员进行打击报复的，依照《中国共产党纪律处分条例》、《行政机关公务员处分条例》、《检察人员纪律处分条例（试行）》、《人民法院工作人员处分条例》、《中国人民解放军纪律条令》等规定给予纪律处分；构成犯罪的，依法追究刑事责任。

第十条 司法人员不记录或者不如实记录领导干部干预司法活动、插手具体案件处理情况的，予以警告、通报批评；有两次以上不记录或者不如实记录情形的，依照《中国共产党纪律处分条例》、《行政机关公务员处分条例》、《检察人员纪律处分条例（试行）》、《人民法院工作人员处分条例》、《中国人民解放军纪律条令》等规定给予纪律处分。主管领导授意不记录或者不如实记录的，依纪依法追究主管领导责任。

第十一条 领导干部干预司法活动、插手具体案件处理的情况，应当纳入党风廉政建设责任制和政绩考核体系，作为考核干部是否遵守法律、依法办事、廉洁自律的重要依据。

第十二条 本规定所称领导干部，是指在各级党的机关、人大机关、行政机关、政协机关、审判机关、检察机关、军事机关以及公司、企业、事业单位、社会团体中具有国家工作人员身份的领导干部。

第十三条 本规定自 2015 年 3 月 18 日起施行。

推进领导干部能上能下
若干规定（试行）

（中共中央办公厅，2015 年 7 月）

第一条 为贯彻落实党中央关于全面从严治党要求，严明党的政治纪律和政治规矩，完善从严管理干部队伍制度体系，形成能上能下的选人用人机制，建设信念坚定、为民服务、勤政务实、敢于担当、清正廉洁的高素质干部队伍，根据《党政领导干部选拔任用工作条例》等党内法规和《中华人民共和国公务员法》等有关法律法规，制定本规定。

第二条 本规定所称推进领导干部能上能下，重点是解决干部能下问题。必须坚持党要管党、从严治党，坚持实事求是、公道正派，坚持人岗相适、人尽其才，坚持依法依规、积极稳妥，着力解决为官不正、为官不为、为官乱为等问题，促使领导干部自觉践行"三严三实"要求，推动形成能者上、庸者下、劣者汰的用人导向和从政环境。

第三条 本规定适用于中央和国家机关各部门、地方县级以上党政机关的领导干部。

乡（镇、街道）党政领导干部，参照本规定执行。

本规定主要规范对有关领导干部的组织调整。涉及违纪违法行为的，按照党的纪律规定和有关法律法规办理。

第四条 推进领导干部能上能下，既要严格执行干部到龄免职（退休）、任期届满离任等制度规定，又要加大问责追究、调整不适宜担任现职干部等的工作力度。

第五条 严格执行干部退休制度，干部达到任职年龄界限或者退休年龄界限的，应当按照有关规定程序办理免职（退休）手续。确因工作需要而延迟免职（退休）的，应当按照干部管理权限，由党委（党组）研究提出意见，报上一级党组织同意。

第六条 严格执行领导干部职务任期制度，任期年限、届数和最高任职年限，一般不得延长。加强任期内考核和管理，经考核认定不适宜继续任职的，应当中止任期、免去现职，不得以任期未满为由继续留任。干部任期内免职按照有关规定程序办理。

第七条 加大领导干部问责力度。除《关于实行党政领导干部问责的暂行规定》第五条所列情形外，具有下列情形之一的，也应当对有关领导干部实行问责：

（一）落实从严治党责任不力，贯彻党风廉政建设责任制不到位，本地区本部门本单位或者分管领域在较短时间内连续出现违纪违法问题的；

（二）法治观念淡薄，不依法办事，不按法定程序决策，或者依法应当及时作出决策但久拖不决，造成不良影响和后果的；

（三）抓作风建设不力，本地区本部门本单位或者分管领域形式主义、官僚主义、享乐主义和奢靡之风比较突出的；

（四）在干部选拔任用工作中任人唯亲、营私舞弊，本地区本部门本单位或者分管领域用人上不正之风比较突出的；

（五）对配偶、子女及其配偶和身边工作人员教育管理不严、约束不力，甚至默许其利用自身职权或者职务上的影响谋取不正当利益的。

发生上述情形的，对有关领导干部实行问责的方式包括责令公开道歉、停职检查、引咎辞职、责令辞职、免职。问责程序按照《关于实行党政领导干部问责的暂行规定》执行。

第八条 对不适宜担任现职的干部应当进行调整。不适宜担任现职，主要指干部的德、能、勤、绩、廉与所任职务要求不符，不宜在现岗位继续任职。

干部具有下列情形之一，经组织提醒、教育或者函询、诫勉没有改正，被认定为不适宜担任现职的，必须及时予以调整：

（一）不严格遵守党的政治纪律和政治规矩，不坚决执行党的基本路线和各项方针政策，不能在思想上政治上行动上同党中央保持高度一致的；

（二）理想信念动摇，在重大原则问题上立场不坚定，关键时刻经不住考验的；

（三）违背党的民主集中制原则，独断专行或者软弱涣散，拒不执行或者擅自改变党组织作出的决定，在领导班子中闹无原则纠纷的；

（四）组织观念淡薄，不执行重要情况请示报告制度，或者个人有关事项不如实填报甚至隐瞒不报的；

（五）违背中央八项规定精神，不严格遵守廉洁从政有关规定的；

（六）不敢担当、不负责任，为官不为、庸懒散拖，干部群众意见较大的；

（七）不能有效履行职责、按要求完成工作任务，单位工作或者分管工作处于落后状态，或者出现较大失误的；

（八）品行不端，违背社会公德、职业道德、家庭伦理道德，造成不良影响的；

（九）配偶已移居国（境）外，或者没有配偶但子女均已移居国（境）外，不适宜担任其所任职务的；

（十）其他不适宜担任现职的情形。

第九条 调整不适宜担任现职干部，一般按照以下程序进行：

（一）考察核实。综合分析年度考核、平时考核、任职考察、巡视、审计、个人有关事项报告抽查核实、民主评议、信访举报核实等情况，有针对性地考察核实，作出客观公正评价和准确认定。要注重听取群众反映、了解群众口碑，特别是听取工作对象、服务对象等相关人员的意见。

（二）提出调整建议。党委（党组）或者组织（人事）部门根据考察核实结果，对不适宜担任现职干部提出调整建议。调整建议包括调整原因、调整方式等内容。提出调整建议前，应当与干部本人谈话，说明调整理由，听取其陈述意见。

（三）组织决定。党委（党组）召开会议集体研究，作出调整决定。作出决定前，应当听取有关方面意见。

（四）谈话。党委（党组）负责同志或者组织（人事）部门负责同志与调整对象进行谈话，宣布组织决定，认真细致做好思想工作。

（五）按照有关规定履行任免程序。对选举和依法任免的干部，按照有关法律法规规定的程序进行。

干部本人对调整决定不服的，可以按照有关规定申请复核或者向上级组织（人事）部门提出申诉。复核、申诉期间不停止调整决定的执行。从干部调整岗位的次月起，调整其级别和工资待遇。

第十条 对不适宜担任现职干部，应当根据其一贯表现和工作需要，区分不同情形，采取调离岗位、改任非领导职务、免职、降职等方式予以调整。对非个人原因不能胜任现职岗位的，应当予以妥善安排。

第十一条 因不适宜担任现职调离岗位、改任非领导职务、免职的，一年内不得提拔；降职的，两年内不得提拔。影响期满后，对德才表现和工作实绩突出，因工作需要且经考察符合任职条件的，可以提拔任职。

第十二条 干部因健康原因，无法正常履行工作职责一年以上的，应当对其工作岗位进行调整。恢复健康后，参照原任职务层次作出安排。

第十三条 干部因违纪违法应当免职的，按照规定程序及时予以免职。

第十四条 在推进领导干部能上能下工作中，严明工作纪律，不得搞好人主义，不得避重就轻、以纪律处分规避组织调整或者以组织调整代替纪律处分，不得借机打击报复。

第十五条 建立健全推进领导干部能上能下工作责任制，党委（党组）承担主体责任，党委（党组）书记是第一责任人，组织（人事）部门承担具体工作责任。把推进领导干部能上能下作为全面从严治党、从严管理干部的重要内容，坚持原则、敢于负责，做到真管真严、敢管敢严、长管长严。加强对干部的日常了解，定期分析研判领导班子和干部队伍情况，对应当调整的干部及时作出调整。对调整下来的干部，给予关心帮助，有针对性地加强教育管理。正确把握政策界限，注意保护干部干事创业、改革创新的积极性，宽容改革探索中的失误。

第十六条 各级党委（党组）及其组织（人事）部门应当加强对推进领导干部能上能下工作的督促检查，了解掌握相关工作情况。对工作不力的，应当根据具体情况，严格追究党委（党组）及其组织（人事）部门主要负责人和相关人员的责任。

第十七条 各地区各部门党委（党组）可以依据本规定，结合自身实际，制定具体实施细则。

第十八条 本规定由中央组织部负责解释。

第十九条 本规定自 2015 年 7 月 19 日起施行。

党政领导干部生态环境损害责任追究办法（试行）

（中共中央办公厅、国务院办公厅，
2015 年 8 月）

第一条 为贯彻落实党的十八大和十八届三中、四中全会精神，加快推进生态文明建设，健全生态文明制度体系，强化党政领导干部生态环境和资源保护职责，根据有关党内法规和国家法律法规，制定本办法。

第二条 本办法适用于县级以上地方各级党委和政府及其有关工作部门的领导成员，中央和国家机关有关工作部门领导成员；上列工作部门的有关机构领导人员。

第三条 地方各级党委和政府对本地区生态环境和资源保护负总责，党委和政府主要领导成员承担主要责任，其他有关领导成员在职责范围内承担相应责任。

中央和国家机关有关工作部门、地方各级党委和政府的有关工作部门及其有关机构领导人员按照职责分别承担相应责任。

第四条 党政领导干部生态环境损害责任追究，坚持依法依规、客观公正、科学认定、权责一致、终身追究的原则。

第五条　有下列情形之一的，应当追究相关地方党委和政府主要领导成员的责任：

（一）贯彻落实中央关于生态文明建设的决策部署不力，致使本地区生态环境和资源问题突出或者任期内生态环境状况明显恶化的；

（二）作出的决策与生态环境和资源方面政策、法律法规相违背的；

（三）违反主体功能区定位或者突破资源环境生态红线、城镇开发边界，不顾资源环境承载能力盲目决策造成严重后果的；

（四）作出的决策严重违反城乡、土地利用、生态环境保护等规划的；

（五）地区和部门之间在生态环境和资源保护协作方面推诿扯皮，主要领导成员不担当、不作为，造成严重后果的；

（六）本地区发生主要领导成员职责范围内的严重环境污染和生态破坏事件，或者对严重环境污染和生态破坏（灾害）事件处置不力的；

（七）对公益诉讼裁决和资源环境保护督察整改要求执行不力的；

（八）其他应当追究责任的情形。

有上述情形的，在追究相关地方党委和政府主要领导成员责任的同时，对其他有关领导成员及相关部门领导成员依据职责分工和履职情况追究相应责任。

第六条 有下列情形之一的，应当追究相关地方党委和政府有关领导成员的责任：

（一）指使、授意或者放任分管部门对不符合主体功能区定位或者生态环境和资源方面政策、法律法规的建设项目审批（核准）、建设或者投产（使用）的；

（二）对分管部门违反生态环境和资源方面政策、法律法规行为监管失察、制止不力甚至包庇纵容的；

（三）未正确履行职责，导致应当依法由政府责令停业、关闭的严重污染环境的企业事业单位或者其他生产经营者未停业、关闭的；

（四）对严重环境污染和生态破坏事件组织查处不力的；

（五）其他应当追究责任的情形。

第七条 有下列情形之一的，应当追究政府有关工作部门领导成员的责任：

（一）制定的规定或者采取的措施与生态环境和资源方面政策、法律法规相违背的；

（二）批准开发利用规划或者进行项目审批（核准）违反生态环境和资源方面政策、法律法规的；

（三）执行生态环境和资源方面政策、法律法规不力，不按规定对执行情况进行监督检查，或者在监督检查中敷衍塞责的；

（四）对发现或者群众举报的严重破坏生态环境和资源的问题，不按规定查处的；

（五）不按规定报告、通报或者公开环境污染和生态破坏

（灾害）事件信息的；

（六）对应当移送有关机关处理的生态环境和资源方面的违纪违法案件线索不按规定移送的；

（七）其他应当追究责任的情形。

有上述情形的，在追究政府有关工作部门领导成员责任的同时，对负有责任的有关机构领导人员追究相应责任。

第八条　党政领导干部利用职务影响，有下列情形之一的，应当追究其责任：

（一）限制、干扰、阻碍生态环境和资源监管执法工作的；

（二）干预司法活动，插手生态环境和资源方面具体司法案件处理的；

（三）干预、插手建设项目，致使不符合生态环境和资源方面政策、法律法规的建设项目得以审批（核准）、建设或者投产（使用）的；

（四）指使篡改、伪造生态环境和资源方面调查和监测数据的；

（五）其他应当追究责任的情形。

第九条　党委及其组织部门在地方党政领导班子成员选拔任用工作中，应当按规定将资源消耗、环境保护、生态效益等情况作为考核评价的重要内容，对在生态环境和资源方面造成严重破坏负有责任的干部不得提拔使用或者转任重要职务。

第十条　党政领导干部生态环境损害责任追究形式有：诫勉、责令公开道歉；组织处理，包括调离岗位、引咎辞职、责令辞职、免职、降职等；党纪政纪处分。

组织处理和党纪政纪处分可以单独使用，也可以同时使用。

追责对象涉嫌犯罪的，应当及时移送司法机关依法处理。

第十一条 各级政府负有生态环境和资源保护监管职责的工作部门发现有本办法规定的追责情形的，必须按照职责依法对生态环境和资源损害问题进行调查，在根据调查结果依法作出行政处罚决定或者其他处理决定的同时，对相关党政领导干部应负责任和处理提出建议，按照干部管理权限将有关材料及时移送纪检监察机关或者组织（人事）部门。需要追究党纪政纪责任的，由纪检监察机关按照有关规定办理；需要给予诫勉、责令公开道歉和组织处理的，由组织（人事）部门按照有关规定办理。

负有生态环境和资源保护监管职责的工作部门、纪检监察机关、组织（人事）部门应当建立健全生态环境和资源损害责任追究的沟通协作机制。

司法机关在生态环境和资源损害等案件处理过程中发现有本办法规定的追责情形的，应当向有关纪检监察机关或者组织（人事）部门提出处理建议。

负责作出责任追究决定的机关和部门，一般应当将责任追究决定向社会公开。

第十二条 实行生态环境损害责任终身追究制。对违背科学发展要求、造成生态环境和资源严重破坏的，责任人不论是否已调离、提拔或者退休，都必须严格追责。

第十三条 政府负有生态环境和资源保护监管职责的工作部门、纪检监察机关、组织（人事）部门对发现本办法规定的追责情形应当调查而未调查，应当移送而未移送，应当追责而未追责的，追究有关责任人员的责任。

第十四条 受到责任追究的人员对责任追究决定不服的，可以向作出责任追究决定的机关和部门提出书面申诉。作出责任追究决定的机关和部门应当依据有关规定受理并作出处理。

申诉期间，不停止责任追究决定的执行。

第十五条 受到责任追究的党政领导干部，取消当年年度考核评优和评选各类先进的资格。

受到调离岗位处理的，至少一年内不得提拔；单独受到引咎辞职、责令辞职和免职处理的，至少一年内不得安排职务，至少两年内不得担任高于原任职务层次的职务；受到降职处理的，至少两年内不得提升职务。同时受到党纪政纪处分和组织处理的，按照影响期长的规定执行。

第十六条 乡（镇、街道）党政领导成员的生态环境损害责任追究，参照本办法有关规定执行。

第十七条 各省、自治区、直辖市党委和政府可以依据本办法制定实施细则。国务院负有生态环境和资源保护监管，职责的部门应当制定落实本办法的具体制度和措施。

第十八条 本办法由中央组织部、监察部负责解释。

第十九条 本办法自 2015 年 8 月 9 日起施行。

关于改革完善博士后制度的意见

（国务院办公厅，2015 年 11 月）

博士后制度是我国培养高层次创新型青年人才的一项重要制度，自 1985 年建立以来，培养了一批高层次创新型人才，取得了一批重要科研成果，为推动科技进步和经济社会发展作出了积极贡献。但与此同时，我国博士后制度还存在定位不够明确、设站单位主体作用发挥不足、培养质量有待提升、招收培养评价办法不够健全、国际化水平不高等问题。为深入实施人才优先发展战略，更好发挥博士后制度在培养高层次创新型青年人才、推动大众创业万众创新中的重要作用，经国务院同意，现提出以下意见：

一、总体要求

（一）指导思想。全面贯彻党的十八大和十八届二中、三中、四中、五中全会精神，按照党中央、国务院决策部署，牢固树立并切实贯彻创新、协调、绿色、开放、共享的发展理念，深入实施创新驱动发展战略和人才优先发展战略，推进人才发展体制改革和政策创新，以解决制约博士后事业发展的重大问题为导向，以提高博士后研究人员培养质量为核心，创新符合青年人才成长规律及博士后研究人员特点的管理制度，完善体制机制，健全服务体系，提升国际化水平，推动博士后事业科学发展。

（二）基本原则。

坚持问题导向，完善体制机制。把解决制约博士后事业发展的突出问题作为首要任务，明确博士后研究人员定位，完善考核奖励制度，巩固博士后制度独特优势，增强博士后制度吸引力。

坚持分类管理，着力提高质量。把提升博士后研究人员培养质量作为改革完善博士后制度的核心，强化设站单位和博士后合作导师在博士后研究人员培养中的作用，支持设站单位对博士后研究人员实施分类管理。紧密结合重大项目，加强研究工作的创新性，加大学术交流和国际交流力度，培养更多高层次创新型青年人才。

坚持服务发展，扶持创新创业。把扶持创新创业作为改革完善博士后制度的着力点，制定扶持政策，引导博士后研究人员到企业创新创业，把科研成果转化为生产力。

坚持以人为本，健全服务体系。把健全服务体系作为改革完善博士后制度的落脚点，建立博士后研究人员进出站工作服务协调机制，建设交流平台，充分发挥社会组织作用，为博士后研究人员提供更好的服务保障。

（三）主要目标。通过改革设站和招收方式，完善管理制度，加强培养考核，促进国际交流，充分发挥博士后制度在高校和科研院所人才引进中的重要作用、设站单位在博士后研究人员培养使用中的主体作用、博士后研究人员在科研团队中的骨干作用，推动博士后制度成为吸引、培养高层次青年人才的重要渠道。到 2020 年，重点高校、科研院所新进教学科研人员和国家重大科技项目中博士后研究人员比例有明显提高，外籍和留学回国博士后新进站人数进一步增加，人才吸引效应显著增强。

二、改革管理制度

（四）明确博士后研究人员定位。博士后研究人员作为国家有计划、有目的培养的高层次创新型青年人才，在站期间是具有流动性质的科研人员。博士后研究人员在站时间一般为 2 年，根据项目需要可在 2—4 年内灵活确定；对进站后承担国家重大科技项目的，应当根据项目资助期限和承担的任务及时调整在站时间，最长不超过 6 年。博士后研究人员享受设站单位职工待遇，设站单位应按单位性质与博士后研究人员签订事业单位聘用合同、企业劳动合同或工作协议，并按有关规定为博士后研究人员缴纳社会保险费。

（五）明确设站单位主体地位。充分发挥高校、科研院所、企业在博士后研究人员招收培养中的主体作用。博士后设站单位是对博士后研究人员进行管理的责任主体，负责研究制定具体管理办法，规范博士后研究人员进站程序，加强过程评价，严格出站考核，切实履行管理责任。改革博士后证书发放方式，除国家实施的博士后培养专项计划博士后证书由全国博士后管理委员会发放外，科研流动站博士后证书由设站单位发放，科研工作站博士后证书由省级人力资源社会保障部门发放。

（六）改进设站和培养方式。严格设站条件，严守设站程序，优化设站结构布局，适度控制设站规模，适当下放设站审批权限。开展博士后科研工作站独立招收试点和博士后科研流动站设站方式改革试点。加大对中小型高科技企业特别是民营中小型高科技企业设立博士后科研工作站的支持力度，下放园区类博士后科研工作站分站设站审批权限。在总结经验基础上，规范博士后科研流动站、科研工作站联合培养工作。

（七）全面推开分级管理。逐步健全国家、省（区、市）、设站单位三级管理体制。国家博士后工作管理部门负责制定全国博士后工作发展规划、政策法规、管理制度，组织实施国家重点项目、资助计划，开展设站审批、交流服务等工作。省级博士后工作管理部门负责制定本省（区、市）博士后工作管理实施细则，开展进出站管理、经费资助、评估考核、服务保障等工作。设站单位负责博士后研究人员的招收、培养、考核、管理、服务等具体工作。

三、完善管理办法

（八）完善招收办法。坚持博士后制度培养青年人才的基本方向，博士后申请者一般应为新近毕业的博士毕业生，年龄应在 35 周岁以下，申请进入企业博士后科研工作站或人文社会科学领域、人才紧缺基础薄弱的自然科学领域博士后科研流动站的，可适当放宽进站条件。设有国家重点科研基地、承担国家重大科技项目的非设站单位，备案后可以依托重大科技项目招收项目博士后。适当放开设站单位博士毕业生不得进入本单位同一个一级学科博士后科研流动站的限制。在职博士后研究人员应以高校、科研院所教学科研人员为主，并严格控制比例。不得招收党政机关领导干部在职进站从事博士后研究。

（九）健全培养及评价办法。完善博士后研究人员站内资助办法。博士后研究人员在站期间科研成果可作为在站或出站后评聘职称的依据。强化设站单位专家学术委员会在博士后进站遴选、中期考核、出站评定中的作用，发挥博士后合作导师在博士后研究人员招收、培养、考核、管理等方面的作用。建立以科研计划书为主要内容的培养制度，完善以创新性科研成果为核心评价标准的博士后绩效考核评价体系。支持设站单位对不同学科领域、不同研究类型的博士后研究人员实施分类培养、分类评价。

（十）畅通退出渠道。明确博士后研究人员退站条件和程序。建立博士后科研流动站、科研工作站与全国人才流动中心、各地人才流动服务机构的协调联动机制，由全国人才流动中心或各省（区、市）确定的人才流动服务机构按照人事档案管理规定接收保管退站、滞站博士后研究人员的人事档案。

四、提高培养质量

（十一）结合重点科研基地和项目培养。鼓励设站单位、备案的非设站单位依托国家重点科研基地或承担的国家重大科技项目招收培养博士后研究人员。鼓励设站单位围绕博士后研究人员组建科研创新团队。支持博士后研究人员参与国家重点领域、重大专项、前沿技术和重大科学研究计划。

（十二）加大交流力度。加大博士后国际交流计划实施力度，大力吸引海外博士来华（回国）从事博士后研究，加大博士后研究人员参加国际学术交流力度。支持有条件的地方、部门和设站单位设立博士后国际交流项目，与国际一流大学、科研院所等签订博士后研究人员交流协议，定期或不定期开展学术交流活动，进一步提升学术水平，深入推进全国博士后学术交流活动。

（十三）完善评估机制。加强博士后研究人员培养质量动态跟踪。对博士后科研流动站、科研工作站实施分类评估。综合评估工作每五年开展一次，对评估结果优秀的单位按有关规定给予表彰或表扬，对评估不合格的单位取消设站资格。指导地方建立实时、动态的评估体系，授权地方开展新设博士后科研流动站、科研工作站评估工作。

五、支持创新创业

（十四）积极推进科研成果转化。围绕实施创新驱动发展战略和国家区域发展总体战略、适应产业转型升级需要，统筹利用现有科技资源，依托现有创新示范中心和科研成果转化基地，大力支持博士后研究人员创新创业，促进科研成果转化。

（十五）完善创新创业激励政策。在站博士后研究人员按规定享受国家关于支持科技人员创新创业的激励政策。博士后研究人员按国家有关规定享受在站期间科研成果转化收益。鼓励符合条件的企业按照有关规定，通过股权、期权、分红等激励方式，调动博士后研究人员创新创业的积极性。

六、做好保障工作

（十六）完善博士后日常经费和科研经费投入机制。自 2015 年 8 月 1 日起，博士后研究人员日常经费标准由每人每年 5 万元提高到每人每年 8 万元。整合优化各项博士后人才培养计划，突出特色，提升效率。地方和设站单位可根据自身情况给予配套投入，支持有条件的地方设立博士后创业基金。设站单位投入博士后工作的经费中，用于研发新技术、新产品、新工艺的，按照国家税收有关规定，享受企业所得税税前加计扣除优惠。推进博士后公寓建设，鼓励地方和设站单位采取多种方式解决在站博士后研究人员周转住房问题。

（十七）鼓励社会资金投入。充分利用市场机制，采取鼓励政策措施，引导社会资金通过设立优秀博士后奖励基金、风险投资基金、产业引导基金等形式，支持博士后研究人员创新创业、资助创业孵化和科技成果转化，并获得相应的回报。

（十八）提升服务水平。建立国家与地方博士后研究人员进出站工作服务协调机制，推进博士后研究人员进出站"在线预审、一次办结"服务平台建设和使用，提高博士后研究人员进出站服务效率。为外籍来华博士后研究人员提供便利，按照在站时间办理签证、工作许可和居留手续。

（十九）建设交流平台。将全国博士后人才和科技项目交流信息服务系统纳入"金保工程"统筹建设，加强博士后人才、科技成果与用人单位和市场的信息沟通，提供相应的服务。实施自然科学、人文社会科学优秀博士后论著出版支持计划。发挥定期开展的博士后科技服务团作用，为中西部地区提供科技服务。支持地方政府、部门和社会组织搭建区域性博士后交流平台，推进博士后人才和科技项目对接。

（二十）发挥社会组织作用。支持博士后发起成立学术性社会组织，搭建学术交流平台。通过政府转移职能、购买服务等方式，支持社会组织为博士后科技研发、自主创新、人才培养等方面提供服务。

各地区和有关部门要充分认识改革完善博士后制度的重要意义，加强组织领导，密切协同配合，确保改革完善博士后制度的各项目标任务落实到位。

关于防止干部"带病提拔"的意见

（中共中央办公厅，2016 年 8 月）

为贯彻落实全面从严治党、从严管理干部的要求，进一步加强和改进干部选拔任用工作，不断提高选人用人质量，切实防止干部"带病提拔"，根据《党政领导干部选拔任用工作条例》、《中国共产党纪律处分条例》、《中国共产党问责条例》等党内法规和有关规定，现提出如下意见。

一、落实工作责任。各级党委（党组）对选人用人负主体责任，党委（党组）书记是第一责任人，组织人事部门和纪检监察机关分别承担直接责任和监督责任。要强化党组织领导和把关作用，坚持党管干部原则和好干部标准，落实"三严三实"要求，大力培养、大胆使用忠诚干净担当、谋改革促发展实绩突出的干部。党委（党组）在向上级党组织推荐报送拟提拔或进一步使用的人选时，要认真负责地对人选廉洁自律情况提出结论性意见，实行党委（党组）书记、纪委书记（纪检组组长）在意见上签字制度。考核评价党委（党组）和组织人事部门、纪检监察机关以及有关领导干部，要把履行选人用人职责情况作为重要内容。

二、深化日常了解。坚持经常性、近距离、有原则地广泛接触干部，深入了解干部的日常品行和表现，多渠道、多层次、多侧面识别干部。通过调研、平时考核、年度考核、任期考核、民主生活会、述职述廉等渠道，及时掌握干部的德才表现、重要情况和群众口碑，注重了解干部在重大事件、重要关头、关键时刻的表现。多与干部谈心谈话，改进谈话方法，提高谈话质量，观察干部的见识见解、禀性情怀、境界格局、道德品质和综合素质。健全完善日常联系通报机制，组织人事部门应当及时收集整理纪检监察、审计、信访、巡视、督导等执纪监督方面信息和网络舆情反映的干部有关情况，建立干部监督信息档案。

三、注重分析研判。充分运用日常了解掌握的情况，根据干部一贯表现，突出对政治品质、道德品行、作风表现、履行选人用人职责、廉洁自律等情况的综合分析，发现线索，查找问题。根据问题线索，及时对干部进行谈话或函询，认真调查核实情况。对干部有关问题及其性质、程度等进行会诊辨析、筛查甄别，作出判断。对现任党政正职、党政正职拟任人选、近期拟提拔或进一步使用人选、问题反映较多的干部要重点研判。开展经常性分析研判，党委（党组）书记应当注意听取研判情况汇报，并有针对性地参加专题研判，全面深入掌握干部情况。

四、加强动议审查。规范动议主体职责权限和程序，按照民主集中制原则，形成合理方案，提出符合好干部标准的人选。坚持先定规矩后议人选，按照以事择人、按岗选人的要

97

求，对领导班子优化方向、拟选拔职位资格条件和人选产生范围等进行充分酝酿，在此基础上比选择优，研究意向性人选。对纳入考虑范围的有关人选，提前审核其政治表现和廉洁自律等情况，充分听取有关方面意见，重视研究不同意见，认真进行分析，对有问题疑点经核实不影响使用的，可以列为意向性人选。积极探索领导班子成员在动议环节实名推荐干部办法和差额酝酿党政正职岗位人选办法。

五、强化任前把关。考察工作要突出针对性、增强灵活性、提高有效性，针对不同考察对象的具体情况，细化考察内容，改进考察方式，力争考察结果全面、客观、准确。选好配强考察工作人员，明确考察谈话保密与承诺责任，营造讲真话的氛围，提高考察质量。根据考察对象履历、家庭关系、社会背景等情况，抓住重要行为特征，有针对性地找知情人谈话。适当拉开考察与会议讨论的时间间隔，采取民意调查、专项调查、延伸考察、实地走访、家访等办法，广泛深入地了解干部。改进考察对象公示和任职前公示方式，探索扩大公示内容、范围和延长公示时间，充分接受干部群众监督。强化审核措施，做到干部档案"凡提必审"，个人有关事项报告"凡提必核"，纪检监察机关意见"凡提必听"，反映违规违纪问题线索具体、有可查性的信访举报"凡提必查"。前移审核关口，做到动议即审，该核早核。对发现问题影响使用的，及时中止选拔任用程序；疑点没有排除、问题没有查清的，不得提交会议讨论或任用。对一时存疑、暂未使用的干部，要本着高度负责的态度，及时查清问题、作出结论，为那些受到诬告、诽谤、陷害的干部澄清正名,严肃处理打击报复、诬告陷害行为。坚持事业为上、公道正派,保护作风过硬、敢作敢为、锐意进取的干部,对那些想干事、能干事、敢担当、善作为的干部要旗帜鲜明地撑腰鼓劲、大胆使用。

六、严格责任追究。充分发挥组织监督和群众监督作用,认真落实干部选拔任用工作纪实等各项监督制度,加强对干部选拔任用工作经常性监督检查。建立健全干部"带病提拔"问责机制,党委(党组)及组织人事部门、纪检监察机关按照职责权限,实行责任追究。要逐一检查动议、民主推荐、考察、讨论决定、任职等各个环节的主要工作和重要情况,甄别相关责任人的责任。对干部在政治品质、道德品行、廉洁自律等方面存在违规违纪行为影响使用,但由于领导不力、把关不严、考察不准、核查不认真,甚至故意隐瞒、执意提拔,造成干部"带病提拔"的,要按照有关规定,区别不同情况,严肃追究党委(党组)、组织人事部门、纪检监察机关、干部考察组主要负责人和有关领导干部及相关责任人的责任。凡因干部"带病提拔"造成恶劣影响的,连续出现或大面积出现干部"带病提拔"情况的,要追究党委(党组)主要负责人的责任。对干部"带病提拔"的典型案例,要及时进行通报。

关于新形势下
党内政治生活的若干准则

（2016 年 10 月 27 日中国共产党
第十八届中央委员会第六次全体会议通过）

办好中国的事情，关键在党，关键在党要管党、从严治党。党要管党必须从党内政治生活管起，从严治党必须从党内政治生活严起。

开展严肃认真的党内政治生活，是我们党的优良传统和政治优势。在长期实践中，我们党坚持把开展严肃认真的党内政治生活作为党的建设重要任务来抓，形成了以实事求是、理论联系实际、密切联系群众、批评和自我批评、民主集中制、严明党的纪律等为主要内容的党内政治生活基本规范，为巩固党的团结和集中统一、保持党的先进性和纯洁性、增强党的生机活力积累了丰富经验，为保证完成党在各个历史时期中心任务发挥了重要作用。

一九八〇年，党的十一届五中全会深刻总结历史经验特别是"文化大革命"的教训，制定了《关于党内政治生活的若干准则》，为拨乱反正、恢复和健全党内政治生活、推进党的建设发挥了重要作用，其主要原则和规定今天依然适用，要继续坚持。

新形势下，党内政治生活状况总体是好的。同时，一个时期以来，党内政治生活中也出现了一些突出问题，主要是：在一些党员、干部包括高级干部中，理想信念不坚定、对党不忠诚、纪律松弛、脱离群众、独断专行、弄虚作假、庸懒无为，个人主义、分散主义、自由主义、好人主义、宗派主义、山头主义、拜金主义不同程度存在，形式主义、官僚主义、享乐主义和奢靡之风问题突出，任人唯亲、跑官要官、买官卖官、拉票贿选现象屡禁不止，滥用权力、贪污受贿、腐化堕落、违法乱纪等现象滋生蔓延。特别是高级干部中极少数人政治野心膨胀、权欲熏心，搞阳奉阴违、结党营私、团团伙伙、拉帮结派、谋取权位等政治阴谋活动。这些问题，严重侵蚀党的思想道德基础，严重破坏党的团结和集中统一，严重损害党内政治生态和党的形象，严重影响党和人民事业发展。这就要求我们必须继续以改革创新精神加强党的建设，加强和规范党内政治生活，全面提高党的建设科学化水平。

党的十八大以来，以习近平同志为核心的党中央身体力行、率先垂范，坚定推进全面从严治党，坚持思想建党和制度治党紧密结合，集中整饬党风，严厉惩治腐败，净化党内政治生态，党内政治生活展现新气象，赢得了党心民心，为开创党和国家事业新局面提供了重要保证。

历史经验表明，我们党作为马克思主义政党，必须旗帜鲜明讲政治，严肃认真开展党内政治生活。为更好进行具有许多新的历史特点的伟大斗争、推进党的建设新的伟大工程、推进中国特色社会主义伟大事业，经受"四大考验"、克服"四种危险"，有必要制定一部新形势下党内政治生活的准则。

新形势下加强和规范党内政治生活，必须以党章为根本遵循，坚持党的政治路线、思想路线、组织路线、群众路线，着力增强党内政治生活的政治性、时代性、原则性、战斗性，着力增强党自我净化、自我完善、自我革新、自我提高能力，着力提高党的领导水平和执政水平、增强拒腐防变和抵御风险能力，着力维护党中央权威、保证党的团结统一、保持党的先进性和纯洁性，努力在全党形成又有集中又有民主、又有纪律又有自由、又有统一意志又有个人心情舒畅生动活泼的政治局面。

新形势下加强和规范党内政治生活，重点是各级领导机关和领导干部，关键是高级干部特别是中央委员会、中央政治局、中央政治局常务委员会的组成人员。高级干部特别是中央领导层组成人员必须以身作则，模范遵守党章党规，严守党的政治纪律和政治规矩，坚持不忘初心、继续前进，坚持率先垂范、以上率下，为全党全社会作出示范。

一、坚定理想信念

共产主义远大理想和中国特色社会主义共同理想，是中国共产党人的精神支柱和政治灵魂，也是保持党的团结统一的思想基础。必须高度重视思想政治建设，把坚定理想信念作为开展党内政治生活的首要任务。

理想信念动摇是最危险的动摇，理想信念滑坡是最危险的滑坡。全党同志必须把对马克思主义的信仰、对社会主义和共产主义的信念作为毕生追求，在改造客观世界的同时不断改造主观世界，解决好世界观、人生观、价值观这个"总开关"问题，不断增强政治定力，自觉成为共产主义远大理想和中国特色社会主义共同理想的坚定信仰者和忠实实践者；必须坚定对中国特色社会主义的道路自信、理论自信、制度自信、文化自信。领导干部特别是高级干部要以实际行动让党员和群众感受到理想信念的强大力量。

全体党员必须永远保持建党时中国共产党人的奋斗精神，把理想信念的坚定性体现在做好本职工作的过程中，自觉为推进中国特色社会主义事业而苦干实干，在胜利时和顺境中不骄傲不自满，在困难时和逆境中不消沉不动摇，经受住各种赞誉和诱惑考验，经受住各种风险和挑战考验，永葆共产党人政治本色。

坚定理想信念，必须加强学习。思想理论上的坚定清醒是政治上坚定的前提。全党必须毫不动摇坚持马克思主义指导思想，党的各级组织必须坚持不懈抓好理论武装，广大党员、干部特别是高级干部必须自觉抓好学习、增强党性修养。把马克思主义理论作为必修课，认真学习马克思列宁主义、毛泽东思想、邓小平理论、"三个代表"重要思想、科学发展观，认真学习习近平总书记系列重要讲话精神，认真学习党章党规，不断提高马克思主义思想觉悟和理论水平。系统掌握马克思主义基本原理，学会用马克思主义立场、观点、方法观察问题、分析问题、解决问题，特别是要聚焦现实问题，不断深化对共产党执政规律、社会主义建设规律、人类社会发展规律的认识。适应时代进步和事业发展要求，广泛学习经济、政治、文化、社会、生态文明以及哲学、历史、法律、科技、国防、国际等各方面知识，提高战略思维、创新思维、辩证思维、法治思维、底线思维能力，提高领导能力专业化水平。

坚持和创新党内学习制度。以党委（党组）中心组学习等制度为主要抓手，各级党组织要定期开展集体学习。党员、干部每年要完成规定的学习任务，领导干部要定期参加党校学习。坚持开展党内集中学习教育。各级党组织要加强督促检查，把学习情况作为领导班子和领导干部考核的重要内容。坚持中央领导同志作专题报告制度。健全党内重大思想理论问题分析研究和情况通报制度，强化互联网思想理论引导，把深层次思想理论问题讲清楚，帮助党员、干部站稳政治立场，分清是非界限，坚决抵制错误思想侵蚀。

二、坚持党的基本路线

党在社会主义初级阶段的基本路线是党和国家的生命线、人民的幸福线，也是党内政治生活正常开展的根本保证。必须全面贯彻执行党的基本路线，把以经济建设为中心同坚持四项基本原则、坚持改革开放这两个基本点统一于中国特色社会主义伟大实践，任何时候都不能有丝毫偏离和动摇。

全党必须毫不动摇坚持以经济建设为中心，聚精会神抓好发展这个党执政兴国的第一要务，坚持以人民为中心的发展思想，统筹推进"五位一体"总体布局和协调推进"四个全面"战略布局，坚持创新、协调、绿色、开放、共享的发展理念，努力提高发展质量和效益，不断提高人民生活水平，为实现"两个一百年"奋斗目标、实现中华民族伟大复兴的中国梦打下坚实物质基础。

全党必须毫不动摇坚持四项基本原则，根本是坚持党的领导，坚持中国特色社会主义道路、中国特色社会主义理论体系、中国特色社会主义制度、中国特色社会主义文化，做到头脑清醒、立场坚定，矢志不移坚持和发展中国特色社会主义。

全党必须毫不动摇坚持改革开放，发挥群众首创精神，勇于自我革命，勇于推进理论创新、实践创新、制度创新、文化创新以及其他各方面创新，坚定不移实施对外开放基本国策，决不能安于现状、墨守成规。新形势下，党领导人民全面深化改革，是为了推动中国特色社会主义制度自我完善和发展，推进国家治理体系和治理能力现代化，既不走封闭僵化的老路、也不走改旗易帜的邪路。

全党必须把坚持党的思想路线贯穿于执行党的基本路线全过程，坚持解放思想、实事求是、与时俱进、求真务实，坚持理论联系实际，一切从实际出发，在实践中检验真理和发展真理，既反对各种否定马克思主义的错误倾向，又破除对马克思主义的教条式理解。坚持从我国仍处于并将长期处于社会主义初级阶段这个基本国情出发，不断研究新情况、总结新经验、解决新问题，不断推进马克思主义中国化。

全党必须坚决捍卫党的基本路线，对否定党的领导、否定我国社会主义制度、否定改革开放的言行，对歪曲、丑化、否定中国特色社会主义的言行，对歪曲、丑化、否定党的历史、中华人民共和国历史、人民军队历史的言行，对歪曲、丑化、否定党的领袖和英雄模范的言行，对一切违背、歪曲、否定党的基本路线的言行，必须旗帜鲜明反对和抵制。

考察识别干部特别是高级干部必须首先看是否坚定不移贯彻党的基本路线。党员、干部特别是高级干部在大是大非面前不能态度暧昧，不能动摇基本政治立场，不能被错误言论所左右。当人民利益受到损害、党和国家形象受到破坏、党的执政地位受到威胁时，要挺身而出、亮明态度，主动坚决开展斗争。对在大是大非问题上没有立场、没有态度、无动于衷、置身事外，在错误言行面前不抵制、不斗争，明哲保身、当老好人等政治不合格的坚决不用，已在领导岗位的要坚决调整，情节严重的要严肃处理。

三、坚决维护党中央权威

坚决维护党中央权威、保证全党令行禁止，是党和国家前途命运所系，是全国各族人民根本利益所在，也是加强和规范党内政治生活的重要目的。必须坚持党员个人服从党的组织，少数服从多数，下级组织服从上级组织，全党各个组织和全体党员服从党的全国代表大会和中央委员会，核心是全党各个组织和全体党员服从党的全国代表大会和中央委员会。

坚持党的领导，首先是坚持党中央的集中统一领导。一个国家、一个政党，领导核心至关重要。全党必须牢固树立政治意识、大局意识、核心意识、看齐意识，自觉在思想上政治上行动上同党中央保持高度一致。党的各级组织、全体党员特别是高级干部都要向党中央看齐，向党的理论和路线方针政策看齐，向党中央决策部署看齐，做到党中央提倡的坚决响应、党中央决定的坚决执行、党中央禁止的坚决不做。

涉及全党全国性的重大方针政策问题，只有党中央有权作出决定和解释。各部门各地方党组织和党员领导干部可以向党中央提出建议，但不得擅自作出决定和对外发表主张。对党中央作出的决议和制定的政策如有不同意见，在坚决执行的前提下，可以向党组织提出保留意见，也可以按组织程序把自己的意见向党的上级组织直至党中央提出。

全党必须自觉服从党中央领导。全国人大、国务院、全国政协，中央纪律检查委员会，最高人民法院、最高人民检察院，中央和国家机关各部门，人民军队，各人民团体，各地方，各企事业单位、社会组织，其党组织都要不折不扣执行党中央决策部署。

全党必须严格执行重大问题请示报告制度。全国人大常委会、国务院、全国政协，中央纪律检查委员会，最高人民法院、最高人民检察院，中央和国家机关各部门，各人民团体，各省、自治区、直辖市，其党组织要定期向党中央报告工作。

研究涉及全局的重大事项或作出重大决定要及时向党中央请示报告，执行党中央重要决定的情况要专题报告。遇有突发性重大问题和工作中重大问题要及时向党中央请示报告，情况紧急必须临机处置的，要尽职尽力做好工作，并迅速报告。

省、自治区、直辖市党委在党中央领导下开展工作，同级各个组织中的党组织和领导干部要自觉接受同级党委领导、向同级党委负责，重大事项和重要情况及时向同级党委请示报告。

全党必须自觉防止和反对个人主义、分散主义、自由主义、本位主义。对党中央决策部署，任何党组织和任何党员都不准合意的执行、不合意的不执行，不准先斩后奏，更不准口是心非、阳奉阴违。属于部门和地方职权范围内的工作部署，要以贯彻党中央决策部署为前提，发挥积极性、主动性、创造性，但决不允许自行其是、各自为政，决不允许有令不行、有禁不止，决不允许搞上有政策、下有对策。

四、严明党的政治纪律

纪律严明是全党统一意志、统一行动、步调一致前进的重要保障，是党内政治生活的重要内容。必须严明党的纪律，把纪律挺在前面，用铁的纪律从严治党。

坚持纪律面前一律平等，遵守纪律没有特权，执行纪律没有例外，党内决不允许存在不受纪律约束的特殊组织和特殊党员。每一个党员对党的纪律都要心存敬畏、严格遵守，任何时候任何情况下都不能违反党的纪律。党的各级组织和全体党员要坚决同一切违反党的纪律的行为作斗争。

政治纪律是党最根本、最重要的纪律，遵守党的政治纪律是遵守党的全部纪律的基础。全党特别是高级干部必须严格遵守党的政治纪律和政治规矩。党员不准散布违背党的理论和路线方针政策的言论，不准公开发表违背党中央决定的言论，不准泄露党和国家秘密，不准参与非法组织和非法活动，不准制造、传播政治谣言及丑化党和国家形象的言论。党员不准搞封建迷信，不准信仰宗教，不准参与邪教，不准纵容和支持宗教极端势力、民族分裂势力、暴力恐怖势力及其活动。

党员、干部特别是高级干部不准在党内搞小山头、小圈子、小团伙，严禁在党内拉私人关系、培植个人势力、结成利益集团。对那些投机取巧、拉帮结派、搞团团伙伙的人，要严格防范，依纪依规处理。坚决防止野心家、阴谋家窃取党和国家权力。

党的各级组织和全体党员必须对党忠诚老实、光明磊落，说老实话、办老实事、做老实人，如实向党反映和报告情况，反对搞两面派、做"两面人"，反对弄虚作假、虚报浮夸，反对隐瞒实情、报喜不报忧。领导机关和领导干部不准以任何理由和名义纵容、唆使、暗示或强迫下级说假话。凡因弄虚作假、隐瞒实情给党和人民事业造成重大损失的，凡因弄虚作假、隐瞒实情骗取荣誉、地位、奖励或其他利益的，凡因纵容、唆使、暗示或强迫下级弄虚作假、隐瞒实情的，都要依纪依规严肃问责追责。对坚持原则、敢于说真话的同志，要给予支持、保护、鼓励。

党内不准搞拉拉扯扯、吹吹拍拍、阿谀奉承。对领导人的宣传要实事求是，禁止吹捧，禁止给领导人祝寿、送礼、发致敬函电，禁止在领导干部国内考察工作时组织迎送、张贴标语、敲锣打鼓、铺红地毯、举行宴会等。

党的各级组织必须担负起执行和维护政治纪律和政治规矩的责任，对违反政治纪律的行为要坚决批评制止，不能听之任之。党的各级组织和纪律检查机关要加强纪律执行情况的监督和检查，坚决防止和纠正执行纪律宽松软的问题。

五、保持党同人民群众的血肉联系

人民立场是党的根本政治立场，人民群众是党的力量源泉。我们党来自人民，失去人民拥护和支持，党就会失去根基。必须把坚持全心全意为人民服务的根本宗旨、保持党同人民群众的血肉联系作为加强和规范党内政治生活的根本要求。

全党必须牢固树立人民群众是历史创造者的历史唯物主义观点，站稳群众立场，增进群众感情。党的各级组织、全体党员特别是各级领导机关和领导干部要贯彻党的群众路线，做到一切为了群众，一切依靠群众，从群众中来，到群众中去，为群众办实事、解难事，当好人民公仆。坚持问政于民、问需于民、问计于民，决不允许在群众面前自以为是、盛气凌人，决不允许当官做老爷、漠视群众疾苦，更不允许欺压群众、损害和侵占群众利益。改进和创新联系群众方法，建立和完善民意调查等制度，利用传统媒体和互联网等各种渠道了解社情民意，倾听群众呼声，密切党群干群关系，把对上负责和对下负责一致起来，着力实现好、维护好、发展好最广大人民根本利益。

全党必须坚决反对形式主义、官僚主义、享乐主义和奢靡之风，领导干部特别是高级干部要以身作则。反对形式主义，重在解决作风飘浮、工作不实，文山会海、表面文章，贪图虚名、弄虚作假等问题。反对官僚主义，重在解决脱离实际、脱离群众，消极应付、推诿扯皮，作风霸道、迷恋特权等问题。反对享乐主义，重在解决追名逐利、贪图享受，讲究排场、玩物丧志等问题。反对奢靡之风，重在解决铺张浪费、挥霍无度，骄奢淫逸、腐化堕落等问题。坚持抓常、抓细、抓长，特别是要防范和查处各种隐性、变异的"四风"问题，把落实中央八项规定精神常态化、长效化。

党的各级组织、全体党员特别是领导干部必须提高做群众工作能力，既服务群众又带领群众坚定不移贯彻落实党的理论和路线方针政策，把党的主张变为群众的自觉行动，引领群众听党话、跟党走。坚决反对命令主义，坚决反对"尾巴主义"，不允许为了个人政绩、选票和形象脱离实际随意决策、随便许愿。

坚持领导干部调查研究、定期接待群众来访、同干部群众谈心、群众满意度测评等制度。各级领导干部必须深入实际、深入基层、深入群众，多到条件艰苦、情况复杂、矛盾突出的地方解决问题，千方百计为群众排忧解难。领导干部下基层要接地气，轻车简从，了解实情，督查落实，解决问题，坚决反对作秀、哗众取宠。对一切搞劳民伤财的"形象工程"和"政绩工程"的行为，要严肃问责追责，依纪依法处理。在应对重大安全事件、重大突发事件、重大自然灾害事件等事件中，领导干部必须深入一线、靠前指挥，及时协调解决突出问题，及时回应社会关切。

党员、干部必须顾全大局，自觉维护社会和谐稳定，遇到涉及自身利益和局部利益的问题应该通过正常渠道向上级反映，积极主动做好化解社会矛盾、防控社会风险工作，不准组织、参与、纵容扰乱社会秩序的非法活动。

六、坚持民主集中制原则

民主集中制是党的根本组织原则，是党内政治生活正常开展的重要制度保障。坚持集体领导制度，实行集体领导和个人分工负责相结合，是民主集中制的重要组成部分，必须始终坚持，任何组织和个人在任何情况下都不允许以任何理由违反这项制度。

各级党委（党组）必须坚持集体领导制度。凡属重大问题，要按照集体领导、民主集中、个别酝酿、会议决定的原则，由集体讨论、按少数服从多数作出决定，不允许用其他形式取代党委及其常委会（或党组）的领导。落实党委常委会（或党组）议事规则和决策程序，健全常委会向全委会定期报告工作并接受监督制度，坚决反对和防止独断专行或各自为政，坚决反对和防止议而不决、决而不行、行而不实，坚决反对和防止以党委集体决策名义集体违规。各级党委（党组）要善于观大势、抓大事、管全局，及时发现和解决矛盾和难题，不上推下卸，不留后遗症。建立上级组织在作出同下级组织有关重要决策前征求下级组织意见的制度。

领导班子成员必须增强全局观念和责任意识，在研究工作时充分发表意见，决策形成后一抓到底，不得违背集体决定自作主张、自行其是。坚决反对和纠正当面不说、背后乱说，会上不说、会后乱说，当面一套、背后一套等错误言行。坚持讲原则、讲规矩，共同维护坚持党性原则基础上的团结。

党委（党组）主要负责同志必须发扬民主、善于集中、敢于担责。在研究讨论问题时要把自己当成班子中平等的一员，充分发扬民主，严格按程序决策、按规矩办事，注意听取不同意见，正确对待少数人意见，不能搞一言堂甚至家长制。支持班子成员在职责范围内独立负责开展工作，坚决防止和克服名为集体领导、实际上个人或少数人说了算，坚决防止和克服名为集体负责、实际上无人负责。

领导班子成员必须坚决执行党组织决定，如有不同意见，可以保留或向上一级党组织提出，但在上级或本级党组织改变决定以前，除执行决定会立即引起严重后果等紧急情况外，必须无条件执行已作出的决定。

领导班子成员分工按规定向上级党委报备，无正当理由、未向上级党委报备不得调整。领导干部要自觉服从组织分工安排，任何人都不能向组织讨价还价、不服从组织安排。领导干部不准把分管工作、分管领域和地方当作"私人领地"，不准搞独断专行。

在党的工作和活动中，该以组织名义出面不能以个人名义出面，该由集体研究不能个人擅自表态，不允许用个人主张代替党组织的主张、用个人决定代替党组织的决定。

七、发扬党内民主和保障党员权利

党内民主是党的生命，是党内政治生活积极健康的重要基础。要坚持和完善党内民主各项制度，提高党内民主质量，党内决策、执行、监督等工作必须执行党章党规确定的民主原则和程序，任何党组织和个人都不得压制党内民主、破坏党内民主。

中央委员会、中央政治局、中央政治局常务委员会和党的各级委员会作出重大决策部署，必须深入开展调查研究，广泛听取各方面意见和建议，凝聚智慧和力量，做到科学决策、民主决策、依法决策。

必须尊重党员主体地位、保障党员民主权利，落实党员知情权、参与权、选举权、监督权，保障全体党员平等享有党章规定的党员权利、履行党章规定的党员义务，坚持党内民主平等的同志关系，党内一律称同志。任何党组织和党员不得侵害党员民主权利。

畅通党员参与讨论党内事务的途径，拓宽党员表达意见渠道，营造党内民主讨论的政治氛围。健全党内重大决策论证评估和征求意见等制度。党的各级组织对重大决策和重大问题应该采取多种方式征求党员意见，党员有权在党的会议上发表不同意见，对党的决议和政策如有不同意见，在坚决执行的前提下，可以声明保留，并且可以把自己的意见向党的上级组织直至党中央提出。推进党务公开，发展和用好党务公开新形式，使党员更好了解和参与党内事务。

党内选举必须体现选举人意志，规范和完善选举制度规则。党的任何组织和个人不得以任何方式妨碍选举人依照规定自主行使选举权，坚决反对和防止侵犯党员选举权和被选举权的现象，坚决防止和查处拉票贿选等行为。

坚持党的代表大会制度。未经批准不得提前或延期召开党的代表大会。落实党代表大会代表任期制，实行代表提案制，健全代表参与重大决策、参加重要干部推荐和民主评议、列席党委有关会议、联系党员群众等制度。更好发挥党的地方各级委员会及委员作用。健全党内情况通报制度、情况反映制度，畅通党员表达意见、要求撤换不称职基层党组织领导班子成员的渠道。按期进行党的基层委员会、总支部和支部委员会换届。

党员有权向党负责地揭发、检举党的任何组织和任何党员违纪违法的事实，提倡实名举报。党员有权在党的会议上有根据地批评党的任何组织和任何党员。党组织既要严肃处理对举报者的歧视、刁难、压制行为特别是打击报复行为，又要严肃追查处理诬告陷害行为。对受到诽谤、诬告、严重失实举报的党员，党组织要及时为其澄清和正名。要保障党员申辩、申诉等权利。对执纪中的过错或违纪行为，要依规及时纠正、消除影响并追究有关组织和人员的责任。

八、坚持正确选人用人导向

坚持正确选人用人导向，是严肃党内政治生活的组织保证。必须严格标准、健全制度、完善政策、规范程序，使选出来的干部组织放心、群众满意、干部服气。

选拔任用干部必须坚持党章规定的干部条件，坚持德才兼备、以德为先，坚持五湖四海、任人唯贤，坚持信念坚定、为民服务、勤政务实、敢于担当、清正廉洁的好干部标准。把公道正派作为干部工作核心理念贯穿选人用人全过程，做到公道对待干部、公平评价干部、公正使用干部。

选人用人必须强化党组织的领导和把关作用，落实干部选拔任用工作纪实制度，确保每个环节都规范操作。组织部门要严格按政策、原则、制度办事，实事求是考察评价干部，敢于为干部说公道话，敢于抵制选人用人中的违规行为，形成能者上、庸者下、劣者汰的选人用人导向。加强选人用人监督问责，对用人失察失误的严肃追究责任。

党的各级组织必须自觉防范和纠正用人上的不正之风和种种偏向。坚决禁止跑官要官、买官卖官、拉票贿选等行为，坚决禁止向党伸手要职务、要名誉、要待遇行为，坚决禁止向党组织讨价还价、不服从组织决定的行为。坚决纠正唯票、唯分、唯生产总值、唯年龄等取人偏向，坚决克服由少数人在少数人中选人的倾向。领导干部要带头执行党的干部政策，不准任人唯亲、搞亲亲疏疏，不准封官许愿、跑风漏气、收买人心，不准个人为干部提拔任用打招呼、递条子。领导干部不得干预曾经工作生活过的地方、曾经工作过的单位和不属于自己分管领域的干部选拔任用工作，有关地方和单位党组织要抵制这种违反党的组织原则的行为。

任何人都不准把党的干部当作私有财产，党内不准搞人身依附关系。领导干部特别是高级干部不能搞家长制，要求别人唯命是从，特别是不能要求下级办违反党纪国法的事情；下级应该抵制上级领导干部的这种要求并向更上级党组织直至党中央报告，不应该对上级领导干部无原则服从。规范和纯洁党内同志交往，领导干部对党员不能颐指气使，党员对领导干部不能阿谀奉承。

干部是党的宝贵财富，必须既严格教育、严格管理、严格监督，又在政治上、思想上、工作上、生活上真诚关爱，鼓励干部干事创业、大胆作为。

建立容错纠错机制，宽容干部在工作中特别是改革创新中的失误。坚持惩前毖后、治病救人，正确对待犯错误的干部，帮助其认识和改正错误。不得混淆干部所犯错误性质或夸大错误程度对干部作出不适当的处理，不得利用干部所犯错误泄私愤、打击报复。

党的各级组织和领导干部必须牢记空谈误国、实干兴邦，践行正确政绩观，发扬钉钉子精神，力戒空谈，察实情、出实招、办实事、求实效，做到守土尽责。各级领导干部要无私无畏，做到面对矛盾敢于迎难而上，面对危险敢于挺身而出，面对失误敢于承担责任。党的各级组织要旗帜鲜明为敢于担当的干部担当，为敢于负责的干部负责。对不担当、不作为、敷衍塞责的干部要严肃批评，必要时给予组织处理或党纪处分；对失职渎职的要严肃问责，造成严重后果的要严肃追责，依纪依法处理。

九、严格党的组织生活制度

党的组织生活是党内政治生活的重要内容和载体，是党组织对党员进行教育管理监督的重要形式。必须坚持党的组织生活各项制度，创新方式方法，增强党的组织生活活力。

全体党员、干部特别是高级干部必须增强党的意识，时刻牢记自己第一身份是党员。任何党员都不能游离于党的组织之外，更不能凌驾于党的组织之上。每个党员无论职务高低，都要参加党的组织生活。党组织要严格执行组织生活制度，确保党的组织生活经常、认真、严肃。

坚持"三会一课"制度。党员必须参加党员大会、党小组会和上党课，党支部要定期召开支部委员会会议。"三会一课"要突出政治学习和教育，突出党性锻炼，坚决防止表面化、形式化、娱乐化、庸俗化。领导干部要以普通党员身份参加所在党支部或党小组的组织生活，坚持党员领导干部讲党课制度。每个党员都要按规定自觉交纳党费，党费使用和管理要公开透明。

坚持民主生活会和组织生活会制度。会前要广泛听取意见、深入谈心交心，会上要认真查摆问题、深刻剖析根源、明确整改方向，会后要逐一整改落实。上级党组织领导班子成员定期、随机参加下级党组织领导班子民主生活会和组织生活会，发现问题及时纠正。中央政治局带头开好民主生活会。

坚持谈心谈话制度。党组织领导班子成员之间、班子成员和党员之间、党员和党员之间要开展经常性的谈心谈话，坦诚相见，交流思想，交换意见。领导干部要带头谈，也要接受党员、干部约谈。

坚持对党员进行民主评议。督促党员对照党章规定的党员标准、对照入党誓词、联系个人实际进行党性分析，强化党员意识、增强党的观念、提高党性修养。对党性不强的党员，及时进行批评教育，限期改正；经教育仍无转变的，应劝其退党或除名。

领导干部必须强化组织观念，工作中重大问题和个人有关事项必须按规定按程序向组织请示报告，离开岗位或工作所在地要事先向组织请示报告。对无正当理由不按时报告、不如实报告或隐瞒不报的，要严肃处理。

十、开展批评和自我批评

批评和自我批评是我们党强身治病、保持肌体健康的锐利武器，也是加强和规范党内政治生活的重要手段。必须坚持不懈把批评和自我批评这个武器用好。

批评和自我批评必须坚持实事求是，讲党性不讲私情、讲真理不讲面子，坚持"团结——批评——团结"，按照"照镜子、正衣冠、洗洗澡、治治病"的要求，严肃认真提意见，满腔热情帮同志，决不能把自我批评变成自我表扬、把相互批评变成相互吹捧。

党员、干部必须严于自我解剖，对发现的问题要深入剖析原因，认真整改。对待批评要有则改之、无则加勉，不能搞无原则的纷争。

批评必须出于公心，不主观武断，不发泄私愤。坚决反对事不关己、高高挂起，明知不对、少说为佳的庸俗哲学和好人主义，坚决克服文过饰非、知错不改等错误倾向。

党的领导机关和领导干部对各种不同意见都必须听取，鼓励下级反映真实情况。党内工作会议的报告、讲话以及各类工作总结，上级机关和领导干部检查指导工作，既要讲成绩和经验，又要讲问题和不足；既要注重解决问题，又要从问题中反思自身工作和领导责任。

领导干部特别是高级干部必须带头从谏如流、敢于直言，以批评和自我批评的示范行动引导党员、干部打消自我批评怕丢面子、批评上级怕穿小鞋、批评同级怕伤和气、批评下级怕丢选票等思想顾虑。把发现和解决自身问题的能力作为考核评价领导班子的重要依据。

十一、加强对权力运行的制约和监督

监督是权力正确运行的根本保证，是加强和规范党内政治生活的重要举措。必须加强对领导干部的监督，党内不允许有不受制约的权力，也不允许有不受监督的特殊党员。

完善权力运行制约和监督机制，形成有权必有责、用权必担责、滥权必追责的制度安排。实行权力清单制度，公开权力运行过程和结果，健全不当用权问责机制，把权力关进制度笼子，让权力在阳光下运行。

党的各级组织和领导干部必须在宪法法律范围内活动，增强法治意识、弘扬法治精神，自觉按法定权限、规则、程序办事，决不能以言代法、以权压法、徇私枉法，决不能违规干预司法。

营造党内民主监督环境，畅通党内民主监督渠道。党的各级组织和全体党员要增强监督意识，既履行监督责任，又接受各方面监督。

党内监督必须突出党的领导机关和领导干部特别是主要领导干部。领导干部要正确对待监督，主动接受监督，习惯在监督下开展工作，决不能拒绝监督、逃避监督。

领导干部特别是高级干部必须加强自律、慎独慎微，自觉检查和及时纠正在行使权力、廉政勤政方面存在的问题，做到可以行使的权力按规则正确行使，该由上级组织行使的权力下级组织不能行使，该由领导班子集体行使的权力班子成员个人不能擅自行使，不该由自己行使的权力决不能行使。

对涉及违纪违法行为的举报，对党员反映的问题，任何党组织和领导干部都不准隐瞒不报、拖延不办。涉及所反映问题的领导干部应该回避，不准干预或插手组织调查。

党员、干部反映他人的问题，应该出于党性，通过党内正常渠道实名进行，不准散布小道消息，不准散发匿名信，不准诬告陷害等。对通过正常渠道反映问题的党员，任何组织和个人都不准打击报复，不准擅自进行追查，不准采取调离工作岗位、降格使用等惩罚措施。

坚持授权者要负责监督，发现问题要及时处置。强化上级组织对下级组织特别是主要领导干部行使权力的监督，防止权力失控和滥用。

对党组织和党员、干部行使权力进行监督，必须依纪依法进行。纪检监察、司法机关严格依纪依法按程序对涉嫌严重违纪违法行为进行调查。任何组织和个人不得自行决定或受指使对党员、干部采取非法调查手段。对违反规定的，要严肃追究纪律和法律责任。

十二、保持清正廉洁的政治本色

建设廉洁政治，坚决反对腐败，是加强和规范党内政治生活的重要任务。必须筑牢拒腐防变的思想防线和制度防线，着力构建不敢腐、不能腐、不想腐的体制机制，保持党的肌体健康和队伍纯洁。

各级领导干部必须严以修身、严以用权、严以律己，谋事要实、创业要实、做人要实，经得起权力、金钱、美色考验，用党和人民赋予的权力为人民服务。

领导干部特别是高级干部必须带头践行社会主义核心价值

观，继承和发扬党的优良传统和作风，弘扬中华民族传统美德，讲修养、讲道德、讲诚信、讲廉耻，养成共产党人的高风亮节，自觉远离低级趣味。

各级领导干部是人民公仆，没有搞特殊化的权利。中央政治局要带头执行中央八项规定。各级领导干部特别是高级干部要坚持立党为公、执政为民，坚持公私分明、先公后私、克己奉公，带头保持谦虚、谨慎、不骄、不躁的作风，保持艰苦奋斗的作风，带头执行廉洁自律准则，自觉同特权思想和特权现象作斗争，不准利用权力为自己和他人谋取私利，禁止违反财经制度批钱批物批项目，禁止用各种借口或巧立名目侵占、挥霍国家和集体财物，禁止违反规定提高干部待遇标准。

领导干部特别是高级干部必须注重家庭、家教、家风，教育管理好亲属和身边工作人员。严格执行领导干部个人有关事项报告制度，进一步规范领导干部配偶子女从业行为。禁止利用职权或影响力为家属亲友谋求特殊照顾，禁止领导干部家属亲友插手领导干部职权范围内的工作、插手人事安排。各级领导班子和领导干部对来自领导干部家属亲友的违规干预行为要坚决抵制，并将有关情况报告党组织。

全体党员、干部特别是高级干部必须拒腐蚀、永不沾，坚决同消极腐败现象作斗争，坚决抵制潜规则，自觉净化社交圈、生活圈、朋友圈，决不能把商品交换那一套搬到党内政治生活和工作中来。党的各级组织要担负起反腐倡廉政治责任，坚持有腐必反、有贪必肃，坚持"老虎"、"苍蝇"一起打，坚持无禁区、全覆盖、零容忍，党内决不允许有腐败分子藏身之地。

加强和规范党内政治生活是全党的共同任务，必须全党一起动手。各级党委（党组）要全面履行加强和规范党内政治生活的领导责任，着力解决突出问题，建立健全党内政治生活制度体系，把加强和规范党内政治生活各项任务落到实处。深入开展党内政治生活准则宣传教育，把党内政治生活准则列为党员、干部教育培训的必修内容。

落实党委主体责任和纪委监督责任，强化责任追究。党委（党组）主要负责人要认真履行第一责任人责任。党的各级组织要强化对党内政治生活准则落实情况的督促检查，建立健全问责机制，上级党组织要加强对下级党组织的指导监督检查，各级组织部门和机关党组织要加强日常管理，各级纪律检查机关要严肃查处违反党内政治生活准则的各种行为。

加强和规范党内政治生活，要从中央委员会、中央政治局、中央政治局常务委员会做起。高级干部要清醒认识自己岗位对党和国家的特殊重要性，职位越高越要自觉按照党提出的标准严格要求自己，越要做到党性坚强、党纪严明，做到对党始终忠诚、永不叛党。制定高级干部贯彻落实本准则的实施意见，指导和督促高级干部在遵守和执行党内政治生活准则上作全党表率。

全面从严治党永远在路上。全党要坚持不懈努力，共同营造风清气正的政治生态，确保党始终成为中国特色社会主义事业的坚强领导核心。

中国共产党党内监督条例

（2016 年 10 月 27 日中国共产党第十八届
中央委员会第六次全体会议通过）

第一章　总　　则

第一条　为坚持党的领导，加强党的建设，全面从严治党，强化党内监督，保持党的先进性和纯洁性，根据《中国共产党章程》，制定本条例。

第二条　党内监督以马克思列宁主义、毛泽东思想、邓小平理论、"三个代表"重要思想、科学发展观为指导，深入贯彻习近平总书记系列重要讲话精神，围绕统筹推进"五位一体"总体布局和协调推进"四个全面"战略布局，尊崇党章，依规治党，坚持党内监督和人民群众监督相结合，增强党在长期执政条件下自我净化、自我完善、自我革新、自我提高能力，确保党始终成为中国特色社会主义事业的坚强领导核心。

第三条　党内监督没有禁区、没有例外。信任不能代替监督。各级党组织应当把信任激励同严格监督结合起来，促使党的领导干部做到有权必有责、有责要担当、用权受监督、失责必追究。

第四条 党内监督必须贯彻民主集中制，依规依纪进行，强化自上而下的组织监督，改进自下而上的民主监督，发挥同级相互监督作用。坚持惩前毖后、治病救人，抓早抓小、防微杜渐。

第五条 党内监督的任务是确保党章党规党纪在全党有效执行，维护党的团结统一，重点解决党的领导弱化、党的建设缺失、全面从严治党不力，党的观念淡漠、组织涣散、纪律松弛，管党治党宽松软问题，保证党的组织充分履行职能、发挥核心作用，保证全体党员发挥先锋模范作用，保证党的领导干部忠诚干净担当。

党内监督的主要内容是：

（一）遵守党章党规，坚定理想信念，践行党的宗旨，模范遵守宪法法律情况；

（二）维护党中央集中统一领导，牢固树立政治意识、大局意识、核心意识、看齐意识，贯彻落实党的理论和路线方针政策，确保全党令行禁止情况；

（三）坚持民主集中制，严肃党内政治生活，贯彻党员个人服从党的组织，少数服从多数，下级组织服从上级组织，全党各个组织和全体党员服从党的全国代表大会和中央委员会原则情况；

（四）落实全面从严治党责任，严明党的纪律特别是政治纪律和政治规矩，推进党风廉政建设和反腐败工作情况；

（五）落实中央八项规定精神，加强作风建设，密切联系群众，巩固党的执政基础情况；

（六）坚持党的干部标准，树立正确选人用人导向，执行干部选拔任用工作规定情况；

（七）廉洁自律、秉公用权情况；

（八）完成党中央和上级党组织部署的任务情况。

第六条 党内监督的重点对象是党的领导机关和领导干部特别是主要领导干部。

第七条 党内监督必须把纪律挺在前面，运用监督执纪"四种形态"，经常开展批评和自我批评、约谈函询，让"红红脸、出出汗"成为常态；党纪轻处分、组织调整成为违纪处理的大多数；党纪重处分、重大职务调整的成为少数；严重违纪涉嫌违法立案审查的成为极少数。

第八条 党的领导干部应当强化自我约束，经常对照党章检查自己的言行，自觉遵守党内政治生活准则、廉洁自律准则，加强党性修养，陶冶道德情操，永葆共产党人政治本色。

第九条 建立健全党中央统一领导，党委（党组）全面监督，纪律检查机关专责监督，党的工作部门职能监督，党的基层组织日常监督，党员民主监督的党内监督体系。

第二章 党的中央组织的监督

第十条 党的中央委员会、中央政治局、中央政治局常务委员会全面领导党内监督工作。中央委员会全体会议每年听取中央政治局工作报告，监督中央政治局工作，部署加强党内监督的重大任务。

第十一条　中央政治局、中央政治局常务委员会定期研究部署在全党开展学习教育，以整风精神查找问题、纠正偏差；听取和审议全党落实中央八项规定精神情况汇报，加强作风建设情况监督检查；听取中央纪律检查委员会常务委员会工作汇报；听取中央巡视情况汇报，在一届任期内实现中央巡视全覆盖。中央政治局每年召开民主生活会，进行对照检查和党性分析，研究加强自身建设措施。

第十二条　中央委员会成员必须严格遵守党的政治纪律和政治规矩，发现其他成员有违反党章、破坏党的纪律、危害党的团结统一的行为应当坚决抵制，并及时向党中央报告。对中央政治局委员的意见，署真实姓名以书面形式或者其他形式向中央政治局常务委员会或者中央纪律检查委员会常务委员会反映。

第十三条　中央政治局委员应当加强对直接分管部门、地方、领域党组织和领导班子成员的监督，定期同有关地方和部门主要负责人就其履行全面从严治党责任、廉洁自律等情况进行谈话。

第十四条　中央政治局委员应当严格执行中央八项规定，自觉参加双重组织生活，如实向党中央报告个人重要事项。带头树立良好家风，加强对亲属和身边工作人员的教育和约束，严格要求配偶、子女及其配偶不得违规经商办企业，不得违规任职、兼职取酬。

第三章　党委（党组）的监督

第十五条　党委（党组）在党内监督中负主体责任，书记是第一责任人，党委常委会委员（党组成员）和党委委员在职责范围内履行监督职责。党委（党组）履行以下监督职责：

（一）领导本地区本部门本单位党内监督工作，组织实施各项监督制度，抓好督促检查；

（二）加强对同级纪委和所辖范围内纪律检查工作的领导，检查其监督执纪问责工作情况；

（三）对党委常委会委员（党组成员）、党委委员，同级纪委、党的工作部门和直接领导的党组织领导班子及其成员进行监督；

（四）对上级党委、纪委工作提出意见和建议，开展监督。

第十六条　党的工作部门应当严格执行各项监督制度，加强职责范围内党内监督工作，既加强对本部门本单位的内部监督，又强化对本系统的日常监督。

第十七条　党内监督必须加强对党组织主要负责人和关键岗位领导干部的监督，重点监督其政治立场、加强党的建设、从严治党，执行党的决议，公道正派选人用人，责任担当、廉洁自律，落实意识形态工作责任制情况。

上级党组织特别是其主要负责人，对下级党组织主要负责人应当平时多过问、多提醒，发现问题及时纠正。领导班子成员发现班子主要负责人存在问题，应当及时向其提出，必要时可以直接向上级党组织报告。

党组织主要负责人个人有关事项应当在党内一定范围公开，主动接受监督。

第十八条 党委（党组）应当加强对领导干部的日常管理监督，掌握其思想、工作、作风、生活状况。党的领导干部应当经常开展批评和自我批评，敢于正视、深刻剖析、主动改正自己的缺点错误；对同志的缺点错误应当敢于指出，帮助改进。

第十九条 巡视是党内监督的重要方式。中央和省、自治区、直辖市党委一届任期内，对所管理的地方、部门、企事业单位党组织全面巡视。巡视党的组织和党的领导干部尊崇党章、党的领导、党的建设和党的路线方针政策落实情况，履行全面从严治党责任、执行党的纪律、落实中央八项规定精神、党风廉政建设和反腐败工作以及选人用人情况。发现问题、形成震慑，推动改革、促进发展，发挥从严治党利剑作用。

中央巡视工作领导小组应当加强对省、自治区、直辖市党委，中央有关部委，中央国家机关部门党组（党委）巡视工作的领导。省、自治区、直辖市党委应当推动党的市（地、州、盟）和县（市、区、旗）委员会建立巡察制度，使从严治党向基层延伸。

第二十条 严格党的组织生活制度，民主生活会应当经常化，遇到重要或者普遍性问题应当及时召开。民主生活会重在解决突出问题，领导干部应当在会上把群众反映、巡视反馈、组织约谈函询的问题说清楚、谈透彻，开展批评和自我批评，提出整改措施，接受组织监督。上级党组织应当加强对下级领导班子民主生活会的指导和监督，提高民主生活会质量。

第二十一条　坚持党内谈话制度，认真开展提醒谈话、诫勉谈话。发现领导干部有思想、作风、纪律等方面苗头性、倾向性问题的，有关党组织负责人应当及时对其提醒谈话；发现轻微违纪问题的，上级党组织负责人应当对其诫勉谈话，并由本人作出说明或者检讨，经所在党组织主要负责人签字后报上级纪委和组织部门。

第二十二条　严格执行干部考察考核制度，全面考察德、能、勤、绩、廉表现，既重政绩又重政德，重点考察贯彻执行党中央和上级党组织决策部署的表现，履行管党治党责任，在重大原则问题上的立场，对待人民群众的态度，完成急难险重任务的情况。考察考核中党组织主要负责人应当对班子成员实事求是作出评价。考核评语在同本人见面后载入干部档案。落实党组织主要负责人在干部选任、考察、决策等各个环节的责任，对失察失责的应当严肃追究责任。

第二十三条　党的领导干部应当每年在党委常委会（或党组）扩大会议上述责述廉，接受评议。述责述廉重点是执行政治纪律和政治规矩、履行管党治党责任、推进党风廉政建设和反腐败工作以及执行廉洁纪律情况。述责述廉报告应当载入廉洁档案，并在一定范围内公开。

第二十四条　坚持和完善领导干部个人有关事项报告制

度，领导干部应当按规定如实报告个人有关事项，及时报告个人及家庭重大情况，事先请示报告离开岗位或者工作所在地等。有关部门应当加强抽查核实。对故意虚报瞒报个人重大事项、篡改伪造个人档案资料的，一律严肃查处。

第二十五条　建立健全党的领导干部插手干预重大事项记录制度，发现利用职务便利违规干预干部选拔任用、工程建设、执纪执法、司法活动等问题，应当及时向上级党组织报告。

第四章　党的纪律检查委员会的监督

第二十六条　党的各级纪律检查委员会是党内监督的专责机关，履行监督执纪问责职责，加强对所辖范围内党组织和领导干部遵守党章党规党纪、贯彻执行党的路线方针政策情况的监督检查，承担下列具体任务：

（一）加强对同级党委特别是常委会委员、党的工作部门和直接领导的党组织、党的领导干部履行职责、行使权力情况的监督；

（二）落实纪律检查工作双重领导体制，执纪审查工作以上级纪委领导为主，线索处置和执纪审查情况在向同级党委报告的同时向上级纪委报告，各级纪委书记、副书记的提名和考察以上级纪委会同组织部门为主；

（三）强化上级纪委对下级纪委的领导，纪委发现同级党委主要领导干部的问题，可以直接向上级纪委报告；下级纪委至少每半年向上级纪委报告 1 次工作，每年向上级纪委进行述职。

第二十七条　纪律检查机关必须把维护党的政治纪律和政治规矩放在首位，坚决纠正和查处上有政策、下有对策，有令不行、有禁不止，口是心非、阳奉阴违，搞团团伙伙、拉帮结派，欺骗组织、对抗组织等行为。

第二十八条　纪委派驻纪检组对派出机关负责，加强对被监督单位领导班子及其成员、其他领导干部的监督，发现问题应当及时向派出机关和被监督单位党组织报告，认真负责调查处置，对需要问责的提出建议。

派出机关应当加强对派驻纪检组工作的领导，定期约谈被监督单位党组织主要负责人、派驻纪检组组长，督促其落实管党治党责任。

派驻纪检组应当带着实际情况和具体问题，定期向派出机关汇报工作，至少每半年会同被监督单位党组织专题研究 1 次党风廉政建设和反腐败工作。对能发现的问题没有发现是失职，发现问题不报告、不处置是渎职，都必须严肃问责。

第二十九条　认真处理信访举报，做好问题线索分类处置，早发现早报告，对社会反映突出、群众评价较差的领导干部情况及时报告，对重要检举事项应当集体研究。定期分析研判信访举报情况，对信访反映的典型性、普遍性问题提出有针对性的处置意见，督促信访举报比较集中的地方和部门查找分析原因并认真整改。

第三十条　严把干部选拔任用"党风廉洁意见回复"关，

综合日常工作中掌握的情况，加强分析研判，实事求是评价干部廉洁情况，防止"带病提拔"、"带病上岗"。

第三十一条　接到对干部一般性违纪问题的反映，应当及时找本人核实，谈话提醒、约谈函询，让干部把问题讲清楚。约谈被反映人，可以与其所在党组织主要负责人一同进行；被反映人对函询问题的说明，应当由其所在党组织主要负责人签字后报上级纪委。谈话记录和函询回复应当认真核实，存档备查。没有发现问题的应当了结澄清，对不如实说明情况的给予严肃处理。

第三十二条　依规依纪进行执纪审查，重点审查不收敛不收手，问题线索反映集中、群众反映强烈，现在重要岗位且可能还要提拔使用的领导干部，三类情况同时具备的是重中之重。执纪审查应当查清违纪事实，让审查对象从学习党章入手，从理想信念宗旨、党性原则、作风纪律等方面检查剖析自己，审理报告应当事实清楚、定性准确，反映审查对象思想认识情况。

第三十三条　对违反中央八项规定精神的，严重违纪被立案审查开除党籍的，严重失职失责被问责的，以及发生在群众身边、影响恶劣的不正之风和腐败问题，应当点名道姓通报曝光。

第三十四条　加强对纪律检查机关的监督。发现纪律检查机关及其工作人员有违反纪律问题的，必须严肃处理。各级纪律检查机关必须加强自身建设，健全内控机制，自觉接受党内监督、社会监督、群众监督，确保权力受到严格约束。

第五章　党的基层组织和党员的监督

第三十五条　党的基层组织应当发挥战斗堡垒作用，履行下列监督职责：

（一）严格党的组织生活，开展批评和自我批评，监督党员切实履行义务，保障党员权利不受侵犯；

（二）了解党员、群众对党的工作和党的领导干部的批评和意见，定期向上级党组织反映情况，提出意见和建议；

（三）维护和执行党的纪律，发现党员、干部违反纪律问题及时教育或者处理，问题严重的应当向上级党组织报告。

第三十六条　党员应当本着对党和人民事业高度负责的态度，积极行使党员权利，履行下列监督义务：

（一）加强对党的领导干部的民主监督，及时向党组织反映群众意见和诉求；

（二）在党的会议上有根据地批评党的任何组织和任何党员，揭露和纠正工作中存在的缺点和问题；

（三）参加党组织开展的评议领导干部活动，勇于触及矛盾问题、指出缺点错误，对错误言行敢于较真、敢于斗争；

（四）向党负责地揭发、检举党的任何组织和任何党员违纪违法的事实，坚决反对一切派别活动和小集团活动，同腐败现象作坚决斗争。

第六章 党内监督和外部监督相结合

第三十七条 各级党委应当支持和保证同级人大、政府、监察机关、司法机关等对国家机关及公职人员依法进行监督，人民政协依章程进行民主监督，审计机关依法进行审计监督。有关国家机关发现党的领导干部违反党规党纪、需要党组织处理的，应当及时向有关党组织报告。审计机关发现党的领导干部涉嫌违纪的问题线索，应当向同级党组织报告，必要时向上级党组织报告，并按照规定将问题线索移送相关纪律检查机关处理。

在纪律审查中发现党的领导干部严重违纪涉嫌违法犯罪的，应当先作出党纪处分决定，再移送行政机关、司法机关处理。执法机关和司法机关依法立案查处涉及党的领导干部案件，应当向同级党委、纪委通报；该干部所在党组织应当根据有关规定，中止其相关党员权利；依法受到刑事责任追究，或者虽不构成犯罪但涉嫌违纪的，应当移送纪委依纪处理。

第三十八条 中国共产党同各民主党派长期共存、互相监督、肝胆相照、荣辱与共。各级党组织应当支持民主党派履行监督职能，重视民主党派和无党派人士提出的意见、批评、建议，完善知情、沟通、反馈、落实等机制。

第三十九条 各级党组织和党的领导干部应当认真对待、自觉接受社会监督，利用互联网技术和信息化手段，推动党务公开、拓宽监督渠道，虚心接受群众批评。新闻媒体应当坚持党性和人民性相统一，坚持正确导向，加强舆论监督，对典型案例进行剖析，发挥警示作用。

第七章　整改和保障

第四十条　党组织应当如实记录、集中管理党内监督中发现的问题和线索，及时了解核实，作出相应处理；不属于本级办理范围的应当移送有权限的党组织处理。

第四十一条　党组织对监督中发现的问题应当做到条条要整改、件件有着落。整改结果应当及时报告上级党组织，必要时可以向下级党组织和党员通报，并向社会公开。

对于上级党组织交办以及巡视等移交的违纪问题线索，应当及时处理，并在3个月内反馈办理情况。

第四十二条　党委（党组）、纪委（纪检组）应当加强对履行党内监督责任和问题整改落实情况的监督检查，对不履行或者不正确履行党内监督职责，以及纠错、整改不力的，依照《中国共产党纪律处分条例》、《中国共产党问责条例》等规定处理。

第四十三条　党组织应当保障党员知情权和监督权，鼓励和支持党员在党内监督中发挥积极作用。提倡署真实姓名反映违纪事实，党组织应当为检举控告者严格保密，并以适当方式向其反馈办理情况。对干扰妨碍监督、打击报复监督者的，依纪严肃处理。

第四十四条　党组织应当保障监督对象的申辩权、申诉权等相关权利。经调查，监督对象没有不当行为的，应当予以澄清和正名。对以监督为名侮辱、诽谤、诬陷他人的，依纪严肃处理；涉嫌犯罪的移送司法机关处理。监督对象对处理决定不服的，可以依照党章规定提出申诉。有关党组织应当认真复议复查，并作出结论。

第八章　附　　则

第四十五条　中央军事委员会可以根据本条例，制定相关规定。

第四十六条　本条例由中央纪律检查委员会负责解释。

第四十七条　本条例自发布之日起施行。

中国共产党巡视工作条例

（中共中央，2017 年 7 月 1 日修改）

第一章 总 则

第一条 为落实全面从严治党要求，严肃党内政治生活，净化党内政治生态，加强党内监督，规范巡视工作，根据《中国共产党章程》，制定本条例。

第二条 党的中央和省、自治区、直辖市委员会实行巡视制度，建立专职巡视机构，在一届任期内对所管理的地方、部门、企事业单位党组织全面巡视。

中央有关部委、中央国家机关部门党组（党委）可以实行巡视制度，设立巡视机构，对所管理的党组织进行巡视监督。

党的市（地、州、盟）和县（市、区、旗）委员会建立巡察制度，设立巡察机构，对所管理的党组织进行巡察监督。

开展巡视巡察工作的党组织承担巡视巡察工作的主体责任。

第三条 巡视工作以马克思列宁主义、毛泽东思想、邓小

平理论、"三个代表"重要思想、科学发展观为指导，深入贯
彻习近平总书记系列重要讲话精神和治国理政新理念新思想新
战略，牢固树立政治意识、大局意识、核心意识、看齐意识，
坚定不移维护以习近平同志为核心的党中央权威和集中统一领
导，统筹推进"五位一体"总体布局和协调推进"四个全面"
战略布局，贯彻新发展理念，坚定对中国特色社会主义的道路
自信、理论自信、制度自信、文化自信，尊崇党章，依规治
党，落实中央巡视工作方针，深化政治巡视，聚焦坚持党的领
导、加强党的建设、全面从严治党，发现问题、形成震慑，推
动改革、促进发展，确保党始终成为中国特色社会主义事业的
坚强领导核心。

第四条 巡视工作坚持中央统一领导、分级负责；坚持实
事求是、依法依规；坚持群众路线、发扬民主。

第二章　机构和人员

第五条 党的中央和省、自治区、直辖市委员会成立巡视
工作领导小组，分别向党中央和省、自治区、直辖市党委负责
并报告工作。

巡视工作领导小组组长由同级党的纪律检查委员会书记担
任，副组长一般由同级党委组织部部长担任。巡视工作领导小
组组长为组织实施巡视工作的主要责任人。

中央巡视工作领导小组应当加强对省、自治区、直辖市党
委，中央有关部委，中央国家机关部门党组（党委）巡视工

作的领导。

第六条　巡视工作领导小组的职责是：

（一）贯彻党的中央委员会和同级党的委员会有关决议、决定；

（二）研究提出巡视工作规划、年度计划和阶段任务安排；

（三）听取巡视工作汇报；

（四）研究巡视成果的运用，分类处置，提出相关意见和建议；

（五）向同级党组织报告巡视工作情况；

（六）对巡视组进行管理和监督；

（七）研究处理巡视工作中的其他重要事项。

第七条　巡视工作领导小组下设办公室，为其日常办事机构。

中央巡视工作领导小组办公室设在中央纪律检查委员会。

省、自治区、直辖市党委巡视工作领导小组办公室为党委工作部门，设在同级党的纪律检查委员会。

第八条　巡视工作领导小组办公室的职责是：

（一）向巡视工作领导小组报告工作情况，传达贯彻巡视工作领导小组的决策和部署；

（二）统筹、协调、指导巡视组开展工作；

（三）承担政策研究、制度建设等工作；

（四）对派出巡视组的党组织、巡视工作领导小组决定的事项进行督办；

（五）配合有关部门对巡视工作人员进行培训、考核、监督和管理；

（六）办理巡视工作领导小组交办的其他事项。

第九条 党的中央和省、自治区、直辖市委员会设立巡视组，承担巡视任务。巡视组向巡视工作领导小组负责并报告工作。

第十条 巡视组设组长、副组长、巡视专员和其他职位。巡视组实行组长负责制，副组长协助组长开展工作。

巡视组组长根据每次巡视任务确定并授权。

第十一条 巡视工作人员应当具备下列条件：

（一）理想信念坚定，对党忠诚，在思想上政治上行动上同党中央保持高度一致；

（二）坚持原则，敢于担当，依法办事，公道正派，清正廉洁；

（三）遵守党的纪律，严守党的秘密；

（四）熟悉党务工作和相关政策法规，具有较强的发现问题、沟通协调、文字综合等能力；

（五）身体健康，能胜任工作要求。

第十二条 选配巡视工作人员应当严格标准条件，对不适合从事巡视工作的人员，应当及时予以调整。

巡视工作人员应当按照规定进行轮岗交流。

巡视工作人员实行任职回避、地域回避、公务回避。

第三章　巡视范围和内容

第十三条　中央巡视组的巡视对象和范围是：

（一）省、自治区、直辖市党委和人大常委会、政府、政协党组领导班子及其成员，省、自治区、直辖市高级人民法院、人民检察院党组主要负责人，副省级城市党委和人大常委会、政府、政协党组主要负责人；

（二）中央部委领导班子及其成员，中央国家机关部委、人民团体党组（党委）领导班子及其成员；

（三）中央管理的国有重要骨干企业、金融企业、事业单位党委（党组）领导班子及其成员；

（四）中央要求巡视的其他单位的党组织领导班子及其成员。

第十四条　省、自治区、直辖市党委巡视组的巡视对象和范围是：

（一）市（地、州、盟）、县（市、区、旗）党委和人大常委会、政府、政协党组领导班子及其成员，市（地、州、盟）中级人民法院、人民检察院和县（市、区、旗）人民法院、人民检察院党组主要负责人；

（二）省、自治区、直辖市党委工作部门领导班子及其成员，政府部门、人民团体党组（党委、党工委）领导班子及其成员；

（三）省、自治区、直辖市管理的国有企业、事业单位党委（党组）领导班子及其成员；

（四）省、自治区、直辖市党委要求巡视的其他单位的党组织领导班子及其成员。

第十五条 巡视组对巡视对象执行《中国共产党章程》和其他党内法规，遵守党的纪律，落实全面从严治党主体责任和监督责任等情况进行监督，着力发现党的领导弱化、党的建设缺失、全面从严治党不力，党的观念淡漠、组织涣散、纪律松弛，管党治党宽松软问题：

（一）违反政治纪律和政治规矩，存在违背党的路线方针政策的言行，有令不行、有禁不止，阳奉阴违、结党营私、团团伙伙、拉帮结派，以及落实意识形态工作责任制不到位等问题；

（二）违反廉洁纪律，以权谋私、贪污贿赂、腐化堕落等问题；

（三）违反组织纪律，违规用人、任人唯亲、跑官要官、买官卖官、拉票贿选，以及独断专行、软弱涣散、严重不团结等问题；

（四）违反群众纪律、工作纪律、生活纪律，落实中央八项规定精神不力，搞形式主义、官僚主义、享乐主义和奢靡之风等问题；

（五）派出巡视组的党组织要求了解的其他问题。

第十六条 派出巡视组的党组织可以根据工作需要，针对所辖地方、部门、企事业单位的重点人、重点事、重点问题或者巡视整改情况，开展机动灵活的专项巡视。

第四章　工作方式和权限

第十七条　巡视组可以采取以下方式开展工作：

（一）听取被巡视党组织的工作汇报和有关部门的专题汇报；

（二）与被巡视党组织领导班子成员和其他干部群众进行个别谈话；

（三）受理反映被巡视党组织领导班子及其成员和下一级党组织领导班子主要负责人问题的来信、来电、来访等；

（四）抽查核实领导干部报告个人有关事项的情况；

（五）向有关知情人询问情况；

（六）调阅、复制有关文件、档案、会议记录等资料；

（七）召开座谈会；

（八）列席被巡视地区（单位）的有关会议；

（九）进行民主测评、问卷调查；

（十）以适当方式到被巡视地区（单位）的下属地方、单位或者部门了解情况；

（十一）开展专项检查；

（十二）提请有关单位予以协助；

（十三）派出巡视组的党组织批准的其他方式。

第十八条　巡视组依靠被巡视党组织开展工作，不干预被巡视地区（单位）的正常工作，不履行执纪审查的职责。

第十九条　巡视组应当严格执行请示报告制度，对巡视工作中的重要情况和重大问题及时向巡视工作领导小组请示报告。

特殊情况下，中央巡视组可以直接向中央巡视工作领导小组组长报告，省、自治区、直辖市党委巡视组可以直接向省、自治区、直辖市党委书记报告。

第二十条　巡视期间，经巡视工作领导小组批准，巡视组可以将被巡视党组织管理的干部涉嫌违纪违法的具体问题线索，移交有关纪律检查机关或者政法机关处理；对群众反映强烈、明显违反规定并且能够及时解决的问题，向被巡视党组织提出处理建议。

第五章　工作程序

第二十一条　巡视组开展巡视前，应当向同级纪检监察机关、政法机关和组织、审计、信访等部门和单位了解被巡视党组织领导班子及其成员的有关情况。

第二十二条　巡视组进驻被巡视地区（单位）后，应当向被巡视党组织通报巡视任务，按照规定的工作方式和权限，开展巡视了解工作。

巡视组对反映被巡视党组织领导班子及其成员的重要问题和线索，可以进行深入了解。

第二十三条　巡视了解工作结束后，巡视组应当形成巡视报告，如实报告了解的重要情况和问题，并提出处理建议。

对党风廉政建设等方面存在的普遍性、倾向性问题和其他重大问题，应当形成专题报告，分析原因，提出建议。

第二十四条　巡视工作领导小组应当及时听取巡视组的巡视情况汇报，研究提出处理意见，报派出巡视组的党组织决定。

第二十五条　派出巡视组的党组织应当及时听取巡视工作领导小组有关情况汇报，研究并决定巡视成果的运用。

第二十六条　经派出巡视组的党组织同意后，巡视组应当及时向被巡视党组织领导班子及其主要负责人分别反馈相关巡视情况，指出问题，有针对性地提出整改意见。

根据巡视工作领导小组要求，巡视组将巡视的有关情况通报同级党委和政府有关领导及其职能部门。

第二十七条　被巡视党组织收到巡视组反馈意见后，应当认真整改落实，并于2个月内将整改情况报告和主要负责人组织落实情况报告，报送巡视工作领导小组办公室。

被巡视党组织主要负责人为落实整改工作的第一责任人。

第二十八条　对巡视发现的问题和线索，派出巡视组的党组织作出分类处置的决定后，依据干部管理权限和职责分工，按照以下途径进行移交：

（一）对领导干部涉嫌违纪的线索和作风方面的突出问题，移交有关纪律检查机关；

（二）对执行民主集中制、干部选拔任用等方面存在的问题，移交有关组织部门；

（三）其他问题移交相关单位。

第二十九条　有关纪律检查机关、组织部门收到巡视移交的问题或者线索后，应当及时研究提出谈话函询、初核、立案或者组织处理等意见，并于 3 个月内将办理情况反馈巡视工作领导小组办公室。

第三十条　派出巡视组的党组织及其组织部门应当把巡视结果作为干部考核评价、选拔任用的重要依据。

第三十一条　巡视工作领导小组办公室应当会同巡视组采取适当方式，了解和督促被巡视地区（单位）整改落实工作并向巡视工作领导小组报告。

巡视工作领导小组可以直接听取被巡视党组织有关整改情况的汇报。

第三十二条　巡视进驻、反馈、整改等情况，应当以适当方式公开，接受党员、干部和人民群众监督。

第六章　纪律与责任

第三十三条　派出巡视组的党组织和巡视工作领导小组应当加强对巡视工作的领导。对领导巡视工作不力，发生严重问题的，依据有关规定追究相关责任人员的责任。

第三十四条　纪检监察机关、审计机关、政法机关和组织、信访等部门及其他有关单位，应当支持配合巡视工作。对违反规定不支持配合巡视工作，造成严重后果的，依据有关规定追究相关责任人员的责任。

第三十五条　巡视工作人员应当严格遵守巡视工作纪律。巡视工作人员有下列情形之一的，视情节轻重，给予批评教育、组织处理或者纪律处分；涉嫌犯罪的，移送司法机关依法处理：

（一）对应当发现的重要问题没有发现的；

（二）不如实报告巡视情况，隐瞒、歪曲、捏造事实的；

（三）泄露巡视工作秘密的；

（四）工作中超越权限，造成不良后果的；

（五）利用巡视工作的便利谋取私利或者为他人谋取不正当利益的；

（六）有违反巡视工作纪律的其他行为的。

第三十六条　被巡视党组织领导班子及其成员应当自觉接受巡视监督，积极配合巡视组开展工作。

党员有义务向巡视组如实反映情况。

第三十七条　被巡视地区（单位）及其工作人员有下列情形之一的，视情节轻重，对该地区（单位）领导班子主要负责人或者其他有关责任人员，给予批评教育、组织处理或者纪律处分；涉嫌犯罪的，移送司法机关依法处理：

（一）隐瞒不报或者故意向巡视组提供虚假情况的；

（二）拒绝或者不按照要求向巡视组提供相关文件材料的；

（三）指使、强令有关单位或者人员干扰、阻挠巡视工作，或者诬告、陷害他人的；

（四）无正当理由拒不纠正存在的问题或者不按照要求整改的；

（五）对反映问题的干部群众进行打击、报复、陷害的；

（六）其他干扰巡视工作的情形。

第三十八条 被巡视地区（单位）的干部群众发现巡视工作人员有本条例第三十五条所列行为的，可以向巡视工作领导小组或者巡视工作领导小组办公室反映，也可以依照规定直接向有关部门、组织反映。

第七章 附 则

第三十九条 各省、自治区、直辖市党委可以根据本条例，结合各自实际，制定实施办法。

第四十条 中国人民解放军和中国人民武装警察部队的党组织实行巡视制度的规定，由中央军委参照本条例制定。

第四十一条 本条例由中央纪委会同中央组织部解释。

第四十二条 本条例自2015年8月3日起施行。2009年7月2日中共中央印发的《中国共产党巡视工作条例（试行）》同时废止。

关于建立健全村务监督委员会的指导意见

（中共中央办公厅、国务院办公厅，2017 年 12 月）

村务监督委员会是村民对村务进行民主监督的机构。建立健全村务监督委员会，对从源头上遏制村民群众身边的不正之风和腐败问题、促进农村和谐稳定，具有重要作用。为推动全面从严治党向基层延伸，进一步完善村党组织领导的充满活力的村民自治机制，加强村级民主管理和监督，提升乡村治理水平，根据中央有关要求和《中华人民共和国村民委员会组织法》规定，现就建立健全村务监督委员会提出如下指导意见。

一、总体要求。全面贯彻党的十九大精神，以习近平新时代中国特色社会主义思想为指导，认真落实党中央关于全面从严治党、加强农村基层组织建设的部署要求，建立健全村务监督委员会，进一步加强和规范村务监督工作，切实保障村民群众合法权益和村集体利益，促进农村和谐稳定，夯实党的执政根基。加强党的全面领导，始终坚持村党组织领导核心地位不动摇，村务监督委员会的各项工作都要在党的领导下进行；准确把握定位，村务监督委员会是村民自治机制和村级工作运行机制的完善，是村民监督村务的主要形式；严格依法监督，保证和支持村务监督委员会依法行使职权，促进村级事务公开公平公正。

二、人员组成。村务监督委员会一般由3至5人组成，设主任1名，提倡由非村民委员会成员的村党组织班子成员或党员担任主任，原则上不由村党组织书记兼任主任。村务监督委员会成员由村民会议或村民代表会议在村民中推选产生，任期与村民委员会的任期相同。村务监督委员会成员要有较好的思想政治素质，遵纪守法、公道正派、坚持原则、敢于担当、群众公认，具有一定政策水平和依法办事能力，热心为村民服务，其中应有具备财会、管理知识的人员。乡镇党委、村党组织要把好人选关。村民委员会成员及其近亲属、村会计（村报账员）、村文书、村集体经济组织负责人不得担任村务监督委员会成员，任何组织和个人不得指定、委派村务监督委员会成员。

三、职责权限。村务监督委员会的职责是：对村务、财务管理等情况进行监督，受理和收集村民有关意见建议。村务监督委员会及其成员有以下权利：（1）知情权。列席村民委员会、村民小组、村民代表会议和村"两委"联席会议等，了解掌握情况。（2）质询权。对村民反映强烈的村务、财务问题进行质询，并请有关方面向村民作出说明。（3）审核权。对民主理财和村务公开等制度落实情况进行审核。（4）建议权。向村"两委"提出村务管理建议，必要时可向乡镇党委和政府提出建议。村务监督委员会及其成员要依纪依法、实事求是、客观公正地进行监督，不直接参与具体村务决策和管理，不干预村"两委"日常工作。（5）主持民主评议权。村民会议或村民代表会议对村民委员会成员以及由村民或村集体承担误工补贴的聘用人员履行职责情况进行民主评议，由村务监督委员会主持。

四、监督内容。村务监督委员会要紧密结合村情实际，重点加强以下方面的监督：（1）村务决策和公开情况。主要是村务决策是否按照规定程序进行，村务公开是否全面、真实、及时、规范。（2）村级财产管理情况。主要是村民委员会、村民小组代行管理的村集体资金资产资源管理情况，村级其他财务管理情况。（3）村工程项目建设情况。主要是基础设施和公共服务建设等工程项目立项、招投标、预决算、建设施工、质量验收情况。（4）惠农政策措施落实情况。主要是支农和扶贫资金使用、各项农业补贴资金发放、农村社会救助资金申请和发放等情况。（5）农村精神文明建设情况。主要是建设文明乡风、创建文明村镇、推动移风易俗，开展农村环境卫生整治，执行村民自治章程和村规民约等情况。（6）其他应当监督的事项。

五、工作方式。村务监督委员会一般按照以下方式实施监督：（1）收集意见。根据上级党委和政府部署的重点工作和村级决定的重大事项，通过接待来访、上门走访等形式广泛收集意见建议，确定监督事项。（2）提出建议。围绕监督事项，及时向村党组织和村民委员会反映收集到的意见，提出工作建议。（3）监督落实。对监督事项进行全程监督，及时发现并纠正存在的问题。对发现的涉嫌贪腐谋私、侵害群众利益等违纪违法问题，及时向村党组织、乡镇党委和政府及纪检监察机关报告。（4）通报反馈。通过公开栏、召开会议、个别沟通等形式，及时通报反馈监督结果。村务监督委员会一般应每季度召开一次例会，梳理总结、研究安排村务监督工作；每半年向村党组织汇报一次村务监督情况，村党组织要认真听取村务监督委员会的意见；每年向村民会议或村民代表会议报告一次工作，由村民会议或村民代表会议对村务监督委员会及其成员进行民主评议。

六、管理考核。有计划地开展村务监督委员会成员教育培训，村务监督委员会主任一般由县一级负责培训，其他成员由乡镇负责培训。乡镇党委和政府及村党组织要加强村务监督委员会成员日常教育管理，帮助其提高思想政治素质和工作水平，乡镇每年对村务监督委员会主任履职情况进行考核，对考核优秀的可给予适当奖励，对不认真履职的进行批评教育、责令改正。要健全退出机制，村务监督委员会成员履职不力、发生违纪违法行为被查处等，经村民会议或村民代表会议讨论决定，免去其职务；严重违纪受到党纪处分、两年内受到两次以上行政拘留处罚、被判处刑罚、连续两次民主评议不称职或丧失行为能力的，其职务自行终止。

七、组织领导。各级党委和政府要高度重视建立健全村务监督委员会工作，县级党委和政府要切实履行主体责任，具体组织实施，抓好工作落实，及时研究解决相关问题。各级党委组织部门要牵头协调，民政、党委农村工作综合部门等单位共同参与，加强指导。严明有关纪律，对村务监督工作不配合不支持、设置障碍，甚至对村务监督委员会成员打击报复的，要及时制止、责令改正，情节严重的要依纪依法追究有关人员责任；对村务监督委员会成员利用监督职权谋私利、泄私愤、搞无原则纠纷、挑起矛盾的，要及时提醒、批评教育，后果严重的要按照有关程序终止其职务，并依纪依法追究责任。各地区各有关部门要从实际出发，为村务监督委员会开展工作创造良好条件，提供保障支持。

中国共产党党务公开条例（试行）

（中共中央，2017 年 12 月）

第一章 总 则

第一条 为了贯彻落实党的十九大精神，推动全面从严治党向纵深发展，加强和规范党务公开工作，发展党内民主，强化党内监督，使广大党员更好了解和参与党内事务，动员组织人民群众贯彻落实好党的理论和路线方针政策，提高党的执政能力和领导水平，根据《中国共产党章程》，制定本条例。

第二条 本条例所称党务公开，是指党的组织将其实施党的领导活动、加强党的建设工作的有关事务，按规定在党内或者向党外公开。

第三条 本条例适用于党的中央组织、地方组织、基层组织，党的纪律检查机关、工作机关以及其他党的组织。

第四条 党务公开应当遵循以下原则：

（一）坚持正确方向。坚持维护以习近平同志为核心的党中央权威和集中统一领导，认真贯彻落实习近平新时代中国特色社会主义思想，牢固树立"四个意识"，坚定"四个自信"，把党务公开放到新时代中国特色社会主义的伟大实践中来谋划和推进，把坚持和完善党的领导要求贯彻到党务公开的全过程和各方面。

（二）坚持发扬民主。保障党员民主权利，落实党员知情权、参与权、选举权、监督权，更好调动全党积极性、主动性、创造性，及时回应党员和群众关切，以公开促落实、促监督、促改进。

（三）坚持积极稳妥。注重党务公开与政务公开等的衔接联动，统筹各层级、各领域党务公开工作，一般先党内后党外，分类实施，务求实效。

（四）坚持依规依法。尊崇党章，依规治党，依法办事，科学规范党务公开的内容、范围、程序和方式，增强严肃性、公信度，不断提升党务公开工作制度化、规范化水平。

第五条 建立健全党中央统一领导，地方党委分级负责，各部门各单位各负其责的党务公开工作领导体制。

中央办公厅承担党中央党务公开的具体工作，负责统筹协调和督促指导整个党务公开工作。地方党委办公厅（室）承担本级党委党务公开的具体工作，负责统筹协调和督促指导本地区的党务公开工作。各地区各部门应当加强党务公开工作机构和人员队伍建设。

第六条 党的组织应当根据所承担的职责任务，建立健全党务公开的保密审查、风险评估、信息发布、政策解读、舆论引导、舆情分析、应急处置等工作机制。

第二章　公开的内容和范围

第七条　党的组织贯彻落实党的基本理论、基本路线、基本方略情况，领导经济社会发展情况，落实全面从严治党责任、加强党的建设情况，以及党的组织职能、机构等情况，除涉及党和国家秘密不得公开或者依照有关规定不宜公开的事项外，一般应当公开。

加强对权力运行的制约和监督，让人民监督权力，让权力在阳光下运行。

党务公开不得危及政治安全特别是政权安全、制度安全，以及经济安全、军事安全、文化安全、社会安全、国土安全和国民安全等。

第八条　党的组织应当根据党务与党员和群众的关联程度合理确定公开范围：

（一）领导经济社会发展、涉及人民群众生产生活的党务，向社会公开；

（二）涉及党的建设重大问题或者党员义务权利，需要全体党员普遍知悉和遵守执行的党务，在全党公开；

（三）各地区、各部门、各单位的党务，在本地区、本部门、本单位公开；

（四）涉及特定党的组织、党员和群众切身利益的党务，对特定党的组织、党员和群众公开。

第九条　党的中央组织公开党的理论和路线方针政策，管党治党、治国理政重大决策部署，习近平总书记有关重要讲话、重要指示，党中央重要会议、活动和重要人事任免，党的中央委员会、中央政治局、中央政治局常务委员会加强自身建设等情况。

第十条　党的地方组织应当公开以下内容：

（一）学习贯彻党中央和上级组织决策部署，坚决维护以习近平同志为核心的党中央权威和集中统一领导情况；

（二）本地区经济社会发展部署安排、重大改革事项、重大民生措施等重大决策和推进落实情况，以及重大突发事件应急处置情况；

（三）履行全面从严治党主体责任，坚持贯彻民主集中制原则，严肃党内政治生活，全面负责本地区党的建设情况；

（四）本地区党的重要会议、活动和重要人事任免情况；

（五）党的地方委员会加强自身建设情况；

（六）其他应当公开的党务。

第十一条　党的基层组织应当公开以下内容：

（一）学习贯彻党中央和上级组织决策部署，坚决维护以习近平同志为核心的党中央权威和集中统一领导情况；

（二）任期工作目标、阶段性工作部署、重点工作任务及落实情况；

（三）加强思想政治工作、开展党内学习教育、组织党员教育培训、执行"三会一课"制度等情况；

（四）换届选举、党组织设立、发展党员、民主评议、召开组织生活会、保障党员权利、党费收缴使用管理以及党组织自身建设等情况；

（五）防止和纠正"四风"现象，联系服务党员和群众情况；

（六）落实管党治党政治责任，加强党风廉政建设，对党员作出组织处理和纪律处分情况；

（七）其他应当公开的党务。

第十二条 党的纪律检查机关应当公开以下内容：

（一）学习贯彻党中央大政方针和重大决策部署，坚决维护以习近平同志为核心的党中央权威和集中统一领导，贯彻落实本级党委、上级纪律检查机关工作部署情况；

（二）开展纪律教育、加强纪律建设，维护党章党规党纪情况；

（三）查处违反中央八项规定精神，发生在群众身边、影响恶劣的不正之风和腐败问题情况；

（四）对党员领导干部严重违纪涉嫌违法犯罪进行立案审查、组织审查和给予开除党籍处分情况；

（五）对党员领导干部严重失职失责进行问责情况；

（六）加强纪律检查机关自身建设情况；

（七）其他应当公开的党务。

第十三条 党的工作机关、党委派出机关、党委直属事业单位和党组应当根据本条例第七条第一款规定，结合实际确定公开内容。

党的工作机关和党委直属事业单位应当重点公开落实党委决策部署、开展党的工作情况。

党委派出机关应当重点公开代表党委领导本地区、本领域、本行业、本系统党的工作情况。

党组应当重点公开在本单位发挥领导作用和落实党建工作责任制情况。

第十四条 党的组织应当根据本条例规定的党务公开内容和范围编制党务公开目录，并根据职责任务要求动态调整。党务公开目录应当报党的上一级组织备案，并按照规定在党内或者向社会公开。

中央纪律检查委员会、中央各部门应当加强对本系统本领域党务公开目录编制的指导。

第三章 公开的程序和方式

第十五条 凡列入党务公开目录的事项，有关党的组织应当按照以下程序及时主动公开：

（一）提出。党的组织有关部门研究提出党务公开方案，拟订公开的内容、范围、时间、方式等。

（二）审核。党的组织有关部门进行保密审查，并从必要性、准确性等方面进行审核。

（三）审批。党的组织依照职权对党务公开方案进行审批，超出职权范围的必须按程序报批。

（四）实施。党的组织有关部门按照经批准的方案实施党务公开。

第十六条 党的组织应当根据党务公开的内容和范围，选择适当的公开方式。

在党内公开的，一般采取召开会议、制发文件、编发简报、在局域网发布等方式。向社会公开的，一般采取发布公报、召开新闻发布会、接受采访，在报刊、广播、电视、互联网、新媒体、公开栏发布等方式，优先使用党报党刊、电台电视台、重点新闻网站等党的媒体进行发布。

党的中央纪律检查机关、党中央有关工作机关，县级以上地方党委以及地方纪律检查机关、地方党委有关工作机关应当建立和完善党委新闻发言人制度，逐步建立例行发布制度，及时准确发布重要党务信息。

第十七条 党务公开可以与政务公开、厂务公开、村（居）务公开、公共事业单位办事公开等方面的载体和平台实现资源共享的，应当统筹使用。

有条件的党的组织可以建立统一的党务信息公开平台。

第十八条 注重党务公开相关信息监测反馈，对引起重大舆情反应的，应当及时报告。发现有不真实、不完整、不准确的信息，应当及时加以澄清和引导。

第十九条 建立健全党员旁听党委会议、党的代表大会代表列席党委会议、党内情况通报反映、党内事务咨询、重大决策征求意见、重大事项社会公示和社会听证等制度，发展和用好党务公开新形式，不断拓展党员和群众参与党务公开的广度和深度。

第四章 监督与追责

第二十条 党的组织应当将党务公开工作情况纳入向上一

级组织报告工作或者抓党建工作专题报告的重要内容。

第二十一条　党的组织应当将党务公开工作情况作为履行全面从严治党政治责任的重要内容，对下级组织及其主要负责人进行考核。

党的组织应当每年向有关党员和群众通报党务公开情况，并纳入党员民主评议范围，主动听取群众意见。

第二十二条　党的组织应当建立健全党务公开工作督查机制，开展经常性检查和专项督查，专项督查可以与党风廉政建设责任制检查考核、党建工作考核等相结合。督查情况应当在适当范围通报。

第二十三条　对违反本条例规定并造成不良后果的，应当依规依纪追究有关党的组织、党员领导干部和工作人员的责任。

第五章　附　　则

第二十四条　中央军事委员会可以根据本条例，制定有关党务公开规定。

第二十五条　中央纪律检查委员会、中央各部门，各省、自治区、直辖市党委应当根据本条例制定实施细则。

第二十六条　本条例由中央办公厅会同中央组织部解释。

第二十七条　本条例自 2017 年 12 月 20 日起施行。

国家监察委员会特约
监察员工作办法

（中共中央纪委、国家监委，2018 年 8 月）

第一章　总　　则

第一条　为深化国家监察体制改革，充分发挥中央纪律检查委员会和国家监察委员会合署办公优势，推动监察机关依法接受民主监督、社会监督、舆论监督，规范特约监察员工作，根据《中华人民共和国监察法》，制定本办法。

第二条　特约监察员是国家监察委员会根据工作需要，按照一定程序优选聘请，以兼职形式履行监督、咨询等相关职责的公信人士。

特约监察员主要从全国人大代表中优选聘请，也可以从全国政协委员，中央和国家机关有关部门工作人员，各民主党派成员、无党派人士，企业、事业单位和社会团体代表，专家学者，媒体和文艺工作者，以及一线代表和基层群众中优选聘请。

第三条　特约监察员工作应当坚持以习近平新时代中国

特色社会主义思想为指导，聚焦中央纪律检查委员会和国家监察委员会中心工作，专注服务于全面从严治党、党风廉政建设和反腐败工作大局，着重发挥对监察机关及其工作人员的监督作用，着力发挥参谋咨询、桥梁纽带、舆论引导作用。

第二章　聘请、换届、解聘

第四条　特约监察员应当具备下列条件：

（一）坚持中国共产党领导和拥护党的路线、方针、政策，走中国特色社会主义道路，遵守中华人民共和国宪法和法律、法规，具有中华人民共和国国籍；

（二）有较高的业务素质，具备与履行职责相应的专业知识和工作能力，在各自领域有一定代表性和影响力；

（三）热心全面从严治党、党风廉政建设和反腐败工作，有较强的责任心，认真履行职责，热爱特约监察员工作；

（四）坚持原则、实事求是，密切联系群众，公正廉洁、作风正派，遵守职业道德和社会公德；

（五）身体健康。

第五条　受到党纪处分、政务处分、刑事处罚的人员，以及其他不适宜担任特约监察员的人员，不得聘请为特约监察员。

第六条　特约监察员的聘请由国家监察委员会依照下列程序进行：

（一）根据工作需要，会同有关部门、单位提出特约监察员推荐人选，并征得被推荐人所在单位及本人同意；

（二）会同有关部门、单位对特约监察员推荐人选进行考察；

（三）经中央纪委国家监委对考察情况进行研究，确定聘请特约监察员人选；

（四）聘请人选名单及意见抄送特约监察员所在单位及推荐单位，并在中央纪委国家监委组织部备案；

（五）召开聘请会议，颁发聘书，向社会公布特约监察员名单。

第七条　特约监察员在国家监察委员会领导班子产生后换届，每届任期与本届领导班子任期相同，连续任职一般不得超过两届。

特约监察员受聘期满自然解聘。

第八条　特约监察员具有下列情形之一的，国家监察委员会商推荐单位予以解聘，由推荐单位书面通知本人及所在单位：

（一）受到党纪处分、政务处分、刑事处罚的；

（二）因工作调整、健康状况等原因不宜继续担任特约监察员的；

（三）本人申请辞任特约监察员的；

（四）无正当理由连续一年不履行特约监察员职责和义务的；

（五）有其他不宜继续担任特约监察员的情形的。

第三章 职责、权利、义务

第九条 特约监察员履行下列职责：

（一）对纪检监察机关及其工作人员履行职责情况进行监督，提出加强和改进纪检监察工作的意见、建议；

（二）对制定纪检监察法律法规、出台重大政策、起草重要文件、提出监察建议等提供咨询意见；

（三）参加国家监察委员会组织的调查研究、监督检查、专项工作；

（四）宣传纪检监察工作的方针、政策和成效；

（五）办理国家监察委员会委托的其他事项。

第十条 特约监察员履行职责享有下列权利：

（一）了解国家监察委员会和各省、自治区、直辖市监察委员会开展监察工作、履行监察职责情况，提出意见、建议和批评；

（二）根据履职需要并按程序报批后，查阅、获得有关文件和资料；

（三）参加或者列席国家监察委员会组织的有关会议；

（四）参加国家监察委员会组织的有关业务培训；

（五）了解、反映有关行业、领域廉洁从政从业情况及所提意见建议办理情况；

（六）受国家监察委员会委托开展工作时，享有与受托工作相关的法定权限。

第十一条 特约监察员应当履行下列义务：

（一）模范遵守宪法和法律，保守国家秘密、工作秘密以及因履行职责掌握的商业秘密和个人隐私，廉洁自律、接受监督；

（二）学习、掌握有关纪检监察法律法规和业务；

（三）参加国家监察委员会组织的活动，遵守国家监察委员会有关工作制度，按照规定的权限和程序认真履行职责；

（四）履行特约监察员职责过程中，遇有利益冲突情形时主动申请回避；

（五）未经国家监察委员会同意，不得以特约监察员身份发表言论、出版著作，参加有关社会活动；

（六）不得以特约监察员身份谋取任何私利和特权。

第四章　履职保障

第十二条　国家监察委员会为特约监察员依法开展对监察机关及其工作人员监督等工作提供必要的工作条件和便利。

第十三条　特约监察员因履行本办法规定职责所支出的相关费用，由国家监察委员会按规定核报。

特约监察员履行本办法规定职责所需经费，列入国家监察委员会业务经费保障范围。

第十四条　国家监察委员会负责特约监察员工作的办事机构设在办公厅，履行下列职责：

（一）统筹协调特约监察员相关工作，完善工作机制，制定工作计划，对国家监察委员会相关部门落实特约监察员工作机制和计划情况进行督促检查，总结、报告特约监察员年度工

168

作情况；

（二）组织开展特约监察员聘请、解聘等工作；

（三）组织特约监察员参加有关会议或者活动，定期开展走访，通报工作、交流情况，听取意见、建议；

（四）受理、移送、督办特约监察员提出的意见、建议和批评，并予以反馈；

（五）协调有关部门，定期向特约监察员提供有关刊物、资料，组织开展特约监察员业务培训；

（六）承担监察机关特约监察员工作的联系和指导，组织经验交流，加强和改进特约监察员工作；

（七）对特约监察员进行动态管理和考核；

（八）加强与特约监察员所在单位及推荐单位的沟通联系，了解特约监察员工作情况，反馈特约监察员履职情况，并征求意见、建议；

（九）办理其他相关工作。

第十五条 特约监察员不脱离本职工作岗位，工资、奖金、福利待遇由所在单位负责。

第五章 附 则

第十六条 本办法由国家监察委员会负责解释。

第十七条 本办法自 2018 年 8 月 24 日起施行。2013 年 10 月 10 日原监察部公布的《监察机关特邀监察员工作办法》同时废止。

中国共产党纪律处分条例

（中共中央，2018 年 8 月）

第一编 总 则

第一章 指导思想、原则和适用范围

第一条 为了维护党章和其他党内法规，严肃党的纪律，纯洁党的组织，保障党员民主权利，教育党员遵纪守法，维护党的团结统一，保证党的路线、方针、政策、决议和国家法律法规的贯彻执行，根据《中国共产党章程》，制定本条例。

第二条 党的纪律建设必须坚持以马克思列宁主义、毛泽东思想、邓小平理论、"三个代表"重要思想、科学发展观、习近平新时代中国特色社会主义思想为指导，坚持和加强党的全面领导，坚决维护习近平总书记党中央的核心、全党的核心地位，坚决维护党中央权威和集中统一领导，落实新时代党的建设总要求和全面从严治党战略部署，全面加强党的纪律建设。

第三条 党章是最根本的党内法规，是管党治党的总规矩。党的纪律是党的各级组织和全体党员必须遵守的行为规

则。党组织和党员必须牢固树立政治意识、大局意识、核心意识、看齐意识，自觉遵守党章，严格执行和维护党的纪律，自觉接受党的纪律约束，模范遵守国家法律法规。

第四条 党的纪律处分工作应当坚持以下原则：

（一）坚持党要管党、全面从严治党。加强对党的各级组织和全体党员的教育、管理和监督，把纪律挺在前面，注重抓早抓小、防微杜渐。

（二）党纪面前一律平等。对违犯党纪的党组织和党员必须严肃、公正执行纪律，党内不允许有任何不受纪律约束的党组织和党员。

（三）实事求是。对党组织和党员违犯党纪的行为，应当以事实为依据，以党章、其他党内法规和国家法律法规为准绳，准确认定违纪性质，区别不同情况，恰当予以处理。

（四）民主集中制。实施党纪处分，应当按照规定程序经党组织集体讨论决定，不允许任何个人或者少数人擅自决定和批准。上级党组织对违犯党纪的党组织和党员作出的处理决定，下级党组织必须执行。

（五）惩前毖后、治病救人。处理违犯党纪的党组织和党员，应当实行惩戒与教育相结合，做到宽严相济。

第五条 运用监督执纪"四种形态"，经常开展批评和自我批评、约谈函询，让"红红脸、出出汗"成为常态；党纪轻处分、组织调整成为违纪处理的大多数；党纪重处分、重大职务调整的成为少数；严重违纪涉嫌违法立案审查的成为极少数。

第六条 本条例适用于违犯党纪应当受到党纪责任追究的

党组织和党员。

第二章　违纪与纪律处分

第七条　党组织和党员违反党章和其他党内法规，违反国家法律法规，违反党和国家政策，违反社会主义道德，危害党、国家和人民利益的行为，依照规定应当给予纪律处理或者处分的，都必须受到追究。

重点查处党的十八大以来不收敛、不收手，问题线索反映集中、群众反映强烈，政治问题和经济问题交织的腐败案件，违反中央八项规定精神的问题。

第八条　对党员的纪律处分种类：

（一）警告；

（二）严重警告；

（三）撤销党内职务；

（四）留党察看；

（五）开除党籍。

第九条　对于违犯党的纪律的党组织，上级党组织应当责令其作出检查或者进行通报批评。对于严重违犯党的纪律、本身又不能纠正的党组织，上一级党的委员会在查明核实后，根据情节严重的程度，可以予以：

（一）改组；

（二）解散。

第十条　党员受到警告处分一年内、受到严重警告处分一年半内，不得在党内提升职务和向党外组织推荐担任高于其原任职务的党外职务。

第十一条 撤销党内职务处分，是指撤销受处分党员由党内选举或者组织任命的党内职务。对于在党内担任两个以上职务的，党组织在作处分决定时，应当明确是撤销其一切职务还是一个或者几个职务。如果决定撤销其一个职务，必须撤销其担任的最高职务。如果决定撤销其两个以上职务，则必须从其担任的最高职务开始依次撤销。对于在党外组织担任职务的，应当建议党外组织依照规定作出相应处理。

对于应当受到撤销党内职务处分，但是本人没有担任党内职务的，应当给予其严重警告处分。同时，在党外组织担任职务的，应当建议党外组织撤销其党外职务。

党员受到撤销党内职务处分，或者依照前款规定受到严重警告处分的，二年内不得在党内担任和向党外组织推荐担任与其原任职务相当或者高于其原任职务的职务。

第十二条 留党察看处分，分为留党察看一年、留党察看二年。对于受到留党察看处分一年的党员，期满后仍不符合恢复党员权利条件的，应当延长一年留党察看期限。留党察看期限最长不得超过二年。

党员受留党察看处分期间，没有表决权、选举权和被选举权。留党察看期间，确有悔改表现的，期满后恢复其党员权利；坚持不改或者又发现其他应当受到党纪处分的违纪行为的，应当开除党籍。

党员受到留党察看处分，其党内职务自然撤销。对于担任党外职务的，应当建议党外组织撤销其党外职务。受到留党察看处分的党员，恢复党员权利后二年内，不得在党内担任和向党外组织推荐担任与其原任职务相当或者高于其原任职务的职务。

第十三条 党员受到开除党籍处分，五年内不得重新入党，也不得推荐担任与其原任职务相当或者高于其原任职务的党外职务。另有规定不准重新入党的，依照规定。

第十四条 党的各级代表大会的代表受到留党察看以上（含留党察看）处分的，党组织应当终止其代表资格。

第十五条 对于受到改组处理的党组织领导机构成员，除应当受到撤销党内职务以上（含撤销党内职务）处分的外，均自然免职。

第十六条 对于受到解散处理的党组织中的党员，应当逐个审查。其中，符合党员条件的，应当重新登记，并参加新的组织过党的生活；不符合党员条件的，应当对其进行教育、限期改正，经教育仍无转变的，予以劝退或者除名；有违纪行为的，依照规定予以追究。

第三章　纪律处分运用规则

第十七条 有下列情形之一的，可以从轻或者减轻处分：

（一）主动交代本人应当受到党纪处分的问题的；

（二）在组织核实、立案审查过程中，能够配合核实审查工作，如实说明本人违纪违法事实的；

（三）检举同案人或者其他人应当受到党纪处分或者法律追究的问题，经查证属实的；

（四）主动挽回损失、消除不良影响或者有效阻止危害结果发生的；

（五）主动上交违纪所得的；

（六）有其他立功表现的。

第十八条 根据案件的特殊情况，由中央纪委决定或者经省（部）级纪委（不含副省级市纪委）决定并呈报中央纪委批准，对违纪党员也可以在本条例规定的处分幅度以外减轻处分。

第十九条 对于党员违犯党纪应当给予警告或者严重警告处分，但是具有本条例第十七条规定的情形之一或者本条例分则中另有规定的，可以给予批评教育、责令检查、诫勉或者组织处理，免予党纪处分。对违纪党员免予处分，应当作出书面结论。

第二十条 有下列情形之一的，应当从重或者加重处分：

（一）强迫、唆使他人违纪的；

（二）拒不上交或者退赔违纪所得的；

（三）违纪受处分后又因故意违纪应当受到党纪处分的；

（四）违纪受到党纪处分后，又被发现其受处分前的违纪行为应当受到党纪处分的；

（五）本条例另有规定的。

第二十一条 从轻处分，是指在本条例规定的违纪行为应当受到的处分幅度以内，给予较轻的处分。

从重处分，是指在本条例规定的违纪行为应当受到的处分幅度以内，给予较重的处分。

第二十二条 减轻处分，是指在本条例规定的违纪行为应当受到的处分幅度以外，减轻一档给予处分。

加重处分，是指在本条例规定的违纪行为应当受到的处分幅度以外，加重一档给予处分。

本条例规定的只有开除党籍处分一个档次的违纪行为，不适用第一款减轻处分的规定。

第二十三条 一人有本条例规定的两种以上（含两种）应当受到党纪处分的违纪行为，应当合并处理，按其数种违纪行为中应当受到的最高处分加重一档给予处分；其中一种违纪行为应当受到开除党籍处分的，应当给予开除党籍处分。

第二十四条 一个违纪行为同时触犯本条例两个以上（含两个）条款的，依照处分较重的条款定性处理。

一个条款规定的违纪构成要件全部包含在另一个条款规定的违纪构成要件中，特别规定与一般规定不一致的，适用特别规定。

第二十五条 二人以上（含二人）共同故意违纪的，对为首者，从重处分，本条例另有规定的除外；对其他成员，按照其在共同违纪中所起的作用和应负的责任，分别给予处分。

对于经济方面共同违纪的，按照个人所得数额及其所起作用，分别给予处分。对违纪集团的首要分子，按照集团违纪的总数额处分；对其他共同违纪的为首者，情节严重的，按照共同违纪的总数额处分。

教唆他人违纪的，应当按照其在共同违纪中所起的作用追究党纪责任。

第二十六条　党组织领导机构集体作出违犯党纪的决定或者实施其他违犯党纪的行为，对具有共同故意的成员，按共同违纪处理；对过失违纪的成员，按照各自在集体违纪中所起的作用和应负的责任分别给予处分。

第四章　对违法犯罪党员的纪律处分

第二十七条　党组织在纪律审查中发现党员有贪污贿赂、滥用职权、玩忽职守、权力寻租、利益输送、徇私舞弊、浪费国家资财等违反法律涉嫌犯罪行为的，应当给予撤销党内职务、留党察看或者开除党籍处分。

第二十八条　党组织在纪律审查中发现党员有刑法规定的行为，虽不构成犯罪但须追究党纪责任的，或者有其他违法行为，损害党、国家和人民利益的，应当视具体情节给予警告直至开除党籍处分。

第二十九条　党组织在纪律审查中发现党员严重违纪涉嫌违法犯罪的，原则上先作出党纪处分决定，并按照规定给予政务处分后，再移送有关国家机关依法处理。

第三十条　党员被依法留置、逮捕的，党组织应当按照管理权限中止其表决权、选举权和被选举权等党员权利。根据监察机关、司法机关处理结果，可以恢复其党员权利的，应当及时予以恢复。

第三十一条　党员犯罪情节轻微，人民检察院依法作出不起诉决定的，或者人民法院依法作出有罪判决并免予刑事处罚的，应当给予撤销党内职务、留党察看或者开除党籍处分。

党员犯罪，被单处罚金的，依照前款规定处理。

第三十二条　党员犯罪，有下列情形之一的，应当给予开除党籍处分：

（一）因故意犯罪被依法判处刑法规定的主刑（含宣告缓刑）的；

（二）被单处或者附加剥夺政治权利的；

（三）因过失犯罪，被依法判处三年以上（不含三年）有期徒刑的。

因过失犯罪被判处三年以下（含三年）有期徒刑或者被判处管制、拘役的，一般应当开除党籍。对于个别可以不开除党籍的，应当对照处分党员批准权限的规定，报请再上一级党组织批准。

第三十三条　党员依法受到刑事责任追究的，党组织应当根据司法机关的生效判决、裁定、决定及其认定的事实、性质和情节，依照本条例规定给予党纪处分，是公职人员的由监察机关给予相应政务处分。

党员依法受到政务处分、行政处罚，应当追究党纪责任的，党组织可以根据生效的政务处分、行政处罚决定认定的事实、性质和情节，经核实后依照规定给予党纪处分或者组织处理。

党员违反国家法律法规，违反企事业单位或者其他社会组织的规章制度受到其他纪律处分，应当追究党纪责任的，党组织在对有关方面认定的事实、性质和情节进行核实后，依照规定给予党纪处分或者组织处理。

党组织作出党纪处分或者组织处理决定后，司法机关、行政机关等依法改变原生效判决、裁定、决定等，对原党纪处分或者组织处理决定产生影响的，党组织应当根据改变后的生效判决、裁定、决定等重新作出相应处理。

第五章 其他规定

第三十四条 预备党员违犯党纪，情节较轻，可以保留预备党员资格的，党组织应当对其批评教育或者延长预备期；情节较重的，应当取消其预备党员资格。

第三十五条 对违纪后下落不明的党员，应当区别情况作出处理：

（一）对有严重违纪行为，应当给予开除党籍处分的，党组织应当作出决定，开除其党籍；

（二）除前项规定的情况外，下落不明时间超过六个月的，党组织应当按照党章规定对其予以除名。

第三十六条 违纪党员在党组织作出处分决定前死亡，或者在死亡之后发现其曾有严重违纪行为，对于应当给予开除党籍处分的，开除其党籍；对于应当给予留党察看以下（含留党察看）处分的，作出违犯党纪的书面结论和相应处理。

第三十七条 违纪行为有关责任人员的区分：

（一）直接责任者，是指在其职责范围内，不履行或者不正确履行自己的职责，对造成的损失或者后果起决定性作用的党员或者党员领导干部。

（二）主要领导责任者，是指在其职责范围内，对直接主管的工作不履行或者不正确履行职责，对造成的损失或者后果负直接领导责任的党员领导干部。

（三）重要领导责任者，是指在其职责范围内，对应管的工作或者参与决定的工作不履行或者不正确履行职责，对造成的损失或者后果负次要领导责任的党员领导干部。

本条例所称领导责任者，包括主要领导责任者和重要领导责任者。

第三十八条 本条例所称主动交代，是指涉嫌违纪的党员在组织初核前向有关组织交代自己的问题，或者在初核和立案审查其问题期间交代组织未掌握的问题。

第三十九条 计算经济损失主要计算直接经济损失。直接经济损失，是指与违纪行为有直接因果关系而造成财产损失的实际价值。

第四十条 对于违纪行为所获得的经济利益，应当收缴或者责令退赔。

对于违纪行为所获得的职务、职称、学历、学位、奖励、资格等其他利益，应当由承办案件的纪检机关或者由其上级纪检机关建议有关组织、部门、单位按照规定予以纠正。

对于依照本条例第三十五条、第三十六条规定处理的党员，经调查确属其实施违纪行为获得的利益，依照本条规定处理。

第四十一条　党纪处分决定作出后，应当在一个月内向受处分党员所在党的基层组织中的全体党员及其本人宣布，是领导班子成员的还应当向所在党组织领导班子宣布，并按照干部管理权限和组织关系将处分决定材料归入受处分者档案；对于受到撤销党内职务以上（含撤销党内职务）处分的，还应当在一个月内办理职务、工资、工作及其他有关待遇等相应变更手续；涉及撤销或者调整其党外职务的，应当建议党外组织及时撤销或者调整其党外职务。特殊情况下，经作出或者批准作出处分决定的组织批准，可以适当延长办理期限。办理期限最长不得超过六个月。

第四十二条　执行党纪处分决定的机关或者受处分党员所在单位，应当在六个月内将处分决定的执行情况向作出或者批准处分决定的机关报告。

党员对所受党纪处分不服的，可以依照党章及有关规定提出申诉。

第四十三条　本条例总则适用于有党纪处分规定的其他党内法规，但是中共中央发布或者批准发布的其他党内法规有特别规定的除外。

第二编　分　　则

第六章　对违反政治纪律行为的处分

第四十四条　在重大原则问题上不同党中央保持一致且有

实际言论、行为或者造成不良后果的，给予警告或者严重警告处分；情节较重的，给予撤销党内职务或者留党察看处分；情节严重的，给予开除党籍处分。

第四十五条 通过网络、广播、电视、报刊、传单、书籍等，或者利用讲座、论坛、报告会、座谈会等方式，公开发表坚持资产阶级自由化立场、反对四项基本原则，反对党的改革开放决策的文章、演说、宣言、声明等的，给予开除党籍处分。

发布、播出、刊登、出版前款所列文章、演说、宣言、声明等或者为上述行为提供方便条件的，对直接责任者和领导责任者，给予严重警告或者撤销党内职务处分；情节严重的，给予留党察看或者开除党籍处分。

第四十六条 通过网络、广播、电视、报刊、传单、书籍等，或者利用讲座、论坛、报告会、座谈会等方式，有下列行为之一，情节较轻的，给予警告或者严重警告处分；情节较重的，给予撤销党内职务或者留党察看处分；情节严重的，给予开除党籍处分：

（一）公开发表违背四项基本原则，违背、歪曲党的改革开放决策，或者其他有严重政治问题的文章、演说、宣言、声明等的；

（二）妄议党中央大政方针，破坏党的集中统一的；

（三）丑化党和国家形象，或者诋毁、诬蔑党和国家领导人、英雄模范，或者歪曲党的历史、中华人民共和国历史、人民军队历史的。

发布、播出、刊登、出版前款所列内容或者为上述行为提供方便条件的，对直接责任者和领导责任者，给予严重警告或者撤销党内职务处分；情节严重的，给予留党察看或者开除党籍处分。

第四十七条 制作、贩卖、传播第四十五条、第四十六条所列内容之一的书刊、音像制品、电子读物、网络音视频资料等，情节较轻的，给予警告或者严重警告处分；情节较重的，给予撤销党内职务或者留党察看处分；情节严重的，给予开除党籍处分。

私自携带、寄递第四十五条、第四十六条所列内容之一的书刊、音像制品、电子读物等入出境，情节较重的，给予警告或者严重警告处分；情节严重的，给予撤销党内职务、留党察看或者开除党籍处分。

第四十八条 在党内组织秘密集团或者组织其他分裂党的活动的，给予开除党籍处分。

参加秘密集团或者参加其他分裂党的活动的，给予留党察看或者开除党籍处分。

第四十九条 在党内搞团团伙伙、结党营私、拉帮结派、培植个人势力等非组织活动，或者通过搞利益交换、为自己营造声势等活动捞取政治资本的，给予严重警告或者撤销党内职务处分；导致本地区、本部门、本单位政治生态恶化的，给予留党察看或者开除党籍处分。

第五十条 党员领导干部在本人主政的地方或者分管的部门自行其是，搞山头主义，拒不执行党中央确定的大政方针，甚至背着党中央另搞一套的，给予撤销党内职务、留党察看或者开除党籍处分。

落实党中央决策部署不坚决，打折扣、搞变通，在政治上造成不良影响或者严重后果的，给予警告或者严重警告处分；情节严重的，给予撤销党内职务、留党察看或者开除党籍处分。

第五十一条　对党不忠诚不老实，表里不一，阳奉阴违，欺上瞒下，搞两面派，做两面人，情节较轻的，给予警告或者严重警告处分；情节较重的，给予撤销党内职务或者留党察看处分；情节严重的，给予开除党籍处分。

第五十二条　制造、散布、传播政治谣言，破坏党的团结统一的，给予警告或者严重警告处分；情节较重的，给予撤销党内职务或者留党察看处分；情节严重的，给予开除党籍处分。

政治品行恶劣，匿名诬告，有意陷害或者制造其他谣言，造成损害或者不良影响的，依照前款规定处理。

第五十三条　擅自对应当由党中央决定的重大政策问题作出决定、对外发表主张的，对直接责任者和领导责任者，给予严重警告或者撤销党内职务处分；情节严重的，给予留党察看或者开除党籍处分。

第五十四条　不按照有关规定向组织请示、报告重大事项，情节较重的，给予警告或者严重警告处分；情节严重的，给予撤销党内职务或者留党察看处分。

第五十五条　干扰巡视巡察工作或者不落实巡视巡察整改

要求，情节较轻的，给予警告或者严重警告处分；情节较重的，给予撤销党内职务或者留党察看处分；情节严重的，给予开除党籍处分。

第五十六条 对抗组织审查，有下列行为之一的，给予警告或者严重警告处分；情节较重的，给予撤销党内职务或者留党察看处分；情节严重的，给予开除党籍处分：

（一）串供或者伪造、销毁、转移、隐匿证据的；

（二）阻止他人揭发检举、提供证据材料的；

（三）包庇同案人员的；

（四）向组织提供虚假情况，掩盖事实的；

（五）有其他对抗组织审查行为的。

第五十七条 组织、参加反对党的基本理论、基本路线、基本方略或者重大方针政策的集会、游行、示威等活动的，或者以组织讲座、论坛、报告会、座谈会等方式，反对党的基本理论、基本路线、基本方略或者重大方针政策，造成严重不良影响的，对策划者、组织者和骨干分子，给予开除党籍处分。

对其他参加人员或者以提供信息、资料、财物、场地等方式支持上述活动者，情节较轻的，给予警告或者严重警告处分；情节较重的，给予撤销党内职务或者留党察看处分；情节严重的，给予开除党籍处分。

对不明真相被裹挟参加，经批评教育后确有悔改表现的，可以免予处分或者不予处分。

未经组织批准参加其他集会、游行、示威等活动，情节较轻的，给予警告或者严重警告处分；情节较重的，给予撤销党内职务或者留党察看处分；情节严重的，给予开除党籍处分。

　　第五十八条　组织、参加旨在反对党的领导、反对社会主义制度或者敌视政府等组织的，对策划者、组织者和骨干分子，给予开除党籍处分。

　　对其他参加人员，情节较轻的，给予警告或者严重警告处分；情节较重的，给予撤销党内职务或者留党察看处分；情节严重的，给予开除党籍处分。

　　第五十九条　组织、参加会道门或者邪教组织的，对策划者、组织者和骨干分子，给予开除党籍处分。

　　对其他参加人员，情节较轻的，给予警告或者严重警告处分；情节较重的，给予撤销党内职务或者留党察看处分；情节严重的，给予开除党籍处分。

　　对不明真相的参加人员，经批评教育后确有悔改表现的，可以免予处分或者不予处分。

　　第六十条　从事、参与挑拨破坏民族关系制造事端或者参加民族分裂活动的，对策划者、组织者和骨干分子，给予开除党籍处分。

　　对其他参加人员，情节较轻的，给予警告或者严重警告处分；情节较重的，给予撤销党内职务或者留党察看处分；情节严重的，给予开除党籍处分。

　　对不明真相被裹挟参加，经批评教育后确有悔改表现的，可以免予处分或者不予处分。

　　有其他违反党和国家民族政策的行为，情节较轻的，给予警告或者严重警告处分；情节较重的，给予撤销党内职务或者留党察看处分；情节严重的，给予开除党籍处分。

第六十一条 组织、利用宗教活动反对党的路线、方针、政策和决议，破坏民族团结的，对策划者、组织者和骨干分子，给予开除党籍处分。

对其他参加人员，给予撤销党内职务或者留党察看处分；情节严重的，给予开除党籍处分。

对不明真相被裹挟参加，经批评教育后确有悔改表现的，可以免予处分或者不予处分。

有其他违反党和国家宗教政策的行为，情节较轻的，给予警告或者严重警告处分；情节较重的，给予撤销党内职务或者留党察看处分；情节严重的，给予开除党籍处分。

第六十二条 对信仰宗教的党员，应当加强思想教育，经党组织帮助教育仍没有转变的，应当劝其退党；劝而不退的，予以除名；参与利用宗教搞煽动活动的，给予开除党籍处分。

第六十三条 组织迷信活动的，给予撤销党内职务或者留党察看处分；情节严重的，给予开除党籍处分。

参加迷信活动，造成不良影响的，给予警告或者严重警告处分；情节较重的，给予撤销党内职务或者留党察看处分；情节严重的，给予开除党籍处分。

对不明真相的参加人员，经批评教育后确有悔改表现的，可以免予处分或者不予处分。

第六十四条 组织、利用宗族势力对抗党和政府，妨碍党和国家的方针政策以及决策部署的实施，或者破坏党的基层组织建设的，对策划者、组织者和骨干分子，给予开除党籍处分。

对其他参加人员，给予撤销党内职务或者留党察看处分；情节严重的，给予开除党籍处分。

对不明真相被裹挟参加，经批评教育后确有悔改表现的，可以免予处分或者不予处分。

第六十五条 在国（境）外、外国驻华使（领）馆申请政治避难，或者违纪后逃往国（境）外、外国驻华使（领）馆的，给予开除党籍处分。

在国（境）外公开发表反对党和政府的文章、演说、宣言、声明等的，依照前款规定处理。

故意为上述行为提供方便条件的，给予留党察看或者开除党籍处分。

第六十六条 在涉外活动中，其言行在政治上造成恶劣影响，损害党和国家尊严、利益的，给予撤销党内职务或者留党察看处分；情节严重的，给予开除党籍处分。

第六十七条 不履行全面从严治党主体责任、监督责任或者履行全面从严治党主体责任、监督责任不力，给党组织造成严重损害或者严重不良影响的，对直接责任者和领导责任者，给予警告或者严重警告处分；情节严重的，给予撤销党内职务或者留党察看处分。

第六十八条 党员领导干部对违反政治纪律和政治规矩等错误思想和行为不报告、不抵制、不斗争，放任不管，搞无原则一团和气，造成不良影响的，给予警告或者严重警告处分；情节严重的，给予撤销党内职务或者留党察看处分。

第六十九条 违反党的优良传统和工作惯例等党的规矩，在政治上造成不良影响的，给予警告或者严重警告处分；情节较重的，给予撤销党内职务或者留党察看处分；情节严重的，给予开除党籍处分。

第七章 对违反组织纪律行为的处分

第七十条 违反民主集中制原则，有下列行为之一的，给予警告或者严重警告处分；情节严重的，给予撤销党内职务或者留党察看处分：

（一）拒不执行或者擅自改变党组织作出的重大决定的；

（二）违反议事规则，个人或者少数人决定重大问题的；

（三）故意规避集体决策，决定重大事项、重要干部任免、重要项目安排和大额资金使用的；

（四）借集体决策名义集体违规的。

第七十一条 下级党组织拒不执行或者擅自改变上级党组织决定的，对直接责任者和领导责任者，给予警告或者严重警告处分；情节严重的，给予撤销党内职务或者留党察看处分。

第七十二条 拒不执行党组织的分配、调动、交流等决定的，给予警告、严重警告或者撤销党内职务处分。

在特殊时期或者紧急状况下，拒不执行党组织决定的，给予留党察看或者开除党籍处分。

第七十三条 有下列行为之一，情节较重的，给予警告或者严重警告处分：

（一）违反个人有关事项报告规定，隐瞒不报的；

（二）在组织进行谈话、函询时，不如实向组织说明问题的；

（三）不按要求报告或者不如实报告个人去向的；

（四）不如实填报个人档案资料的。

篡改、伪造个人档案资料的，给予严重警告处分；情节严重的，给予撤销党内职务或者留党察看处分。

隐瞒入党前严重错误的，一般应当予以除名；对入党后表现尚好的，给予严重警告、撤销党内职务或者留党察看处分。

第七十四条 党员领导干部违反有关规定组织、参加自发成立的老乡会、校友会、战友会等，情节严重的，给予警告、严重警告或者撤销党内职务处分。

第七十五条 有下列行为之一的，给予警告或者严重警告处分；情节较重的，给予撤销党内职务或者留党察看处分；情节严重的，给予开除党籍处分：

（一）在民主推荐、民主测评、组织考察和党内选举中搞拉票、助选等非组织活动的；

（二）在法律规定的投票、选举活动中违背组织原则搞非组织活动，组织、怂恿、诱使他人投票、表决的；

（三）在选举中进行其他违反党章、其他党内法规和有关章程活动的。

搞有组织的拉票贿选，或者用公款拉票贿选的，从重或者加重处分。

第七十六条 在干部选拔任用工作中，有任人唯亲、排斥异己、封官许愿、说情干预、跑官要官、突击提拔或者调整干部等违反干部选拔任用规定行为，对直接责任者和领导责任者，情节较轻的，给予警告或者严重警告处分；情节较重的，给予撤销党内职务或者留党察看处分；情节严重的，给予开除党籍处分。

用人失察失误造成严重后果的，对直接责任者和领导责任者，依照前款规定处理。

第七十七条 在干部、职工的录用、考核、职务晋升、职称评定和征兵、安置复转军人等工作中，隐瞒、歪曲事实真相，或者利用职权或者职务上的影响违反有关规定为本人或者其他人谋取利益的，给予警告或者严重警告处分；情节较重的，给予撤销党内职务或者留党察看处分；情节严重的，给予开除党籍处分。

弄虚作假，骗取职务、职级、职称、待遇、资格、学历、学位、荣誉或者其他利益的，依照前款规定处理。

第七十八条 侵犯党员的表决权、选举权和被选举权，情节较重的，给予警告或者严重警告处分；情节严重的，给予撤销党内职务处分。

以强迫、威胁、欺骗、拉拢等手段，妨害党员自主行使表决权、选举权和被选举权的，给予撤销党内职务、留党察看或者开除党籍处分。

第七十九条 有下列行为之一的，给予警告或者严重警告处分；情节较重的，给予撤销党内职务或者留党察看处分；情节严重的，给予开除党籍处分：

（一）对批评、检举、控告进行阻挠、压制，或者将批评、检举、控告材料私自扣压、销毁，或者故意将其泄露给他人的；

（二）对党员的申辩、辩护、作证等进行压制，造成不良后果的；

（三）压制党员申诉，造成不良后果的，或者不按照有关规定处理党员申诉的；

（四）有其他侵犯党员权利行为，造成不良后果的。

对批评人、检举人、控告人、证人及其他人员打击报复的，从重或者加重处分。

党组织有上述行为的，对直接责任者和领导责任者，依照第一款规定处理。

第八十条　违反党章和其他党内法规的规定，采取弄虚作假或者其他手段把不符合党员条件的人发展为党员，或者为非党员出具党员身份证明的，对直接责任者和领导责任者，给予警告或者严重警告处分；情节严重的，给予撤销党内职务处分。

违反有关规定程序发展党员的，对直接责任者和领导责任者，依照前款规定处理。

第八十一条　违反有关规定取得外国国籍或者获取国（境）外永久居留资格、长期居留许可的，给予撤销党内职务、留党察看或者开除党籍处分。

第八十二条　违反有关规定办理因私出国（境）证件、前往港澳通行证，或者未经批准出入国（边）境，情节较轻的，给予警告或者严重警告处分；情节较重的，给予撤销党内职务处分；情节严重的，给予留党察看处分。

第八十三条 驻外机构或者临时出国（境）团（组）中的党员擅自脱离组织，或者从事外事、机要、军事等工作的党员违反有关规定同国（境）外机构、人员联系和交往的，给予警告、严重警告或者撤销党内职务处分。

第八十四条 驻外机构或者临时出国（境）团（组）中的党员，脱离组织出走时间不满六个月又自动回归的，给予撤销党内职务或者留党察看处分；脱离组织出走时间超过六个月的，按照自行脱党处理，党内予以除名。

故意为他人脱离组织出走提供方便条件的，给予警告、严重警告或者撤销党内职务处分。

第八章　对违反廉洁纪律行为的处分

第八十五条 党员干部必须正确行使人民赋予的权力，清正廉洁，反对任何滥用职权、谋求私利的行为。

利用职权或者职务上的影响为他人谋取利益，本人的配偶、子女及其配偶等亲属和其他特定关系人收受对方财物，情节较重的，给予警告或者严重警告处分；情节严重的，给予撤销党内职务、留党察看或者开除党籍处分。

第八十六条 相互利用职权或者职务上的影响为对方及其配偶、子女及其配偶等亲属、身边工作人员和其他特定关系人谋取利益搞权权交易的，给予警告或者严重警告处分；情节较重的，给予撤销党内职务或者留党察看处分；情节严重的，给予开除党籍处分。

第八十七条　纵容、默许配偶、子女及其配偶等亲属、身边工作人员和其他特定关系人利用党员干部本人职权或者职务上的影响谋取私利，情节较轻的，给予警告或者严重警告处分；情节较重的，给予撤销党内职务或者留党察看处分；情节严重的，给予开除党籍处分。

党员干部的配偶、子女及其配偶等亲属和其他特定关系人不实际工作而获取薪酬或者虽实际工作但领取明显超出同职级标准薪酬，党员干部知情未予纠正的，依照前款规定处理。

第八十八条　收受可能影响公正执行公务的礼品、礼金、消费卡和有价证券、股权、其他金融产品等财物，情节较轻的，给予警告或者严重警告处分；情节较重的，给予撤销党内职务或者留党察看处分；情节严重的，给予开除党籍处分。

收受其他明显超出正常礼尚往来的财物的，依照前款规定处理。

第八十九条　向从事公务的人员及其配偶、子女及其配偶等亲属和其他特定关系人赠送明显超出正常礼尚往来的礼品、礼金、消费卡和有价证券、股权、其他金融产品等财物，情节较重的，给予警告或者严重警告处分；情节严重的，给予撤销党内职务或者留党察看处分。

第九十条　借用管理和服务对象的钱款、住房、车辆等，影响公正执行公务，情节较重的，给予警告或者严重警告处分；情节严重的，给予撤销党内职务、留党察看或者开除党籍处分。

通过民间借贷等金融活动获取大额回报，影响公正执行公务的，依照前款规定处理。

第九十一条　利用职权或者职务上的影响操办婚丧喜庆事宜，在社会上造成不良影响的，给予警告或者严重警告处分；情节严重的，给予撤销党内职务处分；借机敛财或者有其他侵犯国家、集体和人民利益行为的，从重或者加重处分，直至开除党籍。

第九十二条　接受、提供可能影响公正执行公务的宴请或者旅游、健身、娱乐等活动安排，情节较重的，给予警告或者严重警告处分；情节严重的，给予撤销党内职务或者留党察看处分。

第九十三条　违反有关规定取得、持有、实际使用运动健身卡、会所和俱乐部会员卡、高尔夫球卡等各种消费卡，或者违反有关规定出入私人会所，情节较重的，给予警告或者严重警告处分；情节严重的，给予撤销党内职务或者留党察看处分。

第九十四条　违反有关规定从事营利活动，有下列行为之一，情节较轻的，给予警告或者严重警告处分；情节较重的，给予撤销党内职务或者留党察看处分；情节严重的，给予开除党籍处分：

（一）经商办企业的；

（二）拥有非上市公司（企业）的股份或者证券的；

（三）买卖股票或者进行其他证券投资的；

（四）从事有偿中介活动的；

（五）在国（境）外注册公司或者投资入股的；

（六）有其他违反有关规定从事营利活动的。

利用参与企业重组改制、定向增发、兼并投资、土地使用权出让等决策、审批过程中掌握的信息买卖股票，利用职权或者职务上的影响通过购买信托产品、基金等方式非正常获利的，依照前款规定处理。

违反有关规定在经济组织、社会组织等单位中兼职，或者经批准兼职但获取薪酬、奖金、津贴等额外利益的，依照第一款规定处理。

第九十五条　利用职权或者职务上的影响，为配偶、子女及其配偶等亲属和其他特定关系人在审批监管、资源开发、金融信贷、大宗采购、土地使用权出让、房地产开发、工程招投标以及公共财政支出等方面谋取利益，情节较轻的，给予警告或者严重警告处分；情节较重的，给予撤销党内职务或者留党察看处分；情节严重的，给予开除党籍处分。

利用职权或者职务上的影响，为配偶、子女及其配偶等亲属和其他特定关系人吸收存款、推销金融产品等提供帮助谋取利益的，依照前款规定处理。

第九十六条　党员领导干部离职或者退（离）休后违反有关规定接受原任职务管辖的地区和业务范围内的企业和中介机构的聘任，或者个人从事与原任职务管辖业务相关的营利活动，情节较轻的，给予警告或者严重警告处分；情节较重的，给予撤销党内职务处分；情节严重的，给予留党察看处分。

　　党员领导干部离职或者退（离）休后违反有关规定担任上市公司、基金管理公司独立董事、独立监事等职务，情节较轻的，给予警告或者严重警告处分；情节较重的，给予撤销党内职务处分；情节严重的，给予留党察看处分。

　　第九十七条　党员领导干部的配偶、子女及其配偶，违反有关规定在该党员领导干部管辖的地区和业务范围内从事可能影响其公正执行公务的经营活动，或者在该党员领导干部管辖的地区和业务范围内的外商独资企业、中外合资企业中担任由外方委派、聘任的高级职务或者违规任职、兼职取酬的，该党员领导干部应当按照规定予以纠正；拒不纠正的，其本人应当辞去现任职务或者由组织予以调整职务；不辞去现任职务或者不服从组织调整职务的，给予撤销党内职务处分。

　　第九十八条　党和国家机关违反有关规定经商办企业的，对直接责任者和领导责任者，给予警告或者严重警告处分；情节严重的，给予撤销党内职务处分。

　　第九十九条　党员领导干部违反工作、生活保障制度，在交通、医疗、警卫等方面为本人、配偶、子女及其配偶等亲属和其他特定关系人谋求特殊待遇，情节较重的，给予警告或者严重警告处分；情节严重的，给予撤销党内职务或者留党察看处分。

　　第一百条　在分配、购买住房中侵犯国家、集体利益，情节较轻的，给予警告或者严重警告处分；情节较重的，给予撤销党内职务或者留党察看处分；情节严重的，给予开除党籍处分。

第一百零一条 利用职权或者职务上的影响，侵占非本人经管的公私财物，或者以象征性地支付钱款等方式侵占公私财物，或者无偿、象征性地支付报酬接受服务、使用劳务，情节较轻的，给予警告或者严重警告处分；情节较重的，给予撤销党内职务或者留党察看处分；情节严重的，给予开除党籍处分。

利用职权或者职务上的影响，将本人、配偶、子女及其配偶等亲属应当由个人支付的费用，由下属单位、其他单位或者他人支付、报销的，依照前款规定处理。

第一百零二条 利用职权或者职务上的影响，违反有关规定占用公物归个人使用，时间超过六个月，情节较重的，给予警告或者严重警告处分；情节严重的，给予撤销党内职务处分。

占用公物进行营利活动的，给予警告或者严重警告处分；情节较重的，给予撤销党内职务或者留党察看处分；情节严重的，给予开除党籍处分。

将公物借给他人进行营利活动的，依照前款规定处理。

第一百零三条 违反有关规定组织、参加用公款支付的宴请、高消费娱乐、健身活动，或者用公款购买赠送或者发放礼品、消费卡（券）等，对直接责任者和领导责任者，情节较轻的，给予警告或者严重警告处分；情节较重的，给予撤销党内职务或者留党察看处分；情节严重的，给予开除党籍处分。

第一百零四条 违反有关规定自定薪酬或者滥发津贴、补贴、奖金等，对直接责任者和领导责任者，情节较轻的，给予警告或者严重警告处分；情节较重的，给予撤销党内职务或者留党察看处分；情节严重的，给予开除党籍处分。

第一百零五条 有下列行为之一，对直接责任者和领导责任者，情节较轻的，给予警告或者严重警告处分；情节较重的，给予撤销党内职务或者留党察看处分；情节严重的，给予开除党籍处分：

（一）公款旅游或者以学习培训、考察调研、职工疗养等为名变相公款旅游的；

（二）改变公务行程，借机旅游的；

（三）参加所管理企业、下属单位组织的考察活动，借机旅游的。

以考察、学习、培训、研讨、招商、参展等名义变相用公款出国（境）旅游的，依照前款规定处理。

第一百零六条 违反公务接待管理规定，超标准、超范围接待或者借机大吃大喝，对直接责任者和领导责任者，情节较重的，给予警告或者严重警告处分；情节严重的，给予撤销党内职务处分。

第一百零七条 违反有关规定配备、购买、更换、装饰、使用公务交通工具或者有其他违反公务交通工具管理规定的行为，对直接责任者和领导责任者，情节较重的，给予警告或者严重警告处分；情节严重的，给予撤销党内职务或者留党察看处分。

第一百零八条 违反会议活动管理规定，有下列行为之一，对直接责任者和领导责任者，情节较重的，给予警告或者严重警告处分；情节严重的，给予撤销党内职务处分：

（一）到禁止召开会议的风景名胜区开会的；

（二）决定或者批准举办各类节会、庆典活动的。

擅自举办评比达标表彰活动或者借评比达标表彰活动收取费用的，依照前款规定处理。

第一百零九条 违反办公用房管理等规定，有下列行为之一，对直接责任者和领导责任者，情节较重的，给予警告或者严重警告处分；情节严重的，给予撤销党内职务处分：

（一）决定或者批准兴建、装修办公楼、培训中心等楼堂馆所的；

（二）超标准配备、使用办公用房的；

（三）用公款包租、占用客房或者其他场所供个人使用的。

第一百一十条 搞权色交易或者给予财物搞钱色交易的，给予警告或者严重警告处分；情节较重的，给予撤销党内职务或者留党察看处分；情节严重的，给予开除党籍处分。

第一百一十一条 有其他违反廉洁纪律规定行为的，应当视具体情节给予警告直至开除党籍处分。

第九章 对违反群众纪律行为的处分

第一百一十二条 有下列行为之一，对直接责任者和领导责任者，情节较轻的，给予警告或者严重警告处分；情节较重的，给予撤销党内职务或者留党察看处分；情节严重的，给予开除党籍处分：

（一）超标准、超范围向群众筹资筹劳、摊派费用，加重群众负担的；

（二）违反有关规定扣留、收缴群众款物或者处罚群众的；

（三）克扣群众财物，或者违反有关规定拖欠群众钱款的；

（四）在管理、服务活动中违反有关规定收取费用的；

（五）在办理涉及群众事务时刁难群众、吃拿卡要的；

（六）有其他侵害群众利益行为的。

在扶贫领域有上述行为的，从重或者加重处分。

第一百一十三条 干涉生产经营自主权，致使群众财产遭受较大损失的，对直接责任者和领导责任者，给予警告或者严重警告处分；情节严重的，给予撤销党内职务或者留党察看处分。

第一百一十四条 在社会保障、政策扶持、扶贫脱贫、救灾救济款物分配等事项中优亲厚友、明显有失公平的，给予警告或者严重警告处分；情节较重的，给予撤销党内职务或者留党察看处分；情节严重的，给予开除党籍处分。

第一百一十五条 利用宗族或者黑恶势力等欺压群众，或者纵容涉黑涉恶活动、为黑恶势力充当"保护伞"的，给予撤销党内职务或者留党察看处分；情节严重的，给予开除党籍处分。

第一百一十六条 有下列行为之一，对直接责任者和领导责任者，情节较重的，给予警告或者严重警告处分；情节严重的，给予撤销党内职务或者留党察看处分：

（一）对涉及群众生产、生活等切身利益的问题依照政策或者有关规定能解决而不及时解决，庸懒无为、效率低下，造成不良影响的；

（二）对符合政策的群众诉求消极应付、推诿扯皮，损害党群、干群关系的；

（三）对待群众态度恶劣、简单粗暴，造成不良影响的；

（四）弄虚作假，欺上瞒下，损害群众利益的；

（五）有其他不作为、乱作为等损害群众利益行为的。

第一百一十七条 盲目举债、铺摊子、上项目，搞劳民伤财的"形象工程"、"政绩工程"，致使国家、集体或者群众财产和利益遭受较大损失的，对直接责任者和领导责任者，给予警告或者严重警告处分；情节严重的，给予撤销党内职务、留党察看或者开除党籍处分。

第一百一十八条 遇到国家财产和群众生命财产受到严重威胁时，能救而不救，情节较重的，给予警告、严重警告或者撤销党内职务处分；情节严重的，给予留党察看或者开除党籍处分。

第一百一十九条 不按照规定公开党务、政务、厂务、村（居）务等，侵犯群众知情权，对直接责任者和领导责任者，情节较重的，给予警告或者严重警告处分；情节严重的，给予撤销党内职务或者留党察看处分。

第一百二十条 有其他违反群众纪律规定行为的，应当视具体情节给予警告直至开除党籍处分。

第十章　对违反工作纪律行为的处分

第一百二十一条　工作中不负责任或者疏于管理，贯彻执行、检查督促落实上级决策部署不力，给党、国家和人民利益以及公共财产造成较大损失的，对直接责任者和领导责任者，给予警告或者严重警告处分；造成重大损失的，给予撤销党内职务、留党察看或者开除党籍处分。

贯彻创新、协调、绿色、开放、共享的发展理念不力，对职责范围内的问题失察失责，造成较大损失或者重大损失的，从重或者加重处分。

第一百二十二条　有下列行为之一，造成严重不良影响，对直接责任者和领导责任者，情节较轻的，给予警告或者严重警告处分；情节较重的，给予撤销党内职务或者留党察看处分；情节严重的，给予开除党籍处分：

（一）贯彻党中央决策部署只表态不落实的；

（二）热衷于搞舆论造势、浮在表面的；

（三）单纯以会议贯彻会议、以文件落实文件，在实际工作中不见诸行动的；

（四）工作中有其他形式主义、官僚主义行为的。

第一百二十三条　党组织有下列行为之一，对直接责任者和领导责任者，情节较重的，给予警告或者严重警告处分；情节严重的，给予撤销党内职务或者留党察看处分：

（一）党员被依法判处刑罚后，不按照规定给予党纪处分，或者对违反国家法律法规的行为，应当给予党纪处分而不处分的；

（二）党纪处分决定或者申诉复查决定作出后，不按照规定落实决定中关于被处分人党籍、职务、职级、待遇等事项的；

（三）党员受到党纪处分后，不按照干部管理权限和组织关系对受处分党员开展日常教育、管理和监督工作的。

第一百二十四条 因工作不负责任致使所管理的人员叛逃的，对直接责任者和领导责任者，给予警告或者严重警告处分；情节严重的，给予撤销党内职务处分。

因工作不负责任致使所管理的人员出走，对直接责任者和领导责任者，情节较重的，给予警告或者严重警告处分；情节严重的，给予撤销党内职务处分。

第一百二十五条 在上级检查、视察工作或者向上级汇报、报告工作时对应当报告的事项不报告或者不如实报告，造成严重损害或者严重不良影响的，对直接责任者和领导责任者，给予警告或者严重警告处分；情节严重的，给予撤销党内职务或者留党察看处分。

在上级检查、视察工作或者向上级汇报、报告工作时纵容、唆使、暗示、强迫下级说假话、报假情的，从重或者加重处分。

第一百二十六条 党员领导干部违反有关规定干预和插手市场经济活动，有下列行为之一，造成不良影响的，给予警告或者严重警告处分；情节较重的，给予撤销党内职务或者留党察看处分；情节严重的，给予开除党籍处分：

（一）干预和插手建设工程项目承发包、土地使用权出让、政府采购、房地产开发与经营、矿产资源开发利用、中介机构服务等活动的；

（二）干预和插手国有企业重组改制、兼并、破产、产权交易、清产核资、资产评估、资产转让、重大项目投资以及其他重大经营活动等事项的；

（三）干预和插手批办各类行政许可和资金借贷等事项的；

（四）干预和插手经济纠纷的；

（五）干预和插手集体资金、资产和资源的使用、分配、承包、租赁等事项的。

第一百二十七条 党员领导干部违反有关规定干预和插手司法活动、执纪执法活动，向有关地方或者部门打听案情、打招呼、说情，或者以其他方式对司法活动、执纪执法活动施加影响，情节较轻的，给予严重警告处分；情节较重的，给予撤销党内职务或者留党察看处分；情节严重的，给予开除党籍处分。

党员领导干部违反有关规定干预和插手公共财政资金分配、项目立项评审、政府奖励表彰等活动，造成重大损失或者不良影响的，依照前款规定处理。

第一百二十八条 泄露、扩散或者打探、窃取党组织关于干部选拔任用、纪律审查、巡视巡察等尚未公开事项或者其他应当保密的内容的，给予警告或者严重警告处分；情节较重的，给予撤销党内职务或者留党察看处分；情节严重的，给予开除党籍处分。

私自留存涉及党组织关于干部选拔任用、纪律审查、巡视巡察等方面资料，情节较重的，给予警告或者严重警告处分；情节严重的，给予撤销党内职务处分。

第一百二十九条 在考试、录取工作中，有泄露试题、考场舞弊、涂改考卷、违规录取等违反有关规定行为的，给予警告或者严重警告处分；情节较重的，给予撤销党内职务或者留党察看处分；情节严重的，给予开除党籍处分。

第一百三十条 以不正当方式谋求本人或者其他人用公款出国（境），情节较轻的，给予警告处分；情节较重的，给予严重警告处分；情节严重的，给予撤销党内职务处分。

第一百三十一条 临时出国（境）团（组）或者人员中的党员，擅自延长在国（境）外期限，或者擅自变更路线的，对直接责任者和领导责任者，给予警告或者严重警告处分；情节严重的，给予撤销党内职务处分。

第一百三十二条 驻外机构或者临时出国（境）团（组）中的党员，触犯驻在国家、地区的法律、法令或者不尊重驻在国家、地区的宗教习俗，情节较重的，给予警告或者严重警告处分；情节严重的，给予撤销党内职务、留党察看或者开除党籍处分。

第一百三十三条 在党的纪律检查、组织、宣传、统一战线工作以及机关工作等其他工作中，不履行或者不正确履行职责，造成损失或者不良影响的，应当视具体情节给予警告直至开除党籍处分。

第十一章　对违反生活纪律行为的处分

第一百三十四条　生活奢靡、贪图享乐、追求低级趣味，造成不良影响的，给予警告或者严重警告处分；情节严重的，给予撤销党内职务处分。

第一百三十五条　与他人发生不正当性关系，造成不良影响的，给予警告或者严重警告处分；情节较重的，给予撤销党内职务或者留党察看处分；情节严重的，给予开除党籍处分。

利用职权、教养关系、从属关系或者其他相类似关系与他人发生性关系的，从重处分。

第一百三十六条　党员领导干部不重视家风建设，对配偶、子女及其配偶失管失教，造成不良影响或者严重后果的，给予警告或者严重警告处分；情节严重的，给予撤销党内职务处分。

第一百三十七条　违背社会公序良俗，在公共场所有不当行为，造成不良影响的，给予警告或者严重警告处分；情节较重的，给予撤销党内职务或者留党察看处分；情节严重的，给予开除党籍处分。

第一百三十八条　有其他严重违反社会公德、家庭美德行为的，应当视具体情节给予警告直至开除党籍处分。

第三编　附　　则

第一百三十九条　各省、自治区、直辖市党委可以根据本条例，结合各自工作的实际情况，制定单项实施规定。

第一百四十条　中央军事委员会可以根据本条例，结合中国人民解放军和中国人民武装警察部队的实际情况，制定补充规定或者单项规定。

第一百四十一条　本条例由中央纪律检查委员会负责解释。

第一百四十二条　本条例自2018年10月1日起施行。

本条例施行前，已结案的案件如需进行复查复议，适用当时的规定或者政策。尚未结案的案件，如果行为发生时的规定或者政策不认为是违纪，而本条例认为是违纪的，依照当时的规定或者政策处理；如果行为发生时的规定或者政策认为是违纪的，依照当时的规定或者政策处理，但是如果本条例不认为是违纪或者处理较轻的，依照本条例规定处理。

党组讨论和决定党员处分事项
工作程序规定（试行）

（中共中央办公厅，2018 年 12 月）

第一条 为了贯彻落实党的十九大精神，规范党组讨论和决定党员处分事项，根据《中国共产党章程》等有关规定，结合工作实际，制定本规定。

第二条 党组（包含党组性质党委，下同）应当认真履行全面从严治党主体责任，纪委监委派驻纪检监察组应当认真履行监督责任。坚持党要管党、全面从严治党，坚持党纪面前一律平等，坚持实事求是，坚持惩前毖后、治病救人，强化监督执纪问责，确保案件处理取得良好政治效果、纪法效果和社会效果，确保案件质量经得起历史和人民的检验。

第三条 党组对其管理的党员干部实施党纪处分，应当按照规定程序经党组集体讨论决定，不允许任何个人或者少数人擅自决定和批准。党纪处分决定以党组名义作出并自党组讨论决定之日起生效。

第四条 中央纪委国家监委派驻纪检监察组（以下简称派驻纪检监察组）按照干部管理权限，对驻在部门（含综合监督单位，下同）党组管理的司局级党员干部涉嫌违纪问题进行立案审查和内部审理，经派驻纪检监察组集体研究，提出党纪处分初步建议，与驻在部门党组沟通并取得一致意见后，将案件移送中央和国家机关纪检监察工委（以下简称纪检监察工委）进行审理。

纪检监察工委对移送的案件应当认真履行审核把关和监督制约职能，形成审理报告并反馈派驻纪检监察组，做到事实清楚、证据确凿、定性准确、处理恰当、手续完备、程序合规。

纪检监察工委在审理过程中，应当加强与派驻纪检监察组沟通。派驻纪检监察组原则上应当尊重纪检监察工委的审理意见。如出现分歧，经沟通不能形成一致意见的，由纪检监察工委将双方意见报中央纪委研究决定。

派驻纪检监察组应当加强与有关方面沟通，特别是对驻在部门党组管理的正司局级党员领导干部违纪案件，在驻在部门党组会议召开前，应当与驻在部门党组和中央纪委充分交换意见。

第五条 经纪检监察工委审理后，派驻纪检监察组将党纪处分建议通报驻在部门党组，由党组讨论决定，党纪处分建议与党组的意见不同又不能协商一致的，由中央纪委研究决定。党纪处分决定应当正式通报派驻纪检监察组。

第六条 给予驻在部门的处级及以下党员干部党纪处分，由部门机关党委、机关纪委进行审查和审理，并依据《中国共产党章程》第四十二条规定履行相应程序后，由党组讨论决定。在作出党纪处分决定前，应当征求派驻纪检监察组意见。

根据工作需要，派驻纪检监察组可以直接审查驻在部门的处级及以下党员干部违反党纪的案件。派驻纪检监察组进行审查和审理后，提出党纪处分建议，移交驻在部门机关党委、机关纪委按照规定履行相应程序后，由党组讨论决定。必要时，派驻纪检监察组可以将党纪处分建议直接通报驻在部门党组，由党组讨论决定。

第七条 给予驻在部门党组管理的司局级党员干部党纪处分、给予处级党员干部撤销党内职务及以上党纪处分的，由驻在部门机关纪委在党纪处分决定生效之日起 30 日内，将党纪处分决定及相关材料报纪检监察工委备案。纪检监察工委对备案材料应当认真审核，发现问题及时反馈并督促解决。

纪检监察工委应当每季度向中央纪委、中央和国家机关工委报送备案监督情况专项报告，必要时可以随时报告。

给予向中央备案的党员干部党纪处分的，驻在部门党组应当按照规定将党纪处分决定通报中央组织部。

第八条 对于党的组织关系在地方、干部管理权限在主管部门党组的党员干部违纪案件，凡由派驻纪检监察组查处的，由主管部门党组讨论决定，并向地方党组织通报处理结果。

对于地方纪委首先发现并立案审查，接受上级纪委指定或者与派驻纪检监察组协商后由地方纪委立案审查的上述案件，应当由地方纪委按照程序作出党纪处分决定，并向主管部门党组通报处理结果。在作出立案审查决定及审查处理过程中，地方纪委应当与主管部门党组和派驻纪检监察组加强沟通协调；

经沟通不能形成一致意见的，报共同的上级党委或者纪委研究决定。

第九条 纪检监察工委在中央纪委领导下建立健全对中央和国家机关审查处理违纪案件的质量评查机制，对党组讨论决定、派驻纪检监察组审查处理的案件事实证据、性质认定、处分档次、程序手续等进行监督检查，采取通报、约谈等方式反馈评查结果。

第十条 党的工作机关、直属事业单位领导机构讨论和决定党员处分事项，参照本规定执行。

派驻纪检监察组给予驻在部门党组管理的干部政务处分，参照本规定办理，并以派驻纪检监察组名义作出政务处分决定，或者交由其任免机关、单位给予处分。

第十一条 各省、自治区、直辖市党委和纪检监察工委可以根据本规定精神，结合实际情况制定实施细则。

第十二条 本规定由中央纪委负责解释。

第十三条 本规定自 2019 年 1 月 1 日起施行。此前发布的有关规定与本规定不一致的，按照本规定执行。

中国共产党纪律检查机关
监督执纪工作规则

（中共中央办公厅，2019年1月）

第一章 总 则

第一条 为了加强党对纪律检查和国家监察工作的统一领导，加强党的纪律建设，推进全面从严治党，规范纪检监察机关监督执纪工作，根据《中国共产党章程》和有关法律，结合纪检监察体制改革和监督执纪工作实践，制定本规则。

第二条 坚持以马克思列宁主义、毛泽东思想、邓小平理论、"三个代表"重要思想、科学发展观、习近平新时代中国特色社会主义思想为指导，全面贯彻纪律检查委员会和监察委员会合署办公要求，依规依纪依法严格监督执纪，坚持打铁必须自身硬，把权力关进制度笼子，建设忠诚干净担当的纪检监察干部队伍。

第三条 监督执纪工作应当遵循以下原则：

（一）坚持和加强党的全面领导，牢固树立政治意识、大局意识、核心意识、看齐意识，坚定中国特色社会主义道路自信、理论自信、制度自信、文化自信，坚决维护习近平总书记党中央的核心、全党的核心地位，坚决维护党中央权威和集中统一领导，严守政治纪律和政治规矩，体现监督执纪工作的政治性，构建党统一指挥、全面覆盖、权威高效的监督体系；

（二）坚持纪律检查工作双重领导体制，监督执纪工作以上级纪委领导为主，线索处置、立案审查等在向同级党委报告的同时应当向上级纪委报告；

（三）坚持实事求是，以事实为依据，以党章党规党纪和国家法律法规为准绳，强化监督、严格执纪，把握政策、宽严相济，对主动投案、主动交代问题的宽大处理，对拒不交代、欺瞒组织的从严处理；

（四）坚持信任不能代替监督，执纪者必先守纪，以更高的标准、更严的要求约束自己，严格工作程序，有效管控风险，强化对监督执纪各环节的监督制约，确保监督执纪工作经得起历史和人民的检验。

第四条 坚持惩前毖后、治病救人，把纪律挺在前面，精准有效运用监督执纪"四种形态"，把思想政治工作贯穿监督执纪全过程，严管和厚爱结合，激励和约束并重，注重教育转化，促使党员自觉防止和纠正违纪行为，惩治极少数，教育大多数，实现政治效果、纪法效果和社会效果相统一。

第二章 领导体制

第五条 中央纪律检查委员会在党中央领导下进行工作。

地方各级纪律检查委员会和基层纪律检查委员会在同级党的委员会和上级纪律检查委员会双重领导下进行工作。

党委应当定期听取、审议同级纪律检查委员会和监察委员会的工作报告，加强对纪委监委工作的领导、管理和监督。

第六条 党的纪律检查机关和国家监察机关是党和国家自我监督的专责机关，中央纪委和地方各级纪委贯彻党中央关于国家监察工作的决策部署，审议决定监委依法履职中的重要事项，把执纪和执法贯通起来，实现党内监督和国家监察的有机统一。

第七条 监督执纪工作实行分级负责制：

（一）中央纪委国家监委负责监督检查和审查调查中央委员、候补中央委员，中央纪委委员，中央管理的领导干部，党中央工作部门、党中央批准设立的党组（党委），各省、自治区、直辖市党委、纪委等党组织的涉嫌违纪或者职务违法、职务犯罪问题。

（二）地方各级纪委监委负责监督检查和审查调查同级党委委员、候补委员，同级纪委委员，同级党委管理的党员、干部以及监察对象，同级党委工作部门、党委批准设立的党组（党委），下一级党委、纪委等党组织的涉嫌违纪或者职务违法、职务犯罪问题。

（三）基层纪委负责监督检查和审查同级党委管理的党员，同级党委下属的各级党组织的涉嫌违纪问题；未设立纪律检查委员会的党的基层委员会，由该委员会负责监督执纪工作。

地方各级纪委监委依照规定加强对同级党委履行职责、行使权力情况的监督。

第八条 对党的组织关系在地方、干部管理权限在主管部门的党员、干部以及监察对象涉嫌违纪违法问题，应当按照谁主管谁负责的原则进行监督执纪，由设在主管部门、有管辖权的纪检监察机关进行审查调查，主管部门认为有必要的，可以与地方纪检监察机关联合审查调查。地方纪检监察机关接到问题线索反映的，经与主管部门协调，可以对其进行审查调查，也可以与主管部门组成联合审查调查组，审查调查情况及时向对方通报。

第九条 上级纪检监察机关有权指定下级纪检监察机关对其他下级纪检监察机关管辖的党组织和党员、干部以及监察对象涉嫌违纪或者职务违法、职务犯罪问题进行审查调查，必要时也可以直接进行审查调查。上级纪检监察机关可以将其直接管辖的事项指定下级纪检监察机关进行审查调查。

纪检监察机关之间对管辖事项有争议的，由其共同的上级纪检监察机关确定；认为所管辖的事项重大、复杂，需要由上级纪检监察机关管辖的，可以报请上级纪检监察机关管辖。

第十条 纪检监察机关应当严格执行请示报告制度。中央纪委定期向党中央报告工作，研究涉及全局的重大事项、遇有重要问题以及作出立案审查调查决定、给予党纪政务处分等事项应当及时向党中央请示报告，既要报告结果也要报告过程。执行党中央重要决定的情况应当专题报告。

地方各级纪检监察机关对作出立案审查调查决定、给予党纪政务处分等重要事项，应当向同级党委请示汇报并向上级纪委监委报告，形成明确意见后再正式行文请示。遇有重要事项应当及时报告。

纪检监察机关应当坚持民主集中制，对于线索处置、谈话函询、初步核实、立案审查调查、案件审理、处置执行中的重要问题，经集体研究后，报纪检监察机关相关负责人、主要负责人审批。

第十一条　纪检监察机关应当建立监督检查、审查调查、案件监督管理、案件审理相互协调、相互制约的工作机制。市地级以上纪委监委实行监督检查和审查调查部门分设，监督检查部门主要负责联系地区和部门、单位的日常监督检查和对涉嫌一般违纪问题线索处置，审查调查部门主要负责对涉嫌严重违纪或者职务违法、职务犯罪问题线索进行初步核实和立案审查调查；案件监督管理部门负责对监督检查、审查调查工作全过程进行监督管理，案件审理部门负责对需要给予党纪政务处分的案件审核把关。

纪检监察机关在工作中需要协助的，有关组织和机关、单位、个人应当依规依纪依法予以协助。

第十二条　纪检监察机关案件监督管理部门负责对监督执纪工作全过程进行监督管理，做好线索管理、组织协调、监督检查、督促办理、统计分析等工作。党风政风监督部门应当加强对党风政风建设的综合协调，做好督促检查、通报曝光和综合分析等工作。

第三章　监督检查

第十三条　党委（党组）在党内监督中履行主体责任，纪检监察机关履行监督责任，应当将纪律监督、监察监督、巡视监督、派驻监督结合起来，重点检查遵守、执行党章党规党纪和宪法法律法规，坚定理想信念，增强"四个意识"，坚定"四个自信"，维护习近平总书记核心地位，维护党中央权威和集中统一领导，贯彻执行党和国家的路线方针政策以及重大决策部署，坚持主动作为、真抓实干，落实全面从严治党责任、民主集中制原则、选人用人规定以及中央八项规定精神，巡视巡察整改，依法履职、秉公用权、廉洁从政从业以及恪守社会道德规范等情况，对发现的问题分类处置、督促整改。

第十四条　纪委监委（纪检监察组、纪检监察工委）报请或者会同党委（党组）定期召开专题会议，听取加强党内监督情况专题报告，综合分析所联系的地区、部门、单位政治生态状况，提出加强和改进的意见及工作措施，抓好组织实施和督促检查。

第十五条　纪检监察机关应当结合被监督对象的职责，加强对行使权力情况的日常监督，通过多种方式了解被监督对象的思想、工作、作风、生活情况，发现苗头性、倾向性问题或者轻微违纪问题，应当及时约谈提醒、批评教育、责令检查、诫勉谈话，提高监督的针对性和实效性。

第十六条　纪检监察机关应当畅通来信、来访、来电和网络等举报渠道，建设覆盖纪检监察系统的检举举报平台，及时受理检举控告，发挥党员和群众的监督作用。

第十七条 纪检监察机关应当建立健全党员领导干部廉政档案，主要内容包括：

（一）任免情况、人事档案情况、因不如实报告个人有关事项受到处理的情况等；

（二）巡视巡察、信访、案件监督管理以及其他方面移交的问题线索和处置情况；

（三）开展谈话函询、初步核实、审查调查以及其他工作形成的有关材料；

（四）党风廉政意见回复材料；

（五）其他反映廉政情况的材料。

廉政档案应当动态更新。

第十八条 纪检监察机关应当做好干部选拔任用党风廉政意见回复工作，对反映问题线索认真核查，综合用好巡视巡察等其他监督成果，严把政治关、品行关、作风关、廉洁关。

第十九条 纪检监察机关对监督中发现的突出问题，应当向有关党组织或者单位提出纪律检查建议或者监察建议，通过督促召开专题民主生活会、组织开展专项检查等方式，督查督办，推动整改。

第四章　线索处置

第二十条 纪检监察机关应当加强对问题线索的集中管

理、分类处置、定期清理。信访举报部门归口受理同级党委管理的党组织和党员、干部以及监察对象涉嫌违纪或者职务违法、职务犯罪问题的信访举报，统一接收有关纪检监察机关、派驻或者派出机构以及其他单位移交的相关信访举报，移送本机关有关部门，深入分析信访形势，及时反映损害群众最关心、最直接、最现实的利益问题。

巡视巡察工作机构和审计机关、行政执法机关、司法机关等单位发现涉嫌违纪或者职务违法、职务犯罪问题线索，应当及时移交纪检监察机关案件监督管理部门统一办理。

监督检查部门、审查调查部门、干部监督部门发现的相关问题线索，属于本部门受理范围的，应当送案件监督管理部门备案；不属于本部门受理范围的，经审批后移送案件监督管理部门，由其按程序转交相关监督执纪部门办理。

第二十一条　纪检监察机关应当结合问题线索所涉及地区、部门、单位总体情况，综合分析，按照谈话函询、初步核实、暂存待查、予以了结4类方式进行处置。

线索处置不得拖延和积压，处置意见应当在收到问题线索之日起1个月内提出，并制定处置方案，履行审批手续。

第二十二条　纪检监察机关对反映同级党委委员、候补委员，纪委常委、监委委员，以及所辖地区、部门、单位主要负责人的问题线索和线索处置情况，应当及时向上级纪检监察机关报告。

第二十三条　案件监督管理部门对问题线索实行集中管理、动态更新、定期汇总核对，提出分办意见，报纪检监察机关主要负责人批准，按程序移送承办部门。承办部门应当指定专人负责管理问题线索，逐件编号登记、建立管理台账。线索管理处置各环节应当由经手人员签名，全程登记备查。

第二十四条　纪检监察机关应当根据工作需要，定期召开专题会议，听取问题线索综合情况汇报，进行分析研判，对重要检举事项和反映问题集中的领域深入研究，提出处置要求，做到件件有着落。

第二十五条　承办部门应当做好线索处置归档工作，归档材料齐全完整，载明领导批示和处置过程。案件监督管理部门定期汇总、核对问题线索及处置情况，向纪检监察机关主要负责人报告，并向相关部门通报。

第五章　谈话函询

第二十六条　各级党委（党组）和纪检监察机关应当推动加强和规范党内政治生活，经常拿起批评和自我批评的武器，及时开展谈话提醒、约谈函询，促使党员、干部以及监察对象增强党的观念和纪律意识。

第二十七条　纪检监察机关采取谈话函询方式处置问题线索，应当起草谈话函询报批请示，拟订谈话方案和相关工作预案，按程序报批。需要谈话函询下一级党委（党组）主要负责人的，应当报纪检监察机关主要负责人批准，必要时向同级党委主要负责人报告。

第二十八条　谈话应当由纪检监察机关相关负责人或者承

办部门负责人进行，可以由被谈话人所在党委（党组）、纪委监委（纪检监察组、纪检监察工委）有关负责人陪同；经批准也可以委托被谈话人所在党委（党组）主要负责人进行。

谈话应当在具备安全保障条件的场所进行。由纪检监察机关谈话的，应当制作谈话笔录，谈话后可以视情况由被谈话人写出书面说明。

第二十九条 纪检监察机关进行函询应当以办公厅（室）名义发函给被反映人，并抄送其所在党委（党组）和派驻纪检监察组主要负责人。被函询人应当在收到函件后 15 个工作日内写出说明材料，由其所在党委（党组）主要负责人签署意见后发函回复。

被函询人为党委（党组）主要负责人的，或者被函询人所作说明涉及党委（党组）主要负责人的，应当直接发函回复纪检监察机关。

第三十条 承办部门应当在谈话结束或者收到函询回复后 1 个月内写出情况报告和处置意见，按程序报批。根据不同情形作出相应处理：

（一）反映不实，或者没有证据证明存在问题的，予以采信了结，并向被函询人发函反馈。

（二）问题轻微，不需要追究纪律责任的，采取谈话提醒、批评教育、责令检查、诫勉谈话等方式处理。

（三）反映问题比较具体，但被反映人予以否认且否认理由不充分具体的，或者说明存在明显问题的，一般应当再次谈话或者函询；发现被反映人涉嫌违纪或者职务违法、职务犯罪问题需要追究纪律和法律责任的，应当提出初步核实的建议。

（四）对诬告陷害者，依规依纪依法予以查处。

必要时可以对被反映人谈话函询的说明情况进行抽查核实。

谈话函询材料应当存入廉政档案。

第三十一条 被谈话函询的党员干部应当在民主生活会、组织生活会上就本年度或者上年度谈话函询问题进行说明，讲清组织予以采信了结的情况；存在违纪问题的，应当进行自我批评，作出检讨。

第六章　初步核实

第三十二条 党委（党组）、纪委监委（纪检监察组）应当对具有可查性的涉嫌违纪或者职务违法、职务犯罪问题线索，扎实开展初步核实工作，收集客观性证据，确保真实性和准确性。

第三十三条 纪检监察机关采取初步核实方式处置问题线索，应当制定工作方案，成立核查组，履行审批程序。被核查人为下一级党委（党组）主要负责人的，纪检监察机关应当报同级党委主要负责人批准。

第三十四条 核查组经批准可以采取必要措施收集证据，与相关人员谈话了解情况，要求相关组织作出说明，调取个人有关事项报告，查阅复制文件、账目、档案等资料，查核资产情况和有关信息，进行鉴定勘验。对被核查人及相关人员主动上交的财物，核查组应当予以暂扣。

需要采取技术调查或者限制出境等措施的，纪检监察机关应当严格履行审批手续，交有关机关执行。

第三十五条 初步核实工作结束后，核查组应当撰写初步核实情况报告，列明被核查人基本情况、反映的主要问题、办理依据以及初步核实结果、存在疑点、处理建议，由核查组全体人员签名备查。

承办部门应当综合分析初步核实情况，按照拟立案审查调查、予以了结、谈话提醒、暂存待查，或者移送有关党组织处理等方式提出处置建议。

初步核实情况报告应当报纪检监察机关主要负责人审批，必要时向同级党委主要负责人报告。

第七章　审查调查

第三十六条 党委（党组）应当按照管理权限，加强对党员、干部以及监察对象涉嫌严重违纪或者职务违法、职务犯罪问题审查调查处置工作，定期听取重大案件情况报告，加强反腐败协调机构的机制建设，坚定不移、精准有序惩治腐败。

第三十七条 纪检监察机关经过初步核实，对党员、干部以及监察对象涉嫌违纪或者职务违法、职务犯罪，需要追究纪律或者法律责任的，应当立案审查调查。

凡报请批准立案的，应当已经掌握部分违纪或者职务违法、职务犯罪事实和证据，具备进行审查调查的条件。

第三十八条 对符合立案条件的，承办部门应当起草立案审查调查呈批报告，经纪检监察机关主要负责人审批，报同级党委主要负责人批准，予以立案审查调查。

立案审查调查决定应当向被审查调查人宣布，并向被审查调查人所在党委（党组）主要负责人通报。

第三十九条 对涉嫌严重违纪或者职务违法、职务犯罪人员立案审查调查，纪检监察机关主要负责人应当主持召开由纪检监察机关相关负责人参加的专题会议，研究批准审查调查方案。

纪检监察机关相关负责人批准成立审查调查组，确定审查调查谈话方案、外查方案，审批重要信息查询、涉案财物查扣等事项。

监督检查、审查调查部门主要负责人组织研究提出审查调查谈话方案、外查方案和处置意见建议，审批一般信息查询，对调查取证审核把关。

审查调查组组长应当严格执行审查调查方案，不得擅自更改；以书面形式报告审查调查进展情况，遇有重要事项及时请示。

第四十条 审查调查组可以依照党章党规和监察法，经审批进行谈话、讯问、询问、留置、查询、冻结、搜查、调取、查封、扣押（暂扣、封存）、勘验检查、鉴定，提请有关机关采取技术调查、通缉、限制出境等措施。

承办部门应当建立台账，记录使用措施情况，向案件监督管理部门定期备案。

案件监督管理部门应当核对检查，定期汇总重要措施使用情况并报告纪委监委领导和上一级纪检监察机关，发现违规违纪违法使用措施的，区分不同情况进行处理，防止擅自扩大范围、延长时限。

第四十一条 需要对被审查调查人采取留置措施的，应当依据监察法进行，在 24 小时内通知其所在单位和家属，并及时向社会公开发布。因可能毁灭、伪造证据，干扰证人作证或者串供等有碍调查情形而不宜通知或者公开的，应当按程序报批并记录在案。有碍调查的情形消失后，应当立即通知被留置人员所在单位和家属。

第四十二条 审查调查工作应当依照规定由两人以上进行，按照规定出示证件，出具书面通知。

第四十三条 立案审查调查方案批准后，应当由纪检监察机关相关负责人或者部门负责人与被审查调查人谈话，宣布立案决定，讲明党的政策和纪律，要求被审查调查人端正态度、配合审查调查。

审查调查应当充分听取被审查调查人陈述，保障其饮食、休息，提供医疗服务，确保安全。严格禁止使用违反党章党规党纪和国家法律的手段，严禁逼供、诱供、侮辱、打骂、虐待、体罚或者变相体罚。

第四十四条 审查调查期间，对被审查调查人以同志相称，安排学习党章党规党纪以及相关法律法规，开展理想信念宗旨教育，通过深入细致的思想政治工作，促使其深刻反省、认识错误、交代问题，写出忏悔反思材料。

第四十五条 外查工作必须严格按照外查方案执行，不得随意扩大审查调查范围、变更审查调查对象和事项，重要事项应当及时请示报告。

外查工作期间，未经批准，监督执纪人员不得单独接触任何涉案人员及其特定关系人，不得擅自采取审查调查措施，不得从事与外查事项无关的活动。

第四十六条 纪检监察机关应当严格依规依纪依法收集、鉴别证据，做到全面、客观，形成相互印证、完整稳定的证据链。

调查取证应当收集原物原件，逐件清点编号，现场登记，由在场人员签字盖章，原物不便搬运、保存或者取得原件确有困难的，可以将原物封存并拍照录像或者调取原件副本、复印件；谈话应当现场制作谈话笔录并由被谈话人阅看后签字。已调取证据必须及时交审查调查组统一保管。

严禁以威胁、引诱、欺骗以及其他违规违纪违法方式收集证据；严禁隐匿、损毁、篡改、伪造证据。

第四十七条 查封、扣押（暂扣、封存）、冻结、移交涉案财物，应当严格履行审批手续。

执行查封、扣押（暂扣、封存）措施，监督执纪人员应当会同原财物持有人或者保管人、见证人，当面逐一拍照、登记、编号，现场填写登记表，由在场人员签名。对价值不明物品应当及时鉴定，专门封存保管。

纪检监察机关应当设立专用账户、专门场所，指定专门人员保管涉案财物，严格履行交接、调取手续，定期对账核实。

严禁私自占有、处置涉案财物及其孳息。

第四十八条 对涉嫌严重违纪或者职务违法、职务犯罪问题的审查调查谈话、搜查、查封、扣押（暂扣、封存）涉案财物等重要取证工作应当全过程进行录音录像，并妥善保管，及时归档，案件监督管理部门定期核查。

第四十九条 对涉嫌严重违纪或者职务违法、职务犯罪问题的审查调查，监督执纪人员未经批准并办理相关手续，不得将被审查调查人或者其他重要的谈话、询问对象带离规定的谈话场所，不得在未配置监控设备的场所进行审查调查谈话或者其他重要的谈话、询问，不得在谈话期间关闭录音录像设备。

第五十条 监督检查、审查调查部门主要负责人、分管领导应当定期检查审查调查期间的录音录像、谈话笔录、涉案财物登记资料，发现问题及时纠正并报告。

纪检监察机关相关负责人应当通过调取录音录像等方式，加强对审查调查全过程的监督。

第五十一条 查明涉嫌违纪或者职务违法、职务犯罪问题后，审查调查组应当撰写事实材料，与被审查调查人见面，听取意见。被审查调查人应当在事实材料上签署意见，对签署不同意见或者拒不签署意见的，审查调查组应当作出说明或者注明情况。

审查调查工作结束，审查调查组应当集体讨论，形成审查调查报告，列明被审查调查人基本情况、问题线索来源及审查调查依据、审查调查过程，主要违纪或者职务违法、职务犯罪事实，被审查调查人的态度和认识，处理建议及党纪法律依据，并由审查调查组组长以及有关人员签名。

对审查调查过程中发现的重要问题和意见建议，应当形成专题报告。

第五十二条 审查调查报告以及忏悔反思材料，违纪或者职务违法、职务犯罪事实材料，涉案财物报告等，应当按程序报纪检监察机关主要负责人批准，连同全部证据和程序材料，依照规定移送审理。

审查调查全过程形成的材料应当案结卷成、事毕归档。

第八章　审　理

第五十三条 纪检监察机关应当对涉嫌违纪或者违法、犯罪案件严格依规依纪依法审核把关，提出纪律处理或者处分的意见，做到事实清楚、证据确凿、定性准确、处理恰当、手续完备、程序合规。

纪律处理或者处分必须坚持民主集中制原则，集体讨论决定，不允许任何个人或者少数人决定和批准。

第五十四条 坚持审查调查与审理相分离的原则，审查调查人员不得参与审理。纪检监察机关案件审理部门对涉嫌违纪或者职务违法、职务犯罪问题，依照规定应当给予纪律处理或者处分的案件和复议复查案件进行审核处理。

第五十五条 审理工作按照以下程序进行：

（一）案件审理部门收到审查调查报告后，经审核符合移送条件的予以受理，不符合移送条件的可以暂缓受理或者不予受理。

（二）对于重大、复杂、疑难案件，监督检查、审查调查部门已查清主要违纪或者职务违法、职务犯罪事实并提出倾向性意见的；对涉嫌违纪或者职务违法、职务犯罪行为性质认定分歧较大的，经批准案件审理部门可以提前介入。

（三）案件审理部门受理案件后，应当成立由两人以上组成的审理组，全面审理案卷材料，提出审理意见。

（四）坚持集体审议原则，在民主讨论基础上形成处理意见；对争议较大的应当及时报告，形成一致意见后再作出决定。案件审理部门根据案件审理情况，应当与被审查调查人谈话，核对违纪或者职务违法、职务犯罪事实，听取辩解意见，了解有关情况。

（五）对主要事实不清、证据不足的，经纪检监察机关主要负责人批准，退回监督检查、审查调查部门重新审查调查；需要补充完善证据的，经纪检监察机关相关负责人批准，退回监督检查、审查调查部门补充审查调查。

（六）审理工作结束后应当形成审理报告，内容包括被审查调查人基本情况、审查调查简况、违纪违法或者职务犯罪事实、涉案财物处置、监督检查或者审查调查部门意见、审理意见等。审理报告应当体现党内审查特色，依据《中国共产党纪律处分条例》认定违纪事实性质，分析被审查调查人违反党章、背离党的性质宗旨的错误本质，反映其态度、认识以及思想转变过程。涉嫌职务犯罪需要追究刑事责任的，还应当形成《起诉意见书》，作为审理报告附件。

对给予同级党委委员、候补委员，同级纪委委员、监委委员处分的，在同级党委审议前，应当与上级纪委监委沟通并形成处理意见。

审理工作应当在受理之日起 1 个月内完成，重大复杂案件经批准可以适当延长。

第五十六条 审理报告报经纪检监察机关主要负责人批准后，提请纪委常委会会议审议。需报同级党委审批的，应当在报批前以纪检监察机关办公厅（室）名义征求同级党委组织部门和被审查调查人所在党委（党组）意见。

处分决定作出后，纪检监察机关应当通知受处分党员所在党委（党组），抄送同级党委组织部门，并依照规定在 1 个月内向其所在党的基层组织中的全体党员以及本人宣布。处分决定执行情况应当及时报告。

第五十七条 被审查调查人涉嫌职务犯罪的，应当由案件监督管理部门协调办理移送司法机关事宜。对于采取留置措施的案件，在人民检察院对犯罪嫌疑人先行拘留后，留置措施自动解除。

案件移送司法机关后，审查调查部门应当跟踪了解处理情况，发现问题及时报告，不得违规过问、干预处理工作。

审理工作完成后，对涉及的其他问题线索，经批准应当及时移送有关纪检监察机关处置。

第五十八条 对被审查调查人违规违纪违法所得财物，应当依规依纪依法予以收缴、责令退赔或者登记上交。

对涉嫌职务犯罪所得财物，应当随案移送司法机关。

对经认定不属于违规违纪违法所得的，应当在案件审结后依规依纪依法予以返还，并办理签收手续。

第五十九条 对不服处分决定的申诉，由批准或者决定处分的党委（党组）或者纪检监察机关受理；需要复议复查的，由纪检监察机关相关负责人批准后受理。

申诉办理部门成立复查组，调阅原案案卷，必要时可以进行取证，经集体研究后，提出办理意见，报纪检监察机关相关负责人批准或者纪委常委会会议研究决定，作出复议复查决定。决定应当告知申诉人，抄送相关单位，并在一定范围内宣布。

坚持复议复查与审查审理分离，原案审查、审理人员不得参与复议复查。

复议复查工作应当在3个月内办结。

第九章　监督管理

第六十条 纪检监察机关应当严格依照党内法规和国家法律，在行使权力上慎之又慎，在自我约束上严之又严，强化自我监督，健全内控机制，自觉接受党内监督、社会监督、群众监督，确保权力受到严格约束，坚决防止"灯下黑"。

纪检监察机关应当加强对监督执纪工作的领导，切实履行自身建设主体责任，严格教育、管理、监督，使纪检监察干部成为严守纪律、改进作风、拒腐防变的表率。

第六十一条 纪检监察机关应当严格干部准入制度，严把政治安全关，纪检监察干部必须忠诚坚定、担当尽责、遵纪守法、清正廉洁，具备履行职责的基本条件。

第六十二条　纪检监察机关应当加强党的政治建设、思想建设、组织建设，突出政治功能，强化政治引领。审查调查组有正式党员3人以上的，应当设立临时党支部，加强对审查调查组成员的教育、管理、监督，开展政策理论学习，做好思想政治工作，及时发现问题、进行批评纠正，发挥战斗堡垒作用。

第六十三条　纪检监察机关应当加强干部队伍作风建设，树立依规依法、纪律严明、作风深入、工作扎实、谦虚谨慎、秉公执纪的良好形象，力戒形式主义、官僚主义，力戒特权思想，力戒口大气粗、颐指气使，不断提高思想政治水平和把握政策能力，建设让党放心、人民信赖的纪检监察干部队伍。

第六十四条　对纪检监察干部打听案情、过问案件、说情干预的，受请托人应当向审查调查组组长和监督检查、审查调查部门主要负责人报告并登记备案。

发现审查调查组成员未经批准接触被审查调查人、涉案人员及其特定关系人，或者存在交往情形的，应当及时向审查调查组组长和监督检查、审查调查部门主要负责人直至纪检监察机关主要负责人报告并登记备案。

第六十五条　严格执行回避制度。审查调查审理人员是被审查调查人或者检举人近亲属、本案证人、利害关系人，或者存在其他可能影响公正审查调查审理情形的，不得参与相关审查调查审理工作，应当主动申请回避，被审查调查人、检举人以及其他有关人员也有权要求其回避。选用借调人员、看护人员、审查场所，应当严格执行回避制度。

第六十六条 审查调查组需要借调人员的，一般应当从审查调查人才库选用，由纪检监察机关组织部门办理手续，实行一案一借，不得连续多次借调。加强对借调人员的管理监督，借调结束后由审查调查组写出鉴定。借调单位和党员干部不得干预借调人员岗位调整、职务晋升等事项。

第六十七条 监督执纪人员应当严格执行保密制度，控制审查调查工作事项知悉范围和时间，不准私自留存、隐匿、查阅、摘抄、复制、携带问题线索和涉案资料，严禁泄露审查调查工作情况。

审查调查组成员工作期间，应当使用专用手机、电脑、电子设备和存储介质，实行编号管理，审查调查工作结束后收回检查。

汇报案情、传递审查调查材料应当使用加密设施，携带案卷材料应当专人专车、卷不离身。

第六十八条 纪检监察机关相关涉密人员离岗离职后，应当遵守脱密期管理规定，严格履行保密义务，不得泄露相关秘密。

监督执纪人员辞职、退休 3 年内，不得从事与纪检监察和司法工作相关联、可能发生利益冲突的职业。

第六十九条 纪检监察机关开展谈话应当做到全程可控。谈话前做好风险评估、医疗保障、安全防范工作以及应对突发事件的预案；谈话中及时研判谈话内容以及案情变化，发现严重职务违法、职务犯罪，依照监察法需要采取留置措施的，应当及时采取留置措施；谈话结束前做好被谈话人思想工作，谈话后按程序与相关单位或者人员交接，并做好跟踪回访等工作。

第七十条 建立健全安全责任制，监督检查、审查调查部门主要负责人和审查调查组组长是审查调查安全第一责任人，审查调查组应当指定专人担任安全员。被审查调查人发生安全事故的，应当在 24 小时内逐级上报至中央纪委，及时做好舆论引导。

发生严重安全事故的，或者存在严重违规违纪违法行为的，省级纪检监察机关主要负责人应当向中央纪委作出检讨，并予以通报、严肃问责追责。

案件监督管理部门应当组织开展经常性检查和不定期抽查，发现问题及时报告并督促整改。

第七十一条 对纪检监察干部越权接触相关地区、部门、单位党委（党组）负责人，私存线索、跑风漏气、违反安全保密规定，接受请托、干预审查调查、以案谋私、办人情案，侮辱、打骂、虐待、体罚或者变相体罚被审查调查人，以违规违纪违法方式收集证据，截留挪用、侵占私分涉案财物，接受宴请和财物等行为，依规依纪严肃处理；涉嫌职务违法、职务犯罪的，依法追究法律责任。

第七十二条 纪检监察机关在维护监督执纪工作纪律方面失职失责的，予以严肃问责。

第七十三条 对案件处置出现重大失误，纪检监察干部涉嫌严重违纪或者职务违法、职务犯罪的，开展"一案双查"，既追究直接责任，还应当严肃追究有关领导人员责任。

建立办案质量责任制，对滥用职权、失职失责造成严重后果的，实行终身问责。

第十章 附 则

第七十四条 各省（自治区、直辖市）党委、中央和国家机关工委可以根据本规则，结合工作实际，制定实施细则。

中央军事委员会可以根据本规则，制定相关规定。

第七十五条 纪委监委派驻纪检监察组、纪检监察工委除执行本规则外，还应当执行党中央以及中央纪委相关规定。

国有企事业单位纪检监察机构结合实际执行本规则。

第七十六条 本规则由中央纪律检查委员会负责解释。

第七十七条 本规则自 2019 年 1 月 1 日起施行。2017 年 1 月 15 日中央纪委印发的《中国共产党纪律检查机关监督执纪工作规则（试行）》同时废止。此前发布的其他有关纪检监察机关监督执纪工作的规定，凡与本规则不一致的，按照本规则执行。

地方党政领导干部食品安全责任制规定

（中共中央办公厅、国务院办公厅，2019 年 2 月）

第一章 总 则

第一条 为了进一步落实食品安全党政同责要求，强化食品安全属地管理责任，健全食品安全工作责任制，保障人民群众"舌尖上的安全"，根据有关党内法规和国家法律，制定本规定。

第二条 本规定所称食品安全包括食用农产品质量安全。

本规定所称分管食品安全工作是指分管食用农产品质量安全监管、食品安全监管等工作。

本规定所称食品安全相关工作是指卫生健康、生态环境、粮食、教育、政法、宣传、民政、建设、文化、旅游、交通运输等行业或者领域与食品安全紧密相关的工作，以及为食品安全提供支持的发展改革、科技、工信、财政、商务等领域工作。

第三条 本规定适用于县级以上地方各级党委和政府领导班子成员（以下统称地方党政领导干部）。

第四条　实行地方党政领导干部食品安全责任制，必须坚持以习近平新时代中国特色社会主义思想为指导，增强"四个意识"、坚定"四个自信"、做到"两个维护"，牢固树立以人民为中心的发展思想，贯彻落实食品安全"四个最严"的要求，深入实施食品安全战略，承担起"促一方发展、保一方平安"的政治责任，不断提高食品安全工作水平，努力增强人民群众的获得感、幸福感、安全感。

第五条　建立地方党政领导干部食品安全工作责任制，应当遵循以下原则：

（一）坚持党政同责、一岗双责，权责一致、齐抓共管，失职追责、尽职免责；

（二）坚持谋发展必须谋安全，管行业必须管安全，保民生必须保安全；

（三）坚持综合运用考核、奖励、惩戒等措施，督促地方党政领导干部履行食品安全工作职责，确保党中央、国务院关于食品安全工作的决策部署贯彻落实。

第六条　地方各级党委和政府对本地区食品安全工作负总责，主要负责人是本地区食品安全工作第一责任人，班子其他成员对分管（含协管、联系，下同）行业或者领域内的食品安全工作负责。

第二章　职　责

第七条　地方各级党委主要负责人应当全面加强党对本地

区食品安全工作的领导，认真贯彻执行党中央关于食品安全工作的方针政策、决策部署和指示精神，上级党委的决定和相关法律法规要求，职责主要包括：

（一）组织学习贯彻习近平总书记关于食品安全工作的重要指示批示精神和党中央关于食品安全工作的方针政策、决策部署，不断提高地方党政领导干部的政治站位，增强做好食品安全工作的责任感和使命感；

（二）全面加强党对本地区食品安全工作的领导，将食品安全工作作为向党委全会报告的重要内容；

（三）建立健全党委常委会委员食品安全相关工作责任清单，督促党委常委会其他委员履行食品安全相关工作责任，并将食品安全工作纳入地方党政领导干部政绩考核内容；

（四）开展食品安全工作专题调研，召开党委常委会会议或者专题会议，听取食品安全工作专题汇报，及时研究解决食品安全工作重大问题，推动完善食品安全治理体系；

（五）加强食品安全工作部门领导班子建设、干部队伍建设和机构建设，不断提升食品安全治理能力；

（六）协调各方重视和支持食品安全工作，加强食品安全宣传，把握正确舆论导向，营造良好工作氛围。

第八条　地方各级政府主要负责人应当加强对本地区食品安全工作的领导，认真贯彻执行党中央、国务院关于食品安全工作的方针政策、决策部署和指示精神，上级党委和政府、本级党委的决定和相关法律法规要求，职责主要包括：

（一）领导本地区食品安全工作，组织推动地方政府落实食品安全属地管理责任；

（二）坚持新发展理念，正确处理发展和安全的关系，将食品安全工作纳入本地区国民经济和社会发展规划、政府工作重点，并接受人大、政协的监督；

（三）建立健全本地区食品安全监管责任体系，明确本级政府领导班子成员食品安全工作责任和政府相关部门食品安全工作职责，指导督促政府领导班子成员和相关部门落实工作责任；

（四）加强食品安全监管能力、执法能力建设，整合监管力量，优化监管机制，提高监管、执法队伍专业化水平，建立健全食品安全财政投入保障机制，保障监管、执法部门依法履职必需的经费和装备；

（五）开展食品安全工作专题调研，组织召开政府常务会议、办公会议或者专题会议，听取本地区食品安全工作汇报，及时研究解决食品安全工作突出问题；

（六）落实高质量发展要求，推进食品及食品相关产业转型升级，不断提高产业发展水平。

第九条　地方各级党委常委会其他委员应当按照职责分工，加强对分管行业或者领域内食品安全相关工作的领导，协助党委主要负责人，统筹推进分管行业或者领域内食品安全相关工作，督促指导相关部门依法履行工作职责，及时研究解决分管行业或者领域内食品安全相关工作问题。

第十条　地方各级政府分管食品安全工作负责人应当加强对本地区食品安全监管工作的领导，具体负责组织本地区食品安全监管工作，职责主要包括：

（一）协助党委和政府主要负责人落实食品安全属地管理责任，组织制定贯彻落实党中央、国务院关于食品安全工作的方针政策、决策部署和指示精神，上级以及本级党委和政府的决定和相关法律法规的具体措施；

（二）组织开展食品安全工作专题调研，研究制定本地区食品安全专项规划、年度重点工作计划，统筹推进本地区食品安全工作；

（三）组织协调食品安全监管部门和相关部门，及时分析食品安全形势，研究解决食品安全领域相关问题，推动完善"从农田到餐桌"全链条全过程食品安全监管机制；

（四）组织推动食品安全监管部门和相关部门建立信息共享机制，推进"互联网+"食品安全监管，不断提升食品安全监管效能和治理能力现代化水平；

（五）组织实施食品安全风险防控、隐患排查和专项治理，坚决防范系统性、区域性食品安全风险；

（六）组织制定食品安全事故应急预案，及时组织开展本地区食品安全突发事件应对处置和调查处理；

（七）组织开展食品安全工作评议考核，督促本级政府相关部门和下级政府落实食品安全工作责任；

（八）组织开展食品安全普法和科普宣传、安全教育、诚信体系建设等工作，推动食品安全社会共治。

第十一条　地方各级政府领导班子其他成员应当按照职责分工，加强对分管行业或者领域内食品安全相关工作的领导，协助政府主要负责人，统筹推进分管行业或者领域内食品安全相关工作，督促指导相关部门依法履行工作职责，及时研究解决分管行业或者领域内食品安全相关工作问题。

第三章　考核监督

第十二条　地方各级党委和政府应当对落实食品安全重大部署、重点工作情况进行跟踪督办。

第十三条　地方各级党委应当结合巡视巡察工作安排，对地方党政领导干部履行食品安全工作职责情况进行检查。

第十四条　地方各级党委和政府应当充分发挥评议考核"指挥棒"作用，推动地方党政领导干部落实食品安全工作责任。

第十五条　跟踪督办、履职检查、评议考核结果应当作为地方党政领导干部考核、奖惩和使用、调整的重要参考。因履职不到位被追究责任的地方党政领导干部，在评优评先、选拔任用等方面按照有关规定执行。

第四章　奖　惩

第十六条　地方党政领导干部在食品安全工作中敢于作为、勇于担当、履职尽责，有下列情形之一的，按照有关规定给予表彰奖励：

（一）及时有效组织预防食品安全事故和消除重大食品安

全风险隐患，使国家和人民群众利益免受重大损失的；

（二）在食品安全工作中有重大创新并取得显著成效的；

（三）连续在食品安全工作评议考核中成绩优秀的；

（四）作出其他突出贡献的。

第十七条 地方党政领导干部在落实食品安全工作责任中有下列情形之一的，应当按照有关规定进行问责：

（一）未履行本规定职责和要求，或者履职不到位的；

（二）对本区域内发生的重大食品安全事故，或者社会影响恶劣的食品安全事件负有领导责任的；

（三）对本区域内发生的食品安全事故，未及时组织领导有关部门有效处置，造成不良影响或者较大损失的；

（四）对隐瞒、谎报、缓报食品安全事故负有领导责任的；

（五）违规插手、干预食品安全事故依法处理和食品安全违法犯罪案件处理的；

（六）有其他应当问责情形的。

第十八条 地方党政领导干部有本规定第十七条所列情形的，按照干部管理权限依规依纪依法进行问责。涉嫌职务违法犯罪的，由监察机关依法调查处置。

第十九条 地方党政领导干部及时报告失职行为并主动采取补救措施，有效预防或者减少食品安全事故重大损失、挽回社会严重不良影响，或者积极配合问责调查，并主动承担责任的，按照有关规定从轻、减轻追究责任。对工作不力导致重大或者特别重大食品安全事故，或者造成严重不良影响的，应当从重追究责任。

第五章 附 则

第二十条 乡镇（街道）党政领导干部，各类开发区管理机构党政领导干部，参照本规定执行。

第二十一条 本规定由市场监管总局会同农业农村部解释。

第二十二条 本规定自 2019 年 2 月 5 日起施行。

中国共产党重大事项请示报告条例

（中共中央，2019 年 1 月）

第一章　总　　则

第一条　为了加强和规范重大事项请示报告工作，严明党的政治纪律、组织纪律和工作纪律，保证全党全国服从党中央、政令畅通，根据《中国共产党章程》、《关于新形势下党内政治生活的若干准则》等党内法规，制定本条例。

第二条　重大事项请示报告工作以习近平新时代中国特色社会主义思想为指导，坚持和加强党的全面领导，坚持党要管党、全面从严治党，贯彻民主集中制，坚决维护习近平总书记党中央的核心、全党的核心地位，坚决维护党中央权威和集中统一领导，保证全党团结统一和行动一致，确保党始终总揽全局、协调各方。

第三条　本条例适用于下级党组织向上级党组织，以及党员、领导干部向党组织请示报告重大事项相关活动。

本条例所称重大事项，是指超出党组织和党员、领导干部自身职权范围，或者虽在自身职权范围内但关乎全局、影响广泛的重要事情和重要情况，包括党组织贯彻执行党中央决策部署和上级党组织决定、领导经济社会发展事务、落实全面从严治党责任，党员履行义务、行使权利，领导干部行使权力、担负责任的重要事情和重要情况。

本条例所称请示，是指下级党组织向上级党组织，党员、领导干部向党组织就重大事项请求指示或者批准；所称报告，是指下级党组织向上级党组织，党员、领导干部向党组织呈报重要事情和重要情况。

第四条　开展重大事项请示报告工作应当遵循以下原则：

（一）坚持政治导向。树牢"四个意识"，落实"四个服从"，把请示报告作为重要政治纪律和政治规矩，把讲政治要求贯彻到请示报告工作全过程和各方面。

（二）坚持权责明晰。既牢记授权有限，该请示的必须请示，该报告的必须报告；又牢记守土有责，该负责的必须负责，该担当的必须担当。

（三）坚持客观真实。全面如实请示报告工作、反映情况、分析问题、提出建议，既报喜又报忧、既报功又报过、既报结果又报过程。

（四）坚持规范有序。落实依规治党要求，严格按照党章党规规定的主体、范围、程序和方式开展重大事项请示报告工作。

第五条　各地区各部门党组织承担重大事项请示报告工作主体责任，党组织主要负责同志为第一责任人，对请示报告工作负总责。

中央办公厅负责接受办理向党中央请示报告的重大事项，并统筹协调和督促指导各地区各部门向党中央的请示报告工作。地方党委办公厅（室）负责接受办理向本级党委请示报告的重大事项，并统筹协调和督促指导本地区的请示报告工作。

第二章　党组织请示报告主体

第六条　党组织请示报告工作一般应当以组织名义进行，向负有领导或者监督指导职责的上级党组织请示报告。特殊情况下，可以根据工作需要以党组织负责同志名义代表党组织请示报告。

请示报告应当逐级进行，一般不得越级请示报告。特殊情况下，可以按照有关规定直接向更高层级党组织请示报告。

第七条　接受双重领导的单位党组织，应当根据事项性质和内容向负有主要领导职责的上级党组织请示报告，同时抄送另一个上级党组织。特殊情况下，可以不抄送另一个上级党组织。

第八条　接受归口领导、管理的单位党组织，必须服从批准其设立的党组织的领导，向其请示报告工作，并按照有关规定向归口领导、管理单位党组织请示报告。

第九条　接受归口指导、协调或者监督的单位党组织，向上级党组织请示报告一般应当抄送负有指导、协调或者监督职责的单位党组织。

负有指导、协调或者监督职责的单位党组织应当统筹所负责区域、领域、行业、系统内各单位党组织的请示报告工作，归口统一向上级党组织请示报告总体情况、牵头事项完成情况等。

第十条 涉及跨区域、跨领域、跨行业、跨系统的重大事项，应当由有关党组织向共同上级党组织联合请示报告。联合请示报告应当明确牵头党组织。

党政机关联合请示报告的，一般应当将上级党政机关同时列为请示报告对象。

第十一条 根据党内法规制度规定，党的决策议事协调机构和党的工作机关可以在其职权范围内接受下级党组织的请示报告并作出处理。

党组织主要负责同志可以就全面工作或者某些方面工作接受下级党组织请示报告；有关负责同志可以就分管领域工作接受下级党组织请示报告，也可以受党组织或者党组织主要负责同志委托，就全面工作接受下级党组织请示报告。

第三章　党组织请示报告事项

第十二条 涉及党和国家工作全局的重大方针政策，经济、政治、文化、社会、生态文明建设和党的建设中的重大原则和问题，国家安全、港澳台侨、外交、国防、军队等党中央集中统一管理的事项，以及其他只能由党中央领导和决策的重大事项，必须向党中央请示报告。

第十三条 党组织应当向上级党组织请示下列事项：

（一）贯彻落实党中央决策部署和上级党组织决定中的重要情况和问题，需要作出调整的政策措施，需要支持解决的特殊困难；

（二）重大改革措施、重大立法事项、重大体制变动、重大项目推进、重大突发事件、重大机构调整、重要干部任免、重要表彰奖励、重大违纪违法和复杂敏感案件处理等；

（三）明确规定需要请示的重要会议、重要活动、重要文件等；

（四）重大活动、重要政策的宣传报道口径，新闻宣传和意识形态工作中的全局性问题和不易把握的问题；

（五）出台重大创新举措，特别是遇到新情况新问题且无明文规定、需要先行先试，或者创新举措可能与现行规定相冲突、需经授权才能实施的情况；

（六）属于自身职权范围内但事关重大或者特殊敏感的事项；

（七）重大决策时存在较大意见分歧的情况；

（八）跨区域、跨领域、跨行业、跨系统工作中需要上级党组织统筹推进的重大事项；

（九）调整上级党组织文件、会议精神的传达知悉范围，使用上级党组织负责同志未公开的讲话、音像资料等；

（十）其他应当请示的重大事项。

下列事项不必向上级党组织请示：属于自身职权范围内的日常工作；上级党组织就有关问题已经作出明确批复的；事后

报告即可的事项等。

第十四条 党组织应当向上级党组织报告下列事项：

（一）学习贯彻习近平新时代中国特色社会主义思想，统筹推进"五位一体"总体布局和协调推进"四个全面"战略布局的重要情况；

（二）党中央以及上级党组织重要会议、重要文件、重大决策部署贯彻落实情况，习近平总书记重要指示批示贯彻落实情况，上级党组织负责同志交办事项的研究办理情况；

（三）加强党的建设，履行全面从严治党责任，包括集中学习教育活动、意识形态工作、党组织设置及隶属关系调整、民主生活会、党风廉政建设、落实中央八项规定精神、党员干部直接联系群众、巡视巡察整改、发现重大违纪违法问题等情况；

（四）全面工作总结和计划；

（五）重大专项工作开展情况；

（六）重大敏感事件、突发事件和群体性事件应对处置情况；

（七）经济社会发展中出现的重要情况和重大舆情；

（八）本地区、本部门、本单位工作中具有在更大范围推广价值的经验做法和意见建议；

（九）其他应当报告的重大事项。

下列事项不必向上级党组织报告：具体事务性工作；没有实质性内容的表态和情况反映等。

第十五条 党组织应当按照有关规定向上级党组织报备下

250

列事项：

（一）党内法规和规范性文件；

（二）领导班子成员分工；

（三）有关干部任免；

（四）党委委员、候补委员职务的辞去、免去或者自动终止；

（五）其他应当报备的重大事项。

第十六条 中央各决策议事协调机构、中央各部门、有关中央国家机关党组（党委）应当对本领域、行业、系统内请示报告的具体事项提出明确要求、加强工作指导。

上级党组织应当从实际出发，对下级党组织请示报告中主题相近、内容关联的同类事项归并整合提出要求，促使请示报告精简务实。

第十七条 党组织应当根据本条例规定的请示报告事项范围和内容，结合上级要求和自身实际，制定请示报告事项清单。

第四章　党组织请示报告程序

第十八条 重大事项请示报告一般应当经党组织领导班子集体研究或者传批审定，由主要负责同志签发或者作出。必要时应当事先报上级党组织分管负责同志同意。

两个以上党组织联合请示报告的，应当协商一致后呈报。未取得一致意见的，应当对有关情况作出说明。

第十九条　向上级党组织请示重大事项，必须事前请示，给上级党组织以充足研判和决策时间。情况紧急来不及请示必须临机处置的，应当按照规定履职尽责，并及时进行后续请示报告。

定期报告按照规定的时间进行。专题报告根据工作进展情况适时进行，学习贯彻上级党组织重要会议和文件精神的专题报告应当注重反映落实见效情况，不得一味求快。对上级党组织交办的重大事项，应当按照时限要求报告。突发性重大事件应当及时报告，并根据事件发展处置情况做好续报工作。

第二十条　提出请示应当阐明请求事项及相关理由。报送请示应当一文一事，不得在报告等非请示性公文中夹带请示事项。

对下级党组织请示的重大事项，受理党组织如需以其名义再向上级党组织请示的，应当认真研究并负责任地提出处理建议，不得只将原文转请示上级党组织。

第二十一条　上级党组织收到请示后，一般由综合部门提出拟办意见报党组织负责同志按照规定批办。

党政机关联合提出的请示，由上级党组织牵头办理。

第二十二条　上级党组织对受理的紧急请示事项应当尽快办理。有明确办理时限要求的应当在规定期限内办理完毕，确有特殊情况无法在规定期限内办理完毕的，应当主动向下级党组织说明情况。

第二十三条　请示的答复一般应当坚持向谁请示由谁答复，特殊情况下受理请示的党组织可以授权党组织有关部门代为答复。

第二十四条 报告应当具有实质性内容和参考价值，有助于上级党组织了解情况、科学决策，力戒空洞无物、评功摆好、搞形式主义。报告应当简明扼要、文风质朴，呈报党中央的综合报告一般在5000字以内，专项报告一般在3000字以内，情况复杂、确有必要详细报告的有关内容可以通过附件反映。

第二十五条 上级党组织收到报告后，应当由综合部门根据工作需要报送党组织负责同志阅示。综合部门可以将主题相同、内容相近的报告统一集中报送，或者摘要形成综合材料后报送。

党组织负责同志对报告作出批示指示的，综合部门应当及时按照要求办理。

第二十六条 上级党组织应当加强对报告的综合分析利用。对于有推广价值的典型经验做法，可以通过适当形式进行宣传；对于共性问题，应当予以重视并研究解决；对于有价值的意见建议，应当认真研究吸收、推动改进工作。

第二十七条 重大事项请示报告工作存在可能影响公正办理情形的，有关人员应当回避。

第五章　党组织请示报告方式

第二十八条 党组织应当根据重大事项类型和缓急程度采用口头、书面方式进行请示报告。

第二十九条　重大事项请示报告适宜简便进行的，可以采用口头方式。对于情况紧急或者重大事项处理尚处于初步酝酿阶段的，可以采用口头方式先行请示报告，后续再以书面方式补充请示报告。

第三十条　口头请示报告视情采用通话、当面、会议等方式。内容较为简单或者情况十分紧急的，可以采用通话方式；内容较为复杂或者情况敏感特殊的，可以采用当面方式；内容较为正式或者涉及主体较多的，可以采用会议方式。

口头请示报告应当做好记录和资料留存，确保有据可查。

第三十一条　非紧急情况、重大事项处理处于相对成熟阶段或者不适宜简便进行的请示报告，应当采用书面方式。

第三十二条　书面报告视情采用正式报告、信息、简报等方式。信息侧重于报告重大突发事件，需要注意的问题、现象和情况等，应当做到及时高效、权威准确。简报侧重于报告某方面工作简要情况。

党组织应当统筹用好书面报告方式，坚持"一事不二报"，一般不得就同一内容使用多种方式重复报告。上级党组织明确要求正式报告的，不得以其他方式代替。

第三十三条　党组织可以利用电话、文件、传真、电报、网络等载体开展请示报告工作。涉密事项应当按照有关保密规定执行。

基层党组织开展请示报告工作可以更加灵活便捷、突出实效。

第六章　党员、领导干部请示报告

第三十四条　党员一般应当向所在党组织请示报告重大事项。领导干部一般应当向所属党组织请示报告重要工作。

党员、领导干部向党组织请示报告个人有关事项，按照有关规定执行。

第三十五条　党员应当向党组织请示下列事项：

（一）从事党组织所分配的工作中的重要问题；

（二）代表党组织发表主张或者作出决定；

（三）按照规定需要请示的涉外工作交往活动；

（四）转移党的组织关系；

（五）其他应当向党组织请示的事项。

第三十六条　党员应当向党组织报告下列事项：

（一）贯彻执行党组织决议以及完成党组织交办工作任务情况；

（二）对党的工作和领导干部的意见建议；

（三）发现党员、领导干部违纪违法线索情况；

（四）流动外出情况；

（五）其他应当向党组织报告的事项。

第三十七条　领导干部应当向党组织请示下列事项：

（一）超出自身职权范围，应当由所在党组织或者上级党组织作出决定的重大事项；

（二）属于自身职权范围但事关重大的问题和情况；

（三）代表党组织对外发表重要意见；

（四）因故无法履职或者离开工作所在地；

（五）其他应当向党组织请示的事项。

第三十八条 领导干部应当向党组织报告下列事项：

（一）学习贯彻习近平新时代中国特色社会主义思想，贯彻落实党中央决策部署和党组织决定中的重要情况和问题；

（二）遵守政治纪律和政治规矩，坚决维护习近平总书记党中央的核心、全党的核心地位，坚决维护党中央权威和集中统一领导情况；

（三）坚持民主集中制，发扬党内民主，正确行使权力，参与集体领导情况；

（四）参加领导班子民主生活会和所在党支部（党小组）组织生活会情况；

（五）履行管党治党责任，加强党风廉政建设和反腐败工作以及遵守廉洁纪律情况；

（六）重大决策失误或者应对突发事件处置失当，纪检监察、巡视巡察和审计中发现重要问题，以及违纪违法情况；

（七）可能影响正常履职的重大疾病等情况；

（八）其他应当向党组织报告的事项。

第三十九条 党员、领导干部按照规定采用口头、书面方式进行请示报告。党组织应当及时办理党员、领导干部的请示事项，必要时可以对报告事项作出研究处理。

第七章　监督与追责

第四十条　党组织应当将重大事项请示报告工作开展情况纳入向上一级党组织报告工作的重要内容。

第四十一条　党组织应当建立健全重大事项请示报告工作督查机制，并将执行请示报告制度情况纳入日常监督和巡视巡察范围。

第四十二条　党组织应当将重大事项请示报告工作情况作为履行全面从严治党政治责任的重要内容，对下级党组织及其主要负责同志进行考核评价。考核评价可以与党风廉政建设责任制检查考核、党建工作考核等相结合，结果应当以适当方式通报。

第四十三条　建立健全纠错机制，对于重大事项请示报告工作中出现的主体不适当、内容不准确、程序不规范、方式不合理等问题，上级党组织应当及时提醒纠正，并将有关情况体现到考评通报中。

第四十四条　实行重大事项请示报告责任追究制度，有下列情形之一的，应当依规依纪追究有关党组织和党员、领导干部以及工作人员的责任，涉嫌违法犯罪的，按照有关法律规定处理：

（一）违反政治纪律和政治规矩，擅自决定应当由党中央决定的重大事项，损害党中央权威和集中统一领导的；

（二）履行领导责任不到位，对重大事项请示报告不重视不部署，工作开展不力的；

（三）违反组织原则，该请示不请示，该报告不报告的；

（四）缺乏责任担当，推诿塞责、上交矛盾、消极作为的；

（五）搞形式主义、官僚主义，请示报告内容不实、信息不准，造成严重后果的；

（六）违反工作要求，不按规定程序和方式请示报告，造成严重后果的；

（七）其他应当追究责任的情形。

第八章　附　　则

第四十五条　各省、自治区、直辖市党委，中央各决策议事协调机构，中央各部门，中央国家机关各部委党组（党委），应当紧密结合工作实际制定具体落实措施。

第四十六条　中央军事委员会可以根据本条例，结合中国人民解放军和中国人民武装警察部队的实际情况，制定相关规定。

第四十七条　本条例由中央办公厅负责解释。

第四十八条　本条例自 2019 年 1 月 31 日起施行。

关于解决形式主义突出问题
为基层减负的通知

（中共中央办公厅，2019 年 3 月）

党的十八大以来，习近平总书记就加强党的作风建设，力戒形式主义、官僚主义作出一系列重要指示。近期，习近平总书记专门作出重要批示，强调 2019 年要解决一些困扰基层的形式主义问题，切实为基层减负。为贯彻落实习近平总书记重要指示批示精神，更好为基层干部松绑减负，激励广大干部担当作为、不懈奋斗，经中央领导同志同意，决定将 2019 年作为"基层减负年"，现就有关工作要求通知如下。

一、以党的政治建设为统领加强思想教育，着力解决党性不纯、政绩观错位的问题

坚持用习近平新时代中国特色社会主义思想武装头脑，在深化消化转化上下功夫，把理论学习的成效体现到增强党性修养、提高工作能力、改进工作作风、推动党的事业发展上。将力戒形式主义、官僚主义作为全党开展的"不忘初心、牢记使命"主题教育重要内容，教育引导党员干部牢记党的宗旨，

坚持实事求是的思想路线，树立正确政绩观，把对上负责与对下负责统一起来。从领导机关首先是中央和国家机关做起，开展作风建设专项整治行动，发扬斗争精神，对困扰基层的形式主义问题进行大排查，着重从思想观念、工作作风和领导方法上找根源、抓整改。严明政治纪律和政治规矩，认真汲取秦岭北麓西安境内违建别墅问题的深刻教训，坚决防止和纠正落实党中央决策部署不用心、不务实、不尽力，口号喊得震天响、行动起来轻飘飘的问题，真正把树牢"四个意识"、做到"两个维护"的要求落到实处。

二、严格控制层层发文、层层开会，着力解决文山会海反弹回潮的问题

认真贯彻落实中央八项规定及其实施细则精神，从中央层面做起，层层大幅度精简文件和会议，确保发给县级以下的文件、召开的会议减少30%—50%。发扬"短实新"文风，坚决压缩篇幅，防止穿靴戴帽、冗长空洞，中央印发的政策性文件原则上不超过10页，地方和部门也要按此从严掌握。地方各级、基层单位贯彻落实中央和上级文件，可结合实际制定务实管用的举措，除有明确规定外，不再制定贯彻落实意见和实施细则。科学确定中央文件密级和印发范围，能公开的公开。少开会、开短会，开管用的会。上级会议原则上只开到下一级，经批准直接开到县级的会议，不再层层开会。严禁随意拔高会议规格、扩大会议规模，未经批准不得要求党委和政府主要负

责同志以及部门一把手参会，减少陪会。提倡合并开会、套开会议，多采用电视电话、网络视频会议等形式。提高会议实效，不搞照本宣科，不搞泛泛表态，不刻意搞传达不过夜，坚决防止同一事项议而不决、反复开会。进一步改革会议公文制度，选择一些地方和单位开展治理文山会海工作试点。

三、加强计划管理和监督实施，着力解决督查检查考核过多过频、过度留痕的问题

抓好《中共中央办公厅关于统筹规范督查检查考核工作的通知》贯彻落实，严格控制总量，实行年度计划和审批报备制度，中央和国家机关有关部门原则上每年搞1次综合性督查检查考核，对县乡村和厂矿企业学校的督查检查考核事项减少50%以上的目标要确保执行到位。强化结果导向，考核评价一个地方和单位的工作，关键看有没有解决实际问题、群众的评价怎么样。坚决纠正机械式做法，不得随意要求基层填表报数、层层报材料，不得简单将有没有领导批示、开会发文、台账记录、工作笔记等作为工作是否落实的标准，不得以微信工作群、政务APP上传工作场景截图或录制视频来代替对实际工作评价。严格控制"一票否决"事项，不能动辄签"责任状"，变相向地方和基层推卸责任。对涉及城市评选评比表彰的各类创建活动进行集中清理，该撤销的撤销，该合并的合并。对巡视巡察、环保督察、脱贫攻坚督查考核、政府大督查、党建考核等，牵头部门也要倾听基层意见进行完善，提出

优化改进措施。调查研究、执法检查等要轻车简从、务求实效，不干扰基层正常工作。

四、完善问责制度和激励关怀机制，着力 解决干部不敢担当作为的问题

坚持严管和厚爱结合，实事求是、依规依纪依法严肃问责、规范问责、精准问责、慎重问责，真正起到问责一个、警醒一片的效果。修订《中国共产党问责条例》。有效解决问责不力和问责泛化简单化等问题。正确对待被问责的干部，对影响期满、表现好的干部，符合有关条件的，该使用的要使用。制定纪检监察机关处理检举控告工作规则，保障党员权利，及时为干部澄清正名，严肃查处诬告陷害行为。改进谈话和函询工作方法，有效减轻干部不必要的心理负担。把"三个区分开来"的要求具体化，正确把握干部在工作中出现失误错误的性质和影响，切实保护干部干事创业的积极性，为担当者担当，为负责者负责。对基层干部特别是困难艰苦地区和奋战在脱贫攻坚第一线的干部，给予更多理解和支持，在政策、待遇等方面给予倾斜。

五、加强组织领导，为解决困扰基层的 形式主义问题提供坚强保障

在党中央集中统一领导下，建立中央层面整治形式主义为

基层减负专项工作机制，由中央办公厅牵头，中央纪委国家监委机关、中央组织部、中央宣传部、中央改革办、中央和国家机关工委、全国人大常委会办公厅、国务院办公厅、全国政协办公厅等参加，负责统筹协调推进落实工作。各地区各部门党委（党组）要切实履行主体责任，一把手负总责，党委办公厅（室）负责协调推进落实，把力戒形式主义、官僚主义作为重要任务，拿出有效管用的整治措施。加强政治巡视和政治督查，加大舆论监督力度，对形式主义、官僚主义典型问题点名道姓通报曝光，对干实事、作风好的先进典型及时总结推广，为广大党员干部作示范、树标杆。

党政领导干部考核工作条例

（中共中央办公厅，2019 年 4 月）

第一章 总　　则

第一条　为了坚持和加强党的全面领导，坚持党要管党、全面从严治党，推动各级党政领导班子和领导干部做到忠诚干净担当、带头贯彻落实党中央决策部署，完善干部考核评价机制，建设一支信念坚定、为民服务、勤政务实、敢于担当、清正廉洁的高素质党政领导干部队伍，根据《中国共产党章程》和有关法律，制定本条例。

第二条　本条例所称考核工作，是指党委（党组）及其组织（人事）部门按照干部管理权限，对党政领导班子和领导干部的政治素质、履职能力、工作成效、作风表现等所进行的了解、核实和评价，以此作为加强领导班子和领导干部队伍建设的重要依据。

考核方式主要包括平时考核、年度考核、专项考核、任期考核。

第三条　考核工作以马克思列宁主义、毛泽东思想、邓小

264

平理论、"三个代表"重要思想、科学发展观、习近平新时代中国特色社会主义思想为指导，贯彻落实新时代党的建设总要求和新时代党的组织路线，坚持把政治标准放在首位，着眼于实现"两个一百年"奋斗目标，突出考核贯彻党中央重大决策部署，统筹推进"五位一体"总体布局和协调推进"四个全面"战略布局、贯彻落实新发展理念的实际成效，坚持严管和厚爱结合、激励和约束并重，奖勤罚懒、奖优罚劣，调动各级党政领导班子和领导干部积极性、主动性、创造性，树立讲担当、重担当、改革创新、干事创业的鲜明导向。

第四条 考核工作坚持下列原则：

（一）党管干部；

（二）德才兼备、以德为先；

（三）事业为上、公道正派；

（四）注重实绩、群众公认；

（五）客观全面、简便有效；

（六）考用结合、奖惩分明。

第五条 本条例适用于考核中共中央、全国人大常委会、国务院、全国政协工作部门或者有关工作机构的领导班子和领导干部；中央纪委国家监委领导班子和领导干部（不含正职）；最高人民法院、最高人民检察院领导班子和领导干部（不含正职）；县级以上地方各级党委、人大常委会、政府、政协、纪委监委、法院、检察院的领导班子和领导干部；县级以上地方各级党委、人大常委会、政府、政协工作部门或者有关工作机构的领导班子和领导干部。

参照公务员法管理的县级以上党委和政府直属事业单位、群团组织的领导班子和领导干部的考核，参照本条例执行。

第六条 中央和国家机关领导班子和领导干部应当在思想上政治上行动上发挥表率作用，带头接受高标准严格考核。

第二章 考核内容

第七条 领导班子考核内容主要包括：

（一）政治思想建设。全面考核领导班子坚决维护习近平总书记党中央的核心、全党的核心地位，坚决维护党中央权威和集中统一领导，坚持和加强党的全面领导，执行党的理论和路线方针政策，增强"四个意识"，做到"四个服从"，遵守政治纪律和政治规矩的情况；用习近平新时代中国特色社会主义思想武装头脑，坚定理想信念，坚定"四个自信"，不忘初心、牢记使命的情况；坚持民主集中制，执行新形势下党内政治生活若干准则，发现和解决自身问题，营造风清气正政治生态的情况；践行新时代党的组织路线，贯彻新时期好干部标准，树立正确选人用人导向的情况。

（二）领导能力。全面考核领导班子适应新时代要求、落实党中央决策部署、完成目标任务的能力，重点了解学习本领、政治领导本领、改革创新本领、科学发展本领、依法执政本领、群众工作本领、狠抓落实本领、驾驭风险本领。

（三）工作实绩。全面考核领导班子政绩观和工作成效。考核政绩观，主要看是否恪守立党为公、执政为民理念，是否具有"功成不必在我"精神，以造福人民为最大政绩，真正做到对历史和人民负责。考核地方党委和政府领导班子的工作实绩，应当看全面工作，看推动本地区经济建设、政治建设、文化建设、社会建设、生态文明建设，解决发展不平衡不充分问题，满足人民日益增长的美好生活需要的情况和实际成效。考核其他领导班子的工作实绩，主要看全面履行职能、服务大局和中心工作的情况和实际成效。注重考核各级党委（党组）领导班子落实新时代党的建设总要求、抓党建工作的实绩。

（四）党风廉政建设。全面考核领导班子履行管党治党政治责任，加强党风廉政建设，持之以恒正风肃纪，推进反腐败斗争等情况。

（五）作风建设。全面考核领导班子坚持以人民为中心，贯彻党的群众路线，密切联系群众，为群众排忧解难，全心全意为人民服务的情况；结合实际落实党中央决策部署，增强人民获得感、幸福感、安全感的情况；深入改进作风，落实中央八项规定及其实施细则精神，反对"四风"特别是形式主义、官僚主义的情况；实事求是，真抓实干，察实情、出实招、办实事、求实效的情况。

第八条 领导干部考核内容主要包括：

（一）德。全面考核领导干部政治品质和道德品行。考核领导干部的政治品质，重点了解坚定理想信念、对党忠诚、尊崇党章、遵守政治纪律和政治规矩，在思想上政治上行动上同以习近平同志为核心的党中央保持高度一致等情况。考核领导干部的道德品行，重点了解坚守忠诚老实、公道正派、实事求是、清正廉洁等价值观，遵守社会公德、职业道德、家庭美德和个人品德等情况。

（二）能。全面考核领导干部履职尽责特别是应对突发事件、群体性事件过程中的政治能力、专业素养和组织领导能力等情况。

（三）勤。全面考核领导干部的精神状态和工作作风，重点了解发扬革命精神、斗争精神，坚持"三严三实"，勤勉敬业、恪尽职守、认真负责、紧抓快办，锐意进取、敢于担当，艰苦奋斗、甘于奉献等情况。

（四）绩。全面考核领导干部坚持正确政绩观，履职尽责、完成日常工作、承担急难险重任务、处理复杂问题、应对重大考验的情况和实际成效。考核党委（党组）书记的工作实绩，首先看抓党建工作的成效，考核领导班子其他党员领导干部的工作实绩应当加大抓党建工作的权重。

（五）廉。全面考核领导干部落实党风廉政建设"一岗双责"政治责任，遵守廉洁自律准则，带头落实中央八项规定及其实施细则精神，秉公用权，树立良好家风，严格要求亲属和身边工作人员，反对"四风"和特权思想、特权现象等情况。

第九条 具体考核内容的确定必须以贯彻党中央精神为前提，根据党中央决策部署及时调整优化。

第十条 落实新发展理念，突出高质量发展导向，构建推动高质量发展指标体系，改进推动高质量发展的政绩考核，因地制宜合理设置经济社会发展实绩考核指标和权重，突出对打好重点任务攻坚战的考核，加强对深化供给侧结构性改革、保障和改善民生、加强和创新社会治理、推动创新发展、加强法治建设、促进社会公平正义等工作的考核，加大安全生产、社会稳定、新增债务等约束性指标的考核权重。

第十一条 坚持从实际出发，实行分级分类考核。考核内容应当体现不同区域、不同部门、不同类型、不同层次领导班子和领导干部特点。

第十二条 根据不同岗位职责要求，明确领导班子和领导干部不担当不作为的具体情形和评价标准，推动工作落实和担当尽责。

第十三条 建立健全可量化、能定责、可追责的领导班子和领导干部工作目标以及岗位职责规范，作为确定考核内容的重要依据。

第三章　平时考核

第十四条 平时考核是对领导班子日常运行情况和领导干部一贯表现所进行的经常性考核，及时肯定鼓励、提醒纠偏。

第十五条 平时考核应当突出重点。

考核领导班子的日常运行情况，重点了解政治思想建设、执行民主集中制、贯彻党的群众路线、科学决策、完成重点任务和反对"四风"等情况。

考核领导干部的一贯表现，重点了解政治态度、担当精神、工作思路、工作进展，特别是对待是与非、公与私、真与假、实与虚的表现等情况。

第十六条 平时考核主要结合领导班子和领导干部日常管理进行，可以采取下列途径：

（一）列席领导班子民主生活会、理论学习中心组学习、重要工作会议，参加重要工作活动等；

（二）与干部本人或者知情人谈心谈话，到所在单位听取干部群众意见；

（三）开展调研走访、专题调查、现场观摩等；

（四）结合党内集中学习教育、纪委监委日常监督、巡视巡察、工作督查、干部培训等进行深入了解；

（五）其他适当方法。

第十七条 平时考核可以根据实际情况形成考核结果。考核结果可以采用考核报告、评语、等次或者鉴定等形式确定。

第十八条 建立平时考核工作档案，将相关材料整理归档，作为了解评价领导班子日常运行情况和领导干部一贯表现的重要依据。

第四章 年度考核

第十九条 年度考核是以年度为周期对领导班子和领导干部所进行的综合性考核，一般在每年年末或者次年年初组织开展。

根据工作需要，各级党委（党组）每年可以选定部分领导班子和领导干部进行重点考核。

第二十条　年度考核一般按照下列程序进行：

（一）总结述职。召开会议，领导班子总结报告全年工作，领导干部进行个人述职。

（二）民主测评。根据对领导班子和领导干部考核内容的要求设计测评表，由参加民主测评的人员填写评价意见。参加测评的人员范围，按照知情度、关联度、代表性原则，结合实际确定。

（三）个别谈话。与领导班子成员、相关干部群众以及其他需要参加的人员个别谈话了解情况。

（四）了解核实。根据需要采取查阅资料、采集有关数据和信息、实地调研等方式，核实考核对象有关情况。

（五）形成考核结果。对领导班子和领导干部进行综合分析，形成考核结果并及时反馈。

当年开展党内集中学习教育、换届考察、巡视巡察的，年度考核可以结合实际适当简化程序。

根据工作需要和实际情况，对公共服务部门和窗口单位的领导班子和领导干部，可以在一定范围内听取公众意见。

第二十一条　领导班子年度考核结果一般分为优秀、良好、一般、较差4个等次。领导干部年度考核结果分为优秀、称职、基本称职、不称职4个等次。

优秀是指综合表现突出，出色履行领导职责或者岗位要求，圆满地完成了年度工作任务，成绩显著。

良好、称职是指综合表现好，认真履行领导职责或者岗位要求，较好地完成了年度工作任务。

一般、基本称职是指综合表现勉强达到领导职责或者岗位要求，或者在某个方面存在明显不足、有较大问题。

较差、不称职是指综合表现达不到领导职责或者岗位要求，或者在某个方面存在严重问题、出现重大错误。

各级党委（党组）应当结合实际，制定考核等次具体评定标准。

第二十二条 担任多项职务的领导干部，一般在承担主要工作职责的单位进行考核，对兼任的其他工作以适当方式进行了解。

新提拔任职的领导干部，按照现任职务进行考核，注意了解在原任职岗位的工作情况。

交流任职的领导干部，在现工作单位进行考核，其交流任职前的有关情况由原单位提供。

援派或者挂职锻炼的领导干部，由当年工作半年以上的地方或者单位进行考核，以适当方式听取派出单位或者接收单位的意见。

本年度内病、事假累计超过半年的领导干部，参加年度考核，不确定等次。

涉嫌违纪违法被立案审查调查尚未结案、受党纪政务处分或者组织处理的领导干部，其年度考核按照有关规定进行。

第五章　专项考核

第二十三条 专项考核是对领导班子和领导干部在完成重

要专项工作、承担急难险重任务、应对和处置重大突发事件中的工作态度、担当精神、作用发挥、实际成效等情况所进行的针对性考核。

根据平时掌握情况，对表现突出或者问题反映较多的领导班子和领导干部，可以进行专项考核。

第二十四条 专项考核一般应当按照下列程序进行：

（一）制定方案。明确考核对象、考核内容指标、程序步骤和工作要求等。

（二）听取考核对象的总结汇报。

（三）了解核实。采取查阅资料、实地调研、舆情分析、个别谈话、民主测评等方式，核实印证有关情况，必要时可以向纪检监察机关或者审计、信访等部门了解情况。

（四）形成考核结果。对领导班子和领导干部作出评价。

第二十五条 专项考核结果可以采用考核报告、评语、等次或者鉴定等形式确定。

第六章　任期考核

第二十六条 任期考核是对实行任期制的领导班子和领导干部在一届任期内总体表现所进行的全方位考核，一般结合换届考察或者任期届满当年年度考核进行。

任期考核应当突出对完成届期目标或者任期目标情况的考核。

第二十七条 任期考核一般应当按照总结述职、民主测评、个别谈话、了解核实、实绩分析、形成考核结果等程序进行。

第二十八条　任期考核结果可以采用考核报告、评语、等次或者鉴定等形式确定。

第七章　考核结果确定

第二十九条　考核结果确定应当加强综合分析研判，坚持定性与定量相结合，全面、历史、辩证地分析个人贡献与集体作用、主观努力与客观条件、增长速度与质量效益、显绩与潜绩、发展成果与成本代价等情况，注重了解人民群众对经济社会发展的真实感受和评价，防止简单以地区生产总值以及增长率排名或者以民主测评、民意调查得票得分确定考核结果。

第三十条　平时考核、年度考核、专项考核、任期考核情况应当相互补充印证，坚持考人与考事相结合，注重吸收运用巡视巡察、审计、绩效管理、工作督查、相关部门业务考核、个人有关事项报告查核等成果，把敢不敢扛事、愿不愿做事、能不能干事作为识别干部、评判优劣的重要标准，增强考核结果的真实性、准确性。

第三十一条　考核结果应当全面准确反映考核对象情况，以考核报告、评语、鉴定等形式确定结果的，应当明确具体肯定成绩和优点，指出问题和不足。

第三十二条　年度考核结果以平时考核结果为基础，年度考核优秀等次应当在平时考核结果好的考核对象中产生。

领导班子年度考核优秀等次比例一般不超过参加考核领导班子总数的30%，领导干部年度考核优秀等次比例一般不超过参加考核领导干部总人数的25%。

领导班子为优秀等次的，其领导成员评为优秀等次的比例可以适当上调，最高不超过30%；领导班子为一般等次的，其领导成员评为优秀等次的比例不得超过20%，主要负责人一般不得确定为优秀等次；领导班子为较差等次的，其领导成员评为优秀等次的比例不得超过15%，主要负责人一般不得确定为称职及以上等次。

第三十三条 有下列情形之一，领导班子和领导干部年度考核结果不得确定为优秀等次：

（一）贯彻落实党中央决策部署成效不明显的；

（二）干事创业精气神不够，拈轻怕重、患得患失，不敢直面矛盾、不愿动真碰硬，不担当不作为的；

（三）受到上级党委和政府通报批评，责令检查的；

（四）工作实绩不突出的；

（五）组织领导能力较弱，年度工作目标任务完成不好的；

（六）履行管党治党责任不力，违反廉洁自律规定的；

（七）其他原因不宜确定为优秀等次的。

在上级党组织开展的基层党建述职评议考核工作中，党委（党组）书记抓基层党建工作情况综合评价等次未达到好的，其年度考核结果不得确定为优秀等次。

第三十四条 有下列情形之一，领导班子年度考核结果应当确定为较差等次，领导干部年度考核结果应当确定为不称职等次：

（一）违反政治纪律和政治规矩，政治上出现问题的；

（二）不执行民主集中制，领导班子运行状况不好，不能正常发挥职能作用，领导干部闹无原则纠纷，影响较差的；

（三）责任心差、能力水平低，不能履行或者不胜任岗位职责要求，依法履职出现重大问题的；

（四）表态多调门高，行动少落实差，敷衍塞责、庸懒散拖，作风形象不佳，群众意见大，造成恶劣影响的；

（五）不坚守工作岗位，擅离职守的；

（六）其他原因应当确定为较差或者不称职等次的。

第三十五条 领导班子和领导干部在履职担当、改革创新过程中出现失误错误，经综合分析给予容错的，应当客观评价，合理确定考核结果。

第三十六条 考核对象对考核结果有异议的，可以按照有关规定提出复核或者申诉。

第八章　考核结果运用

第三十七条 坚持考用结合，将考核结果与选拔任用、培养教育、管理监督、激励约束、问责追责等结合起来，鼓励先进、鞭策落后，推动能上能下，促进担当作为，严厉治庸治懒。

第三十八条 考核结果采取个别谈话、工作通报、会议讲评等方式，实事求是地向领导班子和领导干部反馈，肯定成绩、指出不足，督促整改，传导压力、激发动力。

第三十九条 依据考核结果，有针对性地加强领导班子建设：

（一）领导班子作出重要贡献的，按照有关规定记功、授予称号，给予物质奖励；

（二）领导班子表现突出或者年度考核结果为优秀等次的，按照有关规定给予嘉奖；

（三）领导班子运行状况不好、凝聚力战斗力不强、不担当不作为、干部群众意见较大的，应当进行调整；

（四）领导班子年度考核结果为一般等次的，应当责成其向上级党组织写出书面报告，剖析原因、进行整改；

（五）领导班子年度考核结果为较差或者连续两年为一般等次的，应当对主要负责人和相关责任人进行调整。

第四十条 依据考核结果，激励约束领导干部：

（一）领导干部作出重大贡献的，可以按照有关规定记功、授予称号，给予物质奖励；表现突出或者年度考核结果为优秀等次的，按照有关规定给予嘉奖；连续三年为优秀等次的，记三等功，同等条件下优先使用。

（二）领导干部年度考核结果为称职及以上等次的，按照有关规定享受年度考核奖金、晋升工资级别和级别工资档次。

（三）领导干部年度考核结果为基本称职等次的，应当对其进行诫勉，限期改进。

（四）领导干部年度考核结果为不称职等次的，按照规定程序降低一个职务或者职级层次任职。

（五）不参加年度考核、参加年度考核不确定等次或者年度考核结果为基本称职以下等次的，该年度不计算为晋升职务职级的任职年限，不计算为晋升工资级别和级别工资档次的考核年限。

（六）领导干部不适宜担任现职的，应当根据有关规定对其进行调整。

第四十一条　依据考核结果加强干部教育培养，按照"缺什么补什么"的原则，对领导干部进行调学调训、安排实践锻炼，补齐能力素质短板。对有潜力的优秀年轻干部加强针对性培养。

第四十二条　考核中发现领导班子和领导干部存在问题的，区分不同情形，予以谈话提醒直至组织处理；发现违纪违法问题线索，移送纪检监察、司法机关处理。

第四十三条　领导干部考核形成的结论性材料，应当存入干部人事档案。

第九章　组织实施

第四十四条　党委（党组）及其组织（人事）部门按照干部管理权限，履行考核领导班子和领导干部的职责。

党委（党组）承担考核工作主体责任，党委（党组）书记是第一责任人，组织（人事）部门承担具体工作责任。

第四十五条　考核人员应当具有较高的思想政治素质以及

胜任考核工作的政策水平和业务知识，公道正派，组织纪律观念和保密意识强。考核人员按照规定实行公务回避。

根据工作需要，党委（党组）可以组建和派出考核组。考核组组长根据每次考核任务确定并授权，应当具有较强的组织领导能力，坚持原则、敢于担当。

第四十六条 实行考核工作责任制。

考核人员应当认真履行职责，按照规定的程序和要求实施考核，全面客观准确地了解和反映情况，公道公平公正地对待和评价领导班子和领导干部。

考核人员应当在考核材料上签名，对考核材料的客观性、真实性负责。

第四十七条 考核工作的组织实施应当严肃认真、稳妥审慎，注意与日常工作相协调、相促进。根据不同考核对象和考核任务，改进创新考核方法，充分发扬民主，多到基层干部群众中、多在乡语口碑中听取意见、了解情况，坚持在现场看、见具体事，多渠道、多层次、多侧面了解核实领导班子和领导干部的现实表现。

第四十八条 组织（人事）部门应当加强考核工作信息化建设，充分运用互联网技术和信息化手段开展考核，提高工作质量和效率。

第四十九条 各级党委（党组）应当加强对本地区本部门本单位干部考核工作与其他业务考核工作的统一领导、统筹协调和督促指导，整合考核力量，归并考核项目和种类，严格控制"一票否决"事项，防止多头考核、重复考核。

第十章　纪律与监督

第五十条　考核工作必须严格遵守下列纪律：

（一）不准搞形式、走过场；

（二）不准隐瞒、歪曲事实；

（三）不准弄虚作假；

（四）不准搞非组织活动；

（五）不准泄露谈话内容、测评结果等考核工作秘密；

（六）不准凭个人好恶评价干部、决定或者改变考核结果；

（七）不准借考核之机谋取私利；

（八）不准干扰、妨碍考核工作；

（九）不准打击报复干部和反映问题的人员。

第五十一条　领导班子和领导干部应当正确对待和接受组织考核，如实汇报工作和思想，客观反映情况。

对不按照要求参加或者不认真配合考核工作，经教育后仍不改正的，领导班子年度考核结果直接确定为较差等次，领导干部年度考核结果直接确定为不称职等次。

第五十二条　对不按照规定组织开展考核、考核工作失真失实造成严重后果、本地区本部门本单位考核工作中不正之风严重、干部群众反映强烈以及对违反考核工作纪律等行为查处不力的，应当追究党委（党组）及其组织（人事）部门主要负责人和有关领导成员、直接责任人的责任。

第五十三条 对违反本条例的，根据情节轻重，依规依纪给予批评教育、责令检查、通报批评、诫勉、组织调整或者组织处理，涉嫌违纪或者职务违法、职务犯罪的，按照有关纪律和法律法规处理。

第五十四条 党委（党组）、纪检监察机关、组织（人事）部门应当加强对考核工作的监督检查，自觉接受群众和舆论监督，认真受理有关举报、复核、申诉，严肃查处违反考核工作纪律的行为。

第十一章 附 则

第五十五条 本条例对工作部门的规定，同时适用于党委和政府的办事机构、派出机构、特设机构以及其他直属机构。

第五十六条 本条例由中共中央组织部负责解释。

第五十七条 本条例自 2019 年 4 月 7 日起施行。1998 年 5 月 26 日中共中央组织部印发的《党政领导干部考核工作暂行规定》、2009 年 7 月 16 日中共中央组织部印发的《党政领导班子和领导干部年度考核办法（试行）》同时废止。此前发布的有关领导班子和领导干部考核的规定，凡与本条例不一致的，按照本条例执行。

中国共产党党员教育管理工作条例

（中共中央，2019 年 5 月）

第一章 总 则

第一条 为了深入学习贯彻习近平新时代中国特色社会主义思想，加强党员教育管理工作，提高党员队伍建设质量，保持党员队伍的先进性和纯洁性，根据《中国共产党章程》和有关党内法规，制定本条例。

第二条 党员教育管理是党的建设基础性经常性工作。党组织应当加强党员教育管理，引导党员坚定共产主义远大理想和中国特色社会主义共同理想，增强"四个意识"、坚定"四个自信"、做到"两个维护"，增强党性，提高素质，认真履行义务，正确行使权利，充分发挥先锋模范作用。

第三条 党员教育管理工作以马克思列宁主义、毛泽东思想、邓小平理论、"三个代表"重要思想、科学发展观、习近平新时代中国特色社会主义思想为指导，落实新时代党的建设总要求和新时代党的组织路线，坚持教育、管理、监督、服务相结合，推进"两学一做"学习教育常态化制度化，不断增强党员教育管理针对性和有效性，努力建设政治合格、执行纪律合格、品德合格、发挥作用合格的党员队伍。

第四条 党员教育管理工作遵循以下原则：

（一）坚持党要管党、全面从严治党，将严的要求落实到党员教育管理工作全过程和各方面，党员领导干部带头接受教育管理；

（二）坚持以党的政治建设为统领，突出党性教育和政治理论教育，引导党员遵守党章党规党纪，不忘初心、牢记使命；

（三）坚持围绕中心、服务大局，注重党员教育管理质量和实效，保证党的理论和路线方针政策、党中央决策部署贯彻落实；

（四）坚持从实际出发，加强分类指导，尊重党员主体地位，充分发挥党支部直接教育、管理、监督党员作用。

第二章 学习贯彻习近平新时代中国特色社会主义思想

第五条 把用习近平新时代中国特色社会主义思想武装全党作为党员教育管理的首要政治任务，引导党员充分认识学习贯彻习近平新时代中国特色社会主义思想的重大意义，自觉学懂弄通做实。

第六条 组织党员读原著、学原文、悟原理，深入学习领会习近平新时代中国特色社会主义思想的核心要义、基本精神、实践要求，掌握贯穿其中的马克思主义立场观点方法，增强政治自觉、理论自信、情感融入。建立以学习贯彻习近平新时代中国特色社会主义思想为中心内容的党员教育教材体系。

教育引导党员把学习习近平新时代中国特色社会主义思想同学习马克思列宁主义、毛泽东思想、邓小平理论、"三个代表"重要思想、科学发展观紧密结合起来，不断提高马克思主义思想觉悟和理论水平。

第七条 坚持集中教育和经常性教育相结合，组织培训和个人自学相结合，采取集中轮训、党委（党组）理论学习中心组学习、理论宣讲、组织生活、在线学习培训等方式，形成习近平新时代中国特色社会主义思想学习教育长效机制，推动党员学深悟透、入脑入心。

第八条 弘扬理论联系实际的马克思主义学风，引导党员把自己摆进去、把职责摆进去、把工作摆进去，学以致用、知行合一，提高政治站位，强化责任担当，增强过硬本领，做好本职工作，自觉做习近平新时代中国特色社会主义思想坚定信仰者和忠实实践者。

党员领导干部应当坚持更高标准、更严要求，全面学、系统学、贯通学、深入学、跟进学，自觉用以武装头脑、指导实践、推动工作，发挥示范带动作用。

第三章 党员教育基本任务

第九条 加强政治理论教育，突出党的创新理论学习，组织党员学习党的基本理论、基本路线、基本方略，学习马克思主义基本原理和党的基本知识，引导党员坚定理想信念，增强党性修养，努力掌握并自觉运用马克思主义立场观点方法。

第十条 突出政治教育和政治训练，严格党内政治生活锻炼，教育党员旗帜鲜明讲政治，提高政治觉悟和政治能力，严守政治纪律和政治规矩，永葆共产党人政治本色，做到"四个服从"，在思想上政治上行动上同以习近平同志为核心的党中央保持高度一致。

第十一条 强化党章党规党纪教育，引导党员牢记入党誓词，坚持合格党员标准，自觉遵守党的纪律，带头践行社会主义核心价值观，培养高尚道德情操，培育良好思想作风、学风、工作作风、生活作风和家风。加强宪法法律法规教育，引导党员尊法学法守法用法。

第十二条 加强党的宗旨教育，引导党员践行全心全意为人民服务的根本宗旨，贯彻党的群众路线，提高群众工作本领，密切联系服务群众。

第十三条 进行革命传统教育，引导党员学习党史、国史、改革开放史、社会主义发展史和中华优秀传统文化，铭记党的奋斗历程，弘扬党的优良传统，传承红色基因，践行共产党人价值观，激发爱国主义热情。

第十四条 开展形势政策教育，围绕贯彻执行党和国家重大决策、推进落实重大任务，宣讲党的路线方针政策，解读世情国情党情，回应党员关注的问题，引导党员正确认识形势，把思想和行动统一到党中央要求上来。

第十五条　注重知识技能教育，根据党员岗位职责要求和工作需要，组织引导党员学习掌握业务知识、科技知识、实用技术等，帮助党员提高综合素质和履职能力，增强服务本领。

第四章　党员日常教育管理主要方式

第十六条　党支部应当运用"三会一课"制度，对党员进行经常性的教育管理。党员应当按期参加党员大会、党小组会和上党课，进行学习交流，汇报思想、工作等情况。党员领导干部应当参加双重组织生活。

党支部应当每月开展 1 次主题党日，贴近党员思想和工作实际，组织党员集中学习、过组织生活、进行民主议事和开展志愿服务等。

党员应当按期交纳党费。党组织应当做好党费收缴、使用和管理工作。

第十七条　党支部每年至少召开 1 次组织生活会，也可以根据工作需要随时召开，一般以党员大会、党支部委员会会议或者党小组会形式进行。

第十八条　党支部一般每年开展 1 次民主评议党员。党支部召开党员大会，按照个人自评、党员互评、民主测评的程序，组织党员进行评议。党支部委员会会议或者党员大会根据评议情况和党员日常表现情况，提出评定意见。

民主评议党员可以结合组织生活会一并进行。

第十九条　基层党组织应当注重分析党员思想状况和心理

状态，党组织负责人应当经常同党员谈心谈话，有针对性地做好思想政治工作。

第二十条 市、县党委或者基层党委每年应当组织党员集中轮训，主要依托县级党校（行政学校）、基层党校等进行。根据事业发展和党的建设重点任务，结合本地区本部门本单位中心工作和党员实际，确定培训内容和方式。党员每年集中学习培训时间一般不少于32学时。

第二十一条 党组织应当按照党中央部署要求，组织党员认真参加党内集中学习教育，引导党员围绕学习教育主题，深入学习党的创新理论，查找解决自身存在的突出问题。

省级党委、行业系统党组织可以根据党员思想状况和党的建设需要，适时开展专题学习教育。

第二十二条 党组织应当充分发挥党员的先锋模范作用，结合不同群体党员实际，通过树立、学习身边的榜样，设立党员示范岗、党员责任区，开展设岗定责、承诺践诺等，引导党员做好本职工作，干在实处、走在前列，创先争优，在联系服务群众、完成重大任务中勇于担当作为，做到平常时候看得出来、关键时刻站得出来、危急关头豁得出来。

鼓励和引导党员参与志愿服务。党员应当积极参加党组织开展的志愿服务活动，也可以自行开展志愿服务活动。

第二十三条 党组织应当坚持从严教育管理和热情关心爱护相统一，从政治、思想、工作、生活上激励关怀帮扶党员。

针对老党员的身体、居住和家庭等实际情况，采取灵活方式，进行教育管理服务，组织他们参加党的组织生活，发挥力所能及的作用。对年老体弱、行动不便、身患重病甚至失能的党员，组织活动和开展学习教育不作硬性要求，党组织通过送学上门、走访慰问等方式，给予更多关心照顾。

第五章　党籍和党员组织关系管理

第二十四条　经党支部党员大会通过、基层党委审批接收的预备党员，自通过之日起，即取得党籍。

对因私出国并在国外长期定居的党员，出国学习研究超过 5 年仍未返回的党员，一般予以停止党籍。停止党籍的决定由保留其组织关系的党组织按照有关规定作出。

对与党组织失去联系 6 个月以上、通过各种方式查找仍然没有取得联系的党员，予以停止党籍。停止党籍的决定由所在党支部或者上级党组织按照有关规定作出。停止党籍 2 年后确实无法取得联系的，按照自行脱党予以除名。

对停止党籍的党员，符合条件的，可以按照规定程序恢复党籍。对劝其退党、劝而不退除名、自行脱党除名、退党除名、开除党籍的，原则上不能恢复党籍，符合条件的可以重新入党。

第二十五条　党员组织关系是指党员对党的基层组织的隶属关系。

每个党员都必须编入党的一个支部、小组或者其他特定组织。有固定工作单位并且单位已经建立党组织的党员，一般编入其所在单位党组织。没有固定工作单位，或者单位未建立党组织的党员，一般编入其经常居住地或者公共就业和人才服务机构、园区、楼宇等党组织。

党员工作单位、经常居住地发生变动的，或者外出学习、工作、生活6个月以上并且地点相对固定的，应当转移组织关系。具有审批预备党员权限的基层党委，可以在全国范围直接相互转移和接收党员组织关系。党组织接收党员组织关系时，如有必要，可以采取适当方式查核党员档案。对组织关系转出但尚未被接收的党员，原所在党组织仍然负有管理责任。党组织不得无故拒转拒接党员组织关系。

第二十六条　对没有人事档案的党员，应当由具有审批预备党员权限的基层党委建立党员档案，由所在党委或者县级以上党委组织部门保存。

有条件的地方，实行党员档案电子化管理。

第六章　党员监督和组织处置

第二十七条　党组织应当通过严格组织生活、听取群众意见、检查党员工作等多种方式，监督党员遵守党章党规党纪特别是政治纪律和政治规矩情况，遵守宪法法律法规和道德规范情况，参加组织生活情况，履行党员义务、联系服务群众、发挥先锋模范作用情况等。

第二十八条　发现党员有思想、工作、生活、作风和纪律方面苗头性倾向性问题的，以及群众对其有不良反映的，党组织负责人应当及时进行提醒谈话，抓早抓小、防微杜渐。

第二十九条　对党员不按照规定参加党的组织生活、不按时交纳党费、流动到外地工作生活不与党组织主动保持联系的，以及存在其他与党的要求不相符合的行为、情节较轻的，党组织应当采取适当方式及时进行批评教育，帮助其改进提高。

第三十条　对缺乏革命意志，不履行党员义务，不符合党员条件，但本人能够正确认识错误、愿意接受教育管理并且决心改正的党员，党组织应当作出限期改正处置，限期改正时间不超过1年。对给予限期改正处置的党员应当采取帮助教育措施。

第三十一条　党员具有下列情形之一的，按照规定程序给予除名处置：

（一）理想信念缺失，政治立场动摇，已经丧失党员条件的，予以除名；

（二）信仰宗教，经党组织帮助教育仍没有转变的，劝其退党，劝而不退的予以除名；

（三）因思想蜕化提出退党，经教育后仍然坚持退党的，予以除名；

（四）为了达到个人目的以退党相要挟，经教育不改的，劝其退党，劝而不退的予以除名；

（五）限期改正期满后仍无转变的，劝其退党，劝而不退的予以除名；

（六）没有正当理由，连续6个月不参加党的组织生活，或者不交纳党费，或者不做党所分配的工作，按照自行脱党予以除名。

对违犯党纪的党员，按照《中国共产党纪律处分条例》规定给予党纪处分。

第七章　流动党员管理

第三十二条　基层党组织应当加强流动党员管理，对外出6个月以上并且没有转移组织关系的流动党员，应当保持经常联系，跟进做好教育培训、管理服务等工作。在流动党员相对集中的地方，流出地党组织可以依托园区、商会、行业协会、驻外地办事机构等成立流动党员党组织。

流入地党组织应当协助做好流动党员日常管理。按照组织关系一方隶属、参加多重组织生活的方式，组织流动党员就近就便参加组织生活。乡镇、街道、村、社区、园区等党群服务中心应当向流动党员开放。流动党员可以在流入地党组织或者流动党员党组织参加民主评议。

对具备转移组织关系条件的流动党员，流出地和流入地党组织应当衔接做好转接工作。

第三十三条　农村党支部应当明确专人负责同流动党员保持联系。乡镇党委应当掌握流动党员基本情况，指导督促党支部加强日常教育管理。利用流动党员集中返乡等时机，组织其参加组织生活或者教育培训。对政治素质较好、有致富带富能力的流动党员，应当及时纳入村后备力量培养。

城市社区党组织对异地居住的流动党员，引导其向居住地党组织报到，自觉参加居住地党组织的活动，接受党组织管理。对在异地定居的党员，引导和帮助其及时转移组织关系。

公共就业和人才服务机构党组织应当建立健全流动人才党员党组织，理顺流动人才党员组织关系，加强和改进流动人才党员日常教育管理。

第三十四条　高校党组织对组织关系保留在学校的高校毕业生流动党员，应当继续履行管理职责。党员组织关系保留时间一般不超过 2 年，对符合转出组织关系条件的及时转出。

对出国（境）学习研究党员，由原就读高校或者工作单位党组织保留其组织关系，每半年至少与其联系 1 次。出国（境）学习研究党员返回后按照规定恢复组织生活。

第八章　党员教育管理信息化

第三十五条　适应时代发展要求，充分运用互联网技术和信息化手段，改进党员教育管理工作，推进基层党建传统优势与信息技术深度融合，不断提高党员教育管理现代化水平。

第三十六条　统筹规划、整合资源，健全党员信息库，加强全国党员管理信息系统建设，推动党员干部现代远程教育和党员电化教育创新发展，推进党员教育管理网站、移动客户端等平台一体化建设，建立党性教育基地网上平台，打造党务、政务、服务有机融合的网络阵地。

第三十七条　坚持网上和网下相结合，依托党员教育管理信息化平台，开展党员信息管理、党组织活动指导管理、流动党员管理服务、发展党员管理和党费管理等业务应用，为党员提供在线学习培训、转接组织关系、参与党内事务和关怀帮扶等服务。

注重利用信息数据，对党员队伍状况和党员教育管理工作进行实时分析研判，及时发现问题，不断改进工作。

第三十八条 党员应当主动学网用网，依托各类党员教育管理信息化平台，积极参加在线学习培训，认真参加党组织的活动，自觉接受党组织的教育管理。通过网络向群众宣传党的理论和路线方针政策，听取群众意见，联系服务群众。

党组织应当教育引导党员严格规范网络行为，敢于同网上错误言论作斗争，不得制作、发布、传播违反党的纪律规定和国家法律法规的信息内容。

第九章 组织领导和工作保障

第三十九条 在党中央领导下，由中央组织部牵头，中央纪委国家监委机关、中央宣传部、中央党校（国家行政学院）、中央和国家机关工委、教育部党组、国务院国资委党委等参加，建立全国党员教育管理工作协调小组，负责全国党员教育管理工作的规划部署、组织协调和检查指导，协调小组办公室设在中央组织部。省、自治区、直辖市党委应当建立党员教育管理工作协调机构。建立健全党员教育管理工作协调机构运行机制，充分发挥职能作用。

中央组织部主要负责党员教育管理工作统筹协调，抓好党员集中教育和经常性教育的组织安排，加强对党员教育管理工作的具体指导。

中央纪委国家监委机关主要负责党员纪律作风教育，指导开展党员监督，查处党员违犯党的纪律和职务违法、职务犯罪行为。

中央宣传部主要负责党员政治理论教育、形势政策教育，指导协调编写党员教育教材，组织党员先进典型的学习宣传。

中央党校（国家行政学院）主要负责党员领导干部培训，指导地方党校（行政学院）将党员教育培训列入教学计划，保证课时和教学质量。

中央和国家机关工委主要负责指导中央和国家机关各级党组织做好党员教育管理工作。

教育部党组主要负责宏观指导高等学校党员教育管理工作。

国务院国资委党委主要负责所监管企业党员教育管理工作。

地方各级党委组织部和纪检监察机关、党委宣传部、党校（行政学院）、机关工委、教育工委、国资委党委等，分别按照职能职责，承担党员教育管理工作任务。

第四十条 地方各级党委和部门单位党组（党委）领导本地区本部门本单位党员教育管理工作，贯彻执行党中央关于党员教育管理工作的方针政策和部署要求，定期研究党员教育管理工作，分析党员队伍状况，有针对性地提出工作措施。

基层党委履行抓党员教育管理的基本职责，推动落实上级党组织工作安排，组织做好党员集中培训、组织关系管理、表彰激励、关怀帮扶、组织处置、纪律处分等工作，指导所辖党支部做好党员日常教育管理工作。党支部按照党章和党内有关规定，履行相关工作职责。党小组应当落实党支部关于党员教育管理工作的要求和任务。

第四十一条 乡镇、街道、国有企业、高等学校等基层党委，按照规定配备一定数量的专兼职组织员，由县级以上党委组织部门进行业务指导和管理，承担指导督促发展党员和党员教育管理等工作。

实行党员教育讲师聘任制，县级以上党委从优秀党校教师、基层党组织书记、先进模范人物、党务工作者、专家学者、实用技术人才、离退休干部等人员中选聘党员教育讲师。

加强县级党校（行政学校）和基层党校建设。县级党校（行政学校）应当将党员集中培训作为重要任务。有计划地组织安排党员教育讲师到基层授课。注重发挥党群服务中心、党员干部教育培训基地、新时代文明实践中心的作用。

加强全国党员教育培训教材建设规划，组织编写全国党员教育基本教材。各地区各部门各单位可以结合实际，开发各具特色、务实管用的党员教育教材。

第四十二条 党员教育管理工作经费应当列入地方各级财政预算，结合实际按照党员数量划拨，重点保障农村、社区、非公有制经济组织和社会组织、公共就业和人才服务机构等基层党组织开展党员教育管理，形成稳定的经费保障机制。各级党委留存的党费主要用于教育培训党员、支持基层党组织开展组织生活。加强对革命老区、民族地区、边疆地区、贫困地区党员教育管理工作经费支持。

第四十三条　各级党委各党组应当加强对党员教育管理工作的检查考核。基层党委每年把党员教育管理工作情况作为向上级党组织报告工作的重要内容。在基层党建工作述职评议考核中，对党组织负责人抓党员教育管理工作情况作出评价。上级党组织在开展年度考核和任期考核中，应当考核检查下级党组织党员教育管理工作情况。

对在党员教育管理工作中失职失责的，按照有关规定予以问责追责。

第十章　附　　则

第四十四条　中国人民解放军和中国人民武装警察部队党员教育管理工作规定，由中央军事委员会根据本条例制定。

第四十五条　本条例由中央组织部负责解释。

第四十六条　本条例自 2019 年 5 月 6 日起施行。

干部选拔任用工作监督检查和责任追究办法

（中共中央办公厅，2019 年 5 月）

第一章 总 则

第一条 为了落实全面从严治党和从严管理干部要求，规范干部选拔任用工作监督检查和责任追究，根据《党政领导干部选拔任用工作条例》、《中国共产党党内监督条例》、《中国共产党问责条例》等党内法规，制定本办法。

第二条 干部选拔任用工作监督检查和责任追究，坚持以习近平新时代中国特色社会主义思想为指导，贯彻新时代党的组织路线，落实新时期好干部标准，树立正确导向，突出政治监督，从严查处违规用人问题和选人用人中的不正之风，严肃追究失职失察责任，促进形成风清气正的用人生态。

第三条 干部选拔任用工作监督检查和责任追究，坚持党委（党组）领导、分级负责，实事求是、依法依规，发扬民主、群众参与，分类施策、精准有效，防治并举、失责必究。

第四条 党委（党组）及其组织（人事）部门按照职责权限，负责干部选拔任用工作的监督检查和责任追究，纪检监察机关、巡视巡察机构按照有关规定履行干部选拔任用工作监督职责。

中央组织部负责监督检查和责任追究工作的宏观指导，地方党委组织部和垂直管理单位组织（人事）部门负责指导本地区本系统的监督检查和责任追究工作。

第五条 本办法适用于各级党的机关、人大机关、行政机关、政协机关、监察机关、审判机关、检察机关以及事业单位、群团组织、国有企业干部选拔任用工作的监督检查和责任追究。

第二章　监督检查重点内容

第六条 坚持党管干部原则情况。重点监督检查是否按照干部管理权限由党委（党组）履行干部选拔任用责任，是否按照民主集中制和党委（党组）议事规则、决策程序讨论决定干部任免事项。

第七条 坚持好干部标准和树立正确用人导向情况。重点监督检查是否坚持德才兼备、以德为先，坚持五湖四海、任人唯贤，坚持事业为上、公道正派；是否坚持新时期好干部标准，严把政治关、品行关、能力关、作风关、廉洁关，选拔任用忠诚干净担当的干部。

第八条 执行干部选拔任用工作政策规定情况。重点监督检查是否按照机构规格和职数、资格条件、工作程序选拔任用干部；是否深入考察，认真查核，对人选严格把关；是否严格执行交流、回避、任期、退休、干部选拔任用请示报告等制度规定；是否严格落实干部管理监督制度。

第九条 遵守组织人事纪律和匡正选人用人风气情况。重点监督检查是否严格遵守干部选拔任用工作纪律，是否采取有力措施严肃查处和纠正选人用人不正之风。

第十条 促进干部担当作为情况。重点监督检查是否采取有效措施激励干部担当作为，是否对不担当不作为的干部严格管理、严肃问责。

第三章　监督检查工作机制

第十一条 建立健全干部选拔任用工作组织监督、民主监督机制，把专项检查与日常监督结合起来，将监督检查贯穿干部选拔任用工作全过程。

第十二条 强化上级党组织监督检查。主要采取任前事项报告、"一报告两评议"、专项检查、离任检查、问题核查等方式进行。

第十三条 完善党委（党组）领导班子内部监督。党委（党组）研究干部任免事项，应当把酝酿贯穿始终，认真听取班子成员意见。会议讨论决定时，领导班子成员应当逐一发表意见，主要负责人最后表态。领导班子成员对人选意见分歧较大时，应当暂缓表决。不得以个别征求意见、领导圈阅等形式代替集体讨论决定。

第十四条 健全组织（人事）部门内部监督。选拔任用领导干部应当向干部监督机构了解情况，干部监督机构负责人列席研究讨论干部任免事项会议。认真执行干部选拔任用工作纪实制度，建立自查制度，每年对干部选拔任用工作情况进行1 次自查。

第十五条 拓宽群众监督渠道。认真查核和处理群众举报反映的问题，定期开展分析研判，及时研究提出工作意见。自觉接受舆论监督，及时回应群众关切。完善"12380"举报受理平台，提高举报受理工作信息化水平。

第十六条 健全地方党委干部选拔任用监督工作联席会议制度，加强有关部门的沟通协调，形成监督工作合力。联席会议由组织部门召集，一般每年召开 1 次，重要情况随时沟通。

第四章　任前事项报告

第十七条 在干部选拔任用工作中，有下列情形之一，应当在事前向上级组织（人事）部门报告：

（一）机构变动或者主要领导成员即将离任前提拔、调整干部的；

（二）除领导班子换届外，一次集中调整干部数量较大或者一定时期内频繁调整干部的；

（三）因机构改革等特殊情况暂时超职数配备干部的；

（四）党委和政府及其工作部门个别特殊需要的领导成员

人选，不经民主推荐，由组织推荐提名作为考察对象的；

（五）破格、越级提拔干部的；

（六）领导干部秘书等身边工作人员提拔任用的；

（七）领导干部近亲属在领导干部所在单位（系统）内提拔任用，或者在领导干部所在地区提拔担任下一级领导职务的；

（八）国家级贫困县、集中连片特困地区地市在完成脱贫任务前党政正职职级晋升或者岗位变动的，以及市（地、州、盟）、县（市、区、旗）、乡（镇）党政正职任职不满3年进行调整的；

（九）领导干部因问责引咎辞职或者被责令辞职、免职、降职、撤职，影响期满拟重新担任领导职务或者提拔任职的；

（十）各类高层次人才中配偶已移居国（境）外或者没有配偶但子女均已移居国（境）外人员、本人已移居国（境）外的人员（含外籍专家），因工作需要在限制性岗位任职的；

（十一）干部达到任职或者退休年龄界限，需要延迟免职（退休）的；

（十二）其他应当报告的事项。

第十八条 上级组织（人事）部门接到干部选拔任用工作有关事项报告后，应当认真审核研究，并在15个工作日内予以答复。未经答复或者未经同意的人选不得提交党委（党组）会议讨论决定。未按照规定报告或者报告后未经同意作出的干部任用决定，应当予以纠正。

第五章　干部选拔任用工作
"一报告两评议"

第十九条　党委（党组）每年应当结合全会或者领导班子和领导干部年度总结考核，报告干部选拔任用工作情况，接受对年度干部选拔任用工作和所提拔任用干部的民主评议。

第二十条　参加民主评议人员范围，地方一般为参加和列席全会人员，其他单位一般为参加领导班子和领导干部年度总结考核会议人员，并有一定数量的干部群众代表。

提拔任用干部民主评议对象，地方一般为本级党委近一年内提拔的正职领导干部；其他单位一般为近一年内提拔担任内设机构领导职务的人员和直属单位领导班子成员。

第二十一条　"一报告两评议"由上级组织（人事）部门会同被评议地方和单位组织实施，评议结果应当及时反馈，并作为考核领导班子和领导干部的重要参考。

对评议反映的突出问题，上级组织（人事）部门应当采取约谈、责令作出说明等方式，督促被评议地方和单位整改。对认可度明显偏低的干部，被评议地方和单位应当对其选拔任用过程进行分析、作出说明，并视情进行教育或者处理。

第二十二条　被评议地方和单位应当向参加民主评议人员通报评议结果和整改情况。

第六章 专项检查

第二十三条 党委（党组）开展常规巡视巡察期间，同级组织（人事）部门应当通过派出检查组等方式，对选人用人工作进行专项检查。

结合专项检查，可以对领导干部担当作为情况进行检查。

第二十四条 检查组在巡视巡察组组长领导下开展工作。检查前，巡视巡察组应当向检查组提供所发现的选人用人问题线索。检查组发现的主要问题，应当提供给巡视巡察组，并写入巡视巡察报告。

第二十五条 检查工作结束后，检查组应当形成检查情况报告，报派出检查组的组织（人事）部门主要负责人或者党委（党组）负责人审定后，与巡视巡察情况一并反馈，并有针对性地提出整改意见。

第二十六条 被检查地方和单位应当积极配合检查，如实提供情况，对照检查反馈意见抓好整改落实，并于收到反馈意见后2个月内向派出检查组的组织（人事）部门报告整改情况。派出检查组的组织（人事）部门应当加强对整改情况的监督，确保问题整改到位。

第二十七条 对选人用人问题反映突出的地方和单位，上级组织（人事）部门可以视情开展重点检查。

第七章 离任检查

第二十八条 市（地、州、盟）、县（市、区、旗）党委书记离任时，应当对其任职期间干部选拔任用工作进行检查。

第二十九条 离任检查通过民主评议、查阅干部选拔任用工作相关材料、听取干部群众意见等方式进行。

第三十条 离任检查按照干部管理权限由上级组织部门开展。对拟提拔重用的检查对象，结合干部考察工作进行，检查结果在考察材料中予以反映，并作为评价使用的重要参考。

第八章 问题核查

第三十一条 组织（人事）部门对监督检查发现和群众举报、媒体反映的违规选人用人问题线索，应当采取调查核实、提醒、函询或者要求作出说明等方式办理。

第三十二条 对严重违规选人用人问题实行立项督查，办理单位应当认真组织调查，不得层层下转。查核结果和处理意见一般在 2 个月内书面报告上级组织（人事）部门。

第三十三条 对提拔任现职后受到撤销党内职务或者撤职以上党纪政务处分，且其违纪违法问题发生在提拔任职前的干部，应当按照干部管理权限，由组织（人事）部门对其选拔任用过程进行倒查，也可以由上级组织（人事）部门倒查，并及时形成倒查工作报告。

第九章　责任追究

第三十四条　对违规选人用人问题，党委（党组）负全面领导责任，领导班子主要负责人和直接主管的班子成员承担主要领导责任，参与决策的领导班子其他成员承担领导责任。组织（人事）部门、纪检监察机关、干部考察组有关负责人和其他责任人员在各自职责范围内承担相应责任。

第三十五条　干部选拔任用工作有下列情形之一，应当追究党委（党组）及其主要负责人或者直接主管的领导班子成员、参与决策的领导班子其他成员的责任：

（一）民主集中制执行不到位，党委（党组）领导把关作用发挥不力，出现重大用人失察失误，产生恶劣影响的；

（二）用人导向出现偏差，选人用人不正之风严重，干部不担当不作为问题突出，干部群众反映强烈的；

（三）落实主体责任不到位，对选人用人问题和干部不担当不作为问题不处置、不整改、不问责，造成严重后果的；

（四）维护和执行组织人事纪律不力，导致选人用人违规违纪行为多发，造成恶劣影响的；

（五）其他应当追究的失职失责情形。

第三十六条　干部选拔任用工作有下列情形之一，应当追究组织（人事）部门有关负责人和其他责任人员的责任：

（一）不按照规定的职数、资格条件、工作程序、纪律要求选拔任用干部的；

（二）不按照规定向上级组织（人事）部门报告干部选拔任用工作有关事项的；

（三）不按照规定对所属地方、单位干部选拔任用工作监督检查导致问题突出的；

（四）对反映线索具体、有可查性的选人用人问题不按照规定进行调查核实或者作出处理的；

（五）其他应当追究的失职失责情形。

第三十七条 干部选拔任用工作有下列情形之一，应当追究纪检监察机关有关负责人和其他责任人员的责任：

（一）不如实回复拟任人选廉洁自律情况并提出结论性意见的；

（二）对收到的反映拟任人选问题线索具体、有可查性的信访举报不按照规定调查核实，或者对相关违纪违法问题不按照规定调查处理的；

（三）不按照规定履行干部选拔任用工作监督职责造成严重后果的；

（四）其他应当追究的失职失责情形。

第三十八条 干部选拔任用工作有下列情形之一，应当追究干部考察组有关负责人和其他责任人员的责任：

（一）不按照规定程序和要求进行考察的；

（二）考察严重失真失实，或者隐瞒歪曲事实真相、泄露重要考察信息的；

（三）不认真审核干部人事档案信息，或者对反映考察对象的举报不如实报告，以及不按照规定对问题进行了解核实，造成严重后果的；

（四）其他应当追究的失职失责情形。

第三十九条 党委（党组）有本办法所列应当追究责任的情形，情节较轻的，责令作出书面检查；情节较重的，责令整改并在一定范围内通报；情节严重、本身又不能纠正的，应当予以改组。

第四十条 领导干部和有关责任人员有本办法所列应当追究责任的情形，情节较轻的，给予批评教育、责令作出书面检查、通报或者诫勉处理；情节较重的，给予停职检查、调离岗位、限制提拔使用处理；情节严重的，应当引咎辞职或者给予责令辞职、免职、降职处理。

应当给予纪律处分的，依照有关规定追究纪律责任。涉嫌违法犯罪的，移送有关国家机关依法处理。

第十章 附 则

第四十一条 本办法由中央组织部负责解释。

第四十二条 本办法自 2019 年 5 月 13 日起施行。2003 年 6 月 19 日中央办公厅印发的《党政领导干部选拔任用工作监督检查办法（试行）》、2010 年 3 月 7 日中央办公厅印发的《党政领导干部选拔任用工作责任追究办法（试行）》同时废止。

中央生态环境保护督察工作规定

（中共中央办公厅、国务院办公厅，2019 年 6 月）

第一章 总 则

第一条 为了规范生态环境保护督察工作，压实生态环境保护责任，推进生态文明建设，建设美丽中国，根据《中共中央、国务院关于全面加强生态环境保护坚决打好污染防治攻坚战的意见》、《中华人民共和国环境保护法》等要求，制定本规定。

第二条 中央实行生态环境保护督察制度，设立专职督察机构，对省、自治区、直辖市党委和政府、国务院有关部门以及有关中央企业等组织开展生态环境保护督察。

第三条 中央生态环境保护督察工作以习近平新时代中国特色社会主义思想为指导，深入贯彻落实习近平生态文明思想，增强"四个意识"、坚定"四个自信"、做到"两个维护"，认真贯彻落实党中央、国务院决策部署，坚持以人民为中心，以解决突出生态环境问题、改善生态环境质量、推动高质量发展为重点，夯实生态文明建设和生态环境保护政治责任，强化督察问责、形成警示震慑、推进工作落实、实现标本兼治，不断满足人民日益增长的美好生活需要。

第四条　中央生态环境保护督察坚持和加强党的全面领导，提高政治站位；坚持问题导向，动真碰硬，倒逼责任落实；坚持依规依法，严谨规范，做到客观公正；坚持群众路线，信息公开，注重综合效能；坚持求真务实，真抓实干，反对形式主义、官僚主义。

第五条　中央生态环境保护督察包括例行督察、专项督察和"回头看"等。

原则上在每届党的中央委员会任期内，应当对各省、自治区、直辖市党委和政府，国务院有关部门以及有关中央企业开展例行督察，并根据需要对督察整改情况实施"回头看"；针对突出生态环境问题，视情组织开展专项督察。

第六条　中央生态环境保护督察实施规划计划管理。五年工作规划经党中央、国务院批准后实施。年度工作计划应当明确当年督察工作具体安排，以保障五年规划任务落实到位。

第二章　组织机构和人员

第七条　成立中央生态环境保护督察工作领导小组，负责组织协调推动中央生态环境保护督察工作。领导小组组长、副组长由党中央、国务院研究确定，组成部门包括中央办公厅、中央组织部、中央宣传部、国务院办公厅、司法部、生态环境部、审计署和最高人民检察院等。

中央生态环境保护督察办公室设在生态环境部，负责中央生态环境保护督察工作领导小组的日常工作，承担中央生态环境保护督察的具体组织实施工作。

第八条 中央生态环境保护督察工作领导小组的职责是：

（一）学习贯彻落实习近平生态文明思想，研究在实施中央生态环境保护督察工作中的具体贯彻落实措施；

（二）贯彻落实党中央、国务院关于生态环境保护督察的决策部署；

（三）向党中央、国务院报告中央生态环境保护督察工作有关情况；

（四）审议中央生态环境保护督察制度规范、督察报告；

（五）听取中央生态环境保护督察办公室有关工作情况的汇报；

（六）审议中央生态环境保护督察其他重要事项。

第九条 中央生态环境保护督察办公室的职责是：

（一）向中央生态环境保护督察工作领导小组报告工作情况，组织落实领导小组确定的工作任务；

（二）负责拟订中央生态环境保护督察法规制度、规划计划、实施方案，并组织实施；

（三）承担中央生态环境保护督察组的组织协调工作；

（四）承担督察报告审核、汇总、上报，以及督察反馈、移交移送的组织协调和督察整改的调度督促等工作；

（五）指导省、自治区、直辖市开展省级生态环境保护督察工作；

（六）承担领导小组交办的其他事项。

第十条 根据中央生态环境保护督察工作安排，经党中央、国务院批准，组建中央生态环境保护督察组，承担具体生态环境保护督察任务。

中央生态环境保护督察组设组长、副组长。督察组实行组长负责制，副组长协助组长开展工作。组长由现职或者近期退出领导岗位的省部级领导同志担任，副组长由生态环境部现职部领导担任。

建立组长人选库，由中央组织部商生态环境部管理。组长、副组长人选由中央组织部履行审核程序。

组长、副组长根据每次中央生态环境保护督察任务确定并授权。

第十一条 中央生态环境保护督察组成员以生态环境部各督察局人员为主体，并根据任务需要抽调有关专家和其他人员参加。中央生态环境保护督察组成员应当具备下列条件：

（一）理想信念坚定，对党忠诚，在思想上政治上行动上同以习近平同志为核心的党中央保持高度一致；

（二）坚持原则，敢于担当，依法办事，公道正派，清正廉洁；

（三）遵守纪律，严守秘密；

（四）熟悉中央生态环境保护督察工作或者相关政策法规，具有较强的业务能力；

（五）身体健康，能够胜任工作要求。

第十二条　加强中央生态环境保护督察队伍建设，选配中央生态环境保护督察组成员应当严格标准条件，对不适合从事督察工作的人员应当及时予以调整。

第十三条　中央生态环境保护督察组成员实行任职回避、地域回避、公务回避，并根据任务需要进行轮岗交流。

第三章　督察对象和内容

第十四条　中央生态环境保护例行督察的督察对象包括：

（一）省、自治区、直辖市党委和政府及其有关部门，并可以下沉至有关地市级党委和政府及其有关部门；

（二）承担重要生态环境保护职责的国务院有关部门；

（三）从事的生产经营活动对生态环境影响较大的有关中央企业；

（四）其他中央要求督察的单位。

第十五条　中央生态环境保护例行督察的内容包括：

（一）学习贯彻落实习近平生态文明思想以及贯彻落实新发展理念、推动高质量发展情况；

（二）贯彻落实党中央、国务院生态文明建设和生态环境保护决策部署情况；

（三）国家生态环境保护法律法规、政策制度、标准规范、规划计划的贯彻落实情况；

（四）生态环境保护党政同责、一岗双责推进落实情况和长效机制建设情况；

（五）突出生态环境问题以及处理情况；

（六）生态环境质量呈现恶化趋势的区域流域以及整治情况；

（七）对人民群众反映的生态环境问题立行立改情况；

（八）生态环境问题立案、查处、移交、审判、执行等环节非法干预，以及不予配合等情况；

（九）其他需要督察的生态环境保护事项。

第十六条　中央生态环境保护督察"回头看"主要对例行督察整改工作开展情况、重点整改任务完成情况和生态环境保护长效机制建设情况等，特别是整改过程中的形式主义、官僚主义问题进行督察。

第十七条　中央生态环境保护专项督察直奔问题、强化震慑、严肃问责，督察事项主要包括：

（一）党中央、国务院明确要求督察的事项；

（二）重点区域、重点领域、重点行业突出生态环境问题；

（三）中央生态环境保护督察整改不力的典型案件；

（四）其他需要开展专项督察的事项。

第十八条　中央生态环境保护例行督察、"回头看"的有关工作安排应当报党中央、国务院批准。

中央生态环境保护专项督察的组织形式、督察对象和督察内容应当根据具体督察事项和要求确定。重要专项督察的有关工作安排应当报党中央、国务院批准。

第四章　督察程序和权限

第十九条　中央生态环境保护督察一般包括督察准备、督察进驻、督察报告、督察反馈、移交移送、整改落实和立卷归档等程序环节。

第二十条　督察准备工作主要包括以下事项：

（一）向党中央、国务院有关部门和单位了解被督察对象有关情况以及问题线索；

（二）组织开展必要的摸底排查；

（三）确定组长、副组长人选，组成中央生态环境保护督察组，开展动员培训；

（四）制定督察工作方案；

（五）印发督察进驻通知，落实督察进驻各项准备工作。

第二十一条　中央生态环境保护督察进驻时间应当根据具体督察对象和督察任务确定。督察进驻主要采取以下方式开展工作：

（一）听取被督察对象工作汇报和有关专题汇报；

（二）与被督察对象党政主要负责人和其他有关负责人进行个别谈话；

（三）受理人民群众生态环境保护方面的信访举报；

（四）调阅、复制有关文件、档案、会议记录等资料；

（五）对有关地方、部门、单位以及个人开展走访问询；

（六）针对问题线索开展调查取证，并可以责成有关地方、部门、单位以及个人就有关问题做出书面说明；

（七）召开座谈会，列席被督察对象有关会议；

（八）到被督察对象下属地方、部门或者单位开展下沉督察；

（九）针对督察发现的突出问题，可以视情对有关党政领导干部实施约见或者约谈；

（十）提请有关地方、部门、单位以及个人予以协助；

（十一）其他必要的督察工作方式。

第二十二条　督察进驻结束后，中央生态环境保护督察组应当在规定时限内形成督察报告，如实报告督察发现的重要情况和问题，并提出意见和建议。

督察报告应当以适当方式与被督察对象交换意见，经中央生态环境保护督察工作领导小组审议后，报党中央、国务院。

第二十三条　督察报告经党中央、国务院批准后，由中央生态环境保护督察组向被督察对象反馈，指出督察发现的问题，明确督察整改工作要求。

第二十四条　督察结果作为对被督察对象领导班子和领导干部综合考核评价、奖惩任免的重要依据，按照干部管理权限送有关组织（人事）部门。

对督察发现的重要生态环境问题及其失职失责情况，督察组应当形成生态环境损害责任追究问题清单和案卷，按照有关权限、程序和要求移交中央纪委国家监委、中央组织部、国务院国资委党委或者被督察对象。

对督察发现需要开展生态环境损害赔偿工作的，移送省、自治区、直辖市政府依照有关规定索赔追偿；需要提起公益诉讼的，移送检察机关等有权机关依法处理。

对督察发现涉嫌犯罪的，按照有关规定移送监察机关或者司法机关依法处理。

第二十五条 被督察对象应当按照督察报告制定督察整改方案，在规定时限内报党中央、国务院。

被督察对象应当按照督察整改方案要求抓好整改落实工作，并在规定时限内向党中央、国务院报送督察整改落实情况。

中央生态环境保护督察办公室应当对督察整改落实情况开展调度督办，并组织抽查核实。对整改不力的，视情采取函告、通报、约谈、专项督察等措施，压实责任，推动整改。

第二十六条 中央生态环境保护督察过程中产生的有关文件、资料应当按照要求整理保存，需要归档的，按照有关规定办理。

第二十七条 加强边督边改工作。对督察进驻过程中人民群众举报的生态环境问题，以及督察组交办的其他问题，被督察对象应当立行立改，坚决整改，确保有关问题查处到位、整改到位。

第二十八条 加强督察问责工作。对不履行或者不正确履行职责而造成生态环境损害的地方和单位党政领导干部，应当依纪依法严肃、精准、有效问责；对该问责而不问责的，应当追究相关人员责任。

第二十九条 加强信息公开工作。中央生态环境保护督察的具体工作安排、边督边改情况、有关突出问题和案例、督察报告主要内容、督察整改方案、督察整改落实情况，以及督察问责有关情况等，应当按照有关要求对外公开，回应社会关切，接受群众监督。

第五章 督察纪律和责任

第三十条 中央生态环境保护督察应当严明政治纪律和政治规矩，严格执行中央八项规定及其实施细则精神，严格落实各项廉政规定。

中央生态环境保护督察组督察进驻期间应当按照有关规定建立临时党支部，落实全面从严治党要求，加强督察组成员教育、监督和管理。

第三十一条 中央生态环境保护督察组应当严格执行请示报告制度。督察中发现的重要情况和重大问题，应当向中央生态环境保护督察工作领导小组或者中央生态环境保护督察办公室请示报告，督察组成员不得擅自表态和处置。

第三十二条 中央生态环境保护督察组应当严格落实各项保密规定。督察组成员应当严格保守中央生态环境保护督察工作秘密，未经批准不得对外发布或者泄露中央生态环境保护督察有关情况。

第三十三条 中央生态环境保护督察组不得干预被督察对象正常工作，不处理被督察对象的具体问题。

第三十四条 中央生态环境保护督察组应当严格遵守中央

生态环境保护督察纪律、程序和规范，正确履行职责。督察组成员有下列情形之一，视情节轻重，依纪依法给予批评教育、组织处理或者党纪处分、政务处分；涉嫌犯罪的，按照有关规定移送监察机关或者司法机关依法处理：

（一）不按照工作要求开展督察，导致应当发现的重要生态环境问题没有发现的；

（二）不如实报告督察情况，隐瞒、歪曲、捏造事实的；

（三）工作中超越权限，或者不按照规定程序开展督察工作，造成不良后果的；

（四）利用督察工作的便利谋取私利或者为他人谋取不正当利益的；

（五）泄露督察工作秘密的；

（六）有违反督察工作纪律的其他行为的。

第三十五条 生态环境部以及中央生态环境保护督察办公室应当加强对生态环境保护督察工作的组织协调。对生态环境保护督察工作组织协调不力，造成不良后果的，依照有关规定追究相关人员责任。

第三十六条 有关部门和单位应当支持协助中央生态环境保护督察。对违反规定推诿、拖延、拒绝支持协助中央生态环境保护督察，造成不良后果的，依照有关规定追究相关人员责任。

第三十七条 被督察对象应当自觉接受中央生态环境保护督察，积极配合中央生态环境保护督察组开展工作，如实向督察组反映情况和问题。被督察对象及其工作人员有下列情形之一，视情节轻重，对其党政领导班子主要负责人或者其他有关责任人，依纪依法给予批评教育、组织处理或者党纪处分、政务处分；涉嫌犯罪的，按照有关规定移送监察机关或者司法机关依法处理：

（一）故意提供虚假情况，隐瞒、歪曲、捏造事实的；

（二）拒绝、故意拖延或者不按照要求提供相关资料的；

（三）指使、强令有关单位或者人员干扰、阻挠督察工作的；

（四）拒不配合现场检查或者调查取证的；

（五）无正当理由拒不纠正存在的问题，或者不按照要求推进整改落实的；

（六）对反映情况的干部群众进行打击、报复、陷害的；

（七）采取集中停工停产停业等"一刀切"方式应对督察的；

（八）其他干扰、抵制中央生态环境保护督察工作的情形。

第三十八条 被督察对象地方、部门和单位的干部群众发现中央生态环境保护督察组成员有本规定第三十四条所列行为的，应当向有关机关反映。

第六章 附 则

第三十九条 生态环境保护督察实行中央和省、自治区、直辖市两级督察体制。各省、自治区、直辖市生态环境保护督察，作为中央生态环境保护督察的延伸和补充，形成督察合力。省、自治区、直辖市生态环境保护督察可以采取例行督察、专项督察、派驻监察等方式开展工作，严格程序，明确权限，严肃纪律，规范行为。

地市级及以下地方党委和政府应当依规依法加强对下级党委和政府及其有关部门生态环境保护工作的监督。

第四十条 省、自治区、直辖市生态环境保护督察工作参照本规定执行。

第四十一条 本规定由生态环境部负责解释。

第四十二条 本规定自 2019 年 6 月 6 日起施行。

党政主要领导干部和国有企事业单位
主要领导人员经济责任审计规定

（中共中央办公厅、国务院办公厅，2019 年 7 月）

第一章　总　　则

第一条　为了坚持和加强党对审计工作的集中统一领导，强化对党政主要领导干部和国有企事业单位主要领导人员（以下统称领导干部）的管理监督，促进领导干部履职尽责、担当作为，确保党中央令行禁止，根据《中华人民共和国审计法》和有关党内法规，制定本规定。

第二条　经济责任审计工作以马克思列宁主义、毛泽东思想、邓小平理论、"三个代表"重要思想、科学发展观、习近平新时代中国特色社会主义思想为指导，增强"四个意识"、坚定"四个自信"、做到"两个维护"，认真落实党中央、国务院决策部署，紧紧围绕统筹推进"五位一体"总体布局和协调推进"四个全面"战略布局，贯彻新发展理念，聚焦经济责任，客观评价，揭示问题，促进经济高质量发展，促进全面深化改革，促进权力规范运行，促进反腐倡廉，推进国家治理体系和治理能力现代化。

　　第三条　本规定所称经济责任，是指领导干部在任职期间，对其管辖范围内贯彻执行党和国家经济方针政策、决策部署，推动经济和社会事业发展，管理公共资金、国有资产、国有资源，防控重大经济风险等有关经济活动应当履行的职责。

　　第四条　领导干部经济责任审计对象包括：

　　（一）地方各级党委、政府、纪检监察机关、法院、检察院的正职领导干部或者主持工作1年以上的副职领导干部；

　　（二）中央和地方各级党政工作部门、事业单位和人民团体等单位的正职领导干部或者主持工作1年以上的副职领导干部；

　　（三）国有和国有资本占控股地位或者主导地位的企业（含金融机构，以下统称国有企业）的法定代表人或者不担任法定代表人但实际行使相应职权的主要领导人员；

　　（四）上级领导干部兼任下级单位正职领导职务且不实际履行经济责任时，实际分管日常工作的副职领导干部；

　　（五）党中央和县级以上地方党委要求进行经济责任审计的其他主要领导干部。

　　第五条　领导干部履行经济责任的情况，应当依规依法接受审计监督。

　　经济责任审计可以在领导干部任职期间进行，也可以在领导干部离任后进行，以任职期间审计为主。

　　第六条　领导干部的经济责任审计按照干部管理权限确定。遇有干部管理权限与财政财务隶属关系等不一致时，由对领导干部具有干部管理权限的部门与同级审计机关共同确定实施审计的审计机关。

审计署审计长的经济责任审计，按照中央审计委员会的决定组织实施。地方审计机关主要领导干部的经济责任审计，由地方党委与上一级审计机关协商后，由上一级审计机关组织实施。

第七条 审计委员会办公室、审计机关依规依法独立实施经济责任审计，任何组织和个人不得拒绝、阻碍、干涉，不得打击报复审计人员。

对有意设置障碍、推诿拖延的，应当进行批评和通报；造成恶劣影响的，应当严肃问责追责。

第八条 审计委员会办公室、审计机关和审计人员对经济责任审计工作中知悉的国家秘密、商业秘密和个人隐私，负有保密义务。

第九条 各级党委和政府应当保证履行经济责任审计职责所必需的机构、人员和经费。

第二章 组织协调

第十条 各级党委和政府应当加强对经济责任审计工作的领导，建立健全经济责任审计工作联席会议（以下简称联席会议）制度。联席会议由纪检监察机关和组织、机构编制、审计、财政、人力资源社会保障、国有资产监督管理、金融监督管理等部门组成，召集人由审计委员会办公室主任担任。联席会议在同级审计委员会的领导下开展工作。

联席会议下设办公室，与同级审计机关内设的经济责任审计机构合署办公。办公室主任由同级审计机关的副职领导或者相当职务层次领导担任。

第十一条　联席会议主要负责研究拟订有关经济责任审计的制度文件，监督检查经济责任审计工作情况，协调解决经济责任审计工作中出现的问题，推进经济责任审计结果运用，指导下级联席会议的工作，指导和监督部门、单位内部管理领导干部经济责任审计工作，完成审计委员会交办的其他工作。

联席会议办公室负责联席会议的日常工作。

第十二条　经济责任审计应当有计划地进行，根据干部管理监督需要和审计资源等实际情况，对审计对象实行分类管理，科学制定经济责任审计中长期规划和年度审计项目计划，推进领导干部履行经济责任情况审计全覆盖。

第十三条　年度经济责任审计项目计划按照下列程序制定：

（一）审计委员会办公室商同级组织部门提出审计计划安排，组织部门提出领导干部年度审计建议名单；

（二）审计委员会办公室征求同级纪检监察机关等有关单位意见后，纳入审计机关年度审计项目计划；

（三）审计委员会办公室提交同级审计委员会审议决定。

对属于有关主管部门管理的领导干部进行审计的，审计委员会办公室商有关主管部门提出年度审计建议名单，纳入审计机关年度审计项目计划，提交审计委员会审议决定。

第十四条 年度经济责任审计项目计划一经确定不得随意变更。确需调减或者追加的，应当按照原制定程序，报审计委员会批准后实施。

第十五条 被审计领导干部遇有被有关部门采取强制措施、纪律审查、监察调查或者死亡等特殊情况，以及存在其他不宜继续进行经济责任审计情形的，审计委员会办公室商同级纪检监察机关、组织部门等有关单位提出意见，报审计委员会批准后终止审计。

第三章　审计内容

第十六条 经济责任审计应当以领导干部任职期间公共资金、国有资产、国有资源的管理、分配和使用为基础，以领导干部权力运行和责任落实情况为重点，充分考虑领导干部管理监督需要、履职特点和审计资源等因素，依规依法确定审计内容。

第十七条 地方各级党委和政府主要领导干部经济责任审计的内容包括：

（一）贯彻执行党和国家经济方针政策、决策部署情况；

（二）本地区经济社会发展规划和政策措施的制定、执行和效果情况；

（三）重大经济事项的决策、执行和效果情况；

（四）财政财务管理和经济风险防范情况，民生保障和改善情况，生态文明建设项目、资金等管理使用和效益情况，以及在预算管理中执行机构编制管理规定情况；

（五）在经济活动中落实有关党风廉政建设责任和遵守廉洁从政规定情况；

（六）以往审计发现问题的整改情况；

（七）其他需要审计的内容。

第十八条 党政工作部门、纪检监察机关、法院、检察院、事业单位和人民团体等单位主要领导干部经济责任审计的内容包括：

（一）贯彻执行党和国家经济方针政策、决策部署情况；

（二）本部门本单位重要发展规划和政策措施的制定、执行和效果情况；

（三）重大经济事项的决策、执行和效果情况；

（四）财政财务管理和经济风险防范情况，生态文明建设项目、资金等管理使用和效益情况，以及在预算管理中执行机构编制管理规定情况；

（五）在经济活动中落实有关党风廉政建设责任和遵守廉洁从政规定情况；

（六）以往审计发现问题的整改情况；

（七）其他需要审计的内容。

第十九条 国有企业主要领导人员经济责任审计的内容包括：

（一）贯彻执行党和国家经济方针政策、决策部署情况；

（二）企业发展战略规划的制定、执行和效果情况；

（三）重大经济事项的决策、执行和效果情况；

（四）企业法人治理结构的建立、健全和运行情况，内部控制制度的制定和执行情况；

（五）企业财务的真实合法效益情况，风险管控情况，境外资产管理情况，生态环境保护情况；

（六）在经济活动中落实有关党风廉政建设责任和遵守廉洁从业规定情况；

（七）以往审计发现问题的整改情况；

（八）其他需要审计的内容。

第二十条 有关部门和单位、地方党委和政府的主要领导干部由上级领导干部兼任，且实际履行经济责任的，对其进行经济责任审计时，审计内容仅限于该领导干部所兼任职务应当履行的经济责任。

第四章　审计实施

第二十一条 审计委员会办公室、审计机关应当根据年度经济责任审计项目计划，组成审计组并实施审计。

第二十二条 对同一地方党委和政府主要领导干部，以及同一部门、单位2名以上主要领导干部的经济责任审计，可以同步组织实施，分别认定责任。

第二十三条 审计委员会办公室、审计机关应当按照规定，向被审计领导干部及其所在单位或者原任职单位（以下统称所在单位）送达审计通知书，抄送同级纪检监察机关、组织部门等有关单位。

地方审计机关主要领导干部的经济责任审计通知书，由上一级审计机关送达。

第二十四条 实施经济责任审计时，应当召开由审计组主要成员、被审计领导干部及其所在单位有关人员参加的会议，安排审计工作有关事项。联席会议有关成员单位根据工作需要可以派人参加。

审计组应当在被审计单位公示审计项目名称、审计纪律要求和举报电话等内容。

第二十五条 经济责任审计过程中，应当听取被审计领导干部所在单位领导班子成员的意见。

对地方党委和政府主要领导干部的审计，还应当听取同级人大常委会、政协主要负责同志的意见。

审计委员会办公室、审计机关应当听取联席会议有关成员单位的意见，及时了解与被审计领导干部履行经济责任有关的考察考核、群众反映、巡视巡察反馈、组织约谈、函询调查、案件查处结果等情况。

第二十六条 被审计领导干部及其所在单位，以及其他有关单位应当及时、准确、完整地提供与被审计领导干部履行经济责任有关的下列资料：

（一）被审计领导干部经济责任履行情况报告；

（二）工作计划、工作总结、工作报告、会议记录、会议纪要、决议决定、请示、批示、目标责任书、经济合同、考核检查结果、业务档案、机构编制、规章制度、以往审计发现问题整改情况等资料；

（三）财政收支、财务收支相关资料；

（四）与履行职责相关的电子数据和必要的技术文档；

（五）审计所需的其他资料。

第二十七条 被审计领导干部及其所在单位应当对所提供资料的真实性、完整性负责，并作出书面承诺。

第二十八条 经济责任审计应当加强与领导干部自然资源资产离任审计等其他审计的统筹协调，科学配置审计资源，创新审计组织管理，推动大数据等新技术应用，建立健全审计工作信息和结果共享机制，提高审计监督整体效能。

第二十九条 经济责任审计过程中，可以依规依法提请有关部门、单位予以协助。有关部门、单位应当予以支持，并及时提供有关资料和信息。

第三十条 审计组实施审计后，应当向派出审计组的审计委员会办公室、审计机关提交审计报告。

审计报告一般包括被审计领导干部任职期间履行经济责任情况的总体评价、主要业绩、审计发现的主要问题和责任认定、审计建议等内容。

第三十一条 审计委员会办公室、审计机关应当书面征求被审计领导干部及其所在单位对审计组审计报告的意见。

第三十二条 被审计领导干部及其所在单位应当自收到审计组审计报告之日起10个工作日内提出书面意见；10个工作日内未提出书面意见的，视同无异议。

审计组应当针对被审计领导干部及其所在单位提出的书面意见，进一步研究和核实，对审计报告作出必要的修改，连同被审计领导干部及其所在单位的书面意见一并报送审计委员会办公室、审计机关。

第三十三条　审计委员会办公室、审计机关按照规定程序对审计组审计报告进行审定，出具经济责任审计报告；同时出具经济责任审计结果报告，在经济责任审计报告的基础上，简要反映审计结果。

经济责任审计报告和经济责任审计结果报告应当事实清楚、评价客观、责任明确、用词恰当、文字精炼、通俗易懂。

第三十四条　经济责任审计报告、经济责任审计结果报告等审计结论性文书按照规定程序报同级审计委员会，按照干部管理权限送组织部门。根据工作需要，送纪检监察机关等联席会议其他成员单位、有关主管部门。

地方审计机关主要领导干部的经济责任审计结论性文书，由上一级审计机关送有关组织部门。根据工作需要，送有关纪检监察机关。

经济责任审计报告应当送达被审计领导干部及其所在单位。

第三十五条　经济责任审计中发现的重大问题线索，由审计委员会办公室按照规定向审计委员会报告。

应当由纪检监察机关或者有关主管部门处理的问题线索，由审计机关依规依纪依法移送处理。

被审计领导干部所在单位存在的违反国家规定的财政收支、财务收支行为，依法应当给予处理处罚的，由审计机关在法定职权范围内作出审计决定。

第三十六条　经济责任审计项目结束后，审计委员会办公室、审计机关应当组织召开会议，向被审计领导干部及其所在单位领导班子成员等有关人员反馈审计结果和相关情况。联席会议有关成员单位根据工作需要可以派人参加。

第三十七条　被审计领导干部对审计委员会办公室、审计机关出具的经济责任审计报告有异议的，可以自收到审计报告之日起30日内向同级审计委员会办公室申诉。审计委员会办公室应当组成复查工作小组，并要求原审计组人员等回避，自收到申诉之日起90日内提出复查意见，报审计委员会批准后作出复查决定。复查决定为最终决定。

地方审计机关主要领导干部对上一级审计机关出具的经济责任审计报告有异议的，可以自收到审计报告之日起30日内向上一级审计机关申诉。上一级审计机关应当组成复查工作小组，并要求原审计组人员等回避，自收到申诉之日起90日内作出复查决定。复查决定为最终决定。

本条规定的期间的最后一日是法定节假日的，以节假日后的第一个工作日为期间届满日。

第五章　审计评价

第三十八条　审计委员会办公室、审计机关应当根据不同领导职务的职责要求，在审计查证或者认定事实的基础上，综合运用多种方法，坚持定性评价与定量评价相结合，依照有关党内法规、法律法规、政策规定、责任制考核目标等，在审计范围内，对被审计领导干部履行经济责任情况，包括公共资金、国有资产、国有资源的管理、分配和使用中个人遵守廉洁从政（从业）规定等情况，作出客观公正、实事求是的评价。

审计评价应当有充分的审计证据支持，对审计中未涉及的事项不作评价。

第三十九条 对领导干部履行经济责任过程中存在的问题，审计委员会办公室、审计机关应当按照权责一致原则，根据领导干部职责分工，综合考虑相关问题的历史背景、决策过程、性质、后果和领导干部实际所起的作用等情况，界定其应当承担的直接责任或者领导责任。

第四十条 领导干部对履行经济责任过程中的下列行为应当承担直接责任：

（一）直接违反有关党内法规、法律法规、政策规定的；

（二）授意、指使、强令、纵容、包庇下属人员违反有关党内法规、法律法规、政策规定的；

（三）贯彻党和国家经济方针政策、决策部署不坚决不全面不到位，造成公共资金、国有资产、国有资源损失浪费，生态环境破坏，公共利益损害等后果的；

（四）未完成有关法律法规规章、政策措施、目标责任书等规定的领导干部作为第一责任人（负总责）事项，造成公共资金、国有资产、国有资源损失浪费，生态环境破坏，公共利益损害等后果的；

（五）未经民主决策程序或者民主决策时在多数人不同意的情况下，直接决定、批准、组织实施重大经济事项，造成公共资金、国有资产、国有资源损失浪费，生态环境破坏，公共利益损害等后果的；

（六）不履行或者不正确履行职责，对造成的后果起决定性作用的其他行为。

第四十一条 领导干部对履行经济责任过程中的下列行为应当承担领导责任：

（一）民主决策时，在多数人同意的情况下，决定、批准、组织实施重大经济事项，由于决策不当或者决策失误造成公共资金、国有资产、国有资源损失浪费，生态环境破坏，公共利益损害等后果的；

（二）违反部门、单位内部管理规定造成公共资金、国有资产、国有资源损失浪费，生态环境破坏，公共利益损害等后果的；

（三）参与相关决策和工作时，没有发表明确的反对意见，相关决策和工作违反有关党内法规、法律法规、政策规定，或者造成公共资金、国有资产、国有资源损失浪费，生态环境破坏，公共利益损害等后果的；

（四）疏于监管，未及时发现和处理所管辖范围内本级或者下一级地区（部门、单位）违反有关党内法规、法律法规、政策规定的问题，造成公共资金、国有资产、国有资源损失浪费，生态环境破坏，公共利益损害等后果的；

（五）除直接责任外，不履行或者不正确履行职责，对造成的后果应当承担责任的其他行为。

第四十二条 对被审计领导干部以外的其他责任人员，审计委员会办公室、审计机关可以适当方式向有关部门、单位提供相关情况。

第四十三条 审计评价时，应当把领导干部在推进改革中因缺乏经验、先行先试出现的失误和错误，同明知故犯的违纪违法行为区分开来；把上级尚无明确限制的探索性试验中的失误和错误，同上级明令禁止后依然我行我素的违纪违法行为区分开来；把为推动发展的无意过失，同为谋取私利的违纪违法行为区分开来。对领导干部在改革创新中的失误和错误，正确把握事业为上、实事求是、依纪依法、容纠并举等原则，经综合分析研判，可以免责或者从轻定责，鼓励探索创新，支持担当作为，保护领导干部干事创业的积极性、主动性、创造性。

第六章 审计结果运用

第四十四条 各级党委和政府应当建立健全经济责任审计情况通报、责任追究、整改落实、结果公告等结果运用制度，将经济责任审计结果以及整改情况作为考核、任免、奖惩被审计领导干部的重要参考。

经济责任审计结果报告以及审计整改报告应当归入被审计领导干部本人档案。

第四十五条 审计委员会办公室、审计机关应当按照规定以适当方式通报或者公告经济责任审计结果，对审计发现问题的整改情况进行监督检查。

第四十六条 联席会议其他成员单位应当在各自职责范围

内运用审计结果：

（一）根据干部管理权限，将审计结果以及整改情况作为考核、任免、奖惩被审计领导干部的重要参考；

（二）对审计发现的问题作出进一步处理；

（三）加强审计发现问题整改落实情况的监督检查；

（四）对审计发现的典型性、普遍性、倾向性问题和提出的审计建议及时进行研究，将其作为采取有关措施、完善有关制度规定的重要参考。

联席会议其他成员单位应当以适当方式及时将审计结果运用情况反馈审计委员会办公室、审计机关。党中央另有规定的，按照有关规定办理。

第四十七条 有关主管部门应当在各自职责范围内运用审计结果：

（一）根据干部管理权限，将审计结果以及整改情况作为考核、任免、奖惩被审计领导干部的重要参考；

（二）对审计移送事项依规依纪依法作出处理处罚；

（三）督促有关部门、单位落实审计决定和整改要求，在对相关行业、单位管理和监督中有效运用审计结果；

（四）对审计发现的典型性、普遍性、倾向性问题和提出的审计建议及时进行研究，并将其作为采取有关措施、完善有关制度规定的重要参考。

有关主管部门应当以适当方式及时将审计结果运用情况反馈审计委员会办公室、审计机关。

第四十八条 被审计领导干部及其所在单位根据审计结

果，应当采取以下整改措施：

（一）对审计发现的问题，在规定期限内进行整改，将整改结果书面报告审计委员会办公室、审计机关，以及组织部门或者主管部门；

（二）对审计决定，在规定期限内执行完毕，将执行情况书面报告审计委员会办公室、审计机关；

（三）根据审计发现的问题，落实有关责任人员的责任，采取相应的处理措施；

（四）根据审计建议，采取措施，健全制度，加强管理；

（五）将审计结果以及整改情况纳入所在单位领导班子党风廉政建设责任制检查考核的内容，作为领导班子民主生活会以及领导班子成员述责述廉的重要内容。

第七章　附　　则

第四十九条　审计委员会办公室、审计机关和审计人员，被审计领导干部及其所在单位，以及其他有关单位和个人在经济责任审计中的职责、权限、法律责任等，本规定未作规定的，依照党中央有关规定、《中华人民共和国审计法》、《中华人民共和国审计法实施条例》和其他法律法规执行。

第五十条　有关部门、单位对内部管理领导干部开展经济责任审计参照本规定执行，或者根据本规定制定具体办法。

第五十一条　本规定由中央审计委员会办公室、审计署负责解释。

　　第五十二条　本规定自 2019 年 7 月 7 日起施行。2010 年 10 月 12 日中共中央办公厅、国务院办公厅印发的《党政主要领导干部和国有企业领导人员经济责任审计规定》同时废止。

中国共产党党内法规执行
责任制规定（试行）

（2019 年 8 月 30 日中共中央政治局会议审议批准，
2019 年 9 月 3 日中共中央发布）

第一条　为了提高党内法规执行力，推动党内法规全面深入实施，根据《中国共产党党内法规制定条例》，制定本规定。

第二条　各级党组织和全体党员负有遵守党内法规、维护党内法规权威的义务。各级党组织和党员领导干部必须增强"四个意识"、坚定"四个自信"、做到"两个维护"，牢固树立执规是本职、执规不力是失职的理念，切实担负起执行党内法规的政治责任。

第三条　在党中央集中统一领导下，建立健全党委统一领导、党委办公厅（室）统筹协调、主管部门牵头负责、相关单位协助配合、党的纪律检查机关严格监督的执规责任制，统分结合、各司其职，一级抓一级、层层抓落实。

第四条　地方各级党委对本地区党内法规执行工作负主体责任，应当坚决贯彻党中央决策部署以及上级党组织决定，带头严格执行党内法规，并领导、组织、推进本地区党内法规执行工作，支持和监督本地区党组织和党员领导干部履行执规责任。

第五条 党委办公厅（室）负责统筹协调本地区党内法规执行工作，推动党委关于党内法规执行部署安排的贯彻落实。

第六条 党委职能部门、办事机构、派出机关、直属事业单位等，对主要规定其职权职责的党内法规，负有牵头执行的责任，并组织、协调、督促、指导有关党组织和党员领导干部执行有关党内法规。

其他相关单位应当按照党内法规规定各司其职、各尽其责，协助配合牵头部门共同执行党内法规。

第七条 党组（党委）对本单位（本系统）执行有关党内法规负主体责任，领导、组织、推进本单位（本系统）党内法规执行工作。

第八条 街道、乡镇党的基层委员会和村、社区党组织，国有企业党委，实行党委领导下的行政领导人负责制的事业单位党组织，对本地区本单位执行有关党内法规负主体责任，领导、组织、推进本地区本单位党内法规执行工作。

其他单位中党的基层组织按照规定推动有关党内法规在本单位的执行。

第九条 党员领导干部应当敢于担当、勇于负责，以上率下、以身作则，带头学习宣传党内法规，带头严格执行党内法规。

党委（党组）书记应当认真履行本地区本单位党内法规

执行第一责任人职责，分管党内法规工作的班子成员承担党内法规执行直接责任，其他班子成员按照"一岗双责"要求抓好分管领域党内法规执行工作。

第十条 党的纪律检查机关应当带头严格执行党内法规，并对其他党组织和党员领导干部履行执规责任进行监督检查，切实维护党章和其他党内法规。

第十一条 执行党内法规应当遵循下列基本要求：

（一）担当作为，恪尽职守，不得不作为、乱作为；

（二）严格执规，令行禁止，不得打折扣、搞变通；

（三）公正执规，坚持党内法规面前人人平等，不得搞特殊、开后门；

（四）规范执规，按照规定的主体、权限、程序等执行党内法规。

第十二条 党委（党组）每年至少召开1次会议专题研究党内法规执行工作，将党内法规纳入理论学习中心组学习和干部教育培训的重要内容。

牵头执行部门应当将党内法规宣传教育作为履行执规责任的重要方面，加大党内法规宣传教育力度。

第十三条 各级党组织应当采取有效措施，增强党员干部的执规意识，提高执规能力，严格执规标准，规范执规程序，提升执规效果。

第十四条 上级党组织应当加强对下级党组织和党员领导干部履行执规责任情况的监督，对重要党内法规的执行情况进行督导检查，对发现的普遍性问题在一定范围内通报。各级党组织应当重视发挥党员、群众和新闻媒体等在监督执规责任履行中的积极作用，推动形成执规工作合力。

党组织和党员领导干部履行执规责任情况，应当纳入领导班子和领导干部考核内容，可以与党风廉政建设责任制、党建工作、法治建设等考核相结合。

第十五条 党内法规制定机关可以视情对党内法规执行情况、实施效果开展评估，督促党组织和党员领导干部履行执规责任，推动党内法规实施。

开展党内法规实施评估工作应当制定年度计划。应当列入实施评估范围的党内法规主要包括：上位党内法规和规范性文件作出新规定、提出新要求的；相关法律法规作出新规定的；规范和调整事项发生较大变化的；执行过程中遇到较大困难、意见反映较多的；试行期满或者没有规定试行期但试行超过5年的。

根据工作需要，实施评估可以对1部党内法规或者其中的若干条款开展专项评估，也可以对相关联的若干部党内法规开展一揽子评估。实施评估结束后应当形成评估报告。

第十六条 党组织和党员领导干部有下列情形之一的，应当依规依纪追究责任，涉嫌违法犯罪的，按照有关法律规定处理：

（一）不贯彻执行党中央关于党内法规执行的决策部署以及上级党组织有关决定；

（二）履行领导、统筹、牵头、配合、监督等执规责任不力；

（三）执行党内法规打折扣、搞变通或者选择性执行；

（四）本地区本单位在执规中出现重大问题或者造成严重后果；

（五）其他应当追究责任的情形。

第十七条 中央军事委员会可以根据本规定，制定军队党内法规执行责任制规定。

第十八条 本规定由中央办公厅负责解释。

第十九条 本规定自 2019 年 10 月 1 日起施行。

中国共产党问责条例

（中共中央，2019 年 9 月）

第一条 为了坚持党的领导，加强党的建设，全面从严治党，保证党的路线方针政策和党中央重大决策部署贯彻落实，规范和强化党的问责工作，根据《中国共产党章程》，制定本条例。

第二条 党的问责工作坚持以马克思列宁主义、毛泽东思想、邓小平理论、"三个代表"重要思想、科学发展观、习近平新时代中国特色社会主义思想为指导，增强"四个意识"，坚定"四个自信"，坚决维护习近平总书记党中央的核心、全党的核心地位，坚决维护党中央权威和集中统一领导，围绕统筹推进"五位一体"总体布局和协调推进"四个全面"战略布局，落实管党治党政治责任，督促各级党组织、党的领导干部负责守责尽责，践行忠诚干净担当。

第三条 党的问责工作应当坚持以下原则：

（一）依规依纪、实事求是；

（二）失责必问、问责必严；

（三）权责一致、错责相当；

（四）严管和厚爱结合、激励和约束并重；

（五）惩前毖后、治病救人；

（六）集体决定、分清责任。

第四条 党委（党组）应当履行全面从严治党主体责任，加强对本地区本部门本单位问责工作的领导，追究在党的建设、党的事业中失职失责党组织和党的领导干部的主体责任、监督责任、领导责任。

纪委应当履行监督专责，协助同级党委开展问责工作。纪委派驻（派出）机构按照职责权限开展问责工作。

党的工作机关应当依据职能履行监督职责，实施本机关本系统本领域的问责工作。

第五条 问责对象是党组织、党的领导干部，重点是党委（党组）、党的工作机关及其领导成员，纪委、纪委派驻（派出）机构及其领导成员。

第六条 问责应当分清责任。党组织领导班子在职责范围内负有全面领导责任，领导班子主要负责人和直接主管的班子成员在职责范围内承担主要领导责任，参与决策和工作的班子成员在职责范围内承担重要领导责任。

对党组织问责的，应当同时对该党组织中负有责任的领导班子成员进行问责。

党组织和党的领导干部应当坚持把自己摆进去、把职责摆进去、把工作摆进去，注重从自身找问题、查原因，勇于担当、敢于负责，不得向下级党组织和干部推卸责任。

第七条 党组织、党的领导干部违反党章和其他党内法

344

规，不履行或者不正确履行职责，有下列情形之一，应当予以问责：

（一）党的领导弱化，"四个意识"不强，"两个维护"不力，党的基本理论、基本路线、基本方略没有得到有效贯彻执行，在贯彻新发展理念，推进经济建设、政治建设、文化建设、社会建设、生态文明建设中，出现重大偏差和失误，给党的事业和人民利益造成严重损失，产生恶劣影响的；

（二）党的政治建设抓得不实，在重大原则问题上未能同党中央保持一致，贯彻落实党的路线方针政策和执行党中央重大决策部署不力，不遵守重大事项请示报告制度，有令不行、有禁不止、阳奉阴违、欺上瞒下，团团伙伙、拉帮结派问题突出，党内政治生活不严肃不健康，党的政治建设工作责任制落实不到位，造成严重后果或者恶劣影响的；

（三）党的思想建设缺失，党性教育特别是理想信念宗旨教育流于形式，意识形态工作责任制落实不到位，造成严重后果或者恶劣影响的；

（四）党的组织建设薄弱，党建工作责任制不落实，严重违反民主集中制原则，不执行领导班子议事决策规则，民主生活会、"三会一课"等党的组织生活制度不执行，领导干部报告个人有关事项制度执行不力，党组织软弱涣散，违规选拔任用干部等问题突出，造成恶劣影响的；

（五）党的作风建设松懈，落实中央八项规定及其实施细则精神不力，"四风"问题得不到有效整治，形式主义、官僚主义问题突出，执行党中央决策部署表态多调门高、行动少落实差，脱离实际、脱离群众，拖沓敷衍、推诿扯皮，造成严重后果的；

（六）党的纪律建设抓得不严，维护党的政治纪律、组织纪律、廉洁纪律、群众纪律、工作纪律、生活纪律不力，导致违规违纪行为多发，造成恶劣影响的；

（七）推进党风廉政建设和反腐败斗争不坚决、不扎实，削减存量、遏制增量不力，特别是对不收敛、不收手，问题线索反映集中、群众反映强烈，政治问题和经济问题交织的腐败案件放任不管，造成恶劣影响的；

（八）全面从严治党主体责任、监督责任落实不到位，对公权力的监督制约不力，好人主义盛行，不负责不担当，党内监督乏力，该发现的问题没有发现，发现问题不报告不处置，领导巡视巡察工作不力，落实巡视巡察整改要求走过场、不到位，该问责不问责，造成严重后果的；

（九）履行管理、监督职责不力，职责范围内发生重特大生产安全事故、群体性事件、公共安全事件，或者发生其他严重事故、事件，造成重大损失或者恶劣影响的；

（十）在教育医疗、生态环境保护、食品药品安全、扶贫脱贫、社会保障等涉及人民群众最关心最直接最现实的利益问题上不作为、乱作为、慢作为、假作为，损害和侵占群众利益问题得不到整治，以言代法、以权压法、徇私枉法问题突出，群众身边腐败和作风问题严重，造成恶劣影响的；

（十一）其他应当问责的失职失责情形。

第八条　对党组织的问责，根据危害程度以及具体情况，可以采取以下方式：

（一）检查。责令作出书面检查并切实整改。

（二）通报。责令整改，并在一定范围内通报。

（三）改组。对失职失责，严重违犯党的纪律、本身又不能纠正的，应当予以改组。

对党的领导干部的问责，根据危害程度以及具体情况，可以采取以下方式：

（一）通报。进行严肃批评，责令作出书面检查、切实整改，并在一定范围内通报。

（二）诫勉。以谈话或者书面方式进行诫勉。

（三）组织调整或者组织处理。对失职失责、危害较重，不适宜担任现职的，应当根据情况采取停职检查、调整职务、责令辞职、免职、降职等措施。

（四）纪律处分。对失职失责、危害严重，应当给予纪律处分的，依照《中国共产党纪律处分条例》追究纪律责任。

上述问责方式，可以单独使用，也可以依据规定合并使用。问责方式有影响期的，按照有关规定执行。

第九条　发现有本条例第七条所列问责情形，需要进行问责调查的，有管理权限的党委（党组）、纪委、党的工作机关应当经主要负责人审批，及时启动问责调查程序。其中，纪委、党的工作机关对同级党委直接领导的党组织及其主要负责人启动问责调查，应当报同级党委主要负责人批准。

应当启动问责调查未及时启动的，上级党组织应当责令有管理权限的党组织启动。根据问题性质或者工作需要，上级党组织可以直接启动问责调查，也可以指定其他党组织启动。

对被立案审查的党组织、党的领导干部问责的，不再另行启动问责调查程序。

第十条 启动问责调查后，应当组成调查组，依规依纪依法开展调查，查明党组织、党的领导干部失职失责问题，综合考虑主客观因素，正确区分贯彻执行党中央或者上级决策部署过程中出现的执行不当、执行不力、不执行等不同情况，精准提出处理意见，做到事实清楚、证据确凿、依据充分、责任分明、程序合规、处理恰当，防止问责不力或者问责泛化、简单化。

第十一条 查明调查对象失职失责问题后，调查组应当撰写事实材料，与调查对象见面，听取其陈述和申辩，并记录在案；对合理意见，应当予以采纳。调查对象应当在事实材料上签署意见，对签署不同意见或者拒不签署意见的，调查组应当作出说明或者注明情况。

调查工作结束后，调查组应当集体讨论，形成调查报告，列明调查对象基本情况、调查依据、调查过程，问责事实，调查对象的态度、认识及其申辩，处理意见以及依据，由调查组组长以及有关人员签名后，履行审批手续。

第十二条 问责决定应当由有管理权限的党组织作出。

对同级党委直接领导的党组织，纪委和党的工作机关报经同级党委或者其主要负责人批准，可以采取检查、通报方式进行问责。采取改组方式问责的，按照党章和有关党内法规规定的权限、程序执行。

对同级党委管理的领导干部，纪委和党的工作机关报经同级党委或者其主要负责人批准，可以采取通报、诫勉方式进行问责；提出组织调整或者组织处理的建议。采取纪律处分方式问责的，按照党章和有关党内法规规定的权限、程序执行。

第十三条 问责决定作出后，应当及时向被问责党组织、被问责领导干部及其所在党组织宣布并督促执行。有关问责情况应当向纪委和组织部门通报，纪委应当将问责决定材料归入被问责领导干部廉政档案，组织部门应当将问责决定材料归入被问责领导干部的人事档案，并报上一级组织部门备案；涉及组织调整或者组织处理的，相应手续应当在 1 个月内办理完毕。

被问责领导干部应当向作出问责决定的党组织写出书面检讨，并在民主生活会、组织生活会或者党的其他会议上作出深刻检查。建立健全问责典型问题通报曝光制度，采取组织调整或者组织处理、纪律处分方式问责的，应当以适当方式公开。

第十四条 被问责党组织、被问责领导干部及其所在党组织应当深刻汲取教训，明确整改措施。作出问责决定的党组织应当加强督促检查，推动以案促改。

第十五条 需要对问责对象作出政务处分或者其他处理的，作出问责决定的党组织应当通报相关单位，相关单位应当及时处理并将结果通报或者报告作出问责决定的党组织。

第十六条 实行终身问责，对失职失责性质恶劣、后果严重的，不论其责任人是否调离转岗、提拔或者退休等，都应当严肃问责。

第十七条 有下列情形之一的，可以不予问责或者免予问责：

（一）在推进改革中因缺乏经验、先行先试出现的失误，尚无明确限制的探索性试验中的失误，为推动发展的无意过失；

（二）在集体决策中对错误决策提出明确反对意见或者保留意见的；

（三）在决策实施中已经履职尽责，但因不可抗力、难以预见等因素造成损失的。

对上级错误决定提出改正或者撤销意见未被采纳，而出现本条例第七条所列问责情形的，依照前款规定处理。上级错误决定明显违法违规的，应当承担相应的责任。

第十八条 有下列情形之一，可以从轻或者减轻问责：

（一）及时采取补救措施，有效挽回损失或者消除不良影响的；

（二）积极配合问责调查工作，主动承担责任的；

（三）党内法规规定的其他从轻、减轻情形。

第十九条 有下列情形之一，应当从重或者加重问责：

（一）对党中央、上级党组织三令五申的指示要求，不执行或者执行不力的；

（二）在接受问责调查和处理中，不如实报告情况，敷衍塞责、推卸责任，或者唆使、默许有关部门和人员弄虚作假，阻扰问责工作的；

（三）党内法规规定的其他从重、加重情形。

第二十条　问责对象对问责决定不服的，可以自收到问责决定之日起 1 个月内，向作出问责决定的党组织提出书面申诉。作出问责决定的党组织接到书面申诉后，应当在 1 个月内作出申诉处理决定，并以书面形式告知提出申诉的党组织、领导干部及其所在党组织。

申诉期间，不停止问责决定的执行。

第二十一条　问责决定作出后，发现问责事实认定不清楚、证据不确凿、依据不充分、责任不清晰、程序不合规、处理不恰当，或者存在其他不应当问责、不精准问责情况的，应当及时予以纠正。必要时，上级党组织可以直接纠正或者责令作出问责决定的党组织予以纠正。

党组织、党的领导干部滥用问责，或者在问责工作中严重不负责任，造成不良影响的，应当严肃追究责任。

第二十二条　正确对待被问责干部，对影响期满、表现好的干部，符合条件的，按照干部选拔任用有关规定正常使用。

第二十三条　本条例所涉及的审批权限均指最低审批权限，工作中根据需要可以按照更高层级的审批权限报批。

第二十四条　纪委派驻（派出）机构除执行本条例外，还应当执行党中央以及中央纪委相关规定。

第二十五条　中央军事委员会可以根据本条例制定相关规定。

第二十六条　本条例由中央纪律检查委员会负责解释。

第二十七条　本条例自 2019 年 9 月 1 日起施行。2016 年 7 月 8 日中共中央印发的《中国共产党问责条例》同时废止。此前发布的有关问责的规定，凡与本条例不一致的，按照本条例执行。

关于在全国纪检监察系统开展会员卡专项清退活动的通知（节选）

（中共中央纪委，2013 年 5 月）

中央政治局颁布关于改进工作作风、密切联系群众的八项规定以来，各级纪检监察机关深入领会精神实质，紧密联系实际，着力改进作风，取得了阶段性成效。为巩固贯彻落实中央八项规定的成果，在以为民务实清廉为主要内容的党的群众路线教育实践活动中先行一步，加强纪检监察干部队伍建设，实现自我净化和自我提高，中央纪委决定在全国纪检监察系统开展会员卡自行清退活动。现将有关事项通知如下：

一、指导思想

深入贯彻落实党的十八大和习近平总书记在十八届中央纪委第二次全会上的重要讲话精神，纪检监察机关要按照打铁还需自身硬的要求，持之以恒地抓好中央八项规定精神的贯彻落实，着力纠正享乐主义、奢靡之风等不良风气，坚持"要求别人做到、自己首先做到"，自行清退收受的各种会员卡，做到"零持有、零报告"，营造风清气正环境，树立纪检监察干部忠诚可靠、服务人民、刚正不阿、秉公执纪的良好形象。

二、清退规定

清退范围。此次清退的范围是纪检监察干部收受的会员卡。本通知所称会员卡，是指娱乐、健身、美容、旅游、餐饮等行业机构以及商场、会所、宾馆、俱乐部等发行的，具有一定价值、金额或消费次数，供持卡人在消费活动中进行会员身份认证识别，并凭此消费、免于付费或享受折扣的凭证。自费和各单位按照有关规定办理并发给本单位干部的会员卡除外。

清退时限。未持有或已将会员卡自行清退的，均应于2013年6月20日之前，向本人所在的纪检监察机关（组织）作出零持有的报告。

三、工作要求

各级纪检监察机关要高度重视，加强组织领导，迅速开展行动；要加强宣传，及时将有关精神传达到所有纪检监察干部。领导机关和领导干部要带头清退，中央纪委监察部机关要发挥表率作用。要增强自律意识，自觉接受党内和人民群众的监督。

违规发放津贴补贴行为处分规定

（监察部、人力资源和社会保障部、
财政部、审计署，2013 年 6 月）

第一条 为维护收入分配秩序，严肃财经纪律，规范津贴补贴政策执行，根据《中华人民共和国行政监察法》、《中华人民共和国公务员法》、《行政机关公务员处分条例》及其他有关法律、行政法规，制定本规定。

第二条 本规定所称津贴补贴包括国家统一规定的津贴补贴和工作性津贴、生活性补贴、离退休人员补贴、改革性补贴以及奖金、实物、有价证券等。

第三条 有违规发放津贴补贴行为的单位，其负有责任的领导人员和直接责任人员，以及有违规发放津贴补贴行为的个人，应当承担纪律责任。属于下列人员的，由任免机关或者监察机关按照管理权限依法给予处分：

（一）行政机关公务员；

（二）法律、法规授权的具有公共事务管理职能的事业单位中经批准参照《中华人民共和国公务员法》管理的工作人员。

法律、行政法规对违规发放津贴补贴行为的处分另有规定的，从其规定。

第四条 有下列行为之一的，给予警告处分；情节较重的，给予记过或者记大过处分；情节严重的，给予降级或者撤职处分：

（一）违反规定自行新设项目或者继续发放已经明令取消的津贴补贴的；

（二）超过规定标准、范围发放津贴补贴的；

（三）违反中共中央组织部、人力资源社会保障部有关公务员奖励的规定，以各种名义向职工普遍发放各类奖金的；

（四）在实施职务消费和福利待遇货币化改革并发放补贴后，继续开支相关职务消费和福利费用的；

（五）违反规定发放加班费、值班费和未休年休假补贴的；

（六）违反《中共中央纪委、中共中央组织部、监察部、财政部、人事部、审计署关于规范公务员津贴补贴问题的通知》（中纪发〔2006〕17号）等规定，擅自提高标准发放改革性补贴的；

（七）超标准缴存住房公积金的；

（八）以有价证券、支付凭证、商业预付卡、实物等形式发放津贴补贴的；

（九）违反规定使用工会会费、福利费及其他专项经费发放津贴补贴的；

（十）借重大活动筹备或者节日庆祝之机，变相向职工普遍发放现金、有价证券或者与活动无关的实物的；

（十一）违反规定向关联单位（企业）转移好处，再由关联单位（企业）以各种名目给机关职工发放津贴补贴的；

（十二）其他违反规定发放津贴补贴的。

第五条 将执收执罚工作与津贴补贴挂钩，使用行政事业性收费、罚没收入发放津贴补贴的，给予记大过处分；情节严重的，给予降级或者撤职处分。

第六条 以发放津贴补贴的形式，变相将国有资产集体私分给个人的，给予记大过处分；情节较重的，给予降级或者撤职处分；情节严重的，给予开除处分。

第七条 违反财政部关于行政事业单位工资津贴补贴有关会计核算的规定核算津贴补贴的，给予警告处分；情节较重的，给予记过或者记大过处分；情节严重的，给予降级或者撤职处分。

第八条 使用"小金库"款项发放津贴补贴的，给予警告处分；情节较重的，给予记过或者记大过处分；情节严重的，给予降级或者撤职处分。

第九条 利用职务上的便利或者职务影响，违反规定在其他单位领取津贴补贴的，给予记过或者记大过处分；情节较重的，给予降级或者撤职处分；情节严重的，给予开除处分。

第十条 以虚报、冒领等手段骗取财政资金发放津贴补贴的，给予记大过处分；情节较重的，给予降级或者撤职处分；情节严重的，给予开除处分。

以虚报、冒领等手段骗取财政资金，并以发放津贴补贴的形式合伙私分的，依照前款规定从重处分。

第十一条 在执行津贴补贴政策中不负责任，导致本地区、本部门、本系统和本单位发生严重违规发放津贴补贴行为的，给予记过或者记大过处分；情节较重的，给予降级或者撤职处分；情节严重的，给予开除处分。

第十二条 不制止、不查处本地区、本部门、本系统和本单位发生的严重违规发放津贴补贴行为的，给予记过或者记大过处分；情节较重的，给予降级或者撤职处分；情节严重的，给予开除处分。

第十三条 对违规发放的津贴补贴，应当按有关规定责令整改，并清退收回。

第十四条 经费来源由财政补助的事业单位工作人员有本规定所列行为的，参照本规定第四条至第十二条规定的违纪情节，依照《事业单位工作人员处分暂行规定》处理。

第十五条 处分的程序和不服处分的申诉，依照《中华人民共和国行政监察法》、《中华人民共和国公务员法》、《行政机关公务员处分条例》等有关法律法规的规定办理。

第十六条 有违规发放津贴补贴行为，应当给予党纪处分的，移送党的纪律检查机关处理；涉嫌犯罪的，移送司法机关处理。

第十七条 本规定由监察部、人力资源社会保障部、财政部、审计署负责解释。

第十八条 本规定自 2013 年 8 月 1 日起施行。

关于党员干部带头推动
殡葬改革的意见

（中共中央办公厅、国务院办公厅，
2013 年 12 月）

　　殡葬改革是破千年旧俗、树一代新风的社会改革，关系人民群众切身利益，关系社会主义精神文明建设和生态文明建设，关系党风政风民风。为发挥广大党员、干部带头示范作用，进一步推动殡葬改革，现提出如下意见。

一、深刻认识推动殡葬改革的
重要性和紧迫性

　　新中国成立以来，在老一辈党和国家领导人的积极倡导下，在各级党委和政府大力推动下，广大党员、干部带领群众积极实行火葬，改革土葬，革除丧葬陋俗，树立文明节俭办丧事的新风尚，殡葬改革取得了明显成效。但近年来，一些丧葬陋俗死灰复燃，封建迷信活动重新活跃，突出表现在：火葬区遗体火化率下滑、骨灰装棺再葬问题突出，土葬改革区乱埋乱

359

葬、滥占耕地现象严重，浪费了大量自然资源，破坏了生态环境；重殓厚葬之风盛行，盲目攀比、奢侈浪费现象滋生蔓延，加重了群众负担；少数党员、干部甚至个别领导干部利用丧事活动大操大办、借机敛财，热衷风水迷信，修建大墓豪华墓，损害了党和政府形象，败坏了社会风气。这些现象亟需整治。

党员、干部带头推动殡葬改革，是移风易俗，发扬社会主义新风尚的应尽责任；是推动文明节俭治丧，减轻群众丧葬负担的重要途径；是加强党风政风建设，树立党和政府良好形象的必然要求；是解决人口增长与资源环境矛盾，造福当代和子孙后代，促进经济社会可持续发展的迫切要求。各级党委和政府要充分认识党员、干部带头推动殡葬改革的重要性和紧迫性，进一步统一思想，完善政策措施，逐步形成党员和干部带头、广大群众参与、全社会共同推动的殡葬改革良好局面。

二、充分发挥党员、干部带头作用，
积极推动殡葬改革

（一）带头文明节俭办丧事，树立时代风尚。党员、干部应当带头文明治丧，简办丧事。要在殡仪馆或合适场所集中办理丧事活动，自觉遵守公共秩序，尊重他人合法权益，不得在居民区、城区街道、公共场所搭建灵棚。采用佩戴黑纱白花、播放哀乐、发放生平等方式哀悼逝者，自觉抵制迷信低俗活动。除国家另有规定外，党员、干部去世后一般不成立治丧机构，不召开追悼会。举行遗体送别仪式的，要严格控制规模，力求节约简朴。对于逝者生前有丧事从简愿望或要求的，家属、亲友以及所在单位应当予以充分尊重和支持。严禁党员、干部特别是领导干部在丧事活动中大操大办、铺张浪费，严禁借机收敛钱财。

（二）带头火葬和生态安葬，保护生态环境。在人口稠密、耕地较少、交通方便的火葬区，党员、干部去世后必须实行火葬，不得将骨灰装棺再葬，不得超标准建墓立碑。在暂不具备火葬条件的土葬改革区，党员、干部去世后遗体应当在公墓内集中安葬，不得乱埋乱葬。无论是在火葬区还是在土葬改革区，党员、干部都应当带头实行生态安葬，采取骨灰存放、树葬、花葬、草坪葬等节地葬法，积极参与骨灰撒散、海葬或者深埋、不留坟头。鼓励党员、干部去世后捐献器官或遗体。少数民族党员、干部去世后，尊重其民族习俗，按照有关规定予以安葬。

（三）带头文明低碳祭扫，传承先进文化。党员、干部应当带头文明祭奠、低碳祭扫，主动采用敬献鲜花、植树绿化、踏青遥祭、经典诵读等方式缅怀故人，弘扬慎终追远等优秀传统文化，不得在林区、景区等禁火区域焚烧纸钱、燃放鞭炮。积极参与社区公祭、集体共祭、网络祭扫等现代追思活动，带头祭扫先烈，带领群众逐步从注重实地实物祭扫转移到以精神传承为主上来。

（四）带头宣传倡导殡葬改革，弘扬新风正气。党员、干部要积极主动宣传殡葬改革，加强对亲属、朋友和周围群众的教育引导，及时劝阻不良治丧行为，自觉抵制陈规陋俗和封建迷信活动，倡导文明新风。各级领导干部要加强对直系亲属和身边工作人员丧事活动的约束，积极做好思想疏导工作，对不良倾向和苗头性问题，要做到早提醒、早制止、早纠正，决不允许对违法违规殡葬行为听之任之甚至包庇纵容。

三、大力营造有利于殡葬
改革的良好环境

（一）加强组织领导，健全工作机制。各级党委和政府要把党员、干部带头推动殡葬改革作为促进社会主义精神文明建设和生态文明建设、保障和改善民生、加强党风政风建设的重要内容，摆上议事日程，建立健全党委领导、政府负责、部门协作、社会参与的工作机制。坚持以党员、干部带头为引领，不断提高人民群众参与殡葬改革的自觉性。组织部门要注意掌握党员、干部治丧情况，加强对党员、干部的教育管理。宣传、文明办等部门要做好殡葬改革宣传引导工作。发展改革、公安、民政、财政、人力资源社会保障、国土资源、工商、林业等部门要各司其职、密切配合，加强基本殡葬服务供给，完善惠民殡葬政策措施，规范殡葬服务市场秩序，督促党员、干部破除丧葬陋俗，加快推动殡葬改革。工会、共青团、妇联等人民团体和基层党组织、村（居）委会以及红白理事会、老年人协会等社会组织要充分发挥作用，广泛动员群众积极参与殡葬改革。

（二）注重统筹规划，提高保障水平。各级党委和政府要立足实际，制定和完善殡葬事业发展规划，明确殡葬改革目标任务和方法步骤，并纳入当地国民经济和社会发展规划。根据人口、耕地、交通等情况，科学划分火葬区和土葬改革区，统筹确定殡葬基础设施数量、布局、规模和功能。加大投入，重点完善殡仪馆、骨灰堂、公益性公墓等基本殡葬公共服务设施，逐步形成布局合理、设施完善、功能齐全、服务便捷的基本殡葬公共服务网络，为推动殡葬改革创造有利条件。

（三）完善法规制度，强化监督管理。加快修订《殡葬管理条例》，健全基本殡葬服务保障、殡葬服务市场监管、丧事活动管理执法等方面制度。进一步健全和规范对乱埋乱葬、违规建墓等行为的行政强制执行制度。积极建立殡葬改革激励引导机制，实行生态安葬奖补等奖励政策。加强监督检查，强化责任追究，对党员、干部尤其是领导干部在丧事活动中的违纪违法行为，要依纪依法严肃查处。

（四）加大宣传力度，做好舆论引导。充分利用各种媒体和传播手段，深入宣传殡葬法规政策，普及科学知识，倡导文明节俭、生态环保、移风易俗的殡葬新风尚。大力宣传党员、干部带头推动殡葬改革的先进典型，传播正能量。充分发挥媒体监督作用，曝光负面案例，努力营造有利于殡葬改革的良好氛围。

各地区各有关部门要按照本意见精神，结合实际制定贯彻落实的具体措施。

关于领导干部带头在公共场所
禁烟有关事项的通知

（中共中央办公厅、国务院办公厅，
2013 年 12 月）

我国《公共场所卫生管理条例实施细则》等对公共场所禁止吸烟作出了明确规定，一些部门和地方也制定了相关规章规定和地方性法规。近年来，通过各方共同努力，公共场所禁烟工作取得积极进展。但也要看到，在公共场所吸烟的现象仍较普遍，特别是少数领导干部在公共场所吸烟，不仅危害公共环境和公众健康，而且损害党政机关和领导干部形象，造成不良影响。为进一步做好公共场所禁烟控烟工作，经中央领导同志同意，现就领导干部带头在公共场所禁烟有关事项通知如下。

一、各级领导干部要充分认识带头在公共场所禁烟的重要意义，模范遵守公共场所禁烟规定，以实际行动作出表率，自觉维护法规制度权威，自觉维护党政机关和领导干部形象。

二、各级领导干部不得在学校、医院、体育场馆、公共文化场馆、公共交通工具等禁止吸烟的公共场所吸烟，在其他有禁止吸烟标识的公共场所要带头不吸烟。同时，要积极做好禁烟控烟宣传教育和引导工作，督促公共场所经营者设置醒目的禁止吸烟警语和标志，及时劝阻和制止他人违规在公共场所吸烟。

三、各级党政机关公务活动中严禁吸烟。公务活动承办单位不得提供烟草制品，公务活动参加人员不得吸烟、敬烟、劝烟。要严格监督管理，严禁使用或变相使用公款支付烟草消费开支。

四、要把各级党政机关建成无烟机关。机关内部禁止销售或提供烟草制品，禁止烟草广告，公共办公场所禁止吸烟，传达室、会议室、楼道、食堂、洗手间等场所要张贴醒目的禁烟标识。各级党政机关要动员本单位职工控烟，鼓励吸烟职工戒烟。卫生、宣传等有关部门和单位要广泛动员各方力量，深入开展形式多样的禁烟控烟宣传教育活动，在全社会形成禁烟控烟的良好氛围。

五、各级领导干部要主动接受群众监督和舆论监督。各级党政机关要加强监督检查，对违反规定在公共场所吸烟的领导干部，要给予批评教育，造成恶劣影响的，要依纪依法严肃处理。

中国共产党廉洁自律准则

（中共中央，2015 年 10 月）

中国共产党全体党员和各级党员领导干部必须坚定共产主义理想和中国特色社会主义信念，必须坚持全心全意为人民服务根本宗旨，必须继承发扬党的优良传统和作风，必须自觉培养高尚道德情操，努力弘扬中华民族传统美德，廉洁自律，接受监督，永葆党的先进性和纯洁性。

党员廉洁自律规范

第一条 坚持公私分明，先公后私，克己奉公。

第二条 坚持崇廉拒腐，清白做人，干净做事。

第三条 坚持尚俭戒奢，艰苦朴素，勤俭节约。

第四条 坚持吃苦在前，享受在后，甘于奉献。

党员领导干部廉洁自律规范

第五条 廉洁从政，自觉保持人民公仆本色。

第六条　廉洁用权，自觉维护人民根本利益。

第七条　廉洁修身，自觉提升思想道德境界。

第八条　廉洁齐家，自觉带头树立良好家风。

关于进一步激励广大干部新时代
新担当新作为的意见

（中共中央办公厅，2018 年 5 月）

　　为深入贯彻习近平新时代中国特色社会主义思想和党的十九大精神，紧紧围绕统筹推进"五位一体"总体布局和协调推进"四个全面"战略布局，教育引导广大干部为决胜全面建成小康社会、夺取新时代中国特色社会主义伟大胜利、实现中华民族伟大复兴的中国梦不懈奋斗，现就建立激励机制和容错纠错机制，进一步激励广大干部新时代新担当新作为，提出如下意见。

　　一、大力教育引导干部担当作为、干事创业。坚持用习近平新时代中国特色社会主义思想武装干部头脑，增强干部信心，增进干部自觉，鼓舞干部斗志。坚持严管和厚爱结合、激励和约束并重，教育引导广大干部不忘初心、牢记使命，强化"四个意识"，坚定"四个自信"，以对党忠诚、为党分忧、为党尽职、为民造福的政治担当，满怀激情地投入新时代中国特色社会主义伟大实践。教育引导广大干部深刻领会新时代、新思想、新矛盾、新目标提出的新要求，以时不我待、只争朝夕、勇立潮头的历史担当，努力改革创新、攻坚克难，不断锐意进取、担当作为。教育引导广大干部不负党和人民重托，以守土有责、守土负责、守土尽责的责任担当，在其位、谋其政、干其事、求其效，努力作出无愧于时代、无愧于人民、无愧于历史的业绩。各级领导干部要切实发挥示范表率作用，带头履职尽责，带头担当作为，带头承担责任，一级带着一级干，一级做给一级看，以担当带动担当，以作为促进作为。

二、鲜明树立重实干重实绩的用人导向。坚持好干部标准，突出信念过硬、政治过硬、责任过硬、能力过硬、作风过硬，大力选拔敢于负责、勇于担当、善于作为、实绩突出的干部。坚持从对党忠诚的高度看待干部是否担当作为，注重从精神状态、作风状况考察政治素质，既看日常工作中的担当，又看大事要事难事中的表现。坚持有为才有位，突出实践实干实效，让那些想干事、能干事、干成事的干部有机会有舞台。坚持全面历史辩证地看待干部，公平公正对待干部，对个性鲜明、坚持原则、敢抓敢管、不怕得罪人的干部，符合条件的要大胆使用。坚持优者上、庸者下、劣者汰，对巡视等工作中发现的贯彻执行党的路线方针政策和决策部署不坚决不全面不到位等问题，组织部门要及时跟进，对不担当不作为的干部，根据具体情节该免职的免职、该调整的调整、该降职的降职，使能上能下成为常态。

三、充分发挥干部考核评价的激励鞭策作用。适应新时代新任务新要求，完善干部考核评价机制，切实解决干与不干、干多干少、干好干坏一个样的问题。突出对党中央决策部署贯彻执行情况的考核，制定出台党政领导干部考核工作条例，改进年度考核，推进平时考核，构建完整的干部考核工作制度体系。体现差异化要求，合理设置干部考核指标，改进考核方式方法，增强考核的科学性、针对性、可操作性，调动和保护好各区域、各战线、各层级干部的积极性。完善政绩考核，引导干部牢固树立正确政绩观，防止不切实际定目标，切实解决表态多调门高、行动少落实差等突出问题，力戒形式主义、官僚主义。强化考核结果分析运用，将其作为干部选拔任用、评先奖优、问责追责的重要依据，使政治坚定、奋发有为的干部得到褒奖和鼓励，使慢作为、不作为、乱作为的干部受到警醒和惩戒。加强考核结果反馈，引导干部发扬成绩、改进不足，更好忠于职守、担当奉献。

四、切实为敢于担当的干部撑腰鼓劲。建立健全容错纠错机制，宽容干部在改革创新中的失误错误，把干部在推进改革中因缺乏经验、先行先试出现的失误错误，同明知故犯的违纪违法行为区分开来；把尚无明确限制的探索性试验中的失误错误，同明令禁止后依然我行我素的违纪违法行为区分开来；把为推动发展的无意过失，同为谋取私利的违纪违法行为区分开来。各级党委（党组）及纪检监察机关、组织部门等相关职能部门，要妥善把握事业为上、实事求是、依纪依法、容纠并举等原则，结合动机态度、客观条件、程序方法、性质程度、后果影响以及挽回损失等情况，对干部的失误错误进行综合分析，对该容的大胆容错，不该容的坚决不容。对给予容错的干部，考核考察要客观评价，选拔任用要公正合理。准确把握政策界限，对违纪违法行为必须严肃查处，防止混淆问题性质、拿容错当"保护伞"，搞纪律"松绑"，确保容错在纪律红线、法律底线内进行。坚持有错必纠、有过必改，对苗头性、倾向性问题早发现早纠正，对失误错误及时采取补救措施，帮助干部汲取教训、改进提高，让他们放下包袱、轻装上阵。严肃查处诬告陷害行为，及时为受到不实反映的干部澄清正名、消除顾虑，引导干部争当改革的促进派、实干家，专心致志为党和人民干事创业、建功立业。

五、着力增强干部适应新时代发展要求的本领能力。按照建设高素质专业化干部队伍要求，强化能力培训和实践锻炼，提高专业思维和专业素养，涵养干部担当作为的底气和勇气。加强专业知识、专业能力培训，促使广大干部全面提高学习本领、政治领导本领、改革创新本领、科学发展本领、依法执政本领、群众工作本领、狠抓落实本领、驾驭风险本领。注重培养专业作风、专业精神，引导广大干部坚持理论联系实际，干一行爱一行、钻一行精一行、管一行像一行。突出精准化和实效性，围绕贯彻落实新发展理念、推动高质量发展和建设现代化经济体系、推进供给侧结构性改革、打好三大攻坚战等一系列重大战略部署，帮助干部弥补知识弱项、能力短板、经验盲区，全面提高适应新时代、实现新目标、落实新部署的能力。优化干部成长路径，注重在基层一线和困难艰苦地区培养锻炼，让干部在实践中砥砺品质、增长才干。

六、满怀热情关心关爱干部。坚持严格管理和关心信任相统一，政治上激励、工作上支持、待遇上保障、心理上关怀，增强干部的荣誉感、归属感、获得感。完善和落实谈心谈话制度，注重围绕深化党和国家机构改革等重大任务做好思想政治工作，及时为干部释疑解惑、加油鼓劲。健全干部待遇激励保障制度体系，完善机关事业单位基本工资标准调整机制，实施地区附加津贴制度，完善公务员奖金制度，推进公务员职务与职级并行制度，健全党和国家功勋荣誉表彰制度，做好平时激励、专项表彰奖励工作，落实体检、休假等制度，关注心理健康，丰富文体生活，保证正常福利，保障合法权益。要给基层干部特别是工作在困难艰苦地区和战斗在脱贫攻坚第一线的干部更多理解和支持，主动排忧解难，在政策、待遇等方面给予倾斜，让他们安心、安身、安业，更好履职奉献。

七、凝聚形成创新创业的强大合力。各级党组织要深刻把握新时代新使命新征程，切实增强政治领导力、思想引领力、群众组织力、社会号召力，大力弘扬中华民族的伟大创造精神、伟大奋斗精神、伟大团结精神、伟大梦想精神，让广大干部聪明才智充分涌流，让各类人才创造活力竞相迸发，形成锐意改革、攻坚克难的良好社会风尚。加强科学统筹，制定和执行政策坚持具体问题具体分析，坚持分类指导、精准施策，充分发挥政策的激励引导和保障支持作用。大兴调查研究之风，尊重基层首创精神，鼓励基层结合实际探索创新，充分调动干事创业的积极性。加强党内政治文化建设，弘扬忠诚老实、公道正派、实事求是、清正廉洁等价值观，引导干部自觉践行"三严三实"，不断增强政治定力、纪律定力、道德定力、抵腐定力，习惯在受监督和约束的环境中工作生活。加强舆论引导，坚持激浊扬清，注重保护干部声誉，维护干部队伍形象。大力宣传改革创新、干事创业的先进典型，激励广大干部见贤思齐、奋发有为，撸起袖子加油干，奋力谱写社会主义现代化新征程的壮丽篇章。

关于进一步弘扬科学家精神
加强作风和学风建设的意见

（中共中央办公厅、国务院办公厅，2019 年 6 月）

为激励和引导广大科技工作者追求真理、勇攀高峰，树立科技界广泛认可、共同遵循的价值理念，加快培育促进科技事业健康发展的强大精神动力，在全社会营造尊重科学、尊重人才的良好氛围，现提出如下意见。

一、总体要求

（一）**指导思想。**以习近平新时代中国特色社会主义思想为指导，全面贯彻党的十九大和十九届二中、三中全会精神，以塑形铸魂科学家精神为抓手，切实加强作风和学风建设，积极营造良好科研生态和舆论氛围，引导广大科技工作者紧密团结在以习近平同志为核心的党中央周围，增强"四个意识"，坚定"四个自信"，做到"两个维护"，在践行社会主义核心价值观中走在前列，争做重大科研成果的创造者、建设科技强国的奉献者、崇高思想品格的践行者、良好社会风尚的引领者，为实现"两个一百年"奋斗目标、实现中华民族伟大复兴的中国梦作出更大贡献。

（二）基本原则。坚持党的领导，提高政治站位，强化政治引领，把党的领导贯穿到科技工作全过程，筑牢科技界共同思想基础。坚持价值引领，把握主基调，唱响主旋律，弘扬家国情怀、担当作风、奉献精神，发挥示范带动作用。坚持改革创新，大胆突破不符合科技创新规律和人才成长规律的制度藩篱，营造良好学术生态，激发全社会创新创造活力。坚持久久为功，汇聚党政部门、群团组织、高校院所、企业和媒体等各方力量，推动作风和学风建设常态化、制度化，为科技工作者潜心科研、拼搏创新提供良好政策保障和舆论环境。

（三）主要目标。力争1年内转变作风改进学风的各项治理措施得到全面实施，3年内取得作风学风实质性改观，科技创新生态不断优化，学术道德建设得到显著加强，新时代科学家精神得到大力弘扬，在全社会形成尊重知识、崇尚创新、尊重人才、热爱科学、献身科学的浓厚氛围，为建设世界科技强国汇聚磅礴力量。

二、自觉践行、大力弘扬新时代科学家精神

（四）大力弘扬胸怀祖国、服务人民的爱国精神。继承和发扬老一代科学家艰苦奋斗、科学报国的优秀品质，弘扬"两弹一星"精神，坚持国家利益和人民利益至上，以支撑服务社会主义现代化强国建设为己任，着力攻克事关国家安全、

经济发展、生态保护、民生改善的基础前沿难题和核心关键技术。

（五）大力弘扬勇攀高峰、敢为人先的创新精神。坚定敢为天下先的自信和勇气，面向世界科技前沿，面向国民经济主战场，面向国家重大战略需求，抢占科技竞争和未来发展制高点。敢于提出新理论、开辟新领域、探寻新路径，不畏挫折、敢于试错，在独创独有上下功夫，在解决受制于人的重大瓶颈问题上强化担当作为。

（六）大力弘扬追求真理、严谨治学的求实精神。把热爱科学、探求真理作为毕生追求，始终保持对科学的好奇心。坚持解放思想、独立思辨、理性质疑，大胆假设、认真求证，不迷信学术权威。坚持立德为先、诚信为本，在践行社会主义核心价值观、引领社会良好风尚中率先垂范。

（七）大力弘扬淡泊名利、潜心研究的奉献精神。静心笃志、心无旁骛、力戒浮躁，甘坐"冷板凳"，肯下"数十年磨一剑"的苦功夫。反对盲目追逐热点，不随意变换研究方向，坚决摒弃拜金主义。从事基础研究，要瞄准世界一流，敢于在世界舞台上与同行对话；从事应用研究，要突出解决实际问题，力争实现关键核心技术自主可控。

（八）大力弘扬集智攻关、团结协作的协同精神。强化跨界融合思维，倡导团队精神，建立协同攻关、跨界协作机制。坚持全球视野，加强国际合作，秉持互利共赢理念，为推动科技进步、构建人类命运共同体贡献中国智慧。

（九）大力弘扬甘为人梯、奖掖后学的育人精神。坚决破除论资排辈的陈旧观念，打破各种利益纽带和裙带关系，善于发现培养青年科技人才，敢于放手、支持其在重大科研任务中"挑大梁"，甘做致力提携后学的"铺路石"和领路人。

三、加强作风和学风建设，营造风清气正的科研环境

（十）崇尚学术民主。鼓励不同学术观点交流碰撞，倡导严肃认真的学术讨论和评论，排除地位影响和利益干扰。开展学术批评要开诚布公，多提建设性意见，反对人身攻击。尊重他人学术话语权，反对门户偏见和"学阀"作风，不得利用行政职务或学术地位压制不同学术观点。鼓励年轻人大胆提出自己的学术观点，积极与学术权威交流对话。

（十一）坚守诚信底线。科研诚信是科技工作者的生命。高等学校、科研机构和企业等要把教育引导和制度约束结合起来，主动发现、严肃查处违背科研诚信要求的行为，并视情节追回责任人所获利益，按程序记入科研诚信严重失信行为数据库，实行"零容忍"，在晋升使用、表彰奖励、参与项目等方面"一票否决"。科研项目承担者要树立"红线"意识，严格履行科研合同义务，严禁违规将科研任务转包、分包他人，严禁随意降低目标任务和约定要求，严禁以项目实施周期外或不相关成果充抵交差。严守科研伦理规范，守住学术道德底线，按照对科研成果的创造性贡献大小据实署名和排序，反对无实质学术贡献者"挂名"，导师、科研项目负责人不得在成果署

名、知识产权归属等方面侵占学生、团队成员的合法权益。对已发布的研究成果中确实存在错误和失误的，责任方要以适当方式予以公开和承认。不参加自己不熟悉领域的咨询评审活动，不在情况不掌握、内容不了解的意见建议上署名签字。压紧压实监督管理责任，有关主管部门和高等学校、科研机构、企业等单位要建立健全科研诚信审核、科研伦理审查等有关制度和信息公开、举报投诉、通报曝光等工作机制。对违反项目申报实施、经费使用、评审评价等规定，违背科研诚信、科研伦理要求的，要敢于揭短亮丑，不迁就、不包庇，严肃查处、公开曝光。

（十二）反对浮夸浮躁、投机取巧。深入科研一线，掌握一手资料，不人为夸大研究基础和学术价值，未经科学验证的现象和观点，不得向公众传播。论文等科研成果发表后1个月内，要将所涉及的实验记录、实验数据等原始数据资料交所在单位统一管理、留存备查。参与国家科技计划（专项、基金等）项目的科研人员要保证有足够时间投入研究工作，承担国家关键领域核心技术攻关任务的团队负责人要全时全职投入攻关任务。科研人员同期主持和主要参与的国家科技计划（专项、基金等）项目（课题）数原则上不得超过2项，高等学校、科研机构领导人员和企业负责人作为项目（课题）负责人同期主持的不得超过1项。每名未退休院士受聘的院士工作站不超过1个、退休院士不超过3个，院士在每个工作站全职工作时间每年不少于3个月。国家人才计划入选者、重大科研项目负责人在聘期内或项目执行期内擅自变更工作单位，造成重大损失、恶劣影响的要按规定承担相应责任。兼职要与本人研究专业相关，杜绝无实质性工作内容的各种兼职和挂名。高等学校、科研机构和企业要加强对本单位科研人员的学术管理，对短期内发表多篇论文、取得多项专利等成果的，要开展实证核验，加强核实核查。科研人员公布突破性科技成果和重大科研进展应当经所在单位同意，推广转化科技成果不得故意夸大技术价值和经济社会效益，不得隐瞒技术风险，要经得起同行评、用户用、市场认。

（十三）反对科研领域"圈子"文化。要以"功成不必在我"的胸襟，打破相互封锁、彼此封闭的门户倾向，防止和反对科研领域的"圈子"文化，破除各种利益纽带和人身依附关系。抵制各种人情评审，在科技项目、奖励、人才计划和院士增选等各种评审活动中不得"打招呼"、"走关系"，不得投感情票、单位票、利益票，一经发现这类行为，立即取消参评、评审等资格。院士等高层次专家要带头打破壁垒，树立跨界融合思维，在科研实践中多做传帮带，善于发现、培养青年科研人员，在引领社会风气上发挥表率作用。要身体力行、言传身教，积极履行社会责任，主动走近大中小学生，传播爱国奉献的价值理念，开展科普活动，引领更多青少年投身科技事业。

四、加快转变政府职能，构建良好科研生态

（十四）深化科技管理体制机制改革。政府部门要抓战

略、抓规划、抓政策、抓服务，树立宏观思维；倡导专业精神，减少对科研活动的微观管理和直接干预，切实把工作重点转到制定政策、创造环境、为科研人员和企业提供优质高效服务上。坚持刀刃向内，深化科研领域政府职能转变和"放管服"改革，建立信任为前提、诚信为底线的科研管理机制，赋予科技领军人才更大的技术路线决策权、经费支配权、资源调动权。优化项目形成和资源配置方式，根据不同科学研究活动的特点建立稳定支持、竞争申报、定向委托等资源配置方式，合理控制项目数量和规模，避免"打包"、"拼盘"、任务发散等问题。建立健全重大科研项目科学决策、民主决策机制，确定重大创新方向要围绕国家战略和重大需求，广泛征求科技界、产业界等意见。对涉及国家安全、重大公共利益或社会公众切身利益的，应充分开展前期论证评估。建立完善分层分级责任担当机制，政府部门要敢于为科研人员的探索失败担当责任。

（十五）正确发挥评价引导作用。改革科技项目申请制度，优化科研项目评审管理机制，让最合适的单位和人员承担科研任务。实行科研机构中长期绩效评价制度，加大对优秀科技工作者和创新团队稳定支持力度，反对盲目追求机构和学科排名。大幅减少评比、评审、评奖，破除唯论文、唯职称、唯学历、唯奖项倾向，不得简单以头衔高低、项目多少、奖励层次等作为前置条件和评价依据，不得以单位名义包装申报项目、奖励、人才"帽子"等。优化整合人才计划，避免相同层次的人才计划对同一人员的重复支持，防止"帽子"满天飞。支持中西部地区稳定人才队伍，发达地区不得片面通过高薪酬高待遇竞价抢挖人才，特别是从中西部地区、东北地区挖人才。

（十六）大力减轻科研人员负担。加快国家科技管理信息系统建设，实现在线申报、信息共享。大力解决表格多、报销繁、牌子乱、"帽子"重复、检查频繁等突出问题。原则上1个年度内对1个项目的现场检查不超过1次。项目管理专业机构要强化合同管理，按照材料只报1次的要求，严格控制报送材料数量、种类、频次，对照合同从实从严开展项目成果考核验收。专业机构和项目专员严禁向评审专家施加倾向性影响，坚决抵制各种形式的"围猎"。高等学校、科研机构和企业等创新主体要切实履行法人主体责任，改进内部科研管理，减少繁文缛节，不层层加码。高等学校、科研机构领导人员和企业负责人在履行勤勉尽责义务、没有牟取非法利益前提下，免除追究其技术创新决策失误责任，对已履行勤勉尽责义务但因技术路线选择失误等导致难以完成预定目标的项目单位和科研人员予以减责或免责。

五、加强宣传，营造尊重人才、尊崇创新的舆论氛围

（十七）大力宣传科学家精神。高度重视"人民科学家"等功勋荣誉表彰奖励获得者的精神宣传，大力表彰科技界的民族英雄和国家脊梁。推动科学家精神进校园、进课堂、进头

脑。系统采集、妥善保存科学家学术成长资料，深入挖掘所蕴含的学术思想、人生积累和精神财富。建设科学家博物馆，探索在国家和地方博物馆中增加反映科技进步的相关展项，依托科技馆、国家重点实验室、重大科技工程纪念馆（遗迹）等设施建设一批科学家精神教育基地。

（十八）创新宣传方式。建立科技界与文艺界定期座谈交流、调研采风机制，引导支持文艺工作者运用影视剧、微视频、小说、诗歌、戏剧、漫画等多种艺术形式，讲好科技工作者科学报国故事。以"时代楷模"、"最美科技工作者"、"大国工匠"等宣传项目为抓手，积极选树、广泛宣传基层一线科技工作者和创新团队典型。支持有条件的高等学校和中学编排创作演出反映科学家精神的文艺作品，创新青少年思想政治教育手段。

（十九）加强宣传阵地建设。主流媒体要在黄金时段和版面设立专栏专题，打造科技精品栏目。加强科技宣传队伍建设，开展系统培训，切实提高相关从业人员的科学素养和业务能力。加强网络和新媒体宣传平台建设，创新宣传方式和手段，增强宣传效果、扩大传播范围。

六、保障措施

（二十）强化组织保障。各级党委和政府要切实加强对科技工作的领导，对科技工作者政治上关怀、工作上支持、生活上关心，把弘扬科学家精神、加强作风和学风建设作为践行社会主义核心价值观的重要工作摆上议事日程。各有关部门要转变职能，创新工作模式和方法，加强沟通、密切配合、齐抓共管，细化政策措施，推动落实落地，切实落实好党中央关于为基层减负的部署。科技类社会团体要制定完善本领域科研活动自律公约和职业道德准则，经常性开展职业道德和学风教育，发挥自律自净作用。各类新闻媒体要提高科学素养，宣传报道科研进展和科技成就要向相关机构和人员进行核实，听取专家意见，杜绝盲目夸大或者恶意贬低，反对"标题党"。对宣传报道不实、造成恶劣影响的，相关媒体、涉事单位及责任人员应及时澄清，有关部门应依规依法处理。

中央宣传部、科技部、中国科协、教育部、中国科学院、中国工程院等要会同有关方面分解工作任务，对落实情况加强跟踪督办和总结评估，确保各项举措落到实处。军队可根据本意见，结合实际建立健全相应工作机制。

关于党政机关停止新建楼堂馆所和清理办公用房的通知

（中共中央办公厅、国务院办公厅，
2013 年 7 月）

近年来，各地区各部门认真贯彻中央要求，在严格控制党政机关楼堂馆所建设方面采取了一些措施，取得了一定成效。但是，近期一些地区和部门又出现了违规修建楼堂馆所的现象，损害党风政风，影响党和政府形象，人民群众反映强烈。党中央、国务院对此高度重视，强调各级党政机关要大力弘扬艰苦奋斗、勤俭节约的优良作风，认真贯彻落实中央八项规定精神，树立过紧日子的思想，全面停止新建楼堂馆所，规范办公用房管理，切实把有限的资金和资源更多用在发展经济、改善民生上。经党中央、国务院同意，现就有关事项通知如下。

一、全面停止新建党政机关楼堂馆所

自本通知印发之日起，5 年内，各级党政机关一律不得以任何形式和理由新建楼堂馆所。

（一）停止新建、扩建楼堂馆所。严禁以任何理由新建楼堂馆所，严禁以危房改造等名义改扩建楼堂馆所，严禁以建技术业务用房名义搭车新建楼堂馆所，严禁改变技术业务用房的用途。

（二）停止迁建、购置楼堂馆所。严禁以城市改造、城市规划等理由在他处重新建设楼堂馆所，严禁以任何理由购置楼堂馆所。

（三）严禁以"学院"、"中心"等名义建设楼堂馆所。严禁接受任何形式的赞助建设和捐赠建设，严禁借企业名义搞任何形式的合作建设、集资建设或专项建设。

（四）已批准但尚未开工建设的楼堂馆所项目，一律停建。

二、严格控制办公用房维修改造项目

办公用房因使用时间较长、设施设备老化、功能不全、存在安全隐患，不能满足办公要求的，可进行维修改造。维修改造项目要以消除安全隐患、恢复和完善使用功能为重点，严格履行审批程序，严格执行维修改造标准，严禁豪华装修。

中央直属机关办公用房维修改造项目，由中直管理局审批。国务院各部门办公用房维修改造项目，由国管局审批。地方各级党政机关办公用房维修改造项目的审批程序，由各省、自治区、直辖市规定。各地区要根据本地区实际制定党政机关办公用房维修改造标准和工程消耗量定额。

　　各级党政机关要严格按照 2007 年印发的《中共中央办公厅、国务院办公厅关于进一步严格控制党政机关办公楼等楼堂馆所建设问题的通知》要求，加强预算和资金使用管理。党政机关办公用房维修改造项目所需投资，统一纳入预算安排财政资金解决，未经审批的项目，不得安排预算。

　　各级党政机关不得以任何理由安排财政资金用于包括培训中心在内的各类具有住宿、会议、餐饮等接待功能的设施或场所的维修改造。

三、全面清理党政机关和
领导干部办公用房

　　各级党政机关要对占有、使用的办公用房进行全面清理，根据不同情况分别作出如下处理：

　　（一）超过《党政机关办公用房建设标准》（原国家计委计投资〔1999〕2250 号）规定的面积标准占有、使用办公用房的，应予以腾退。

　　（二）未经批准改变办公用房使用功能的，原则上应恢复原使用功能。

　　（三）已经出租、出借的办公用房到期应予收回，租赁合同未到期的，租金收入严格按照收支两条线规定管理，到期后不得续租。未经批准租用办公用房的，应予以清理并腾退，严禁以租用过渡性用房名义变相购建使用办公用房。

　　（四）除在立项批复中明确事业单位和行政机关办公用房

一并建设外，所属其他企事业单位一律不得占用行政机关办公用房，已占用的，原则上应予以清理并腾退。

（五）部门和单位在机构变动中转为企业的，所占用的办公用房应予腾退，确实难以腾退的，经批准可租用原办公用房或按规定程序转为企业国有资本金。

（六）各级党政机关领导干部应当严格按照《党政机关办公用房建设标准》的规定配置办公用房。办公用房面积超标准配置的，应予以清理并腾退；领导干部在不同部门同时任职的，应在主要工作部门安排一处办公用房，其他任职部门不再安排办公用房；领导干部工作调动的，由调入部门安排办公用房，原单位的办公用房不再保留；领导干部在人大或政协任职，人大或政协已安排办公用房的，原单位的办公用房不再保留，人大或政协没有安排办公用房的，由原单位根据本人承担工作的实际情况，安排适当的办公用房；领导干部在协会等单位任职的，由协会等单位根据工作需要安排办公用房，原单位的办公用房不再保留；领导干部已办理离退休手续的，原单位的办公用房应及时腾退。

四、严格规范党政机关办公用房管理

各地区要按照有关规定，建立健全办公用房集中统一管理制度，实行统一调配、统一权属登记。要严格按照《党政机关办公用房建设标准》和各部门各单位"三定"规定，从严核定办公用房面积。新建、调整办公用房的部门和单位，要按照"建新交旧"、"调新交旧"原则，在搬入新建或新调整办公用房的同时，及时将原办公用房腾退移交机关事务主管部门。因机构增设、职能调整确需增加办公用房的，应在本部门本单位现有办公用房中解决；本部门本单位现有办公用房不能满足需要的，由机关事务主管部门整合办公用房资源调剂解决；无法调剂、确需租用办公用房的，要严格履行审批手续。各级党政机关要制定本部门本单位办公用房使用管理制度，严格办公用房使用管理。

各级机关事务主管部门要做好办公用房物业管理工作，制定和完善物业服务内容、服务标准和收费标准等制度，并结合机关后勤服务社会化改革，逐步推进办公用房物业服务社会化。

五、切实加强领导，强化监督检查

停止新建党政机关楼堂馆所和清理办公用房，是加强党风廉政建设的重要内容，是密切党群干群关系、维护党和政府形象的客观要求，各级党政机关要高度重视，领导干部要率先垂范。各地区各部门各单位要结合实际，抓紧制定相关制度标准和实施办法，切实加强领导，严格落实责任制，确保本通知精神落到实处。

投资主管部门要进一步完善审批程序，建立健全审批责任制和内部监督机制，对违规审批等行为要严肃处理。财政部门要严格公共财政预算管理，对未按规定履行审批手续的党政机关楼堂馆所建设和维修改造项目一律不得下达财政预算。各部门各单位年终应把楼堂馆所建设和维修改造项目实施情况作为政务公开的重要内容，主动接受社会监督。国土资源管理部门要严格土地供应管理，对未按规定履行审批手续的党政机关楼堂馆所建设和维修改造项目一律不得供地。住房城乡建设部门要加强对党政机关楼堂馆所建设和维修改造项目的监管，并制定相应的标准和工程消耗量定额。机关事务主管部门要完善党政机关办公用房管理制度，定期组织督促检查，并通报检查情况，督促落实办公用房清理工作。审计部门要加强对党政机关楼堂馆所建设和维修改造项目的审计监督。纪检监察机关要坚决纠正和查处党政机关楼堂馆所建设和维修改造项目及办公用房管理使用中的各种违规违纪行为，对有令不行、有禁不止的，依照有关规定严肃追究直接责任人和有关领导人员的责任。

2013 年 9 月 30 日前，各地区要将落实本通知的情况报中央办公厅、国务院办公厅；中央和国家机关各部门落实本通知的情况，按系统分别报中直管理局、国管局，汇总后报中央办公厅、国务院办公厅。中央办公厅、国务院办公厅将视情组织督促检查，并通报检查情况。

本通知所称党政机关，包括党的机关、人大机关、行政机关、政协机关、审判机关、检察机关。各级党政机关派出机构、直属事业单位及工会、共青团、妇联等人民团体适用本通知。国有及国有控股企业参照本通知执行。

本通知所称党政机关楼堂馆所，包括使用财政性资金建设的党政机关办公用房、培训中心，以及以"学院"、"中心"等名义兴建的具有住宿、会议、餐饮等接待功能的设施或场所；领导干部是指省部级以下（含省部级）各级党政领导干部。党政机关使用非财政性资金建设的楼堂馆所，参照本通知执行。

关于制止豪华铺张、
提倡节俭办晚会的通知

（中共中央宣传部、财政部、文化部、审计署、
国家新闻出版广电总局，2013 年 8 月）

近年来，文艺晚会不断创新发展，在丰富人民群众文化生活、宣传社会主义现代化建设成就等方面，发挥了重要作用。同时要看到，文艺晚会包括节庆演出过多过滥，存在一味追求大场面、大舞美、大制作，奢华浪费、竞相攀比等不良现象。特别是财政出资或摊派资金举办的晚会，容易助长不正之风，损害党和政府形象，群众意见很大。为制止豪华铺张、提倡节俭办晚会和节庆演出，现就有关事项通知如下。

一、**充分认识规范文艺晚会的重要意义。**制止豪华铺张、提倡节俭办晚会和节庆演出，是落实中央关于改进工作作风、密切联系群众的八项规定的重要举措，是解决群众反映突出问题的迫切要求。要统一认识、高度重视，把这项工作作为开展党的群众路线教育实践活动、整治"四风"的重要抓手，切实抓好，使文艺晚会进一步规范，奢华之风、铺张浪费现象明显扭转。要坚持少而精的原则，切实在丰富思想内涵、引领价

值追求、增强文化底蕴上下功夫，提倡勤俭节约、反对铺张浪费，提倡简朴大方、反对豪华奢侈，提倡因地制宜、反对大操大办，防止拼明星、比阔气、讲排场。

二、**严格控制党政机关举办文艺晚会**。各地党委政府要树立正确的政绩观、节庆观，带头把制止豪华晚会和节庆演出作为开展群众路线教育实践活动、杜绝铺张浪费的一项重要任务，切实解决好群众反映强烈的问题。不得使用财政资金举办营业性文艺晚会。不得使用财政资金高价请演艺人员，不得使用国有企业资金高价捧"明星"、"大腕"，坚决刹住滥办节会演出、滥请高价"明星"、"大腕"的歪风。原则上不得使用财政资金为公祭、旅游、历史文化、特色物产、行政区划变更、工程奠基或竣工等节庆活动举办文艺晚会。不得与企业联名举办文艺晚会和节庆演出。不得利用行政权力向下级事业单位、企业以及个人摊派所需经费。中央和国家机关及其所属机关、事业单位等原则上不得与地方联合举办文艺晚会和节庆演出。

三、**营造节俭办晚会的良好氛围**。新闻媒体要大力宣传勤俭节约的精神，宣传报道崇尚艺术、不尚奢华、人民群众喜闻乐见的文艺晚会和节庆演出，鼓励演出节目出新出彩，鼓励内容与形式的完美统一。加强舆论监督，对临场罢演、漫天要价、敷衍演出、欺骗观众的歪风邪气予以揭露，对大操大办、奢华浪费的文艺晚会和节庆演出予以曝光，对未按程序报经批准的文艺晚会和节庆演出，各级新闻媒体不得安排播出和宣传报道。要加强电视文艺晚会播出和宣传的管理，对上星综合频道播出电视文艺晚会实行总量调控，避免晚会播出扎堆。

四、加强对文艺晚会的监督检查。各地各部门要从建设社会主义先进文化的高度，坚持社会效益与经济效益相统一的原则，把好文艺晚会和节庆演出的立项关、内容关、监管关，切实担负起管理责任。要加强资金管理，制定规范的文艺晚会和节庆演出支出标准，严格晚会经费预算，压缩不必要的开支。不得借举办晚会之机发放礼品、贵重纪念品，防止利用晚会为单位和个人谋取私利。要加大财务监督力度，严格落实审计制度，依法对文艺晚会和节庆演出进行审计。对违反本通知规定、耗资巨大、奢华浪费的，要严肃查处。

党政机关厉行节约反对浪费条例

（中共中央、国务院，2013 年 11 月）

第一章　总　　则

第一条　为了进一步弘扬艰苦奋斗、勤俭节约的优良作风，推进党政机关厉行节约反对浪费，建设节约型机关，根据国家有关法律法规和中央有关规定，制定本条例。

第二条　本条例适用于党的机关、人大机关、行政机关、政协机关、审判机关、检察机关，以及工会、共青团、妇联等人民团体和参照公务员法管理的事业单位。

第三条　本条例所称浪费，是指党政机关及其工作人员违反规定进行不必要的公务活动，或者在履行公务中超出规定范围、标准和要求，不当使用公共资金、资产和资源，给国家和社会造成损失的行为。

第四条　党政机关厉行节约反对浪费，应当遵循下列原则：坚持从严从简，勤俭办一切事业，降低公务活动成本；坚持依法依规，遵守国家法律法规和党内法规制度的相关规定，严格按程序办事；坚持总量控制，科学设定相关标准，严格控制经费支出总额，加强厉行节约绩效考评；坚持实事求是，从实际出发安排公务活动，取消不必要的公务活动，保证正常公务活动；坚持公开透明，除涉及国家秘密事项外，公务活动中的资金、资产、资源使用等情况应予公开，接受各方面监督；坚持深化改革，通过改革创新破解体制机制障碍，建立健全厉行节约反对浪费工作长效机制。

第五条　中共中央办公厅、国务院办公厅负责统筹协调、指导检查全国党政机关厉行节约反对浪费工作，建立协调联络机制承办具体事务。地方各级党委办公厅（室）、政府办公厅（室）负责指导检查本地区党政机关厉行节约反对浪费工作。

纪检监察机关和组织人事、宣传、外事、发展改革、财政、审计、机关事务管理等部门根据职责分工，依法依规履行对厉行节约反对浪费相关工作的管理、监督等职责。

第六条　各级党委和政府应当加强对厉行节约反对浪费工作的组织领导。党政机关领导班子主要负责人对本地区、本部门、本单位的厉行节约反对浪费工作负总责，其他成员根据工作分工，对职责范围内的厉行节约反对浪费工作负主要领导责任。

第二章　经费管理

第七条　党政机关应当加强预算编制管理，按照综合预算的要求，将各项收入和支出全部纳入部门预算。

党政机关依法取得的罚没收入、行政事业性收费、政府性基金、国有资产收益和处置等非税收入，必须按规定及时足额上缴国库，严禁以任何形式隐瞒、截留、挤占、挪用、坐支或者私分，严禁转移到机关所属工会、培训中心、服务中心等单位账户使用。

第八条 党政机关应当遵循先有预算、后有支出的原则，严格执行预算，严禁超预算或者无预算安排支出，严禁虚列支出、转移或者套取预算资金。

严格控制国内差旅费、因公临时出国（境）费、公务接待费、公务用车购置及运行费、会议费、培训费等支出。年度预算执行中不予追加，因特殊需要确需追加的，由财政部门审核后按程序报批。

建立预算执行全过程动态监控机制，完善预算执行管理办法，建立健全预算绩效管理体系，增强预算执行的严肃性，提高预算执行的准确率，防止年底突击花钱等现象发生。

第九条 推进政府会计改革，进一步健全会计制度，准确核算机关运行经费，全面反映行政成本。

第十条 财政部门应当会同有关部门，根据国内差旅、因公临时出国（境）、公务接待、会议、培训等工作特点，综合考虑经济发展水平、有关货物和服务的市场价格水平，制定分地区的公务活动经费开支范围和开支标准。

加强相关开支标准之间的衔接，建立开支标准调整机制，定期根据有关货物和服务的市场价格变动情况调整相关开支标准，增强开支标准的协调性、规范性、科学性。

严格开支范围和标准，严格支出报销审核，不得报销任何超范围、超标准以及与相关公务活动无关的费用。

第十一条 全面实行公务卡制度。健全公务卡强制结算目录，党政机关国内发生的公务差旅费、公务接待费、公务用车购置及运行费、会议费、培训费等经费支出，除按规定实行财政直接支付或者银行转账外，应当使用公务卡结算。

第十二条 党政机关采购货物、工程和服务，应当遵循公开透明、公平竞争、诚实信用原则。

政府采购应当依法完整编制采购预算，严格执行经费预算和资产配置标准，合理确定采购需求，不得超标准采购，不得超出办公需要采购服务。

严格执行政府采购程序，不得违反规定以任何方式和理由指定或者变相指定品牌、型号、产地。采购公开招标数额标准以上的货物、工程和服务，应当进行公开招标，确需改变采购方式的，应当严格执行有关公示和审批程序。列入政府集中采购目录范围的，应当委托集中采购机构代理采购，并逐步实行批量集中采购。严格控制协议供货采购的数量和规模，不得以协议供货拆分项目的方式规避公开招标。

党政机关应当按照政府采购合同规定的采购需求组织验收。政府采购监督管理部门应当逐步建立政府采购结果评价制度，对政府采购的资金节约、政策效能、透明程度以及专业化水平进行综合、客观评价。

加快政府采购管理交易平台建设，推进电子化政府采购。

第三章 国内差旅和因公
临时出国（境）

第十三条 党政机关应当建立健全并严格执行国内差旅内部审批制度，从严控制国内差旅人数和天数，严禁无明确公务目的的差旅活动，严禁以公务差旅为名变相旅游，严禁异地部门间无实质内容的学习交流和考察调研。

第十四条 国内差旅人员应当严格按规定乘坐交通工具、住宿、就餐，费用由所在单位承担。

差旅人员住宿、就餐由接待单位协助安排的，必须按标准交纳住宿费、餐费。差旅人员不得向接待单位提出正常公务活动以外的要求，不得接受礼金、礼品和土特产品等。

第十五条 统筹安排年度因公临时出国计划，严格控制团组数量和规模，不得安排照顾性、无实质内容的一般性出访，不得安排考察性出访，严禁集中安排赴热门国家和地区出访，严禁以各种名义变相公款出国旅游。严格执行因公临时出国限量管理规定，不得把出国作为个人待遇、安排轮流出国。严格控制跨地区、跨部门团组。

组织、外专等有关部门应当加强出国培训总体规划和监督管理，严格控制出国培训规模，科学设置培训项目，择优选派培训对象，提高出国培训的质量和实效。

第十六条 外事管理部门应当加强因公临时出国审核审批管理，对违反规定、不适合成行的团组予以调整或者取消。

加强因公临时出国经费预算总额控制，严格执行经费先行审核制度。无出国经费预算安排的不予批准，确有特殊需要的，按规定程序报批。严禁违反规定使用出国经费预算以外资金作为出国经费，严禁向所属单位、企业、我国驻外机构等摊派或者转嫁出国费用。

第十七条 出国团组应当按规定标准安排交通工具和食宿，不得违反规定乘坐民航包机，不得乘坐私人、企业和外国航空公司包机，不得安排超标准住房和用车，不得擅自增加出访国家或者地区，不得擅自绕道旅行，不得擅自延长在国外停留时间。

出国期间，不得与我国驻外机构和其他中资机构、企业之间用公款互赠礼品或者纪念品，不得用公款相互宴请。

第十八条 严格根据工作需要编制出境计划，加强因公出境审批和管理，不得安排出境考察，不得组织无实质内容的调研、会议、培训等活动。

严格遵守因公出境经费预算、支出、使用、核算等财务制度，不得接受超标准接待和高消费娱乐，不得接受礼金、贵重礼品、有价证券、支付凭证等。

第四章　公务接待

第十九条 建立健全国内公务接待集中管理制度。党政机关公务接待管理部门应当加强对国内公务接待工作的管理和指导。

第二十条　党政机关应当建立公务接待审批控制制度，对无公函的公务活动不予接待，严禁将非公务活动纳入接待范围。

第二十一条　党政机关应当严格执行国内公务接待标准，实行接待费支出总额控制制度。

接待单位应当严格按标准安排接待对象的住宿用房，协助安排用餐的按标准收取餐费，不得在接待费中列支应当由接待对象承担的费用，不得以举办会议、培训等名义列支、转移、隐匿接待费开支。

建立国内公务接待清单制度，如实反映接待对象、公务活动、接待费用等情况。接待清单作为财务报销的凭证之一并接受审计。

第二十二条　外宾接待工作应当遵循服务外交、友好对等、务实节俭的原则。外宾邀请单位应当严格按照有关规定安排接待活动，从严从紧控制外宾团组和接待费用。

第二十三条　有关部门和地方应当参照国内公务接待标准，制定招商引资等活动的接待办法，严格审批，强化管理，严禁超规格、超标准接待，严禁扩大接待范围、增加接待项目，严禁以招商引资等名义变相安排公务接待。

第二十四条　党政机关不得以任何名义新建、改建、扩建所属宾馆、招待所等具有接待功能的设施或者场所。

建立接待资源共享机制，推进机关所属接待、培训场所的集中统一管理和利用。健全服务经营机制，推行机关所属接待、培训场所企业化管理，降低服务经营成本。

积极推进国内公务接待服务社会化改革，有效利用社会资源为国内公务接待提供住宿、餐饮、用车等服务。

第五章　公务用车

第二十五条　坚持社会化、市场化方向，改革公务用车制度，合理有效配置公务用车资源，创新公务交通分类提供方式，保障公务出行，降低行政成本，建立符合国情的新型公务用车制度。

改革公务用车实物配给方式，取消一般公务用车，保留必要的执法执勤、机要通信、应急和特种专业技术用车及按规定配备的其他车辆。普通公务出行由公务人员自主选择，实行社会化提供。取消的一般公务用车，采取公开招标、拍卖等方式公开处置。

适度发放公务交通补贴，不得以车改补贴的名义变相发放福利。

第二十六条　党政机关应当从严配备实行定向化保障的公务用车，不得以特殊用途等理由变相超编制、超标准配备公务用车，不得以任何方式换用、借用、占用下属单位或者其他单位和个人的车辆，不得接受企事业单位和个人赠送的车辆。

严格按规定配备专车，不得擅自扩大专车配备范围或者变相配备专车。

从严控制执法执勤用车的配备范围、编制和标准。执法执勤用车配备应当严格限制在一线执法执勤岗位，机关内部管理和后勤岗位以及机关所属事业单位一律不得配备。

第二十七条　公务用车实行政府集中采购，应当选用国产汽车，优先选用新能源汽车。

公务用车严格按照规定年限更新，已到更新年限尚能继续使用的应当继续使用，不得因领导干部职务晋升、调任等原因提前更新。

公务用车保险、维修、加油等实行政府采购，降低运行成本。

第二十八条　除涉及国家安全、侦查办案等有保密要求的特殊工作用车外，执法执勤用车应当喷涂明显的统一标识。

第二十九条　根据公务活动需要，严格按规定使用公务用车，严禁以任何理由挪用或者固定给个人使用执法执勤、机要通信等公务用车，领导干部亲属和身边工作人员不得因私使用配备给领导干部的公务用车。

第六章　会议活动

第三十条　党政机关应当精简会议，严格执行会议费开支范围和标准。

党政机关会议实行分类管理、分级审批。财政部门应当会同机关事务管理等部门制定本级党政机关会议费管理办法，从严控制会议数量、会期和参会人员规模。完善并严格执行严禁党政机关到风景名胜区开会制度规定。

第三十一条　会议召开场所实行政府采购定点管理。会议住宿用房以标准间为主，用餐安排自助餐或者工作餐。

会议期间，不得安排宴请，不得组织旅游以及与会议无关的参观活动，不得以任何名义发放纪念品。

完善会议费报销制度。未经批准以及超范围、超标准开支的会议费用，一律不予报销。严禁违规使用会议费购置办公设备，严禁列支公务接待费等与会议无关的任何费用，严禁套取会议资金。

第三十二条 建立健全培训审批制度，严格控制培训数量、时间、规模，严禁以培训名义召开会议。

严格执行分类培训经费开支标准，严格控制培训经费支出范围，严禁在培训经费中列支公务接待费、会议费等与培训无关的任何费用。严禁以培训名义进行公款宴请、公款旅游活动。

第三十三条 未经批准，党政机关不得以公祭、历史文化、特色物产、单位成立、行政区划变更、工程奠基或者竣工等名义举办或者委托、指派其他单位举办各类节会、庆典活动，不得举办论坛、博览会、展会活动。严禁使用财政性资金举办营业性文艺晚会。从严控制举办大型综合性运动会和各类赛会。

经批准的节会、庆典、论坛、博览会、展会、运动会、赛会等活动，应当严格控制规模和经费支出，不得向下属单位摊派费用，不得借举办活动发放各类纪念品，不得超出规定标准支付费用邀请名人、明星参与活动。为举办活动专门配备的设备在活动结束后应当及时收回。

第三十四条　严格控制和规范各类评比达标表彰活动，实行中央和省（自治区、直辖市）两级审批制度。评比达标表彰项目费用由举办单位承担，不得以任何方式向相关单位和个人收取费用。

第七章　办公用房

第三十五条　党政机关办公用房建设应当从严控制。凡是违反规定的拟建办公用房项目，必须坚决终止；凡是未按照规定程序履行审批手续、擅自开工建设的办公用房项目，必须停建并予以没收；凡是超规模、超标准、超投资概算建设的办公用房项目，应当根据具体情况限期腾退超标准面积或者全部没收、拍卖。

党政机关办公用房应当严格管理，推进办公用房资源的公平配置和集约使用。凡是超过规定面积标准占有、使用办公用房以及未经批准租用办公用房的，必须腾退；凡是未经批准改变办公用房使用功能的，原则上应当恢复原使用功能。严禁出租出借办公用房，已经出租出借的，到期必须收回；租赁合同未到期的，租金收入应当按照收支两条线管理。

第三十六条　党政机关新建、改建、扩建、购置、置换、维修改造、租赁办公用房，必须严格按规定履行审批程序。采取置换方式配给办公用房的，应当执行新建办公用房各项标准，不得以未使用政府预算建设资金、资产整合等名义规避审批。

第三十七条 党政机关办公用房建设项目应当按照朴素、实用、安全、节能原则，严格执行办公用房建设标准、单位综合造价标准和公共建筑节能设计标准，符合土地利用和城市规划要求。党政机关办公楼不得追求成为城市地标建筑，严禁配套建设大型广场、公园等设施。

第三十八条 党政机关办公用房建设项目投资，统一由政府预算建设资金安排。土地收益和资产转让收益应当按照有关规定实行收支两条线管理，不得直接用于办公用房建设。

党政机关办公用房维修改造项目所需投资，统一列入预算由财政资金安排解决，未经审批的项目不得安排预算。

第三十九条 办公用房建设应当严格执行工程招投标和政府采购有关规定，加强对工程项目的全过程监理和审计监督。加快推行办公用房建设项目代建制。

办公用房因使用时间较长、设施设备老化、功能不全，不能满足办公需求的，可以进行维修改造。维修改造项目应当以消除安全隐患、恢复和完善使用功能、降低能源资源消耗为重点，严格履行审批程序，严格执行维修改造标准。

第四十条 建立健全办公用房集中统一管理制度，对办公用房实行统一调配、统一权属登记。

党政机关应当严格按照有关标准和本单位"三定"方案，从严核定、使用办公用房。超标部分应当移交同级机关事务管理部门用于统一调剂。

新建、调整办公用房的单位，应当按照"建新交旧"、"调新交旧"的原则，在搬入新建或者新调整办公用房的同时，将原办公用房腾退移交机关事务管理部门统一调剂使用。

因机构增设、职能调整确需增加办公用房的，应当在本单位现有办公用房中解决；本单位现有办公用房不能满足需要的，由机关事务管理部门整合办公用房资源调剂解决；无法调剂、确需租用解决的，应当严格履行报批手续，不得以变相补偿方式租用由企业等单位提供的办公用房。

第四十一条 党政机关领导干部应当按照标准配置使用一处办公用房，确因工作需要另行配置办公用房的，应当严格履行审批程序。领导干部不得长期租用宾馆、酒店房间作为办公用房。配置使用的办公用房，在退休或者调离时应当及时腾退并由原单位收回。

第八章 资源节约

第四十二条 党政机关应当节约集约利用资源，加强全过程节约管理，提高能源、水、粮食、办公家具、办公设备、办公用品等的利用效率和效益，统筹利用土地，杜绝浪费行为。

第四十三条 对能源、水的使用实行分类定额和目标责任管理。推广应用节能技术产品，淘汰高耗能设施设备，重点推广应用新能源和可再生能源。积极使用节水型器具，建设节水型单位。

健全节能产品政府采购政策，严格执行节能产品政府强制采购和优先采购制度。

第四十四条 优化办公家具、办公设备等资产的配置和使用，通过调剂方式盘活存量资产，节约购置资金。已到更新年限尚能继续使用的，不得报废处置。

对产生的非涉密废纸、废弃电器电子产品等废旧物品进行集中回收处理，促进循环利用；涉及国家秘密的，按照有关保密规定进行销毁。

第四十五条 党政机关政务信息系统建设应当统筹规划，统一组织实施，防止重复建设和频繁升级。

建立共享共用机制，加强资源整合，推动重要政务信息系统互联互通、信息共享和业务协同，降低软件开发、系统维护和升级等方面费用，防止资源浪费。

积极利用信息化手段，推行无纸化办公，减少一次性办公用品消耗。

第九章 宣传教育

第四十六条 宣传部门应当把厉行节约反对浪费作为重要宣传内容，充分发挥各级各类媒体作用，重视运用互联网等新兴媒体，通过新闻报道、文化作品、公益广告等形式，广泛宣传中华民族勤俭节约的优秀品德，宣传阐释相关制度规定，宣传推广厉行节约的经验做法和先进典型，倡导绿色低碳消费理念和健康文明生活方式。

第四十七条 党政机关应当把加强厉行节约反对浪费教育作为作风建设的重要内容，融入干部队伍建设和机关日常管理之中，建立健全常态化工作机制。对各种铺张浪费现象和行为，应当严肃批评、督促改正。

纪检监察机关应当不定期曝光铺张浪费的典型案例，发挥警示教育作用。

组织人事部门和党校、行政学院、干部学院应当把厉行节约反对浪费作为干部教育培训的重要内容，创新教育方法，切实增强教育培训的针对性和实效性。

第四十八条 党政机关应当围绕建设节约型机关，组织开展形式多样、便于参与的活动，引导干部职工增强节约意识、珍惜物力财力，积极培育和形成崇尚节约、厉行节约、反对浪费的机关文化，为在全社会形成节俭之风发挥示范表率作用。

第十章 监督检查

第四十九条 各级党委和政府应当建立厉行节约反对浪费监督检查机制，明确监督检查的主体、职责、内容、方法、程序等，加强经常性督促检查，针对突出问题开展重点检查、暗访等专项活动。

下级党委和政府应当每年向上级党委和政府报告本地区厉行节约反对浪费工作情况，党委和政府所属部门、单位应当每年向本级党委和政府报告本部门、本单位厉行节约反对浪费工作情况。报告可结合领导班子年度考核和工作报告一并进行。

第五十条 领导干部厉行节约反对浪费工作情况，应当列为领导班子民主生活会和领导干部述职述廉的重要内容并接受评议。

第五十一条 党委办公厅（室）、政府办公厅（室）负责统筹协调相关部门开展对厉行节约反对浪费工作的督促检查。每年至少组织开展一次专项督查，并将督查情况在适当范围内通报。专项督查可以与党风廉政建设责任制检查考核、年终党建工作考核等相结合，督查考核结果应当按照干部管理权限送纪检监察机关和组织人事部门，作为干部管理监督、选拔任用的依据。

第五十二条 纪检监察机关应当加强对厉行节约反对浪费工作的监督检查，受理群众举报和有关部门移送的案件线索，及时查处违纪违法问题。

中央和省、自治区、直辖市党委巡视组应当按照有关规定，加强对有关党组织领导班子及其成员厉行节约反对浪费工作情况的巡视监督。

第五十三条 财政部门应当加强对党政机关预算编制、执行等财政、财务、政府采购和会计事项的监督检查，依法处理发现的违规问题，并及时向本级党委和政府汇报监督检查结果。

审计部门应当加大对党政机关公务支出和公款消费的审计力度，依法处理、督促整改违规问题，并将涉嫌违纪违法问题移送有关部门查处。

第五十四条 党政机关应当建立健全厉行节约反对浪费信息公开制度。除依照法律法规和有关要求须保密的内容和事项外，下列内容应当按照及时、方便、多样的原则，以适当方式进行公开：

（一）预算和决算信息；

（二）政府采购文件、采购预算、中标成交结果、采购合同等情况；

（三）国内公务接待的批次、人数、经费总额等情况；

（四）会议的名称、主要内容、支出金额等情况；

（五）培训的项目、内容、人数、经费等情况；

（六）节会、庆典、论坛、博览会、展会、运动会、赛会等活动举办信息；

（七）办公用房建设、维修改造、使用、运行费用支出等情况；

（八）公务支出和公款消费的审计结果；

（九）其他需要公开的内容。

第五十五条 推动和支持人民代表大会及其常务委员会依法严格审查批准党政机关公务支出预算，加强对预算执行情况的监督。发挥人大代表的监督作用，通过提出意见、建议、批评以及询问、质询等方式加强对党政机关厉行节约反对浪费工作的监督。

支持人民政协对党政机关厉行节约反对浪费工作的监督，自觉接受并积极支持政协委员通过调研、视察、提案等方式加强对党政机关厉行节约反对浪费工作的监督。

第五十六条 重视各级各类媒体在厉行节约反对浪费方面的舆论监督作用。建立舆情反馈机制，及时调查处理媒体曝光的违规违纪违法问题。

发挥群众对党政机关及其工作人员铺张浪费行为的监督作

用，认真调查处理群众反映的问题。

第十一章　责任追究

第五十七条　建立党政机关厉行节约反对浪费工作责任追究制度。

对违反本条例规定造成浪费的，应当依纪依法追究相关人员的责任，对负有领导责任的主要负责人或者有关领导干部实行问责。

第五十八条　有下列情形之一的，追究相关人员的责任：

（一）未经审批列支财政性资金的；

（二）采取弄虚作假等手段违规取得审批的；

（三）违反审批要求擅自变通执行的；

（四）违反管理规定超标准或者以虚假事项开支的；

（五）利用职务便利假公济私的；

（六）有其他违反审批、管理、监督规定行为的。

第五十九条　有下列情形之一的，追究主要负责人或者有关领导干部的责任：

（一）本地区、本部门、本单位铺张浪费、奢侈奢华问题严重，对发现的问题查处不力，干部群众反映强烈的；

（二）指使、纵容下属单位或者人员违反本条例规定造成浪费的；

（三）不履行内部审批、管理、监督职责造成浪费的；

（四）不按规定及时公开本地区、本部门、本单位有关厉行节约反对浪费工作信息的；

（五）其他对铺张浪费问题负有领导责任的。

第六十条　违反本条例规定造成浪费的，根据情节轻重，由有关部门依照职责权限给予批评教育、责令作出检查、诫勉谈话、通报批评或者调离岗位、责令辞职、免职、降职等处理。

应当追究党纪政纪责任的，依照《中国共产党纪律处分条例》、《行政机关公务员处分条例》等有关规定给予相应的党纪政纪处分。

涉嫌违法犯罪的，依法追究法律责任。

第六十一条　违反本条例规定获得的经济利益，应当予以收缴或者纠正。

违反本条例规定，用公款支付、报销应由个人支付的费用，应当责令退赔。

第六十二条　受到责任追究的人员对处理决定不服的，可以按照相关规定向有关机关提出申诉。受理申诉机关应当依据有关规定认真受理并作出结论。

申诉期间，不停止处理决定的执行。

第十二章　附　　则

第六十三条　各省、自治区、直辖市党委和政府，中央和国家机关各部委，可以根据本条例，结合实际制定实施细则。有关职能部门应当根据各自职责，制定完善相关配套制度。

国有企业、国有金融企业、不参照公务员法管理的事业单位，参照本条例执行。

中国人民解放军和中国人民武装警察部队按照军队有关规定执行。

第六十四条　本条例由中共中央办公厅、国务院办公厅会同有关部门负责解释。

第六十五条　本条例自发布之日起施行。1997 年 5 月 25 日发布的《中共中央、国务院关于党政机关厉行节约制止奢侈浪费行为的若干规定》同时废止。其他有关党政机关厉行节约反对浪费的规定，凡与本条例不一致的，按照本条例执行。

关于严格规范党报党刊发行工作
严禁报刊违规发行的通知

（中共中央宣传部、国家新闻出版
广电总局，2013 年 11 月）

根据《中共中央办公厅关于做好 2014 年度〈人民日报〉、〈求是〉杂志发行工作的通知》（厅字〔2013〕14 号）（以下简称《通知》）要求，目前各地正在组织开展 2014 年度党报党刊发行工作，总体情况平稳有序。同时也要看到，一些非党报党刊搭车发行，一些地方利用行政手段强行摊派或变换手法隐形摊派，严重扰乱报刊发行秩序，严重损害新闻媒体声誉，增加基层负担，干部群众对此反映强烈。结合当前正在深入开展的党的群众路线教育实践活动，为进一步规范党报党刊发行工作，加大违规报刊发行治理力度，现就有关事项通知如下。

一、严格规范党报党刊发行。各地区各部门要充分认识做好党报党刊发行工作的重要意义，认真落实中央办公厅《通知》要求，严格执行党报党刊订阅范围、订阅经费有关规定，实事求是地确定本地区本部门订阅党报党刊的数量，认真组织好《人民日报》、《求是》杂志等中央重点党报党刊的发行工

414

作。党报党刊要顺应新兴媒体和新型传播方式蓬勃发展、读者的阅读需求日益多元的新形势，改进创新发行模式，积极探索通过新兴传播渠道扩大覆盖面、影响力的方式方法。

二、严禁以党报党刊名义搭车发行或利用行政权力摊派发行其他报刊。由各级党组织负责征订的重点党报党刊是指《人民日报》、《求是》杂志、中央办公厅《通知》中明确规定参照执行的报纸、地方党委机关报刊。其他各类报刊包括党报党刊所属子报子刊均不得列入党报党刊征订范围。各地区各部门不得以党报党刊名义搭车发行或利用行政权力摊派发行其他报刊；不得扩大发行范围，超越公费订阅范围和限额；不得采取电话通知、下发报刊订阅"建议表"、扣发工资等手段强制摊派、变相摊派；不得利用登记、年检、办证、办照、缴费、评比等职权强行要求服务和管理对象订阅；不得将乡镇、村级组织等基层单位订阅报刊情况与工作考核、评优达标挂钩，坚决制止层层加码、突破征订范围和公费限额，增加基层和群众负担。

三、严禁通过不正当手段发行报刊。任何报刊不得采取提成回扣、赠钱赠物、出国考察、公费旅游等办法进行推销；不得搞有偿新闻或所谓"形象版"扩大发行；不得以舆论监督相要挟征订；不得打着领导机关、领导干部旗号摊派发行；限定发行范围的报刊不得超范围发行。

四、严禁内部资料性出版物违规发行。各地区各部门编发的各种内部资料性出版物严格限定在本单位、本系统、本行业内部交流，不得收取任何费用，不得从事经营性活动，不得公开或变相搞征订发行，凡有违规收费、登载广告、公开发行等行为的，一律取缔准印证。

五、严禁报刊出版单位违规经营。各报刊出版单位要完善报刊发行规章制度，形成规范有序的报刊发行工作机制。要严格实行编辑业务与经营活动相分离，采编人员和发行人员两分开，严禁给采编人员下达报刊发行任务，严禁报刊记者站从事报刊发行活动。

六、加大违法违规发行整治工作。各报刊主管主办单位要认真履行管理职责，规范所属报刊发行工作，发现问题及时制止、严肃处理。各地党委宣传部门、新闻出版部门要对党报党刊发行工作加强指导检查，强化监督管理。要主动会同纪检、监察、财政、工商、税务、审计等部门，对报刊发行工作开展督查，对违反规定、影响恶劣的，要坚决查处、绝不姑息，依法依规予以停刊整顿、撤销刊号等处罚。对违反规定的报刊主要负责人和有关当事人要严肃追究责任，构成犯罪的，移交司法部门处置。各地区各部门要对管理范围内的报刊发行情况进行检查，对违规行为要坚决予以制止，并退回征订费用。

七、加强舆论监督和社会监督。要广泛宣传严厉禁止报刊摊派发行有关规定，充分发挥舆论监督作用，对查处的违法违规发行典型案例公开曝光。要充分发挥社会监督作用，建立违规发行举报制度，各地新闻出版部门要设立举报电话并在媒体上公布，鼓励单位和个人举报投诉违规违法发行报刊，受理的举报投诉原则上不转交被举报单位自行调查处理。

关于厉行节约反对食品浪费的意见

（中共中央办公厅、国务院办公厅，
2014 年 3 月）

人口众多、土地资源相对不足是我国基本国情，我国粮食供求长期处于紧平衡状态。但受讲排场、比阔气、爱面子等不良风气影响，加之相关监管制度不健全，目前我国食品浪费现象广泛存在，人民群众对此反映强烈。厉行节约反对食品浪费，既是保障国家粮食安全的迫切需要，也是弘扬中华民族勤俭节约传统美德、加快推进资源节约型环境友好型社会建设的重要举措。为贯彻落实《党政机关厉行节约反对浪费条例》，深入推进反对食品浪费工作，现提出如下意见。

一、杜绝公务活动用餐浪费

各级党政机关、国有企事业单位要严格按照《党政机关厉行节约反对浪费条例》和《党政机关国内公务接待管理规定》有关要求，切实加强国内公务接待、会议、培训等公务活动用餐管理，以公务用餐文明引领社会消费文明。公务活动

417

用餐要按照快捷、健康、节约的要求，积极推行简餐和标准化饮食，主要提供家常菜和不同地域通用的食品，科学合理安排饭菜数量，原则上实行自助餐。严禁党政机关向企事业单位转嫁公务活动用餐费用，严禁以会议、培训等名义组织宴请或大吃大喝。公务活动用餐费支付应严格执行国库集中支付制度和公务卡管理有关规定。严禁设立"小金库"，党政机关、国有企事业单位公务活动用餐预算严格按照有关规定和标准执行，各地区各部门和国有企事业单位在公开"三公"经费支出时要列出公务活动用餐费支出。各地区要制定本地区公务活动用餐开支标准并定期进行调整，明确公务接待工作餐费报销规范。国有企业和国有金融企业要按照有关标准和要求，将业务招待项目作为企业负责人职务消费重要事项强化管理。

二、推进单位食堂节俭用餐

单位食堂应按照健康、从简原则提供饮食，合理搭配菜品，注重膳食平衡。条件具备的地方实行自助点餐计量收费，多供应小份食品，方便用餐人员适量选取。在明显位置张贴宣传标语或宣传画、摆放提示牌，提醒适量取餐。建立食堂用餐人员登记制度，实施动态管理，做到按用餐人数采购、做餐、配餐。安排专人负责食堂巡视检查，对浪费行为给予批评教育。机关事务管理部门要会同有关部门研究建立党政机关食堂反对食品浪费工作成效评估和通报制度。教育、卫生计生、国资、银监、证监、保监等部门要指导推动学校、医院、国有企业、国有金融企业等加快建立健全食堂节约用餐制度。各地区要对党政机关、国有企事业单位食堂反对食品浪费工作成效进行评估，对存在严重浪费行为的单位进行通报。

三、推行科学文明的餐饮消费模式

鼓励餐饮企业积极发展大众餐饮，提供标准化菜品，方便消费者自主调味，推行商务餐分餐制，发展可选择套餐，多提供小份菜。倡导一料多菜、一菜多味，物尽其用，避免浪费食材。餐饮企业要积极引导消费者节约用餐，在显著位置张贴或摆放节约食物、杜绝浪费的宣传画或提示牌，菜单上应准确标注菜量，按营养均衡的要求配置不同规格盛具，餐前引导适量点餐，餐后主动帮助打包，不得设置最低消费额，对节约用餐的消费者给予表扬和奖励。鼓励家庭按实际需要采购食品，倡导婚丧嫁娶等红白喜事从简用餐。商务部门要制定餐饮业服务规范，加快建立健全餐饮业标准体系，会同财政等部门研究建立餐饮企业反对食品浪费工作奖惩制度。卫生计生部门要指导餐饮企业提供符合膳食平衡要求的食品。工商部门要指导各级消费者协会加强消费教育，引导消费者形成文明节俭消费理念。食品药品监管部门要结合餐饮服务食品安全量化分级管理工作，推动餐饮企业加大反对食品浪费工作力度。旅游部门要强化旅游星级饭店质量等级评定标准中反对食品浪费的要求，并加强对标准实施的监督检查。各有关行业协会要制定行规行约，引导餐饮企业转变经营理念，厉行节约，反对浪费。

四、减少各环节粮食损失浪费

加强粮食生产、收购、储存、运输、加工、消费等环节管理，有效减少损失浪费。粮食部门要全面实施粮食收储供应安全保障工程，扩大农户科学储粮专项实施范围，抓紧组织修复危仓老库；切实解决粮油过度加工问题，提高成品粮出品率和副产物综合利用率；在粮食流通各环节推广节粮减损新设施、新技术，开展粮食收购、储存、运输、加工、消费等环节损失浪费情况调查，出台节粮减损具体措施。交通运输部门要加强粮食运输管理，运输企业不得承运包装不达标的粮食。发展改革、财政部门要继续支持粮食收储运设施的建设改造，会同工业和信息化部门不断改善加工条件，积极推广使用食品加工新技术、新工艺、新装备。质检部门要会同有关部门抓紧修改制定粮油加工、转化和食品包装等标准和技术规范，合理设定保质期限，鼓励企业对预包装食品按照消费者不同需求采用不同大小的包装规格。科技部门要组织开展食品包装新技术研发，提高食品保质技术水平。商务部门要规范餐饮企业和食品批发零售企业促销活动，鼓励食品经营企业在确保食品质量安全和市场经营秩序的前提下打折销售临近保质期的食品。

五、推进食品废弃物资源化利用

餐饮企业和党政机关、企事业单位食堂不得随意处置餐厨废弃物，要按规定交由具备条件的餐厨废弃物资源化利用企业处置或进行就地资源化处理，鼓励有条件的家庭对厨余废弃物进行堆肥等资源化利用。生产加工环节的食品废弃物和商场、超市过期食品等，要交由具备条件的企业进行资源化回收处理。国家发展改革委要会同有关部门加快研究制定餐厨废弃物管理和资源化利用条例，研究建立餐厨废弃物处理收费制度，加大对餐厨废弃物资源化利用企业的支持和相关技术研发推广力度。住房城乡建设、工商、质检、食品药品监管等部门要严厉打击违法收集、运输、加工餐厨废弃物的行为。公安机关要始终保持高压态势，积极会同有关部门严厉打击利用"地沟油"生产食用油犯罪活动。

六、加大宣传教育力度

采取多种形式开展国情教育，宣传我国粮食生产供应情况，积极倡导合理、健康的饮食文化，大力破除讲排场、比阔气等不良风气，促进反对食品浪费成为全社会的自觉行为。宣传部门要加大反对食品浪费宣传报道力度，弘扬先进典型，曝光浪费现象，加强公益广告宣传。发展改革部门要将反对食品浪费作为全国节能宣传周活动的重要宣传内容。粮食部门要会同有关部门组织好每年世界粮食日和全国爱粮节粮宣传周活动，编辑出版爱粮节粮科普读物，做好"节约一粒粮"公益宣传，组织开展爱粮节粮先进单位和示范家庭创建活动。教育部门要加大学校反对食品浪费教育工作力度，组织开展中小学生节约粮食体验活动。工会、共青团、妇联等群众组织要面向职工、青少年、妇女等开展有针对性的宣传教育活动，促进养成节约习惯。

七、健全法律法规

积极推进反对食品浪费工作法制化进程。国务院法制办及有关部门要积极研究推动节约粮食、反对食品浪费法规建设，加快推进粮食法立法进程，建立有利于促进粮食节约的法律机制。国家发展改革委、国家粮食局要会同有关部门抓紧修订粮食流通管理条例，对粮食节约减损作出规定，明确奖惩措施。各地区各有关部门要结合实际研究制定反对食品浪费的地方性法规和规章。

八、加强监督检查

国家发展改革委、财政部要会同有关部门定期整体部署反对食品浪费工作，加强监督检查，对发现的突出问题及时督促整改，对好经验好做法进行通报表扬并积极推广。监察部门对已在餐饮企业安装使用税控装置的地区，要采用信息化手段逐步与税控收款机系统衔接，组织对餐饮企业、宾馆饭店等进行暗访，对大额餐饮发票适时开展抽查，严肃查处公款浪费案件；对违反公务接待规定、用公款相互宴请等行为，要依纪依法追究相关人员责任，对负有领导责任的主要负责人或有关领导实行问责。建立食品浪费行为举报投诉制度，相关举报纳入监察部门案件受理范围。财政部门要建立健全公务消费电子监控平台，各单位对未在平台备案的公款消费不予报销；指导企业加强财务会计管理，对企业报销用餐费用行为进行规范。审计部门要对公务接待经费进行审计，发现的违纪违规问题，依法进行处理处罚或者移送有关部门处理。税务部门要及时查处餐饮企业开发票时将餐费开成非餐费的违法行为，防止餐饮企业将大额用餐费用分割成小额发票的行为，对定点饭店，财政等有关部门要取消其定点资格。粮食部门对粮食收购、储存、运输和加工等环节中的违规行为依法进行查处，导致粮食重大损失的，要严肃追究有关人员责任。公务接待管理部门要会同有关部门加强对本级党政机关各部门和下级党政机关国内接待工作用餐的监督检查。工会、共青团、妇联等要组织开展反对食品浪费志愿者行动，积极劝说制止浪费行为，对不听劝阻的可报告有关部门查处，对公款浪费行为及时向监察机关报告。

各地区各有关部门要充分认识厉行节约反对食品浪费的重要意义，切实增强责任感和紧迫感，加强组织领导，明确分管领导，建立健全工作机制，抓紧制定具体实施方案并抓好落实。国家发展改革委、财政部要加强统筹指导和协调推动，各有关部门要积极配合，共同推进反对食品浪费工作，努力使厉行节约反对浪费在全社会蔚然成风。

关于在党的群众路线教育实践活动中全面清理整治奢华浪费建设的通知

（中央党的群众路线教育实践活动
领导小组，2014年8月）

一、充分认识清理整治奢华
浪费建设的重要意义

近年来，一些地方和部门违反中央有关规定，建豪楼造地标，搞华而不实的形象工程、奢华工程。有的盲目攀比，贪大求洋，贷款、举债修建富丽堂皇的办公楼；有的超规模、超标准、超投资概算，大拆大建，修建会议中心、景观大道、奢华地标；有的打着改善民生的旗号，挪用扶贫款、救灾款等专项资金，修大广场、挖大湖、建大喷泉；等等。这些奢华浪费建设，不仅造成国家财力和社会资源的巨大浪费，加重人民群众负担，而且助长享乐主义和奢靡之风，败坏党风政风和社会风气，群众反映强烈。各地区各部门各单位要充分认识奢华浪费建设的严重性和危害性，自觉把清理整治奢华浪费建设纳入党的群众路线教育实践活动整改范围，作为落实中央八项规定精神、践行党的群众路线、维护党和政府形象的重要举措，采取坚决有力措施，全面清理整治奢华浪费建设问题，确保取得让群众满意的效果。

二、抓紧开展清理整治工作

各地区各部门各单位要认真贯彻落实中共中央、国务院《党政机关厉行节约反对浪费条例》和中央办公厅、国务院办公厅《关于进一步严格控制党政机关办公楼等楼堂馆所建设问题的通知》（中办发〔2007〕11 号）、《关于党政机关停止新建楼堂馆所和清理办公用房的通知》（中办发〔2013〕17 号）精神，紧密结合实际，认真研究部署，重点对挪用扶贫款、救灾款等专项资金，超规模、超标准、超投资概算，举借和使用政府性债务资金，建豪楼、造地标等奢华浪费建设进行清理整治。第一批教育实践活动单位要把清理整治奢华浪费建设作为整改的重要内容，第二批教育实践活动单位要把清理整治奢华浪费建设作为专项整治的重要项目，认真开展全面清理。对违规违纪行为特别是党的十八大以来顶风违纪的要严肃查处，并追究相关责任人的责任。要加强舆论引导，及时宣传报道清理整治工作进展情况及成效，加大对典型问题的曝光力度，营造清理整治工作的良好氛围。

三、切实加强组织领导

各省（区、市）和中央国家机关各部委、各人民团体、国有企事业单位党委（党组）要把清理整治奢华浪费建设工作摆上议事日程，切实负起领导责任，一把手亲自过问，组织专门力量，明确专人负责，统筹协调推进。发展改革和财政、国土资源、环境保护、住房城乡建设、交通运输、水利、文化、审计、银监、扶贫等职能部门要各负其责，加强工作指导，注重政策研究，搞好协调配合。各级党的群众路线教育实践活动领导小组及办公室要加强督促，推动落实。

关于全国性文艺评奖
制度改革的意见

（中共中央办公厅、国务院办公厅，
2015 年 10 月）

为贯彻党的十八大和十八届三中、四中全会精神，落实文艺工作座谈会精神，促进优秀文艺作品创作生产传播，现就全国性文艺评奖制度改革提出如下意见。

一、充分认识全国性文艺评奖
制度改革的重要意义

1. 文艺评奖是推动多出精品、多出人才，促进社会主义文艺繁荣发展的重要手段。近年来，全国性文艺评奖坚持正确导向、发挥激励作用，在繁荣文艺创作生产、丰富社会文化生活、弘扬社会主义核心价值观等方面，发挥了重要作用。同时，随着形势发展，文艺评奖也出现了一些不容忽视的问题：评奖过多过滥、奖项重复交叉，标准不尽科学、程序不尽规范、监督机制不尽完善，出现个别作品脱离群众、只为评奖而创作的现象等。这些问题，对文艺繁荣发展产生不利影响，容易助长不正之风，必须引起高度重视，采取切实措施加以改进。要从坚持社会主义文艺正确方向、为实现中华民族伟大复兴中国梦提供强大精神力量的高度，深刻认识全国性文艺评奖制度改革的重要意义，切实增强责任感和紧迫感，坚定不移地把这项改革推向深入。

二、全国性文艺评奖制度改革的指导思想、基本原则和总体目标

2. 指导思想和基本原则。深入贯彻党的十八大和十八届三中、四中全会精神，以邓小平理论、"三个代表"重要思想、科学发展观为指导，学习贯彻习近平总书记系列重要讲话精神，坚持"二为"方向和"双百"方针，坚持以人民为中心的创作导向。坚持唱响主旋律、传递正能量，大力弘扬社会主义核心价值观；坚持思想性、艺术性有机统一，推动创作更多无愧于时代的优秀作品；坚持尊重和遵循文艺规律，尊重作家艺术家的创造性劳动；坚持把社会效益放在首位，努力实现社会效益和经济效益、社会价值和市场价值有机统一；坚持公平公正公开，严格标准、严格程序，提高公信力和权威性。

3. 总体目标。通过改革，使奖项设置更加科学，评奖数量更加合理，评奖标准更加严格，评奖程序更加规范，监督保障措施更加完善，品牌效应更加凸显，对文艺工作者的激励更加有力，对创作生产的导向更加鲜明，推出更多人民群众喜爱

的优秀作品和优秀人才。

三、明确全国性文艺评奖的举办主体

4. 全国性文艺评奖是指在全国范围内对文艺领域的人物、作品进行的评奖活动，包括跨省、自治区、直辖市的各类文艺评奖活动，冠以"全国""中国""中华"等名称的文艺评奖活动，以及在境内举办的冠以"国际""全球""华语地区"等名称的文艺评奖活动。全国性文艺评奖分常设性和非常设性两类。

5. 中央宣传部、中央网信办、文化部、新闻出版广电总局、中国文联、中国作协等，可举办常设全国性文艺评奖。上述部门或省、自治区、直辖市党委和政府，经党和国家荣誉表彰工作机构审定，可在节庆活动中举办常设全国性文艺评奖。中央新闻单位可举办非常设全国性文艺评奖。

四、完善全国性文艺评奖的标准和审批

6. 完善科学合理的评价标准。按照思想精深、艺术精湛、制作精良的标准评价作品，把群众评价和专家评议与上座率、收视率、收听率、点击率、发行量等有机统一起来，把深入基层、受到群众欢迎作为重要依据，建立能够反映文艺作品综合质量的评价体系。按照德艺双馨的要求，把社会声誉和艺术成就作为参评的前提条件，向深入生活、扎根人民的文艺工作者

倾斜，严禁有劣迹的从业人员及其作品参评。

7. 具有举办资格的单位举办常设全国性文艺评奖，按程序报请党和国家荣誉表彰工作机构依照有关规定审批。中央新闻单位主办非常设全国性文艺评奖，采取一事一报，由中央宣传部负责审核和管理。

8. 申请举办全国性文艺评奖，应当在举办评奖前向党和国家荣誉表彰工作机构提交申请书，申请书应当载明下列内容：

（1）评奖项目名称，主办单位名称、地址；

（2）申请评奖项目的理由依据；

（3）评奖范围、评选条件、活动周期；

（4）所设子项名称、评奖数量；

（5）评奖章程、评委数量及结构；

（6）奖励办法、经费来源；

（7）评奖活动主要负责人的姓名及联系方式；

（8）其他需要载明的事项。

五、压缩全国性文艺评奖的奖项和数量

9. 20 项常设全国性文艺评奖，压缩 1 项，保留 19 项（保留的具体评奖项目由中央宣传部另行发文通知）。保留的 19 项评奖，大幅压缩子项和评奖数量，着力提高质量。

10. 从严审批节庆活动设立文艺评奖申请。对已经批准的节庆活动中设立的跨省、自治区、直辖市或跨境的各类文艺评

奖进行清理压缩，奖项数由 32 项压缩为 4 项（保留的具体评
奖项目由中央宣传部另行发文通知）。继续举办的评奖，评奖
数量做大幅度压缩。压缩了评奖的节庆活动，要充分发挥文艺
评论的作用。通过召开作品研讨会、评议会，充分听取群众意
见，加大权威发布力度。今后节庆活动中的全国性文艺评奖实
行总量控制，一般不新增。

11. 严格评奖项目设置管理。全国性文艺评奖，原则上只
能设置二级子项。子项变更需报批。严禁自行增加子项或扩展
到三级分项。

六、加强对社会组织、学校、研究机构以及 企业等举办全国性文艺评奖的管理

12. 社会组织未按规定程序获得批准，不得举办全国性文
艺评奖。社会组织的业务主管单位，要履行监督管理职责。社
会组织应当在年度检查中向登记管理机关和业务主管单位报告
举办全国性文艺评奖的情况，接受检查。

13. 学校和研究机构未经批准，不得举办全国性文艺评
奖。教育和相关行政管理部门要履行监督管理职责，对已经设
立的相关项目予以规范和清理。

14. 报刊、出版单位和网站未经批准，不得举办全国性文
艺评奖。网信和新闻出版管理部门及相关主管主办单位要履行
监督管理职责，对已经设立的相关项目予以规范和清理。

15. 严禁各类企业以各种名目举办全国性文艺评奖。

七、健全评审机制

16. 坚持正确导向，参评作品应体现社会主义核心价值观的要求，体现民族精神和时代精神；弘扬中华民族伟大复兴中国梦，传承中华优秀传统文化；反映人民主体地位和现实生活，讲述中国故事；弘扬真善美、凝聚正能量，发挥塑造美好心灵、陶冶道德情操、引领社会风尚的作用。

17. 保持评奖规则和章程的相对稳定性，规范评奖的报送、评选、公示等程序，增强评奖透明度。

18. 完善评委结构，坚持专家评委和群众评委相结合，注重评委的代表性和权威性，严格落实评委遴选、轮换、回避与保密等制度。

19. 严格评奖纪律，评审机构及其工作人员要廉洁自律，确保评奖风清气正。

八、加强监督检查

20. 加强社会监督。健全群众监督机制，充分听取社会各方面意见，评奖规则和评奖结果要向社会公示。对群众反映的涉及党员干部违纪问题线索，及时移送纪检监察机关处理。

21. 加强舆论监督。新闻媒体对违规举办的全国性文艺评奖，以及评奖中的不正之风，要及时给予曝光、批评。对未经批准的文艺评奖，不得宣传报道。

22. 加强督促检查。定期对全国性文艺评奖开展情况进行督导检查，对不符合规定的给予通报、责令整改。中央宣传、网信、文化、新闻出版广电、文联、作协等部门和各省、自治区、直辖市要按照谁主办、谁管理的原则，及时发现问题、及时纠正。纪检监察机关、审计等部门要加强监督检查工作，纠正不正之风。

九、提供支持保障

23. 加强文艺评奖经费保障。党的机关、行政机关、人民团体举办的全国性文艺评奖，所需经费按现行资金渠道解决，纳入财政预算管理。财政补助事业单位举办的全国性文艺评奖，所需经费由单位自有资金解决，财政可根据具体情况予以补助。其他单位举办的全国性文艺评奖，所需经费由单位自有资金解决。所有评奖一律不准向参评者收取报名费、参评费和任何形式的赞助，以保持文艺评奖的独立性和公正性。

24. 加强评奖成果的宣传推广。通过各类媒体加大对评奖成果的宣传展示。组织获奖文艺作品展映、展播、展演、展示。把获奖优秀作品纳入政府采购和公共文化服务范围。

十、抓好贯彻落实

25. 加强组织领导。中央和国家机关有关部门及各省、自治区、直辖市要高度重视，把全国性文艺评奖制度改革纳入议事日程，专题研究，给予指导和支持，切实抓紧抓好。

26. 本意见施行前经批准设立的全国性文艺评奖，应当自本意见施行之日起，依照本意见重新办理审批手续。各省、自治区、直辖市对本地区举办的评奖活动，可以参照本意见的规定制定具体管理办法。

27. 本意见自 2015 年 11 月 1 日起施行。

中央和国家机关会议费管理办法

（财政部、国家机关事务管理局、
中共中央直属机关事务管理局，2013 年 9 月）

第一章 总 则

第一条 为进一步加强和规范中央和国家机关会议费管理，精简会议，改进会风，提高会议效率和质量，节约会议经费开支，制定本办法。

第二条 中央和国家机关会议的分类、审批和会议费管理等，适用本办法。

本办法所称中央和国家机关，是指党中央各部门，国务院各部委、各直属机构，全国人大常委会办公厅，全国政协办公厅，最高人民法院，最高人民检察院，各人民团体、各民主党派中央和全国工商联（以下简称"各单位"）。

第三条 各单位召开会议应当坚持厉行节约、反对浪费、规范简朴、务实高效的原则，严格控制会议数量，规范会议费管理。

第四条 各单位召开的会议实行分类管理、分级审批。

第五条　各单位应当严格会议费预算管理，控制会议费预算规模。会议费预算要细化到具体会议项目，执行中不得突破。会议费应纳入部门预算，并单独列示。

第二章　会议分类和审批

第六条　中央和国家机关会议分类如下：

一类会议。是以党中央和国务院名义召开的，要求省、自治区、直辖市、计划单列市或中央部门负责同志参加的会议。

二类会议。是党中央和国务院各部委、各直属机构召开的，要求本系统、各直属机构或省、自治区、直辖市、计划单列市有关厅（局）负责同志参加的会议。

三类会议。是党中央和国务院各部委、各直属机构，最高人民法院，最高人民检察院，各人民团体及其所属内设机构召开的，要求省、自治区、直辖市、计划单列市有关厅（局）或本系统机构有关人员参加的会议。

四类会议。是指除上述一、二、三类会议以外的其他业务性会议，包括小型研讨会、座谈会、评审会等。

第七条　中央和国家机关会议按以下程序和要求进行审批：

一类会议。应当报经党中央和国务院批准。会议总务、经费预算及费用结算等工作分别由中共中央直属机关事务管理局（以下简称中直管理局）和国家机关事务管理局（以下简称国管局）负责。

二类会议。各单位应当于每年 11 月底前，将下一年度会议计划（包括会议名称、召开的理由、主要内容、时间地点、代表人数、工作人员数、所需经费及列支渠道等）送财政部审核会签，按程序经中央办公厅、国务院办公厅审核后报批。各单位召开二类会议原则上每年不超过 1 次。

三类会议。各单位应当建立会议计划编报和审批制度，年度会议计划（包括会议数量、会议名称、召开的理由、主要内容、时间地点、代表人数、工作人员数、所需经费及列支渠道等）经单位领导办公会或党组（党委）会审批后执行。

四类会议。由单位分管领导审核并报主要领导批准后执行，并列入单位年度会议计划。

第八条 一类会议会期按照批准文件，根据工作需要从严控制；二、三、四类会议会期均不得超过 2 天；传达、布置类会议会期不得超过 1 天。

会议报到和离开时间，一、二、三类会议合计不得超过 2 天，四类会议合计不得超过 1 天。

第九条 各单位应当严格控制会议规模。

一类会议参会人员按照批准文件，根据会议性质和主要内容确定，严格限定会议代表和工作人员数量。

二类会议参会人员不得超过 300 人，其中，工作人员控制在会议代表人数的 15% 以内；不请省、自治区、直辖市和中央部门主要负责同志、分管负责同志出席。

三类会议参会人员不得超过 150 人，其中，工作人员控制在会议代表人数的 10% 以内。

四类会议参会人员视内容而定，一般不得超过50人。

第十条　全国人大常委会办公厅、全国政协办公厅、各民主党派中央和全国工商联的会议分类、审批事项、会期及参会人员等，由上述部门依据法律法规、章程规定，参照第六条至第九条作出规定，并报财政部备案。

第十一条　各单位召开会议应当改进会议形式，充分运用电视电话、网络视频等现代信息技术手段，降低会议成本，提高会议效率。

传达、布置类会议优先采取电视电话、网络视频会议方式召开。电视电话、网络视频会议的主会场和分会场应当控制规模，节约费用支出。

第十二条　不能够采用电视电话、网络视频召开的会议实行定点管理。各单位会议应当到定点饭店召开，按照协议价格结算费用。未纳入定点范围，价格低于会议综合定额标准的单位内部会议室、礼堂、宾馆、招待所、培训中心，可优先作为本单位或本系统会议场所。

二、三、四类会议应当在四星级以下（含四星）定点饭店召开。

参会人员在50人以内且无外地代表的会议，原则上在单位内部会议室召开，不安排住宿。

第十三条　参会人员以在京单位为主的会议不得到京外召开。各单位不得到党中央、国务院明令禁止的风景名胜区召开会议。

第三章 会议费开支范围、
标准和报销支付

第十四条 会议费开支范围包括会议住宿费、伙食费、会议室租金、交通费、文件印刷费、医药费等。

前款所称交通费是指用于会议代表接送站，以及会议统一组织的代表考察、调研等发生的交通支出。

会议代表参加会议发生的城市间交通费，按照差旅费管理办法的规定回单位报销。

第十五条 会议费开支实行综合定额控制，各项费用之间可以调剂使用。

会议费综合定额标准如下：

单位：元/人天

会议类别	住宿费	伙食费	其他费用	合　计
一类会议	400	150	110	660
二类会议	300	150	100	550
三、四类会议	240	130	80	450

综合定额标准是会议费开支的上限，各单位应在综合定额标准以内结算报销。

第十六条 一类会议费在部门预算专项经费中列支，二、三、四类会议费原则上在部门预算公用经费中列支。

会议费由会议召开单位承担，不得向参会人员收取，不得以任何方式向下属机构、企事业单位、地方转嫁或摊派。

第十七条 各单位在会议结束后应当及时办理报销手续。会议费报销时应当提供会议审批文件、会议通知及实际参会人员签到表、定点饭店等会议服务单位提供的费用原始明细单据、电子结算单等凭证。财务部门要严格按规定审核会议费开支，对未列入年度会议计划，以及超范围、超标准开支的经费不予报销。

第十八条 各单位会议费支付，应当严格按照国库集中支付制度和公务卡管理制度的有关规定执行，以银行转账或公务卡方式结算，禁止以现金方式结算。

具备条件的，会议费应由单位财务部门直接结算。

第四章　会议费公示和年度报告制度

第十九条 各单位应当将非涉密会议的名称、主要内容、参会人数、经费开支等情况在单位内部公示，具备条件的应向社会公开。

第二十条 一级预算单位应当于每年 3 月底前，将本级和下属预算单位上年度会议计划和执行情况（包括会议名称、主要内容、时间地点、代表人数、工作人员数、经费开支及列支渠道等）汇总后报财政部。党中央各部门同时抄送中直管理局，国务院各部门同时抄送国管局。

第二十一条 财政部对各单位报送的会议年度报告进行汇

总分析，针对执行中存在的问题，及时完善相关制度。

第五章　管理职责

第二十二条　财政部的主要职责是：

（一）会同国管局、中直管理局等部门制定或修订中央本级会议费管理办法，并对执行情况进行监督检查；

（二）按规定对各单位报送的二类会议计划进行审核会签；

（三）对会议费支付结算实施动态监控；

（四）对各单位报送的会议年度报告进行汇总分析，提出加强管理的措施。

第二十三条　国管局的主要职责是：

（一）配合财政部制定或修订中央和国家机关会议费管理办法；

（二）负责国务院召开的一类会议的总务工作；

（三）配合财政部对国务院各部委、各直属机构会议费执行情况进行监督检查。

第二十四条　中直管理局的主要职责是：

（一）配合财政部制定或修订中央和国家机关会议费管理办法；

（二）负责党中央召开的一类会议的总务工作；

（三）配合财政部对中央各部门会议费执行情况进行监督检查。

第二十五条 各单位的主要职责是：

（一）负责制定本单位会议费管理的实施细则；

（二）负责单位年度会议计划编制和三类、四类会议的审批管理；

（三）负责安排会议预算并按规定管理、使用会议费，做好相应的财务管理和会计核算工作，对内部会议费报销进行审核把关，确保票据来源合法，内容真实、完整、合规；

（四）按规定报送会议年度报告，加强对本单位会议费使用的内控管理。

第六章　监督检查和责任追究

第二十六条 财政部、国管局、中直管理局会同有关部门对各单位会议费管理和使用情况进行监督检查。主要内容包括：

（一）会议计划的编报、审批是否符合规定；

（二）会议费开支范围和开支标准是否符合规定；

（三）会议费报销和支付是否符合规定；

（四）会议会期、规模是否符合规定，会议是否在规定的地点和场所召开；

（五）是否向下属机构、企事业单位或地方转嫁、摊派会议费；

（六）会议费管理和使用的其他情况。

第二十七条 严禁各单位借会议名义组织会餐或安排宴

请；严禁套取会议费设立"小金库"；严禁在会议费中列支公
务接待费。

各单位应严格执行会议用房标准，不得安排高档套房；会
议用餐严格控制菜品种类、数量和份量，安排自助餐，严禁提
供高档菜肴，不安排宴请，不上烟酒；会议会场一律不摆花
草，不制作背景板，不提供水果。

不得使用会议费购置电脑、复印机、打印机、传真机等固
定资产以及开支与本次会议无关的其他费用；不得组织会议代
表旅游和与会议无关的参观；严禁组织高消费娱乐、健身活
动；严禁以任何名义发放纪念品；不得额外配发洗漱用品。

第二十八条 违反本办法规定，有下列行为之一的，依法
依规追究会议举办单位和相关人员的责任：

（一）计划外召开会议的；

（二）以虚报、冒领手段骗取会议费的；

（三）虚报会议人数、天数等进行报销的；

（四）违规扩大会议费开支范围，擅自提高会议费开支标
准的；

（五）违规报销与会议无关费用的；

（六）其他违反本办法行为的。

有前款所列行为之一的，由财政部会同有关部门责令改
正，追回资金，并经报批后予以通报。对直接负责的主管人员
和相关负责人，报请其所在单位按规定给予行政处分。如行为
涉嫌违法的，移交司法机关处理。

定点饭店或单位内部宾馆、招待所、培训中心有关工作人

员违反规定的，按照财政部定点饭店管理的有关规定处理。

第七章　附　　则

第二十九条　各单位应当按照本办法规定，结合本单位业务特点和工作需要，制定会议费管理具体规定。

第三十条　中央事业单位会议费管理参照本办法执行。

第三十一条　本办法由财政部负责解释，自2014年1月1日起施行。《中央国家机关会议费管理办法》（国管财〔2006〕426号）、《中央国家机关会议费管理补充规定》（国管财〔2007〕217号）、《国务院机关事务管理局　财政部关于调整中央国家机关会议费开支标准的通知》（国管财〔2008〕331号）同时废止。

党政机关国内公务接待管理规定

（中共中央办公厅、国务院办公厅，
2013 年 12 月）

第一条 为了规范党政机关国内公务接待管理，厉行勤俭节约，反对铺张浪费，加强党风廉政建设，根据《党政机关厉行节约反对浪费条例》规定，制定本规定。

第二条 本规定适用于各级党的机关、人大机关、行政机关、政协机关、审判机关、检察机关，以及工会、共青团、妇联等人民团体和参照公务员法管理事业单位的国内公务接待行为。

本规定所称国内公务，是指出席会议、考察调研、执行任务、学习交流、检查指导、请示汇报工作等公务活动。

第三条 国内公务接待应当坚持有利公务、务实节俭、严格标准、简化礼仪、高效透明、尊重少数民族风俗习惯的原则。

第四条 各级党政机关公务接待管理部门应当结合当地实际，完善国内公务接待管理制度，制定国内公务接待标准。

县级以上党政机关公务接待管理部门负责管理本级党政机关国内公务接待工作，指导下级党政机关国内公务接待工作。

乡镇党委、政府应当加强国内公务接待管理，严格执行有关管理规定和开支标准。

第五条 各级党政机关应当加强公务外出计划管理，科学安排和严格控制外出的时间、内容、路线、频率、人员数量，禁止异地部门间没有特别需要的一般性学习交流、考察调研，禁止重复性考察，禁止以各种名义和方式变相旅游，禁止违反规定到风景名胜区举办会议和活动。

公务外出确需接待的，派出单位应当向接待单位发出公函，告知内容、行程和人员。

第六条 接待单位应当严格控制国内公务接待范围，不得用公款报销或者支付应由个人负担的费用。

国家工作人员不得要求将休假、探亲、旅游等活动纳入国内公务接待范围。

第七条 接待单位应当根据规定的接待范围，严格接待审批控制，对能够合并的公务接待统筹安排。无公函的公务活动和来访人员一律不予接待。

公务活动结束后，接待单位应当如实填写接待清单，并由相关负责人审签。接待清单包括接待对象的单位、姓名、职务和公务活动项目、时间、场所、费用等内容。

第八条 国内公务接待不得在机场、车站、码头和辖区边界组织迎送活动，不得跨地区迎送，不得张贴悬挂标语横幅，不得安排群众迎送，不得铺设迎宾地毯；地区、部门主要负责人不得参加迎送。严格控制陪同人数，不得层层多人陪同。

接待单位安排的活动场所、活动项目和活动方式，应当有利于公务活动开展。安排外出考察调研的，应当深入基层、深入群众，不得走过场、搞形式主义。

第九条 接待住宿应当严格执行差旅、会议管理的有关规定，在定点饭店或者机关内部接待场所安排，执行协议价格。出差人员住宿费应当回本单位凭据报销，与会人员住宿费按会议费管理有关规定执行。

住宿用房以标准间为主，接待省部级干部可以安排普通套间。接待单位不得超标准安排接待住房，不得额外配发洗漱用品。

第十条 接待对象应当按照规定标准自行用餐。确因工作需要，接待单位可以安排工作餐一次，并严格控制陪餐人数。接待对象在10人以内的，陪餐人数不得超过3人；超过10人的，不得超过接待对象人数的三分之一。

工作餐应当供应家常菜，不得提供鱼翅、燕窝等高档菜肴和用野生保护动物制作的菜肴，不得提供香烟和高档酒水，不得使用私人会所、高消费餐饮场所。

第十一条 国内公务接待的出行活动应当安排集中乘车，合理使用车型，严格控制随行车辆。

接待单位应当严格按照有关规定使用警车，不得违反规定实行交通管控。确因安全需要安排警卫的，应当按照规定的警卫界限、警卫规格执行，合理安排警力，尽可能缩小警戒范围，不得清场闭馆。

第十二条 各级党政机关应当加强对国内公务接待经费的预算管理，合理限定接待费预算总额。公务接待费用应当全部纳入预算管理，单独列示。

禁止在接待费中列支应当由接待对象承担的差旅、会议、培训等费用，禁止以举办会议、培训为名列支、转移、隐匿接待费开支；禁止向下级单位及其他单位、企业、个人转嫁接待费用，禁止在非税收入中坐支接待费用；禁止借公务接待名义列支其他支出。

第十三条 县级以上地方党委、政府应当根据当地经济发展水平、市场价格等实际情况，按照当地会议用餐标准制定本级国内公务接待工作餐开支标准，并定期进行调整。接待住宿应当按照差旅费管理有关规定，执行接待对象在当地的差旅住宿费标准。接待开支标准应当报上一级党政机关公务接待管理部门、财政部门备案。

第十四条 接待费报销凭证应当包括财务票据、派出单位公函和接待清单。

接待费资金支付应当严格按照国库集中支付制度和公务卡管理有关规定执行。具备条件的地方应当采用银行转账或者公务卡方式结算，不得以现金方式支付。

第十五条 机关内部接待场所应当建立健全服务经营机制，推行企业化管理，推进劳动、用工和分配制度与市场接轨，建立市场化的接待费结算机制，降低服务经营成本，提高资产使用效率，逐步实现自负盈亏、自我发展。

各级党政机关不得以任何名义新建、改建、扩建内部接待场所，不得对机关内部接待场所进行超标准装修或者装饰、超标准配置家具和电器。推进机关内部接待场所集中统一管理和利用，建立资源共享机制。

第十六条　接待单位不得超标准接待，不得组织旅游和与公务活动无关的参观，不得组织到营业性娱乐、健身场所活动，不得安排专场文艺演出，不得以任何名义赠送礼金、有价证券、纪念品和土特产品等。

第十七条　县级以上党政机关公务接待管理部门应当会同有关部门加强对本级党政机关各部门和下级党政机关国内公务接待工作的监督检查。监督检查的主要内容包括：

（一）国内公务接待规章制度制定情况；

（二）国内公务接待标准执行情况；

（三）国内公务接待经费管理使用情况；

（四）国内公务接待信息公开情况；

（五）机关内部接待场所管理使用情况。

党政机关各部门应当定期汇总本部门国内公务接待情况，报同级党政机关公务接待管理部门、财政部门、纪检监察机关备案。

第十八条　财政部门应当对党政机关国内公务接待经费开支和使用情况进行监督检查。审计部门应当对党政机关国内公务接待经费进行审计，并加强对机关内部接待场所的审计监督。

第十九条　县级以上党政机关公务接待管理部门应当会同财政部门按年度组织公开本级国内公务接待制度规定、标准、经费支出、接待场所、接待项目等有关情况，接受社会监督。

第二十条　各级党政机关应当将国内公务接待工作纳入问

责范围。纪检监察机关应当加强对国内公务接待违规违纪行为的查处，严肃追究接待单位相关负责人、直接责任人的党纪责任、行政责任并进行通报，涉嫌犯罪的移送司法机关依法追究刑事责任。

第二十一条　积极推进国内公务接待服务社会化改革，有效利用社会资源为国内公务接待提供住宿、用餐、用车等服务。推行接待用车定点服务制度。

第二十二条　地方各级党委、政府应当依照本规定制定本地区国内公务接待管理办法。

第二十三条　地方各级政府因招商引资等工作需要，接待除国家工作人员以外的其他因公来访人员，应当参照本规定实行单独管理，明确标准，控制经费总额，注重实际效益，加强审批管理，强化审计监督，杜绝奢侈浪费。严禁扩大接待范围、增加接待项目，严禁以招商引资为名变相安排公务接待。

第二十四条　国有企业、国有金融企业和不参照公务员法管理的事业单位参照本规定执行。

第二十五条　本规定由国家机关事务管理局会同有关部门负责解释。

第二十六条　本规定自发布之日起施行。2006年10月20日中共中央办公厅、国务院办公厅印发的《党政机关国内公务接待管理规定》同时废止。

因公临时出国经费管理办法

（财政部、外交部，2013 年 12 月）

第一章 总 则

第一条 为了进一步规范因公临时出国经费管理，加强预算监督，提高资金使用效益，保证外事工作的顺利开展，根据《中华人民共和国预算法》、《党政机关厉行节约反对浪费条例》等法律法规，制定本办法。

第二条 本办法适用于各级党政军机关、人大政协机关、审判机关、检察机关、民主党派、人民团体和事业单位因公组派临时代表团组的省部级以下（含省部级）出国人员（以下简称出国人员）。

第三条 各地区各部门各单位因公组派临时出国团组应当坚持强化预算约束、优化经费结构、厉行勤俭节约、讲求务实高效的原则，严格控制因公临时出国规模，规范因公临时出国经费管理。

第二章　预算管理和计划管理

第四条　因公临时出国经费应当全部纳入预算管理，并按照下列规定执行：

（一）各级财政部门应当加强因公临时出国经费的预算管理，严格控制因公临时出国经费总额，科学合理地安排因公临时出国经费预算。

（二）各地区各部门各单位应当加强预算硬约束，认真贯彻落实厉行节约的要求，在核定的年度因公临时出国经费预算内，务实高效、精简节约地安排因公临时出国活动，不得超预算或无预算安排出访团组。确有特殊需要的，按规定程序报批。

第五条　出访团组实行计划审批管理，并按照下列规定执行：

（一）各地区各部门各单位应当认真贯彻中央有关外事管理规定，科学制订年度因公临时出国计划，认真履行因公临时出国计划报批制度，严格控制因公临时出国团组人数、国家数和在外停留天数，正确执行限量管理规定。组团单位和派出单位要明确责任，谁派出、谁负责。

（二）因公临时出国应当坚持因事定人的原则，不得因人找事，不得安排照顾性和无实质内容的一般性出访，不得安排考察性出访。

（三）各级外事部门应当加强因公临时出国计划的审核审

批管理，严格把关，对违反规定、不适合成行的团组予以调整或者取消。驻外使馆答复国内因公临时出国征求意见时，应当严格履行把关职责。

第六条　各地区各部门各单位出国经费的支付，应当严格按照国库集中支付制度和公务卡管理制度的有关规定执行。

各地区各部门各单位应当严格执行各项经费开支标准，不得擅自突破，严禁接受或变相接受企事业单位资助，严禁向同级机关、下级机关、下属单位、企业、驻外机构等摊派或转嫁出访费用。

第七条　各地区各部门各单位应当建立因公临时出国计划与财务管理的内部控制制度。出访团组应当事先填报《因公临时出国任务和预算审批意见表》（见附1），由单位外事和财务部门分别出具审签意见，明确审核责任。出国任务、出国经费预算未通过审核的，不得安排出访团组。

第三章　经费管理

第八条　因公临时出国经费包括：国际旅费、国外城市间交通费、住宿费、伙食费、公杂费和其他费用。

国际旅费，是指出境口岸至入境口岸旅费。

国外城市间交通费，是指为完成工作任务所必须发生的，在出访国家的城市与城市之间的交通费用。

住宿费是指出国人员在国外发生的住宿费用。

伙食费是指出国人员在国外期间的日常伙食费用。

公杂费是指出国人员在国外期间的市内交通、邮电、办公用品、必要的小费等费用。

其他费用主要是指出国签证费用、必需的保险费用、防疫费用、国际会议注册费用等。

第九条 国际旅费按照下列规定执行：

（一）选择经济合理的路线。出国人员应当优先选择由我国航空公司运营的国际航线，由于航班衔接等原因确需选择外国航空公司航线的，应当事先报经单位外事和财务部门审批同意。不得以任何理由绕道旅行，或以过境名义变相增加出访国家和时间。

（二）按照经济适用的原则，通过政府采购等方式，选择优惠票价，并尽可能购买往返机票。

（三）因公临时出国购买机票，须经本单位外事和财务部门审批同意。机票款由本单位通过公务卡、银行转账方式支付，不得以现金支付。单位财务部门应当根据《航空运输电子客票行程单》等有效票据注明的金额予以报销。

（四）出国人员应当严格按照规定安排交通工具，不得乘坐民航包机或私人、企业和外国航空公司包机。

（五）省部级人员可以乘坐飞机头等舱、轮船一等舱、火车高级软卧或全列软席列车的商务座；司局级人员可以乘坐飞机公务舱、轮船二等舱、火车软卧或全列软席列车的一等座；其他人员均乘坐飞机经济舱、轮船三等舱、火车硬卧或全列软席列车的二等座。所乘交通工具舱位等级划分与以上不一致的，可乘坐同等水平的舱位。所乘交通工具未设置上述规定中本级别人员可乘坐舱位等级的，应乘坐低一等级舱位。上述人员发生的国际旅费据实报销。

（六）出国人员乘坐国际列车，国内段按国内差旅费的有关规定执行；国外段超过 6 小时以上的按自然（日历）天数计算，每人每天补助 12 美元。

第十条 出国人员根据出访任务需要在一个国家城市间往来，应当事先在出国计划中列明，并报本单位外事和财务部门批准。未列入出国计划、未经本单位外事和财务部门批准的，不得在国外城市间往来。出国人员的旅程必须按照批准的计划执行，其城市间交通费凭有效原始票据据实报销。

第十一条 住宿费按照下列规定执行：

（一）出国人员应当严格按照规定安排住宿，省部级人员可安排普通套房，住宿费据实报销；厅局级及以下人员安排标准间，在规定的住宿费标准之内予以报销。

（二）参加国际会议等的出国人员，原则上应当按照住宿费标准执行。如对方组织单位指定或推荐酒店，应当严格把关，通过询价方式从紧安排，超出费用标准的，须事先报经本单位外事和财务部门批准。经批准，住宿费可据实报销。

第十二条 伙食费和公杂费按照下列规定执行：

（一）出国人员伙食费、公杂费可以按规定的标准发给个人包干使用。包干天数按离、抵我国国境之日计算。

（二）根据工作需要和特点，不宜个人包干的出访团组，其伙食费和公杂费由出访团组统一掌握，包干使用。

（三）外方以现金或实物形式提供伙食费和公杂费接待我

代表团组的，出国人员不再领取伙食费和公杂费。

（四）出访用餐应当勤俭节约，不上高档菜肴和酒水，自助餐也要注意节俭。

第十三条 出访团组对外原则上不搞宴请，确需宴请的，应当连同出国计划一并报批，宴请标准按照所在国家一人一天的伙食费标准掌握。

出访团组与我国驻外使领馆等外交机构和其他中资机构、企业之间一律不得用公款相互宴请。

第十四条 出访团组在国外期间，收授礼品应当严格按有关规定执行。原则上不对外赠送礼品，确有必要赠送的，应当事先报经本单位外事和财务部门审批同意，按照厉行节俭的原则，选择具有民族特色的纪念品、传统手工艺品和实用物品，朴素大方，不求奢华。

出访团组与我国驻外使领馆等外交机构和其他中资机构、企业之间一律不得以任何名义、任何方式互赠礼品或纪念品。

第十五条 出国签证费用、防疫费用、国际会议注册费用等凭有效原始票据据实报销。根据到访国要求，出国人员必须购买保险的，应当事先报经本单位外事和财务部门批准后，按照到访国驻华使领馆要求购买，凭有效原始票据据实报销。

第十六条 出国人员回国报销费用时，须凭有效票据填报有团组负责人审核签字的国外费用报销单（具体表格由各单位制定）。各种报销凭证须用中文注明开支内容、日期、数量、金额等，并由经办人签字。

各单位财务部门应当根据本办法制定本单位财务报销审批

的具体规定，加强对因公临时出国团组的经费核销管理。各单位财务部门应当对因公临时出国团组提交的出国任务批件、护照（包括签证和出入境记录）复印件及有效费用明细票据进行认真审核，严格按照批准的出国团组人员、天数、路线、经费预算及开支标准核销经费，不得核销与出访任务无关的开支。

第十七条　中央各部门根据出国经费预算，结合实际购汇需求，自主核定本部门及其所属单位购汇数额，通过财政部批准的人民币资金账户，向外汇指定银行购买外汇。

省级财政部门根据本级各部门和下级财政部门的申请，自主核定本地区购汇数额，并确定一家外汇指定银行具体办理购汇手续。

第四章　监督检查

第十八条　除涉密内容和事项外，因公临时出国经费的预决算应当按照预决算信息公开的有关规定，及时公开，主动接受社会监督。

第十九条　各级外事、财政、审计等部门对因公临时出国情况进行定期或不定期联合检查。各级财政部门应当定期或不定期对各部门各单位因公临时出国经费管理使用情况进行监督检查。审计部门应当对各部门各单位因公临时出国经费管理使用情况进行审计。

财务部门应当建立健全因公临时出国团组内部监督检查机

制，每半年向同级外事、财政部门报送本部门本单位因公临时出国经费使用情况。严格按照预算绩效管理的有关规定，加强因公临时出国经费预算绩效评价，切实提高预算资金的使用效益。

第二十条　组团单位应当采取集中形式，对团组全体人员进行行前财经纪律教育。对出国人员违反本办法规定，有下列行为之一的，除相关开支一律不予报销外，按照《财政违法行为处罚处分条例》等有关规定严肃处理，并追究有关人员责任：

（一）违规扩大出国经费开支范围的；

（二）擅自提高经费开支标准的；

（三）虚报团组级别、人数、国家数、天数等，套取出国经费的；

（四）使用虚假发票报销出国费用的；

（五）其他违反本办法的行为。

第五章　附　　则

第二十一条　各地区各部门各单位因公临时赴香港、澳门、台湾地区的，适用本办法。

第二十二条　各地区各部门各单位可以根据本办法，结合实际制定具体规定，报财政部备案。边境地区有频繁出国任务的，其因公临时出国经费开支标准和管理办法由所在省、自治区财政厅根据实际情况制定，并报财政部备案。

第二十三条　对与我新建交或未建交国家，相关经费开支标准暂按照经济水平相近的邻国标准执行。

第二十四条　财政部、外交部根据出访国家或地区经济发展、物价等变动情况，对相关经费开支标准适时调整。

第二十五条　国有企业和其他因公临时出国人员参照本办法执行。

第二十六条　本办法由财政部、外交部负责解释。

第二十七条　本办法自发布之日起 30 日后施行。财政部、外交部《关于印发〈临时出国人员费用开支标准和管理办法〉的通知》（财行〔2001〕73 号）和财政部、中国民用航空总局《关于加强因公出国机票管理的通知》（财外字〔1998〕283 号）同时废止。

附 1：

因公临时出国任务和预算审批意见表

团组名称					
组团单位		团长（级别）		团员人数	
出访国别（含经停）			出访时间（天数）		
出国任务审核意见					
审核单位			审核日期		
审核依据					

续表

审核内容	是否列入出国计划：					
	出访目标和必要性：					
	时间和国别是否符合规定：					
	路线是否符合规定：					
	团组人数是否符合规定：					
	其他事项：					
审核意见						
预算财务审核意见						
审核单位				审核日期		
审核依据						
审核内容	是否列入年度预算：					
	合计	国际旅费	住宿费	伙食费	公杂费	其他费用
	须事先报批的支出事项：					
	其他事项：					
审核意见						

备注：出访团组和单位财务部门应对各项支出的测算和审核做详细说明。

中央和国家机关差旅费管理办法

（财政部，2013 年 12 月）

第一章　总　　则

第一条　为加强和规范中央和国家机关国内差旅费管理，推进厉行节约反对浪费，根据《党政机关厉行节约反对浪费条例》，制定本办法。

第二条　本办法适用于中央和国家机关，以及参照公务员法管理的事业单位（以下简称中央单位）。

本办法所称中央和国家机关，是指党中央各部门，国务院各部委、各直属机构，全国人大常委会办公厅，全国政协办公厅，最高人民法院，最高人民检察院，各人民团体、各民主党派中央和全国工商联。

第三条　差旅费是指工作人员临时到常驻地以外地区公务出差所发生的城市间交通费、住宿费、伙食补助费和市内交通费。

第四条　中央单位应当建立健全公务出差审批制度。出

461

差必须按规定报经单位有关领导批准，从严控制出差人数和天数；严格差旅费预算管理，控制差旅费支出规模；严禁无实质内容、无明确公务目的的差旅活动，严禁以任何名义和方式变相旅游，严禁异地部门间无实质内容的学习交流和考察调研。

　　第五条　财政部按照分地区、分级别、分项目的原则制定差旅费标准，并根据经济社会发展水平、市场价格及消费水平变动情况适时调整。

第二章　城市间交通费

　　第六条　城市间交通费是指工作人员因公到常驻地以外地区出差乘坐火车、轮船、飞机等交通工具所发生的费用。

　　第七条　出差人员应当按规定等级乘坐交通工具。乘坐交通工具的等级见下表：

交通工具 级　别	火车（含高铁、动车、全列软席列车）	轮船(不包括旅游船)	飞　机	其他交通工具（不包括出租小汽车）
部级及相当职务人员	火车软席（软座、软卧），高铁/动车商务座，全列软席列车一等软座	一等舱	头等舱	凭据报销
司局级及相当职务人员	火车软席（软座、软卧），高铁/动车一等座，全列软席列车一等软座	二等舱	经济舱	凭据报销

交通工具 级　别	火车（含高铁、 动车、全列 软席列车）	轮船(不包括 旅游船)	飞　机	其他交通工具 （不包括出租 小汽车）
其余人员	火车硬席（硬座、硬卧），高铁/动车二等座、全列软席列车二等软座	三等舱	经济舱	凭据报销

部级及相当职务人员出差，因工作需要，随行一人可乘坐同等级交通工具。

未按规定等级乘坐交通工具的，超支部分由个人自理。

第八条　到出差目的地有多种交通工具可选择时，出差人员在不影响公务、确保安全的前提下，应当选乘经济便捷的交通工具。

第九条　乘坐飞机的，民航发展基金、燃油附加费可以凭据报销。

第十条　乘坐飞机、火车、轮船等交通工具的，每人次可以购买交通意外保险一份。所在单位统一购买交通意外保险的，不再重复购买。

第三章　住宿费

第十一条　住宿费是指工作人员因公出差期间入住宾馆（包括饭店、招待所，下同）发生的房租费用。

第十二条　财政部分地区制定住宿费限额标准。各省、自治区、直辖市和计划单列市财政厅（局）根据当地经济社会发展水平、市场价格、消费水平等因素，提出所在市（省会城市、直辖市、计划单列市，下同）的住宿费限额标准报财政部，经财政部统筹研究提出意见反馈地方审核确认后，由财政部统一发布作为中央单位工作人员到相关地区出差的住宿费限额标准。

对于住宿价格季节性变化明显的城市，住宿费限额标准在旺季可适当上浮一定比例，具体规定由财政部另行发布。

第十三条　部级及相当职务人员住普通套间，司局级及以下人员住单间或标准间。

第十四条　出差人员应当在职务级别对应的住宿费标准限额内，选择安全、经济、便捷的宾馆住宿。

第四章　伙食补助费

第十五条　伙食补助费是指对工作人员在因公出差期间给予的伙食补助费用。

第十六条　伙食补助费按出差自然（日历）天数计算，按规定标准包干使用。

第十七条　财政部分地区制定伙食补助费标准。各省、自治区、直辖市和计划单列市财政厅（局）负责根据当地经济社会发展水平、市场价格、消费水平等因素，参照所在市公务接待工作餐、会议用餐等标准提出伙食补助费标准报财政部，经财政部统筹研究提出意见反馈地方审核确认后，由财政部统一发布作为中央单位工作人员到相关地区出差的伙食补助费标准。

第十八条 出差人员应当自行用餐。凡由接待单位统一安排用餐的，应当向接待单位交纳伙食费。

第五章 市内交通费

第十九条 市内交通费是指工作人员因公出差期间发生的市内交通费用。

第二十条 市内交通费按出差自然（日历）天数计算，每人每天 80 元包干使用。

第二十一条 出差人员由接待单位或其他单位提供交通工具的，应向接待单位或其他单位交纳相关费用。

第六章 报销管理

第二十二条 出差人员应当严格按规定开支差旅费，费用由所在单位承担，不得向下级单位、企业或其他单位转嫁。

第二十三条 城市间交通费按乘坐交通工具的等级凭据报销，订票费、经批准发生的签转或退票费、交通意外保险费凭据报销。

住宿费在标准限额之内凭发票据实报销。

伙食补助费按出差目的地的标准报销，在途期间的伙食补助费按当天最后到达目的地的标准报销。

市内交通费按规定标准报销。

未按规定开支差旅费的，超支部分由个人自理。

第二十四条 工作人员出差结束后应当及时办理报销手续。差旅费报销时应当提供出差审批单、机票、车票、住宿费发票等凭证。

住宿费、机票支出等按规定用公务卡结算。

第二十五条 财务部门应当严格按规定审核差旅费开支，对未经批准出差以及超范围、超标准开支的费用不予报销。

实际发生住宿而无住宿费发票的，不得报销住宿费以及城市间交通费、伙食补助费和市内交通费。

第七章 监督问责

第二十六条 各单位应当加强对本单位工作人员出差活动和经费报销的内控管理，对本单位出差审批制度、差旅费预算及规模控制负责，相关领导、财务人员等对差旅费报销进行审核把关，确保票据来源合法，内容真实完整、合规。对未经批准擅自出差、不按规定开支和报销差旅费的人员进行严肃处理。

一级预算单位应当强化对所属预算单位的监督检查，发现问题及时处理，重大问题向财政部报告。

各单位应当自觉接受审计部门对出差活动及相关经费支出的审计监督。

第二十七条 财政部会同有关部门对中央单位差旅费管理和使用情况进行监督检查。主要内容包括：

（一）单位差旅审批制度是否健全，出差活动是否按规定履行审批手续；

（二）差旅费开支范围和标准是否符合规定；

（三）差旅费报销是否符合规定；

（四）是否向下级单位、企业或其他单位转嫁差旅费；

（五）差旅费管理和使用的其他情况。

第二十八条 出差人员不得向接待单位提出正常公务活动以外的要求，不得在出差期间接受违反规定用公款支付的宴请、游览和非工作需要的参观，不得接受礼品、礼金和土特产品等。

第二十九条 违反本办法规定，有下列行为之一的，依法依规追究相关单位和人员的责任：

（一）单位无出差审批制度或出差审批控制不严的；

（二）虚报冒领差旅费的；

（三）擅自扩大差旅费开支范围和提高开支标准的；

（四）不按规定报销差旅费的；

（五）转嫁差旅费的；

（六）其他违反本办法行为的。

有前款所列行为之一的，由财政部会同有关部门责令改正，违规资金应予追回，并视情况予以通报。对直接责任人和相关负责人，报请其所在单位按规定给予行政处分。涉嫌违法的，移送司法机关处理。

第八章　附　　则

第三十条　工作人员外出参加会议、培训，举办单位统一安排食宿的，会议、培训期间的食宿费和市内交通费由会议、培训举办单位按规定统一开支；往返会议、培训地点的差旅费由所在单位按照规定报销。

第三十一条　不参照公务员法管理的事业单位参照本办法执行。

各单位应当根据本办法，结合本单位实际情况制定具体操作规定。

中国人民解放军和中国人民武装警察部队的差旅费管理办法参照本办法另行规定。

第三十二条　本办法由财政部负责解释。

第三十三条　本办法自 2014 年 1 月 1 日起施行。2006 年 11 月 13 日发布的《财政部关于印发〈中央国家机关和事业单位差旅费管理办法〉的通知》（财行〔2006〕313 号）同时废止，其他有关中央国家机关和事业单位差旅费管理规定与本办法不一致的，按照本办法执行。

关于全面推进公务
用车制度改革的指导意见

（中共中央办公厅、国务院办公厅，
2014 年 7 月）

为贯彻落实党的十八大和十八届三中全会精神及《党政机关厉行节约反对浪费条例》，改革公务用车制度，规范公务用车运行管理，有效降低行政成本，现就全面推进公务用车制度改革提出如下指导意见。

一、充分认识公务用车制度
改革的重要意义

新中国成立以来，公务用车一直实行实物供给制度，对保障公务出行发挥了重要作用。随着社会主义市场经济体制不断完善，传统公务用车制度越来越难以适应形势发展需要，车辆配备范围过大、运行管理成本偏高、公车私用等问题日益突出，社会对此反映强烈。为解决公务用车领域存在的突出问题，习近平总书记、李克强总理多次作出重要指示，党中央、国务院专门作出部署，强调要全面推进公务用车制度改革。近年来一些地方和部门进行了积极改革探索，为全面推进公务用车制度改革积累了有益经验。

全面推进公务用车制度改革，是加强党风廉政建设、厉行节约反对浪费的重要举措，是转变政府职能、推进后勤服务社会化改革的重要内容，是顺应民意、维护党和政府形象的迫切要求。各地区各部门要充分认识公务用车制度改革的重要意义，采取切实有效措施加快改革步伐。

二、指导思想、基本原则和总体目标

（一）指导思想

按照中央关于厉行节约反对浪费的要求，坚持社会化、市场化方向，加快推进公务用车制度改革，合理有效配置公务用车资源，创新公务交通分类提供方式，保障公务出行，降低行政成本，积极推进廉洁型机关和节约型社会建设。

（二）基本原则

1. 创新制度、分类保障。改革公务用车实物供给方式，取消一般公务用车，普通公务出行实行社会化提供并适度补贴交通费用，从严配备定向化保障的公务用车。

2. 统筹协调、政策配套。妥善处理公务用车制度改革涉及的各种利益关系，科学制定改革方案和配套政策，确保新旧制度平稳过渡、有机衔接。

3. 统一部署、分步实施。各地区各部门按照中央确定的改革方向和原则制定改革实施方案，中央和国家机关先行示范，地方党政机关加快实行，事业单位、国有企业和国有金融企业有序推进。

（三）总体目标

力争在 2014 年年底前基本完成中央和国家机关及其所属参照公务员法管理的事业单位公务用车制度改革，2015 年年底前基本完成地方党政机关公务用车制度改革，用 2 至 3 年时间全面完成公务用车制度改革。通过改革，切实实现公务出行便捷合理、交通费用节约可控、车辆管理规范透明、监管问责科学有效，基本形成符合国情的新型公务用车制度。

三、主要任务

（一）改革公务交通保障方式

改革党政机关（包括各级党委、人大、政府、政协、审判、检察机关，各民主党派和工商联，参照公务员法管理的人民团体、群众团体、事业单位，下同）公务用车实物供给方式，取消一般公务用车，保留必要的机要通信、应急、特种专业技术用车和符合规定的一线执法执勤岗位车辆及其他车辆。改革后，行政区域（城区或规定区域）内普通公务出行方式由公务人员自行选择，实行社会化提供，适度发放公务交通补贴。公务交通补贴保障范围要与差旅费保障范围搞好衔接，对边远地区和交通不便地区，要做好远距离公务出行的差旅费保障。鼓励省（自治区、直辖市）所属厅（局）正职主要负责人和市（地、州、盟）、县（市、区、旗）及乡（镇）党政主要负责人参加改革，确因环境所限和工作需要不便取消公务用车的，允许以适当集中形式提供工作用车实物保障，但须严格规范管理，不得再领取公务交通补贴，具体范围由各地根据本意见研究确定。

规范事业单位、国有企业和国有金融企业职务待遇和业务消费，对原符合车辆配备条件的岗位和人员，逐步按规定纳入改革，改革后不得再配备车辆；对保留的必要的国有企业、国有金融企业经营用车和事业单位业务用车实行集中管理；取消与经营和业务保障无关的车辆。事业单位、国有企业和国有金融企业公务用车制度改革要与年薪制、岗位津贴及国家相关财务管理制度等统筹考虑、相互衔接。

（二）合理确定党政机关公务交通补贴标准

各级党政机关要从实际出发，综合考虑公务出行成本、经济发展水平、社会承受能力、辖区面积、自然地理环境、公务出行次数和距离、行政级别和实际承担的工作职责等因素，按照节约成本、保证公务、便于操作、简化档次的要求，确定本地区公务交通补贴标准。根据交通成本等相关因素变化情况，公务交通补贴标准可适时适度进行调整。允许参改单位根据实际情况，从公务交通补贴中划出一定比例作为单位统筹部分，集中用于解决不同岗位之间公务出行不均衡等问题，统筹资金使用须公开透明，具体管理办法由各单位制定。对特别重大抢险救灾、事故处理、突发事件处置等不可预测的特殊事项，各地可从实际出发在应急预案中另行制定特殊情况下公务用车保障办法。地方公务交通补贴标准不得高于中央和国家机关补贴标准的 130%，边疆民族地区和其他边远地区标准不得高于中央和国家机关补贴标准的 150%。各省（自治区、直辖市）之间补贴标准差距不宜过大，同一省（自治区、直辖市）内不同地区补贴标准差距不得超过 20%，同一市（地、州、盟）实行统一的补贴标准。地方补贴标准层级划分可不与中央和国家机关层级完全对应。驻地方的中央垂直管理单位补贴标准按属地化原则参照所在地区标准执行，经费由中央财政负担。

（三）妥善安置司勤人员

各级党政机关根据改革后的实际需要，合理设置司勤人员岗位，采取公开、平等、竞争、择优的方式确定留用人员；未聘人员原则上以内部消化为主，通过内部转岗、开辟新的就业岗位、提前离岗等措施妥善安置。依法做好未留用人员聘用合同或劳动合同的终止、解除工作，维护其合法权益，相关必要支出由各级财政安排专项经费予以保障。各级人力资源社会保障部门会同有关部门组成工作组，负责指导参改单位做好司勤人员安置工作，确保改革平稳推进。参改事业单位、国有企业和国有金融企业要依法做好司勤人员安置工作。

（四）公开规范处置公务用车

取消的公务用车，由各级相关职能部门统一规范处置。对取消的一般公务用车，要制定处置办法，公开招标评估、拍卖机构，通过公开拍卖等方式公开处置。取消车辆处置要防止甩卖和贱卖现象，避免国有资产流失。党政机关公务用车处置收入，扣除有关税费后全部上缴国库。参改事业单位、国有企业和国有金融企业车辆处置收入，按国家有关财务管理制度执行。各地可根据实际情况，对未能及时处置的车辆，采取设立过渡性车辆服务中心或社会化车辆租赁公司的方式，进行市场化运营，减少车辆闲置浪费，过渡期由各地确定，政府不得变相为其提供财政性补贴。

四、健全公务用车管理和保障制度

（一）加强定向化保障车辆管理

各级党政机关公务用车主管部门要会同有关部门严格核定定向化保障公务用车的编制和标准，车辆配备优先选用新能源汽车。执法执勤用车配备应当严格限制在一线执法执勤岗位，机关内部管理和后勤岗位以及机关所属事业单位一律不得配备。除涉及国家安全、侦查办案等有保密要求的特殊工作用车外，执法执勤用车应当喷涂明显的统一标识。机要通信、应急等车辆要充分考虑不同部门的工作差异，根据实际需要合理配备，保障到位。按规定保留的公务用车实行集中管理，逐步探索社会化监督的有效形式和具体办法。在从严控制总量的前提下，各地可根据实际情况确定和优化配置相关一线执法执勤岗位车辆，鼓励各地建立跨部门综合性执法用车平台。进一步精简地方公务用车管理机构。

（二）完善财务管理

党政机关公务交通补贴属于改革性补贴，统一纳入财政预算，在交通费中列支、按月发放，用于保障公务人员普通公务出行。各单位要加强财务管理，按照在编在岗公务员数量和职级核定补贴数额，严格公务交通补贴发放，不得擅自扩大补贴范围、提高补贴标准。

（三）加强公务用车监督检查

把公务用车配备和运行维护费用、交通补贴发放、车辆处置情况等纳入日常和专项审计监督及政务公开范围。党政机关不得以特殊用途等理由变相超编制、超标准配备公务用车，不得以任何方式换用、借用、占用下属单位或其他单位和个人的车辆，不得接受企事业单位和个人赠送的车辆，不得以任何理由违反用途使用或固定给个人使用执法执勤、机要通信等公务用车，不得以公务交通补贴名义变相发放福利。公务人员不得既领取公务交通补贴、又违规乘坐公务用车。纪检监察机关要强化监督检查，及时受理群众举报，依法依纪严肃查处违反公务用车制度改革和公务用车管理的行为，严肃追究相关责任人的责任。

（四）切实保障公务出行

鼓励公务出行利用公共交通服务。各地要采取有效措施，完善城市公共交通服务体系，探索发展适合公务出行的市场化交通定制服务，增加社会化交通供给。及时解决公务出行遇到的实际问题，确保改革后公务出行得到有效保障。

五、认真做好组织实施工作

（一）加强领导，明确责任

公务用车制度改革政策性强、任务艰巨，各地区各部门要高度重视，切实加强领导，严格工作纪律，明确工作责任。中央和地方分别建立公务用车制度改革领导小组，明确工作机制，负责落实各项改革任务，确保改革扎实稳步推进，既要改成，更要改好。

中央公务用车制度改革领导小组由国家发展改革委、国管局、中直管理局牵头，财政部、人力资源和社会保障部、审计署等部门参加，主要负责指导、协调全国公务用车制度改革工作，制定并组织实施中央和国家机关公务用车制度改革方案及配套政策，会同有关部门制定中央和国家机关所属非参公事业单位、中央企业和中央金融企业公务用车制度改革方案。

各省（自治区、直辖市）公务用车制度改革领导小组要根据本地区实际情况，负责制定并组织实施本省（自治区、直辖市）党政机关、事业单位、国有企业和国有金融企业公务用车制度改革方案及配套政策。各省（自治区、直辖市）党政机关公务用车制度改革方案报中央公务用车制度改革领导小组批准后实施。

（二）精心组织，扎实推进

各地区各部门要健全工作机制，深入调查研究，细致统计测算，周密制定公务用车制度改革方案，明确时限要求，加强监督检查，及时有效解决改革中遇到的新情况新问题，确保各项工作落到实处。中央和国家机关及各省（自治区、直辖市）要尽快启动公务用车制度改革工作，确保在规定时限内完成改革任务。已先行开展公务用车制度改革的地区和部门要按本意见进行规范。

（三）加强舆论引导，营造良好氛围

切实加强公务用车制度改革舆论宣传工作，做好政策解读，阐释改革的目的和意义，正确引导社会舆论，及时回应社会关切，使广大公务人员和人民群众了解、支持改革，努力为改革营造良好社会氛围。

中央和国家机关公务
用车制度改革方案

（中共中央办公厅、国务院办公厅，
2014 年 7 月）

为贯彻落实党的十八大和十八届三中全会精神以及《党政机关厉行节约反对浪费条例》，推进中央和国家机关公务用车制度改革，加快建立新型公务用车制度，有效降低行政成本，根据《关于全面推进公务用车制度改革的指导意见》，制定本方案。

一、目标和原则

（一）总体目标

围绕建设节约型、廉洁型机关的要求，坚持社会化、市场化方向，转变传统的公务用车运行管理方式，合理有效配置公务用车资源，创新公务交通分类提供方式，实现公务出行便捷合理、交通费用节约可控、车辆管理规范透明、监管问责科学有效，为全国公务用车制度改革作出示范。

（二）基本原则

1. 坚持制度创新、保障公务出行。改革公务用车实物供给方式，取消一般公务用车，普通公务出行方式由公务人员自行选择，实行社会化提供并适度补贴交通费用，从严配备定向化保障的公务用车。

2. 坚持统筹兼顾、注重政策配套。综合考虑各种因素，正确处理改革涉及的各方面利益关系，科学制定改革方案和相关配套政策，增强可行性和协调性，确保新旧机制有效转换。

3. 坚持统一部署、分类分步推进。率先推进中央和国家机关及其所属参公事业单位公务用车制度改革，驻地方的中央垂直管理单位公务用车制度改革按照属地化原则推进，中央和国家机关所属非参公事业单位、中央企业和中央金融企业参照本方案制定相关改革政策，坚持先易后难，分类分步稳妥推进改革。

二、主要任务

（一）参改范围

1. 机构范围：中央纪委机关和中央各部门，全国人大机关，国务院各部门，全国政协机关，最高人民法院，最高人民检察院，各人民团体、群众团体，各民主党派中央、全国工商联，中央和国家机关所属参公事业单位。

2. 人员范围：在编在岗的司局级及以下工作人员。

3. 车辆范围：取消一般公务用车，保留必要的机要通信、应急、特种专业技术用车和符合规定的一线执法执勤岗位车辆及其他车辆。

（二）改革方式

1. 对参改的司局级及以下工作人员适度发放公务交通补贴，自行选择公务出行方式，在北京市行政区域（城区）内公务出行不再报销公务交通费用。

2. 按照节约成本、保证公务、便于操作、简化档次的要求，合理确定各职级工作人员公务交通补贴标准。具体为：司局级每人每月 1300 元，处级每人每月 800 元，科级及以下每人每月 500 元。各单位可根据实际情况，从公务交通补贴中划出一定比例作为单位统筹部分，集中用于解决不同岗位之间公务出行不均衡等问题，比例原则上不超过补贴总额的 10%。统筹资金使用要公开透明，具体管理办法由各单位自行制定。

3. 公务交通补贴属于改革性补贴，列入财政预算，在交通费中列支、按月发放，用于保障公务人员普通公务出行。适时适度调整公务交通补贴标准。

4. 执法执勤部门统一参加公务用车制度改革，按规定保留的执法执勤用车要严格配备在一线执法执勤岗位，执法执勤部门的其他一般公务用车一律纳入改革范围。

5. 对未参改单位和人员，不得发放公务交通补贴。

（三）车辆处置

1. 对取消的公务用车，由公务用车主管部门统一规范处置。

2. 对取消的公务用车，委托中介机构进行资产评估，以评估价作为处置基准价，采取公开拍卖等方式进行公开处置，处置结果向社会公开。

3. 处置公务用车所得收入，扣除有关税费后全部上缴中央国库。

4. 取消车辆处置要防止甩卖和贱卖现象，避免国有资产流失。

（四）司勤人员安置

1. 根据保留公务用车的实际需要，合理设置司勤人员岗位，按照公开、平等、竞争、择优的原则，在现有在册正式司勤人员中，采用竞聘上岗、综合择优等方式确定上岗人员。

2. 对其他司勤人员，按照以人为本、积极稳妥、因地制宜的原则，坚持内部消化为主，通过内部转岗、开辟新的就业岗位、提前离岗等多种方式妥善安置，不得将其简单推向社会。

3. 做好相关人员聘用合同或劳动合同的终止、解除工作，妥善处理该类用工形式司勤人员与单位的劳动关系，维护好相关人员合法权益。

4. 人员安置工作由人力资源社会保障部统筹协调，所需支出由财政安排专项经费予以保障。

三、保障措施

（一）加强保留公务用车管理。中央和国家机关各部门各单位根据编制总量和工作性质可保留 5 辆以内的机要通信、应急公务用车，由公务用车主管部门实行编制管理，编制数量和配备标准要根据各部门各单位实际工作情况科学确定，优先选用新能源汽车。执法执勤用车配备应当严格限制在一线执法执勤岗位，机关内部管理和后勤岗位以及机关所属事业单位一律不得配备。财政部要会同有关部门按规定对执法执勤用车进行核定和规范。除涉及国家安全、侦查办案等有保密要求的特殊工作用车外，执法执勤用车应当喷涂明显的统一标识。国管局会同中直管理局负责修订公务用车使用管理办法，加强公务用车规范化管理。进一步精简公务用车管理机构。

（二）严格财务管理。财政部要严格交通费用预算管理。各单位要加强财务管理，按照在编在岗公务员数量和职级核定补贴数额，严格公务交通补贴发放，不得擅自扩大补贴人员范围、提高补贴标准。

（三）加强公务用车纪律检查和审计。严肃公务用车纪律，各部门各单位不得以特殊用途等理由变相超编制、超标准配备公务用车，不得以任何方式换用、借用、占用下属单位或其他单位和个人的车辆，不得接受企事业单位和个人赠送的车辆，不得以任何理由违反用途使用或固定给个人使用执法执勤、机要通信等公务用车，不得以交通补贴名义变相发放福利。公务人员不得既领取公务交通补贴、又违规乘坐公务用车。纪检监察机关负责对公务用车制度改革执行情况进行监督检查，纠正和查处违纪违法行为。审计部门要对公务用车改革情况进行监督，并将改革后公务用车配备和运行维护费用、交通补贴发放、车辆处置情况等纳入日常和专项审计监督。

（四）切实保障公务出行。北京市要采取切实措施，健全城市公共交通服务体系，完善出租车市场化运营管理方式，增加社会化交通供给。及时解决公务出行遇到的问题，保障中央和国家机关普通公务出行。

四、加强组织实施

（一）加强领导。中央公务用车制度改革领导小组负责组织实施中央和国家机关公务用车制度改革工作。各部门各单位要成立公务用车制度改革工作组，负责制定本部门本单位实施方案，报中央公务用车制度改革领导小组批准后组织实施。已先行改革的单位要按照本方案规范执行。

（二）明确责任。各部门各单位主要负责人对本部门本单位公务用车制度改革工作负全面领导责任，要认真研究部署，明确任务分工和责任，确定相关责任人员，把各项工作落到实处，确保改革顺利推进。

（三）分步实施。本方案自印发之日起实施，力争在2014年年底前基本完成。驻地方的中央垂直管理单位改革方案由中央公务用车制度改革领导小组会同有关部门制定，与地方改革同步推进。中央和国家机关所属非参公事业单位、中央企业和中央金融企业改革方案由中央公务用车制度改革领导小组会同有关部门制定，力争在2015年年底前完成。

（四）加强舆论引导。切实做好公务用车制度改革的新闻宣传和舆论引导工作，广泛宣传相关政策规定、典型经验和成效，及时回应社会关切，使广大公务人员和人民群众了解、支持改革，努力为改革营造良好社会氛围。

关于严禁党政机关
到风景名胜区开会的通知

（中共中央办公厅、国务院办公厅，
2014 年 9 月）

1998 年中央办公厅、国务院办公厅下发《关于严禁党政机关到风景名胜区开会的通知》以来，各级党政机关到风景名胜区尤其是到中央明令禁止的 12 个风景名胜区开会现象得到了有效遏制。但是，违规到上述风景名胜区开会问题仍未完全杜绝，到其他热点风景名胜区开会以及在风景名胜区外开会到区内旅游的情况时有发生，有的单位还巧立名目组织公款旅游，损害了党和政府形象，广大干部群众对此反映强烈。为深入贯彻落实中央八项规定精神和《党政机关厉行节约反对浪费条例》，坚决杜绝以会议名义到风景名胜区公款旅游等违规行为，经党中央、国务院同意，现就有关事项通知如下。

一、各级党政机关一律不得到八达岭—十三陵、承德避暑山庄外八庙、五台山、太湖、普陀山、黄山、九华山、武夷山、庐山、泰山、嵩山、武当山、武陵源（张家界）、白云山、桂林漓江、三亚热带海滨、峨眉山—乐山大佛、九寨沟—

黄龙、黄果树、西双版纳、华山21个风景名胜区召开会议，禁止召开会议的区域范围以风景名胜区总体规划确定的核心景区地域范围为准。

二、地方各级党政机关的会议一律在本行政区域内召开，不得到其他地区召开；因工作需要确需跨行政区域召开会议的，必须报同级党委、政府批准。风景名胜区核心景区与地方政府主要行政区域高度重合的，当地党政机关应当在机关内部会议场所或定点饭店召开会议。中央和国家机关各部门到京外召开会议的，必须严格执行会议费管理有关规定。

会议主办单位要合理安排会议日程，严格遵守报到、离会时限，严禁超出规定时限为参会人员提供食宿，严禁组织与会议无关的参观、考察等活动。

三、党政机关召开涉及旅游、宗教、林业、地震、气象、生态环保、国土资源以及景区规划等工作的专业性会议，确需到禁止名单中的风景名胜区召开的，应当完善管理制度，从严控制、严格审批。垂直管理单位应当报上一级主管部门批准，其他单位报同级党委、政府批准。

四、严禁各级党政机关以召开会议等名义组织公款旅游。严禁在会议费、培训费、接待费中列支风景名胜区等各类旅游景点门票费、导游费、景区内设施使用费、往返景区交通费等应由个人承担的费用。严禁向下级单位以及旅游景区管理部门、接待服务场所、旅游中介公司等单位转嫁上述费用。严禁违反规定要求旅游景区管理部门、有关企业等单位免除上述费用。

五、财政部门要建立会议经费定期或不定期财政监督检查制度，审计机关要建立会议费经常性审计监督制度，加大审计结果公开力度，必要时对旅游景区管理部门、接待服务场所、会议培训中介机构等单位开展延伸监督检查和审计，防止转嫁费用，并及时将违规违纪线索移交纪检监察机关。

六、本通知适用于各级党的机关、人大机关、行政机关、政协机关、审判机关、检察机关，以及工会、共青团、妇联等人民团体和参照公务员法管理的事业单位。

七、此前有关规定与本通知不一致的，以本通知为准。

关于严禁在历史建筑、公园等公共资源中设立私人会所的暂行规定

（中共中央办公厅、国务院办公厅转发，
住房城乡建设部、文化部、公安部、民政部、
商务部、税务总局、工商总局、国家旅游局、
国家宗教局、国家文物局，2014 年 10 月）

  第一条 历史建筑、公园等公共资源具有社会公益属性。在历史建筑、公园等公共资源中设立私人会所，侵占群众利益，助长不正之风，社会各方面对此反映强烈。为做好对历史建筑、公园等公共资源中私人会所的清理整治工作，根据国家有关法律法规和中央有关规定，制定本规定。

  第二条 本规定所称历史建筑，是指各级各类国有文物保护单位以及烈士纪念设施保护单位、宗教活动场所中具有特殊历史文化价值的建（构）筑物。

  本规定所称公园，是指政府投资建设和管理，具有相应设施和管理机构的公共绿地；向公众开放，用于开展游览观赏、休憩健身、文化娱乐、科学普及等活动的公共场所。

  本规定所称私人会所，是指改变历史建筑、公园等公共资

源属性设立的高档餐饮、休闲、健身、美容、娱乐、住宿、接待等场所，包括实行会员制的场所、只对少数人开放的场所、违规出租经营的场所。

第三条 严禁在历史建筑、公园等公共资源中以自建、租赁、承包、转让、出借、抵押、买断、合资、合作等形式设立私人会所。

第四条 对在历史建筑、公园等公共资源中已经设立的私人会所依法依规整治，区分情况处置：

（一）没有合法手续或者手续不健全的予以关停；

（二）有合法手续但有违规违法行为的予以停业整顿，情节严重的吊销资质；

（三）有合法手续但经营对象、范围、形式等违反相关规定的予以转型或者停业整顿；

（四）出租给单位或者个人作为非经营用途的，由所在地人民政府协调产权单位提出解决办法，租赁合同到期后收回。

第五条 坚持谁主管、谁负责原则。住房城乡建设（园林）、文化、公安、民政、商务、税务、工商、旅游、宗教、文物等部门，应当按照各自职能，认真履行职责，对历史建筑、公园等公共资源中涉及的项目立项、规划建设、消防审批、经营许可、工商登记、税务登记等事项严格审核把关，属于私人会所性质的不予办理。

完善监督管理制度，加强监督检查，发现问题限期整改。对工作失职、徇私舞弊的，依纪依法追究直接责任人和有关领导责任。

第六条　历史建筑、公园等公共资源实行信息公开，接受社会、公众和新闻媒体监督。有关职能部门应当畅通监督渠道，认真受理举报，对违规违法行为，一经发现，严肃查处。

第七条　地方各级党委和政府应当切实加强领导，健全管理体制和工作机制，明确职能职责，搞好统筹协调，研究解决问题，制定政策措施，坚决防止和纠正侵占历史建筑、公园等公共资源的问题。

第八条　本规定自2014年11月1日起施行。

关于推行地方各级政府工作部门
权力清单制度的指导意见

（中共中央办公厅、国务院办公厅，
2015 年 3 月）

推行地方各级政府工作部门权力清单制度，是党中央、国务院部署的重要改革任务，是国家治理体系和治理能力现代化建设的重要举措，对于深化行政体制改革，建设法治政府、创新政府、廉洁政府具有重要意义。近年来，一些地方在推行权力清单和相应责任清单方面进行了有益探索，取得了积极成效。为全面推进这项工作，现提出以下指导意见。

一、基本要求

（一）工作目标。将地方各级政府工作部门行使的各项行政职权及其依据、行使主体、运行流程、对应的责任等，以清单形式明确列示出来，向社会公布，接受社会监督。通过建立权力清单和相应责任清单制度，进一步明确地方各级政府工作部门职责权限，大力推动简政放权，加快形成边界清晰、分工合理、权责一致、运转高效、依法保障的政府职能体系和科学有效的权力监督、制约、协调机制，全面推进依法行政。

（二）实施范围。地方各级政府工作部门作为地方行政职权的主要实施机关，是这次推行权力清单制度的重点。依法承担行政职能的事业单位、垂直管理部门设在地方的具有行政职权的机构等，也应推行权力清单制度。

二、主要任务

（三）全面梳理现有行政职权。地方各级政府工作部门要对行使的直接面对公民、法人和其他组织的行政职权，分门别类进行全面彻底梳理，逐项列明设定依据，汇总形成部门行政职权目录。各省（自治区、直辖市）政府可参照行政许可、行政处罚、行政强制、行政征收、行政给付、行政检查、行政确认、行政奖励、行政裁决和其他类别的分类方式，结合本地实际，制定统一规范的分类标准，明确梳理的政策要求；其他类别的确定，要符合国家法律法规。

（四）大力清理调整行政职权。在全面梳理基础上，要按照职权法定原则，对现有行政职权进行清理、调整。对没有法定依据的行政职权，应及时取消，确有必要保留的，按程序办理；可下放给下级政府和部门的职权事项，应及时下放并做好承接工作；对虽有法定依据但不符合全面深化改革要求和经济社会发展需要的，法定依据相互冲突矛盾的，调整对象消失、多年不发生管理行为的行政职权，应及时提出取消或调整的建议。行政职权取消下放后，要加强事中事后监管。

（五）依法律法规审核确认。地方各级政府要对其工作部门清理后拟保留的行政职权目录，按照严密的工作程序和统一的审核标准，依法逐条逐项进行合法性、合理性和必要性审查。需修改法律法规的，要先修法再调整行政职权，先立后破，有序推进。在审查过程中，要广泛听取基层、专家学者和社会公众的意见。审查结果按规定程序由同级党委和政府确认。

（六）优化权力运行流程。对确认保留的行政职权，地方各级政府工作部门要按照透明、高效、便民原则，制定行政职权运行流程图，切实减少工作环节，规范行政裁量权，明确每个环节的承办机构、办理要求、办理时限等，提高行政职权运行的规范化水平。

（七）公布权力清单。地方各级政府对其工作部门经过确认保留的行政职权，除保密事项外，要以清单形式将每项职权的名称、编码、类型、依据、行使主体、流程图和监督方式等，及时在政府网站等载体公布。垂直管理部门设在地方的具有行政职权的机构，其权力清单由其上级部门进行合法性、合理性和必要性审核确认，并在本机构业务办理窗口、上级部门网站等载体公布。

（八）建立健全权力清单动态管理机制。权力清单公布后，要根据法律法规立改废释情况、机构和职能调整情况等，及时调整权力清单，并向社会公布。对权力清单未明确但应由政府管理的事项，政府部门要切实负起责任，需列入权力清单的，按程序办理。建立权力清单的动态调整和长效管理机制。

（九）积极推进责任清单工作。在建立权力清单的同时，要按照权责一致的原则，逐一厘清与行政职权相对应的责任事项，建立责任清单，明确责任主体，健全问责机制。已经建立权力清单的，要加快建立责任清单；尚未建立权力清单的，要把建立责任清单作为一项重要改革内容，与权力清单一并推进。

（十）强化权力监督和问责。权力清单公布后，地方各级政府工作部门、依法承担行政职能的事业单位、垂直管理部门设在地方的具有行政职权的机构等，都要严格按照权力清单行使职权，切实维护权力清单的严肃性、规范性和权威性。要大力推进行政职权网上运行，加大公开透明力度，建立有效的权力运行监督机制。对不按权力清单履行职权的单位和人员，依纪依法追究责任。

三、组织实施

（十一）加强组织领导。各级党委要高度重视推行权力清单制度工作，切实履行对改革的领导责任，把这项工作列入重要议事日程，研究重大问题，把握改革方向。各省（自治区、直辖市）政府要制定本地区推行权力清单制度工作方案，明确工作步骤，细化政策措施，认真研究部署。上级政府要加强对下级政府的指导和督促检查，重要事项及时向党委报告。国务院各部门要支持地方推行权力清单制度工作，实行垂直管理的部门要指导督促本系统设在地方的具有行政职权的机构落实权力清单制度。

（十二）坚持问题导向。要把有利于服务人民、有利于群众办事作为推行权力清单制度基本出发点，抓好清权、减权、制权、晒权等主要环节，把与企业生产经营活动关系紧密、审批权力集中的部门作为重点，把与群众生活密切相关的职权事项放在优先位置，着力解决行政许可、行政处罚、行政强制等领域社会反映强烈的突出问题，让公众切身感受到改革带来的变化。

（十三）坚持实事求是。推行权力清单制度是一项艰巨复杂的工作，要立足于我国法治建设实际，渐进有序、积极稳慎推行。政府工作部门要按照权力清单行使职权，防止乱作为；也要积极主动履行职责，避免不作为。对关系人民生产生活、社会发展稳定的事务，要勇于负责、敢于担当，切实履行职责。

（十四）坚持因地制宜。各地要紧密结合本地实际制定工作部署，提出有针对性的政策措施，扎实推行权力清单制度，勇于探索、勇于实践，创造性地开展工作。要把推行权力清单制度与简政放权、政府职能转变等结合起来，形成改革合力。已经推行权力清单制度的地方，要不断深化和完善；尚未推行的地方，要学习借鉴其他地方经验，抓紧做好相关工作。

（十五）统筹协调推进。省级政府 2015 年年底前、市县两级政府 2016 年年底前要基本完成政府工作部门、依法承担行政职能的事业单位权力清单的公布工作。乡镇政府推行权力

495

清单制度工作由各省（自治区、直辖市）结合实际研究确定。垂直管理部门设在地方的具有行政职权的机构的权力清单公布，要与当地政府工作部门权力清单公布相衔接。中央编办、国务院法制办要加强对地方的指导，地方各级机构编制部门和政府法制部门要切实负起责任，在同级党委和政府领导下，会同有关部门积极做好推行权力清单制度工作。对推行权力清单制度情况，相关部门要适时组织督查。

关于调整中央和国家机关
差旅住宿费标准等有关问题的通知

（财政部，2015 年 9 月）

为贯彻落实《党政机关厉行节约反对浪费条例》和差旅费制度关于标准应适时调整的规定，进一步规范和加强中央和国家机关差旅费管理，提高差旅住宿费标准的科学性、有效性，综合考虑近两年全国各地区宾馆（饭店）住宿费价格变动、实际工作需要、淡旺季等因素，经研究决定，自 2016 年 1 月 1 日起调整《中央和国家机关差旅费管理办法》（财行〔2013〕531 号）规定的差旅住宿费标准。现就有关事项通知如下：

一、调整北京、上海等 11 个城市部级干部住宿费标准、7 个城市司局级干部住宿费标准和 33 个城市处级及以下干部住宿费标准，具体标准见附表。

二、拉萨、西宁、哈尔滨、海口、大连、青岛等 6 个受地理、气候等自然条件限制和季节性热点影响较大的城市试行差旅住宿费淡旺季标准。旺季期间及上浮后标准见附表。

三、调整后的差旅住宿费标准是中央和国家机关工作人员到各省会城市、直辖市、计划单列市出差的住宿费上限标准，各类人员应当坚持勤俭节约原则，根据职级对应的住宿费标准自行选择宾馆住宿（不分房型），在限额标准内据实报销。

中央和国家机关工作人员到各省、自治区、直辖市、计划单列市所辖地、州、市（县）出差执行当地财政部门制定的差旅住宿费标准。各地、州、市（县）差旅住宿费标准未制定公布前，可暂按其省会城市住宿费标准执行。

四、各单位应当严格按照差旅费制度和厉行节约反对浪费的有关规定，加强出差审批管理，从严控制出差人数和天数，严格差旅费预算管理和报销审核，控制差旅费支出规模。对违反差旅费管理规定的行为，有关部门应依法依规追究相关单位和人员的责任。

附件：中央和国家机关国内差旅住宿费标准调整表

序号	地区（城市）	住宿费标准			淡旺季浮动标准建议				
		部级	司局级	其他人员	旺季期间	旺季上浮价			上浮比例
						部级	司局级	其他人员	
1	北京市	1100	650	500					
2	天津市	800	480	380					
3	河北省（石家庄）	800	450	350					
4	山西省（太原）	800	480	350					
5	内蒙古（呼和浩特）	800	460	350					
6	辽宁省（沈阳）	800	480	350					
7	大连市	800	490	350	7—9月	960	590	420	20%
8	吉林省（长春）	800	450	350					
9	黑龙江省（哈尔滨）	800	450	350	7—9月	960	540	420	20%

续表

序号	地区（城市）	住宿费标准			淡旺季浮动标准建议				
		部级	司局级	其他人员	旺季期间	旺季上浮价			上浮比例
						部级	司局级	其他人员	
10	上海市	1100	600	500					
11	江苏省（南京）	900	490	380					
12	浙江省（杭州）	900	500	400					
13	宁波市	800	450	350					
14	安徽省（合肥）	800	460	350					
15	福建省（福州）	900	480	380					
16	厦门市	900	500	400					
17	江西省（南昌）	800	470	350					
18	山东省（济南）	800	480	380					
19	青岛市	800	490	380	7—9月	960	590	450	20%
20	河南省（郑州）	900	480	380					
21	湖北省（武汉）	800	480	350					
22	湖南省（长沙）	800	450	350					
23	广东省（广州）	900	550	450					
24	深圳市	900	550	450					
25	广西（南宁）	800	470	350					
26	海南省（海口）	800	500	350	11—2月	1040	650	450	30%
27	重庆市	800	480	370					
28	四川省（成都）	900	470	370					
29	贵州省（贵阳）	800	470	370					
30	云南省（昆明）	900	480	380					
31	西藏（拉萨）	800	500	350	6—9月	1200	750	530	50%
32	陕西省（西安）	800	460	350					
33	甘肃省（兰州）	800	470	350					
34	青海省（西宁）	800	500	350	6—9月	1200	750	530	50%
35	宁夏（银川）	800	470	350					
36	新疆（乌鲁木齐）	800	480	350					

中央事业单位公务用车
制度改革实施意见

（中央公务用车制度改革领导小组，
2015 年 12 月）

为贯彻落实党的十八大和十八届三中、四中、五中全会精神，根据《中共中央办公厅 国务院办公厅印发〈关于全面推进公务用车制度改革的指导意见〉的通知》（中办发〔2014〕40 号）有关要求，现就推进中央事业单位公务用车制度改革提出以下意见。

一、充分认识中央事业单位公务
用车制度改革的重要意义

中央事业单位公务用车制度改革是坚决贯彻落实中央八项规定精神和厉行节约反对浪费要求的重要举措，是全面推进公务用车制度改革的重要任务，对规范中央事业单位职务待遇、节约成本、提高效能、促进党风廉政建设具有重要意义，也对地方事业单位公务用车制度改革具有先行示范作用。

500

事业单位行业类别众多，单位类型复杂，经费来源多样，人员身份不一，车辆规模庞大，事业单位分类改革和工资制度改革也尚在推进中，必须充分认识中央事业单位公务用车制度改革复杂性，切实增强责任感、使命感和紧迫感，坚定信心，扎实工作，确保改革工作有序推进。

二、改革范围、工作目标和基本原则

（一）改革范围

单位范围为党中央、国务院直属非参照公务员法管理的事业单位，以及中央和国家机关各部门各单位（以下简称各部门）所属非参照公务员法管理的各级各类事业单位；人员范围为所有原符合公务用车配备条件的岗位和人员，目前按照报销公务交通费用保障公务出行的岗位和人员原则上维持现有方式。其中，执行企业会计制度的中央事业单位、中央企业所属事业单位可按照本意见要求实施改革，也可参照中央企业公务用车制度改革有关规定实施改革。

（二）工作目标

按照中央厉行节约反对浪费的总要求，坚持社会化、市场化方向，创新公务交通保障机制，取消一般公务用车，公务活动出行实行社会化，采取报销公务交通费用、适度发放公务交通补贴或其他符合规定的社会化方式保障公务出行，从严配备定向化保障的公务用车，实现中央事业单位公务交通保障高效、费用节约、成本下降和管理规范。党中央、国务院直属事业单位机关本级公务用车制度改革 2016 年上半年完成；各部门所属在京事业单位公务用车制度改革 2016 年底前完成；京外中央事业单位公务用车制度改革，按属地化原则，与地方同步完成。

（三）基本原则

1. 坚持厉行节约，保障高效。科学制定改革方案，各参改事业单位要对本单位公车改革节支情况进行详细测算，确保改革后公务交通费用支出低于改革前支出，不能因此增加财政预算支出；积极探索和创新符合中央事业单位公务出行特点的市场化交通保障机制，确保中央事业单位社会服务和公益事业工作不受影响。

2. 坚持从严从紧，应改尽改。将应改单位和符合参改条件人员全部纳入改革范围，从严核定保留车辆，从紧确定公务交通费用报销额度或公务交通补贴标准，不开口子，不留后门，坚决避免违规配备使用公务用车现象。

3. 坚持统筹兼顾，分类指导。从实际出发，妥善处理各种利益关系，根据中央事业单位行业特点和工作实际，区分不同单位性质、岗位类别和人员身份，采取不同的改革措施，不搞一刀切。完善各项配套政策，切实搞好与事业单位工资及财务管理制度等相关方面的统筹与衔接，确保新旧制度平稳过渡。

4. 坚持统一部署，分级负责。中央公务用车制度改革领导小组审核批复党中央、国务院直属事业单位机关本级公务用车制度改革实施方案。各部门按照本意见，切实落实领导责任，强化主管部门主体责任，审核批复所属事业单位公务用车制度改革实施方案，确保事业单位公务用车制度改革任务按期完成。

三、主要任务

（一）分类推进中央事业单位公务用车制度改革

党中央、国务院直属事业单位机关本级，按照《中共中央办公厅 国务院办公厅关于印发〈中央和国家机关公务用车制度改革方案〉的通知》（中办发〔2014〕41号）有关规定实施改革，取消一般公务用车，保留必要的机要通信、应急、特种专业技术用车和离退休干部服务用车等车辆，在确保节支的前提下，对参改人员适度发放公务交通补贴，通过社会化方式保障其公务活动出行。中央和国务院直属新闻媒体单位本级管理的新闻记者可根据情况由单位确定选择领取补贴或实报实销公务交通费用。

各部门所属事业单位，取消一般公务用车，保留必要的特种专业技术用车和必要的业务用车等车辆，在确保本单位节支的前提下，对参改人员采取报销公务交通费用、发放公务交通补贴或其他符合规定的社会化方式等保障其公务活动出行。

已经试行公务用车制度改革的中央事业单位，按照本意见进行规范。

（二）合理确定公务交通补贴或费用报销的范围、标准或额度

党中央、国务院直属事业单位机关本级，公务交通补贴的

标准、发放范围和方式及管理使用，按照中办发〔2014〕41号文件有关规定执行。

各部门所属事业单位，对参改人员实行以按规定报销公务交通费用为主的办法，个别特定岗位确需发放公务交通补贴的应从严从紧核定并报本单位所属的主管部门批准。公务交通费用报销额度及公务交通补贴标准，由主管部门根据取消车辆数量、运行成本和改革前交通费支出情况，在节支的前提下，按照不高于同地区、同级别机关相应层级公务员交通补贴标准的原则从严确定。不得既发放公务交通补贴又报销公务交通费用。严格按规定控制报销或发放人员范围，避免普遍发放交通补贴或允许限额报销的福利化改革倾向。建立公务交通费用报销总额度和公务交通补贴总数与所在单位规模增长相匹配的动态调整机制。

（三）从严核定保留车辆

党中央、国务院直属事业单位机关本级保留车辆，按照《关于做好中央和国家机关公务用车制度改革中车辆保留和处置工作的通知》（中车改办〔2014〕3号）有关规定核定。

各部门所属事业单位车改保留车辆，由主管部门核定并报财政部备案，同时按职责权限分系统分别抄送国管局、中直管理局备案。各部门机关本级的机关服务部门可保留1至2辆后勤服务用车。各部门所属其他事业单位可根据业务保障和专业技术活动工作实际，保留必要的医疗救护、新闻转播、科学考察、技术勘察、检疫检测、环卫清洁等特定功能的特种专业技术用车和必要的业务用车，保留的车辆要有预算，其中特种专业技术用车必须长期搭载固定设备并进行标识化管理，不得在公车改革过程中新增车辆。与主管部门机关同城异地办公的可根据需要保留 1 辆工作用车，用于机要通信、应急等公务，但不得借车改名义新增车辆。

各部门所属事业单位的中央管理领导干部，由各部门自行选择确定参加公务用车制度改革或维持原有公务交通保障方式。

各部门所属事业单位主要负责人应当纳入改革范围，改革后原则上不再配备工作用车。原配有符合规定标准工作用车，确因工作需要保留，应当经本单位职代会或党委会同意，报主管部门批准；其本人不得再领取公务交通补贴或报销公务交通费用等。

（四）妥善安置司勤人员

中央事业单位可按照《关于中央和国家机关公务用车制度改革中妥善安置司勤人员的指导意见》有关政策，根据以人为本、积极稳妥、因地制宜的原则，认真做好司勤人员安置工作，不能简单推向社会，要立足内部消化，保障其合法权益，确保公务用车制度改革顺利实施。

（五）规范处置取消车辆

党中央、国务院直属事业单位机关本级取消的车辆分别移交国管局、中直管理局，按照《中央和国家机关公务用车制度改革涉及的车辆处置办法》规定程序进行统一规范处置。

各部门所属事业单位取消的车辆，由主管部门按照中央行政事业单位国有资产管理有关规定，严格履行资产处置审批手续后，委托国管局、中直管理局公开招标确定的评估、拍卖和解体机构，通过公开拍卖等方式进行处置。处置收入按事业单位有关财务管理制度进行管理和核算。

四、认真做好组织实施工作

（一）切实加强组织领导

各部门要高度重视中央事业单位公务用车制度改革工作，切实加强领导，明确任务分工，落实工作责任。各部门公务用车制度改革工作组要统一负责部署和组织本部门所属事业单位公务用车制度改革工作，正确把握改革方向，明确改革工作任务，督促落实到位；事业单位数量和人数众多的教科文卫等事业单位相关行业主管部门要结合行业实际，加强政策指导，要根据行业业务特点制定本行业事业单位公车改革办法并报中央公车改革领导小组批准；各中央事业单位主要负责人要亲自抓，明确专门机构人员，精心组织实施，严格按照要求做好本单位公务用车制度改革工作。

（二）认真制定实施方案

党中央、国务院直属事业单位，按照本意见制定机关本级公务用车制度改革实施方案，于 2016 年 2 月底前报中央公务用车制度改革领导小组，经批准后执行。

各部门所属事业单位，按照本意见和行业主管部门制定的事业单位公车改革办法，在深入调研、全面摸底、细致测算的基础上，结合单位实际，认真制定本单位公务用车制度改革实施方案（包括本单位节支率详细测算情况），报主管部门批准后执行。各部门对所属事业单位公务用车制度改革实施方案批复完成后 3 个月内，将有关情况进行汇总，包括改革的工作安排、参改人员范围和数量、各类岗位和人员的改革方式、公务交通补贴标准或公务交通费用报销额度、保留车辆核定原则和数量、取消车辆处置方式和数量、司勤人员安置情况和改革节支情况等，报中央公务用车制度改革领导小组办公室备案。

（三）严格保留车辆管理

中央事业单位应当对保留车辆实行集中管理，统一调度，严格车辆使用管理程序，健全车辆日常使用登记和公示制度，经批准保留的车辆要严格用于规定用途。

（四）加大监督检查力度

中央事业单位要严肃公务用车制度改革和公务用车管理使用纪律，不得变相超编制、超标准配备公务用车，不得以任何方式换用、借用、占用下属单位或其他单位和个人的车辆，不得向其他单位和个人提供车辆，不得以各种名义占用特种专业技术用车等定向化保障的车辆或长期租用车辆变相作为个人固定用车，不得既领取公务交通补贴、又违规乘坐公务用车或报销公务交通费用。

纪检监察机关要强化监督检察，及时受理群众举报，依法依纪查处违反公务用车制度改革政策和公务用车管理规定的行为，严肃追究相关责任人的责任。审计部门要对公务用车制度改革情况进行监督，并将改革后保留车辆的配备及运行维护

十八大以来廉政新规定（2020年版）

費、保留车辆经费支出、车辆处置情况等纳入日常和专项审计监督。各部门要建立健全责任追究制度，对违反本意见及公务用车管理规定的责任人追究相关责任，予以严肃处理。

508

中央企业公务用车制度
改革实施意见

（中央公务用车制度改革领导小组，
2016 年 2 月）

为贯彻落实党的十八大和十八届三中、四中、五中全会精神，根据《中共中央办公厅　国务院办公厅印发〈关于全面推进公务用车制度改革的指导意见〉的通知》（中办发〔2014〕40 号）、《中共中央办公厅　国务院办公厅印发〈关于合理确定并严格规范中央企业负责人履职待遇、业务支出的意见〉的通知》（中办发〔2014〕51 号）等规定的要求，现就中央企业公务用车制度改革有关事项提出以下实施意见。

一、充分认识中央企业公务用车
制度改革的重要意义

近年来，各中央企业认真贯彻党中央、国务院的要求，不断加强公务用车管理，健全公务用车管理制度，规范公务用车运行。同时，结合生产经营实际，积极探索符合企业特点的公务出行保障方式，取得了一定进展。但是，目前仍然存在部分中央企业公务用车管理不够规范、公务用车配备范围过大、管理运行成本偏高、公务出行社会化、市场化水平较低等问题，需要进一步深化改革、加强管理。

推进中央企业公务用车制度改革，是贯彻落实中央关于厉行节约、反对浪费总体要求的重要举措，是规范中央企业负责人履职待遇的重要内容，是企业节约成本、提高运营效率的重要环节，是树立中央企业良好社会形象的迫切要求。各中央企业要充分认识进一步推进公务用车制度改革的重要意义，采取切实有效措施，扎实开展公务用车制度改革各项工作。

二、适用范围和基本原则

（一）适用范围

本意见适用于党的机关、人大机关、行政机关、政协机关、审判机关、检察机关，以及中央和国家机关各部委、各人民团体（以下简称有关部门）所属的中央企业（不含境外中央企业，下同）。

本意见适用的人员和岗位主要是指符合公务用车配备条件的中央企业负责人（指上述中央企业领导班子成员），以及按照国家及有关部门的有关政策规定符合公务用车配备条件的其他人员和岗位（以下简称其他符合条件的人员）。

（二）基本原则

1. 坚持创新制度、分类保障。改革公务交通保障方式，完善差异化公务交通保障制度，推进公务用车货币化改革，实现普通公务出行社会化，取消与经营和业务保障无关的车辆，从严配备并集中管理经营和业务保障用车。

2. 坚持厉行节约、提高效率。以公务交通成本节支情况作为公务用车制度改革的评价标准，合理确定中央企业公务用车配备标准及公务交通补贴标准，并严格规范管理，切实保障履职和企业生产经营活动的实际需要。

3. 坚持分级负责、稳妥推进。中央企业要充分结合本企业实际，周密制订改革实施方案，对子企业逐级落实责任，先易后难、分类分步、层层推进改革。

三、扎实推进公务用车制度改革各项工作

（一）根据保障岗位履职和公务活动需要，分类分级推进公务用车制度改革

1. 积极稳妥改革中央企业负责人公务交通保障方式。改革中央企业负责人公务用车实物供给方式，实行配备公务用车或者发放公务交通补贴。中央企业主要负责人原则上通过配备公务用车保障履职需要；中央企业副职负责人可由企业根据实际情况确定公务交通保障方式。采取配备公务用车方式的，要严格执行中央以及有关部门关于公务用车配备的规定，不得发放任何形式的公务交通补贴。采取发放公务交通补贴方式的，要取消为企业负责人配备的公务用车，每月按标准发放公务交通补贴或者按年度计算的补贴标准内据实报销公务交通费用。

公务交通补贴标准上限由有关部门综合考虑所属中央企业负责人履职需要、所在地党政机关公务交通补标准、公务用车改革成本节支及薪酬制度改革情况等因素合理确定，报中央公务用车制度改革领导小组备案后执行。

2. 全面推动其他符合条件的人员实行公务用车货币化改革。其他符合条件的人员（如总经理助理等岗位）公务出行全部实行社会化保障，取消配备公务用车方式。中央企业根据岗位特点和生产经营实际，在有关部门核定的公务交通补贴标准上限内，分档确定公务交通补贴标准，每月按标准发放公务交通补贴或者按年度计算的补贴标准内据实报销公务交通费用。

3. 有序实施中央企业经营和业务保障等其他公务用车改革。中央企业应当取消与经营和业务保障无关的车辆，可根据生产经营特点和机要通信、应急、特种专业技术服务（生产）、商务接待、执纪等实际需要保留适当的经营和业务保障用车。经营和业务保障用车车型应根据实际用途按照实用节俭的原则合理确定，并严格控制数量。公务用车制度改革过程中，要优先淘汰使用效率低、运行维护成本高、配置标准明显偏高的公务用车。

取消为退休、离任或者调离本企业的人员配备的公务用车，不得为中央企业集团总部部门负责人及部门其他员工、非本企业人员等配备公务用车。

4. 分级推进中央企业各级子企业（含分支机构，下同）公务用车制度改革。中央企业要统筹协调推进各级子企业公务用车制度改革。根据子企业生产经营实际、所处自然环境等客观因素以及规模、效益等情况合理确定公务交通保障方式，具备公务出行社会化保障条件的子企业负责人及其他符合公务用车配备条件的岗位和人员原则上要以社会化、市场化为方向进行改革，确需配备公务用车的可予以保障。中央企业要从严确定子企业的公务交通补贴标准和参改人员范围，合理控制其经营和业务保障用车的数量和配备标准。

（二）合理高效配置公务用车资源，加强公务用车管理

1. 实行企业公务用车（含企业负责人公务用车，下同）集中统一管理。中央企业应对公务用车的购置（租赁）、更新、保养、维修以及日常使用等实行集中管理，统一调配。新购置的公务用车应优先选用新能源汽车。完善公务用车使用管理程序，健全公务用车使用明细登记制度，确保每辆公务用车每次公务出行的详细信息有据可查。不得擅自增加公务用车数量，不得向子企业调换、借用公务用车及转嫁公务用车购置、租赁资金和运行费用。

2. 合理控制经营和业务保障用车配置标准。中央企业公务用车制度改革后保留的轿车型经营和业务保障用车配置标准原则上不高于中央企业副职负责人公务用车配置标准，新购置的轿车型经营和业务保障用车配置标准原则上要控制在购车价格18万元（不含车辆购置税，下同）以内、排气量1.8升（含）以下。商务车型经营和业务保障用车要控制在购车价格38万元以内、排气量3.0升（含）以下。确因生产经营需要等原因必须配备较高标准经营和业务保障用车的，企业应严格

履行内部决策程序，并严格控制数量，集团总部原则上不超过2辆。

3. 严格规范企业租赁公务用车管理。通过租赁公务用车保障中央企业负责人履职需要和企业日常经营业务的，视同配备公务用车进行管理。要严格按照本意见关于配备公务用车的规定控制租赁公务用车数量和标准，参照本地区同车型的市场租赁平均价格合理确定单车租赁价格，降低租赁费用。

4. 加强企业公务用车费用预算管理。中央企业要将公务用车购置（含租赁）、运行维护等费用以及公务交通补贴纳入年度预算管理，明确预算编制、审核、调整、动态监测以及执行等规定和程序，严格控制公务用车开支范围和标准，每年编制公务用车专项预算方案并严格执行。

（三）统筹兼顾，完善公务用车相关配套改革制度

1. 公开规范处置公务用车。中央企业要根据国家有关国有资产转让规定制定统一规范的公务用车处置办法，公开处置公务用车，防范国有资产流失。

2. 妥善安置司勤人员。中央企业要根据配备、使用公务用车的实际需要，合理设置司勤人员岗位，按照公开、平等、竞争、择优原则确定留岗人员。要依照有关法律法规妥善处理好与相关司勤人员的劳动关系，保障其合法权益。

3. 完善企业公务交通保障制度。中央企业要按照本意见精神制订本企业公务出行保障制度，明确公务出行的保障方式、操作程序、管理办法以及公务交通补贴标准等，做好与企

业国内差旅制度的有效衔接，不得为参改人员既发放公务交通补贴又提供公务用车保障。

4. 健全责任追究制度。要将公务用车制度改革管理情况、公务用车专项预算方案及执行情况、公务用车总量及使用明细等纳入厂务公开范围、本企业内部审计内容、外派监事会监督检查工作内容、巡视组巡视工作内容以及企业负责人经济责任审计范围。要建立健全责任追究制度，对违反本意见要求及有关部门关于公务用车管理规定的责任人追究相关责任，予以严肃处理。

四、认真做好组织实施

（一）加强企业公务用车制度改革的组织领导。各中央企业要严格按照本意见精神研究制定企业公务用车制度改革方案，明确改革时限要求，统筹做好本企业公务用车制度改革组织领导工作。对于正在开展或者已经完成公务用车制度改革的中央企业，要按照本意见要求进行规范。

（二）分步实施企业公务用车制度改革各项工作。有关部门负责对所属中央企业的公务用车制度改革方案进行审核。力争 2016 年 6 月底前基本完成中央企业集团总部的公务用车制度改革工作，2016 年 12 月底前基本完成中央企业各级子企业的公务用车制度改革工作。

（三）努力营造企业公务用车制度改革的良好氛围。各中央企业要充分认识公务用车制度改革的重大意义，统一思想，加强宣传，引导企业职工转变观念，营造理解和支持改革的良好氛围，及时有效解决改革中遇到的新情况新问题，确保各项工作落到实处。

中央行政单位通用办公设备家具配置标准

（财政部、全国人大常委会办公厅、
政协全国委员会办公厅、国管局、
中直管理局，2016 年 5 月）

第一条 为了规范中央行政单位资产配置，健全中央预算标准体系和资产配置标准体系，保障中央行政单位运行，根据国家有关规定，制定本标准。

第二条 中共中央直属机关，国务院各部委、直属机构、直属事业单位、办事机构，全国人大常委会办公厅，全国政协办公厅，最高人民法院，最高人民检察院，各民主党派中央本级，有关人民团体及中央垂直管理系统行政单位（以下简称中央行政单位）配置通用办公设备、家具适用本标准。

第三条 本标准所称通用办公设备、家具，是指普遍适用于中央行政单位，满足办公基本需要的设备、家具，不含专业类设备、家具。

对未列入本标准资产品目内的其他通用办公设备、家具，应当按照与单位履行职能需要相适应的原则，从严控制。

第四条 本标准是中央预算标准体系和资产配置标准体系的重要组成部分，是编制和审核资产配置计划和配置预算，实施政府采购和资产处置管理等工作的基本依据。

第五条 本标准包括资产品目、配置数量上限、价格上限、最低使用年限和性能要求等内容。

资产品目根据办公设备、家具普遍适用程度确定。

配置数量上限根据单位机构设置、职能、编制内实有人数等确定，是不得超出的数量标准，具体数量由各单位结合实际，按照节约的原则合理配置。

价格上限根据办公设备、家具市场行情确定，是不得超出的价格标准，具体价格由各单位结合实际，按照节约的原则合理配置。因特殊原因确需超价格上限采购的，应按规定履行审批手续。

最低使用年限根据办公设备、家具的使用频率和耐用程度等确定，是通用办公设备、家具使用的低限标准。未达到最低使用年限的，除损毁且无法修复外，原则上不得更新。已达到使用年限仍可以使用的，应当继续使用。

性能要求是对通用办公设备、家具功能、属性、材质等方面的规定。

第六条 中央行政单位配置办公设备应当按照《中华人民共和国政府采购法》的规定，配置具有较强安全性、稳定性、兼容性，且能耗低、维修便利的设备，不得配置高端设备。

中央行政单位配置办公家具应当充分考虑办公布局，符合简朴实用要求，不得配置豪华家具，不得使用名贵木材。

第七条 本标准根据经济社会发展水平、市场价格变化等因素，适时调整。

第八条 中央行政单位应当根据本标准的有关规定，结合内设机构职能、工作需要和预算安排情况，在不超出按本标准计算的数量总量内，统筹合理安排本单位内设机构通用办公设备、家具的配置。

第九条 参照公务员法管理的事业单位和执行行政单位财务和会计制度的其他中央事业单位和社会团体配置通用办公设备、家具的，依照本标准执行。驻外机构办公设备家具配置标准另行制定。

第十条 本标准自 2016 年 7 月 1 日起施行。《中央国家机关办公设备和办公家具配置标准（试行）》（国管资〔2009〕221 号）和《中央行政单位通用办公设备家具购置费预算标准（试行）》（财行〔2011〕78 号）同时废止。

关于进一步完善中央财政科研项目
资金管理等政策的若干意见

（中共中央办公厅、国务院办公厅，
2016 年 7 月）

《中共中央、国务院关于深化体制机制改革加快实施创新驱动发展战略的若干意见》和《国务院关于改进加强中央财政科研项目和资金管理的若干意见》印发以来，有力激发了创新创造活力，促进了科技事业发展，但也存在一些改革措施落实不到位、科研项目资金管理不够完善等问题。为贯彻落实中央关于深化改革创新、形成充满活力的科技管理和运行机制的要求，进一步完善中央财政科研项目资金管理等政策，现提出以下意见。

一、总体要求

全面贯彻落实党的十八大和十八届三中、四中、五中全会及全国科技创新大会精神，以邓小平理论、"三个代表"重要思想、科学发展观为指导，深入学习贯彻习近平总书记系列重要讲话精神，按照党中央、国务院决策部署，牢固树立和贯彻落实创新、协调、绿色、开放、共享的发展理念，深入实施创新驱动发展战略，促进大众创业、万众创新，进一步推进简政放权、放管结合、优化服务，改革和创新科研经费使用和管理方式，促进形成充满活力的科技管理和运行机制，以深化改革更好激发广大科研人员积极性。

——坚持以人为本。以调动科研人员积极性和创造性为出发点和落脚点，强化激励机制，加大激励力度，激发创新创造活力。

——坚持遵循规律。按照科研活动规律和财政预算管理要求，完善管理政策，优化管理流程，改进管理方式，适应科研活动实际需要。

——坚持"放管服"结合。进一步简政放权、放管结合、优化服务，扩大高校、科研院所在科研项目资金、差旅会议、基本建设、科研仪器设备采购等方面的管理权限，为科研人员潜心研究营造良好环境。同时，加强事中事后监管，严肃查处违法违纪问题。

——坚持政策落实落地。细化实化政策规定，加强督查，狠抓落实，打通政策执行中的"堵点"，增强科研人员改革的成就感和获得感。

二、改进中央财政科研项目资金管理

（一）简化预算编制，下放预算调剂权限。根据科研活动规律和特点，改进预算编制方法，实行部门预算批复前项目资金预拨制度，保证科研人员及时使用项目资金。下放预算调剂权限，在项目总预算不变的情况下，将直接费用中的材料费、测试化验加工费、燃料动力费、出版/文献/信息传播/知识产权事务费及其他支出预算调剂权下放给项目承担单位。简化预算编制科目，合并会议费、差旅费、国际合作与交流费科目，由科研人员结合科研活动实际需要编制预算并按规定统筹安排使用，其中不超过直接费用10%的，不需要提供预算测算依据。

（二）提高间接费用比重，加大绩效激励力度。中央财政科技计划（专项、基金等）中实行公开竞争方式的研发类项目，均要设立间接费用，核定比例可以提高到不超过直接费用扣除设备购置费的一定比例：500万元以下的部分为20%，500万元至1000万元的部分为15%，1000万元以上的部分为13%。加大对科研人员的激励力度，取消绩效支出比例限制。项目承担单位在统筹安排间接费用时，要处理好合理分摊间接成本和对科研人员激励的关系，绩效支出安排与科研人员在项目工作中的实际贡献挂钩。

（三）明确劳务费开支范围，不设比例限制。参与项目研究的研究生、博士后、访问学者以及项目聘用的研究人员、科研辅助人员等，均可开支劳务费。项目聘用人员的劳务费开支标准，参照当地科学研究和技术服务业从业人员平均工资水平，根据其在项目研究中承担的工作任务确定，其社会保险补助纳入劳务费科目列支。劳务费预算不设比例限制，由项目承担单位和科研人员据实编制。

（四）改进结转结余资金留用处理方式。项目实施期间，年度剩余资金可结转下一年度继续使用。项目完成任务目标并通过验收后，结余资金按规定留归项目承担单位使用，在2年内由项目承担单位统筹安排用于科研活动的直接支出；2年后未使用完的，按规定收回。

（五）自主规范管理横向经费。项目承担单位以市场委托方式取得的横向经费，纳入单位财务统一管理，由项目承担单位按照委托方要求或合同约定管理使用。

三、完善中央高校、科研院所差旅会议管理

（一）改进中央高校、科研院所教学科研人员差旅费管理。中央高校、科研院所可根据教学、科研、管理工作实际需要，按照精简高效、厉行节约的原则，研究制定差旅费管理办法，合理确定教学科研人员乘坐交通工具等级和住宿费标准。对于难以取得住宿费发票的，中央高校、科研院所在确保真实性的前提下，据实报销城市间交通费，并按规定标准发放伙食补助费和市内交通费。

（二）完善中央高校、科研院所会议管理。中央高校、科研院所因教学、科研需要举办的业务性会议（如学术会议、研讨会、评审会、座谈会、答辩会等），会议次数、天数、人数以及会议费开支范围、标准等，由中央高校、科研院所按照实事求是、精简高效、厉行节约的原则确定。会议代表参加会

议所发生的城市间交通费，原则上按差旅费管理规定由所在单位报销；因工作需要，邀请国内外专家、学者和有关人员参加会议，对确需负担的城市间交通费、国际旅费，可由主办单位在会议费等费用中报销。

四、完善中央高校、科研院所科研仪器设备采购管理

（一）改进中央高校、科研院所政府采购管理。中央高校、科研院所可自行采购科研仪器设备，自行选择科研仪器设备评审专家。财政部要简化政府采购项目预算调剂和变更政府采购方式审批流程。中央高校、科研院所要切实做好设备采购的监督管理，做到全程公开、透明、可追溯。

（二）优化进口仪器设备采购服务。对中央高校、科研院所采购进口仪器设备实行备案制管理。继续落实进口科研教学用品免税政策。

五、完善中央高校、科研院所基本建设项目管理

（一）扩大中央高校、科研院所基本建设项目管理权限。对中央高校、科研院所利用自有资金、不申请政府投资建设的项目，由中央高校、科研院所自主决策，报主管部门备案，不再进行审批。国家发展改革委和中央高校、科研院所主管部门

要加强对中央高校、科研院所基本建设项目的指导和监督检查。

（二）简化中央高校、科研院所基本建设项目审批程序。中央高校、科研院所主管部门要指导中央高校、科研院所编制五年建设规划，对列入规划的基本建设项目不再审批项目建议书。简化中央高校、科研院所基本建设项目城乡规划、用地以及环评、能评等审批手续，缩短审批周期。

六、规范管理，改进服务

（一）强化法人责任，规范资金管理。项目承担单位要认真落实国家有关政策规定，按照权责一致的要求，强化自我约束和自我规范，确保接得住、管得好。制定内部管理办法，落实项目预算调剂、间接费用统筹使用、劳务费分配管理、结余资金使用等管理权限；加强预算审核把关，规范财务支出行为，完善内部风险防控机制，强化资金使用绩效评价，保障资金使用安全规范有效；实行内部公开制度，主动公开项目预算、预算调剂、资金使用（重点是间接费用、外拨资金、结余资金使用）、研究成果等情况。

（二）加强统筹协调，精简检查评审。科技部、项目主管部门、财政部要加强对科研项目资金监督的制度规范、年度计划、结果运用等的统筹协调，建立职责明确、分工负责的协同工作机制。科技部、项目主管部门要加快清理规范委托中介机构对科研项目开展的各种检查评审，加强对前期已经开展相关检查结果的使用，推进检查结果共享，减少检查数量，改进检查方式，避免重复检查、多头检查、过度检查。

（三）创新服务方式，让科研人员潜心从事科学研究。项目承担单位要建立健全科研财务助理制度，为科研人员在项目预算编制和调剂、经费支出、财务决算和验收等方面提供专业化服务，科研财务助理所需费用可由项目承担单位根据情况通过科研项目资金等渠道解决。充分利用信息化手段，建立健全单位内部科研、财务部门和项目负责人共享的信息平台，提高科研管理效率和便利化程度。制定符合科研实际需要的内部报销规定，切实解决野外考察、心理测试等科研活动中无法取得发票或财政性票据，以及邀请外国专家来华参加学术交流发生费用等的报销问题。

七、加强制度建设和工作督查，
确保政策措施落地见效

（一）尽快出台操作性强的实施细则。项目主管部门要完善预算编制指南，指导项目承担单位和科研人员科学合理编制项目预算；制定预算评估评审工作细则，优化评估程序和方法，规范评估行为，建立健全与项目申请者及时沟通反馈机制；制定财务验收工作细则，规范委托中介机构开展的财务检查。2016年9月1日前，中央高校、科研院所要制定出台差旅费、会议费内部管理办法，其主管部门要加强工作指导和统筹；2016年年底前，项目主管部门要制定出台相关实施细则，

项目承担单位要制定或修订科研项目资金内部管理办法和报销规定。以后年度承担科研项目的单位要于当年制定出台相关管理办法和规定。

（二）加强对政策措施落实情况的督查指导。财政部、科技部要适时组织开展对项目承担单位科研项目资金等管理权限落实、内部管理办法制定、创新服务方式、内控机制建设、相关事项内部公开等情况的督查，对督查情况以适当方式进行通报，并将督查结果纳入信用管理，与间接费用核定、结余资金留用等挂钩。审计机关要依法开展对政策措施落实情况和财政资金的审计监督。项目主管部门要督促指导所属单位完善内部管理，确保国家政策规定落到实处。

财政部、中央级社科类科研项目主管部门要结合社会科学研究的规律和特点，参照本意见尽快修订中央级社科类科研项目资金管理办法。

各地区要参照本意见精神，结合实际，加快推进科研项目资金管理改革等各项工作。

公务员考试录用违纪违规行为处理办法

（中共中央组织部、人力资源和社会保障部、
国家公务员局，2016 年 9 月）

第一条　为规范公务员考试录用违纪违规行为的认定与处理，严肃考试纪律，确保考试录用工作公平、公正，根据《中华人民共和国公务员法》等有关规定，制定本办法。

第二条　报考者和工作人员在公务员考试录用中违纪违规行为的认定与处理，适用本办法。

第三条　认定与处理违纪违规行为，应当事实清楚、证据确凿、程序规范、适用规定准确。

第四条　公务员主管部门、招录机关和考试机构及其他相关机构按照公务员考试录用法律法规等规定的职责权限，对报考者和工作人员违纪违规行为进行认定与处理。

第五条　报考者提供的涉及报考资格的申请材料或者信息不实的，由负责资格审查工作的招录机关或者公务员主管部门给予其取消本次报考资格的处理。

报考者有恶意注册报名信息，扰乱报名秩序或者伪造学历

证明及其他有关材料骗取考试资格等严重违纪违规行为的，由中央一级招录机关或者设区的市级以上公务员主管部门给予其取消本次报考资格的处理，并记入公务员考试录用诚信档案库，记录期限为五年。

第六条 报考者在考试过程中有下列违纪违规行为之一的，由具体组织实施考试的考试机构、招录机关或者公务员主管部门给予其当次该科目（场次）考试成绩无效的处理：

（一）将规定以外的物品带入考场且未按要求放在指定位置，经提醒仍不改正的；

（二）未在指定座位参加考试，或者未经工作人员允许擅自离开座位或者考场，经提醒仍不改正的；

（三）经提醒仍不按规定填写（填涂）本人信息的；

（四）将试卷、答题纸、答题卡带出考场，或者故意损毁试卷、答题纸、答题卡的；

（五）在试卷、答题纸、答题卡规定以外位置标注本人信息或者其他特殊标记的；

（六）在考试开始信号发出前答题的，或者在考试结束信号发出后继续答题的；

（七）其他应给予当次该科目（场次）考试成绩无效处理的违纪违规行为。

第七条 报考者在考试过程中有下列严重违纪违规行为之一的，给予其取消本次考试资格的处理，并记入公务员考试录用诚信档案库，记录期限为五年：

（一）抄袭、协助抄袭的；

（二）持伪造证件参加考试的；

（三）使用禁止自带的通讯设备或者具有计算、存储功能电子设备的；

（四）其他应给予取消本次考试资格处理的严重违纪违规行为。

报考中央机关及其直属机构公务员的，由中央公务员主管部门或者中央一级招录机关作出处理。报考地方各级机关公务员的，由省级公务员主管部门或者设区的市级公务员主管部门作出处理。

第八条　报考者在考试过程中有下列特别严重违纪违规行为之一的，由中央公务员主管部门或者省级公务员主管部门给予其取消本次考试资格的处理，并记入公务员考试录用诚信档案库，长期记录：

（一）串通作弊或者参与有组织作弊的；

（二）代替他人或者让他人代替自己参加考试的；

（三）其他情节特别严重、影响恶劣的违纪违规行为。

第九条　在阅卷过程中发现报考者之间同一科目作答内容雷同，并经阅卷专家组确认的，由具体组织实施考试的考试机构给予其该科目（场次）考试成绩无效的处理。省级以上考试机构确定作答内容雷同的具体方法和标准。

报考者之间同一科目作答内容雷同，并有其他相关证据证明其作弊行为成立的，视具体情形按照本办法第七条、第八条的规定处理。

第十条　报考者在体检过程中隐瞒影响录用的疾病或者病

史的，由招录机关或者公务员主管部门给予其不予录用的处理。有串通工作人员作弊或者请他人顶替体检以及交换、替换化验样本等严重违纪违规行为的，由招录机关或者公务员主管部门给予其不予录用的处理，并由中央一级招录机关或者设区的市级以上公务员主管部门记入公务员考试录用诚信档案库，记录期限为五年。

第十一条　报考者在考察过程中有弄虚作假、隐瞒事实真相或者其他妨碍考察工作正常进行行为的，由负责组织考察的招录机关或者公务员主管部门给予其不予录用的处理。情节严重、影响恶劣的严重违纪违规行为，由中央一级招录机关或者设区的市级以上公务员主管部门记入公务员考试录用诚信档案库，记录期限为五年。

第十二条　报考者的违纪违规行为被当场发现的，工作人员应当予以制止或者终止其继续参加考试，并收集、保存相应证据材料，如实记录违纪违规事实和现场处理情况，由两名以上工作人员签字，报送负责组织考试录用的部门。

第十三条　对报考者违纪违规行为作出处理决定前，应当告知报考者拟作出的处理决定及相关事实、理由和依据，并告知报考者依法享有陈述和申辩的权利。作出处理决定的公务员主管部门、招录机关或者考试机构对报考者提出的事实、理由和证据，应当进行复核。

第十四条　对报考者违纪违规行为作出处理决定的，应当制作公务员考试录用违纪违规行为处理决定书，依法送达报考者。

第十五条 试用期间查明报考者有本办法所列违纪违规行为的，由中央一级招录机关或者设区的市级以上公务员主管部门取消录用并按照本办法的有关规定给予其相应的处理。

任职定级后查明有本办法所列违纪违规行为的，给予其辞退处理或者开除处分。

第十六条 报考者应当自觉维护考试录用工作秩序，服从工作人员管理，有下列行为之一的，责令离开考场；情节严重的，按照本办法第七条、第八条的规定处理；违反《中华人民共和国治安管理处罚法》的，交由公安机关依法处理；构成犯罪的，依法追究刑事责任：

（一）故意扰乱考点、考场等考试录用工作场所秩序的；

（二）拒绝、妨碍工作人员履行管理职责的；

（三）威胁、侮辱、诽谤、诬陷工作人员或者其他报考者的；

（四）其他扰乱考试录用管理秩序的行为。

第十七条 录用工作人员违反有关法律法规，或者有《公务员录用规定（试行）》第三十三条、第三十四条规定情形的，按照有关规定给予处分。其中，公务员组织、策划有组织作弊或者在有组织作弊中起主要作用的，给予开除处分。构成犯罪的，依法追究刑事责任。

第十八条 报考者对违纪违规行为处理决定不服的，可以依法申请行政复议或者提起行政诉讼。

录用工作人员因违纪违规行为受到处分不服的，可以依法申请复核或者提出申诉。

第十九条　参照公务员法管理的机关（单位）工作人员录用中违纪违规行为的认定与处理适用本办法。

第二十条　公务员考试录用诚信档案库的管理办法由中央公务员主管部门制定。

第二十一条　本办法自 2016 年 10 月 1 日起施行。2009 年 11 月 9 日人力资源社会保障部公布的《公务员录用考试违纪违规行为处理办法（试行)》（人力资源和社会保障部令第 4 号）同时废止。

关于做好事业单位政府
购买服务改革工作的意见

（财政部、中央编办，2016 年 11 月）

推广政府购买服务是党中央、国务院作出的重要决策，对于创新公共服务提供方式，促进政府职能转变，提高公共服务质量和效率具有重要意义。事业单位是提供公共服务的重要力量，在促进经济社会发展、改善人民群众生活等方面发挥着重要作用，但也存在一些事业单位政事不分、事企不分，服务质量和效率不高等问题。为做好事业单位政府购买服务改革工作，通过政府购买服务改革支持事业单位分类改革和转型发展，增强事业单位提供公共服务能力，经国务院同意，现提出如下意见。

一、总体要求

（一）指导思想。全面贯彻党的十八大、十八届三中、四中、五中、六中全会和习近平总书记系列重要讲话精神，认真落实党中央、国务院决策部署，通过推进事业单位政府购买服

534

务改革，推动政府职能转变，深化简政放权、放管结合、优化服务改革，改进政府提供公共服务方式，支持事业单位改革，促进公益事业发展，切实提高公共服务质量和水平。

（二）基本原则。一是坚持分类施策。依据现行政策，事业单位分为承担行政职能事业单位、公益一类事业单位、公益二类事业单位、生产经营类事业单位四类，按其类别及职能，合理定位参与政府购买服务的角色作用，明确相应要求。二是坚持问题导向。针对事业单位存在的问题，加快转变政府职能，创新财政支持方式，将政府购买服务作为推动事业单位改革发展的重要措施，强化事业单位公益属性，增强服务意识，激发内在活力。三是坚持公开透明。遵循公开、公平、公正原则推进事业单位政府购买服务改革，注重规范操作，鼓励竞争择优，营造良好的改革环境。四是坚持统筹协调。做好政府购买服务改革与事业单位分类改革有关经费保障、机构编制、人事制度、收入分配、养老保险等方面政策的衔接，形成改革合力。五是坚持稳妥推进。充分考虑事业单位改革的复杂性和艰巨性，对事业单位政府购买服务改革给予必要的支持政策，妥善处理改革发展稳定的关系，确保事业单位政府购买服务改革工作顺利推进。

（三）总体目标。到 2020 年底，事业单位政府购买服务改革工作全面推开，事业单位提供公共服务的能力和水平明显提升；现由公益二类事业单位承担并且适宜由社会力量提供的服务事项，全部转为通过政府购买服务方式提供；通过政府购买服务，促进建立公益二类事业单位财政经费保障与人员编制管理的协调约束机制。

二、分类定位

（一）完全或主要承担行政职能的事业单位可以比照政府行政部门，作为政府购买服务的购买主体。部分承担行政职能的事业单位完成剥离行政职能改革后，应当根据新的分类情况执行相应的政府购买服务政策。不承担行政职能的事业单位不属于政府购买服务的购买主体，因履职需要购买辅助性服务的，应当按照政府采购法律制度有关规定执行。

（二）承担义务教育、基础性科研、公共文化、公共卫生及基层的基本医疗服务等基本公益服务，不能或不宜由市场配置资源的公益一类事业单位，既不属于政府购买服务的购买主体，也不属于承接主体，不得参与承接政府购买服务。有关行政主管部门应当加强对所属公益一类事业单位的经费保障和管理，强化公益属性，有效发挥政府举办事业单位提供基本公共服务的职能作用。

（三）承担高等教育、非营利医疗等公益服务，可部分由市场配置资源的公益二类事业单位，可以作为政府购买服务的承接主体。现由公益二类事业单位承担并且适宜由社会力量提供的服务事项，应当纳入政府购买服务指导性目录，并根据条件逐步转为通过政府购买服务方式提供。有关行政主管部门应当创造条件积极支持公益二类事业单位与其他社会力量公平竞争参与承接政府购买服务，激发事业单位活力，增强提供公共服务能力。

（四）生产经营类事业单位可以作为政府购买服务的承接主体，在参与承接政府购买服务时，应当与社会力量平等竞争。

（五）尚未分类的事业单位，待明确分类后按上述定位实施改革。

三、主要措施

（一）推行政府向公益二类事业单位购买服务。2020 年底前，凡是公益二类事业单位承担并且适宜由社会力量提供的服务事项，应当将财政拨款改为政府购买服务，可以由其行政主管部门直接委托给事业单位并实行合同化管理。其中，采取直接委托购买服务项目，属于政府采购集中采购目录以内或者采购限额标准以上的，通过单一来源采购方式实施；已经采用竞争性购买方式的，应当继续实行。政府新增用于公益二类事业单位的支出，应当优先通过政府购买服务方式安排。积极推进采用竞争择优方式向事业单位购买服务，逐步减少向公益二类事业单位直接委托的购买服务事项。

（二）探索建立与政府购买服务制度相适应的财政支持和人员编制管理制度。实施政府向事业单位购买服务的行政主管部门，应当将相关经费预算由事业单位调整至部门本级管理。积极探索建立事业单位财政经费与人员编制协调约束机制，创新事业单位财政经费与人员编制管理，推动事业单位改革逐步深入。

（三）将现由事业单位承担并且适宜由社会力量提供的服务事项纳入政府购买服务指导性目录。各行政主管部门要结合政府购买服务指导性目录编制工作，细化由本部门事业单位承担并且适宜由社会力量提供的服务事项，报经同级财政、机构编制等部门审核后纳入部门指导性目录，作为政府向事业单位购买服务的依据。

（四）落实税收等相关优惠政策。购买主体应当结合政府向事业单位购买服务项目特点和相关经费预算，综合物价、工资、税费等因素，合理测算安排项目所需支出。事业单位承接政府购买服务取得的收入，应当纳入事业单位预算统一核算，依法纳税并享受相关税收优惠等政策。税后收入由事业单位按相关政策规定进行支配。

（五）加强合同履约管理。购买主体应当做好对项目执行情况的跟踪，及时了解掌握购买项目实施进度及资金运作情况，督促承接服务的事业单位严格履行合同，确保服务质量，提高服务对象满意度。承接服务的事业单位履行合同约定后，购买主体应当及时组织对合同履行情况进行检查验收。购买主体向承接主体支付购买服务资金，应当根据合同约定和国库集中支付制度规定办理。

（六）推进绩效管理。购买主体应当会同财政部门建立全过程预算绩效管理机制，依据确定的绩效目标开展绩效管理。购买主体要结合购买服务合同履行情况，推进政府购买事业单位服务绩效评价工作，将绩效评价结果作为确定事业单位后续年度参与承接政府购买服务的考量因素，健全对事业单位的激励约束机制，提高财政资金使用效益和公共服务提供质量及效率。积极探索推进第三方评价。

（七）强化监督管理。各级财政部门要将政府向事业单位购买服务工作纳入财政监督范围，加强监督检查与绩效评价相结合，加大监督力度，保障政府购买服务工作规范开展。参与承接政府购买服务的事业单位应当自觉接受财政、审计和社会监督。

（八）做好信息公开。各级政府部门向事业单位购买服务，应当按照《中华人民共和国政府采购法》、《中华人民共和国政府信息公开条例》等相关规定，及时公开政府购买服务项目实施全过程相关信息，自觉接受社会监督。凡通过单一来源采购方式实施的政府向事业单位购买服务项目，要严格履行审批程序，需要事前公示的要按要求做好公示。积极推进政府向事业单位购买服务绩效信息公开。

四、工作要求

（一）落实工作责任。各省（区、市）财政、机构编制等部门要按照本意见要求，结合本地区实际制定事业单位政府购买服务改革工作实施方案，周密部署，认真组织做好本地区改革工作。各省（区、市）实施方案应于 2016 年 12 月底前送财政部、中央编办备案。各有关部门要做好本部门事业单位政府购买服务改革工作，指导推进本系统事业单位政府购买服务改革。

（二）扎实有效推进。2016年，财政部、中央编办将会同教育部、食品药品监管总局、中国残联在抓好典型项目政府购买服务改革试点工作中，认真探索政府向事业单位购买服务的有效做法和经验，及时研究完善相关政策；其他部门和地方要积极做好事业单位政府购买服务改革相关准备工作。2017年开始，各有关部门要根据本部门所属事业单位实际情况，推进事业单位政府购买服务改革，逐步增加公益二类事业单位实行政府购买服务的项目和金额；各省（区、市）要按照本地区改革实施方案，扎实推进事业单位政府购买服务改革，及时总结经验，完善政策，确保2020年底前完成本意见确定的事业单位政府购买服务改革目标任务。

（三）加强调研督导。事业单位政府购买服务改革涉及面广、政策性强，社会普遍关注，直接关系事业单位人员切身利益，各地区、各部门要切实加强对改革工作的领导，深入基层调研指导，及时研究并妥善处理改革中遇到的矛盾和问题。财政、机构编制部门要加强改革工作沟通协调，组织做好改革工作督导、专题调研、政策培训和经验推广，确保改革工作平稳有序推进。

中央和国家机关培训费管理办法

（财政部、中共中央组织部、
国家公务员局，2016 年 12 月）

第一章 总 则

第一条 为进一步规范中央和国家机关培训工作，保证培训工作需要，加强培训经费管理，依据《中华人民共和国公务员法》《干部教育培训工作条例》和其他有关法律法规，制定本办法。

第二条 本办法所称培训，是指中央和国家机关及其所属机构使用财政资金在境内举办的三个月以内的各类培训。

第三条 本办法所称中央和国家机关，是指党中央各部门，国务院各部委、各直属机构，全国人大常委会办公厅，全国政协办公厅，最高人民法院，最高人民检察院，各人民团体，各民主党派中央和全国工商联（以下简称各单位）。

第四条 各单位举办培训应当坚持厉行节约、反对浪费的原则，实行单位内部统一管理，增强培训计划的科学性和严肃性，增强培训项目的针对性和实效性，保证培训质量，节约培训资源，提高培训经费使用效益。

第二章　计划和备案管理

第五条　建立培训计划编报和审批制度。各单位培训主管部门制订的本单位年度培训计划（包括培训名称、目的、对象、内容、时间、地点、参训人数、所需经费及列支渠道等），经单位财务部门审核后，报单位领导办公会议或党组（党委）会议批准后施行。

第六条　年度培训计划一经批准，原则上不得调整。因工作需要确需临时增加培训项目的，报单位主要负责同志审批。

第七条　各单位年度培训计划于每年 3 月 31 日前同时报中央组织部、财政部、国家公务员局备案。

第三章　开支范围和标准

第八条　本办法所称培训费，是指各单位开展培训直接发生的各项费用支出，包括师资费、住宿费、伙食费、培训场地费、培训资料费、交通费以及其他费用。

（一）师资费是指聘请师资授课发生的费用，包括授课老师讲课费、住宿费、伙食费、城市间交通费等。

（二）住宿费是指参训人员及工作人员培训期间发生的租住房间的费用。

（三）伙食费是指参训人员及工作人员培训期间发生的用

餐费用。

（四）培训场地费是指用于培训的会议室或教室租金。

（五）培训资料费是指培训期间必要的资料及办公用品费。

（六）交通费是指用于培训所需的人员接送以及与培训有关的考察、调研等发生的交通支出。

（七）其他费用是指现场教学费、设备租赁费、文体活动费、医药费等与培训有关的其他支出。

参训人员参加培训往返及异地教学发生的城市间交通费，按照中央和国家机关差旅费有关规定回单位报销。

第九条 除师资费外，培训费实行分类综合定额标准，分项核定、总额控制，各项费用之间可以调剂使用。综合定额标准如下：

单位：元/人天

培训类别	住宿费	伙食费	场地、资料、交通费	其他费用	合　计
一类培训	500	150	80	30	760
二类培训	400	150	70	30	650
三类培训	340	130	50	30	550

一类培训是指参训人员主要为省部级及相应人员的培训项目。

二类培训是指参训人员主要为司局级人员的培训项目。

三类培训是指参训人员主要为处级及以下人员的培训

项目。

以其他人员为主的培训项目参照上述标准分类执行。

综合定额标准是相关费用开支的上限。各单位应在综合定额标准以内结算报销。

30天以内的培训按照综合定额标准控制；超过30天的培训，超过天数按照综合定额标准的70%控制。上述天数含报到撤离时间，报到和撤离时间分别不得超过1天。

第十条 师资费在综合定额标准外单独核算。

（一）讲课费（税后）执行以下标准：副高级技术职称专业人员每学时最高不超过500元，正高级技术职称专业人员每学时最高不超过1000元，院士、全国知名专家每学时一般不超过1500元。

讲课费按实际发生的学时计算，每半天最多按4学时计算。

其他人员讲课费参照上述标准执行。

同时为多班次一并授课的，不重复计算讲课费。

（二）授课老师的城市间交通费按照中央和国家机关差旅费有关规定和标准执行，住宿费、伙食费按照本办法标准执行，原则上由培训举办单位承担。

（三）培训工作确有需要从异地（含境外）邀请授课老师，路途时间较长的，经单位主要负责同志书面批准，讲课费可以适当增加。

第四章　培训组织

第十一条　培训实行中央和地方分级管理，各单位举办培训，原则上不得下延至市、县及以下。

第十二条　各单位开展培训，应当在开支范围和标准内优先选择党校、行政学院、干部学院以及组织人事部门认可的其他培训机构承办。

第十三条　组织培训的工作人员控制在参训人员数量的10%以内，最多不超过10人。

第十四条　严禁借培训名义安排公款旅游；严禁借培训名义组织会餐或安排宴请；严禁组织高消费娱乐健身活动；严禁使用培训费购置电脑、复印机、打印机、传真机等固定资产以及开支与培训无关的其他费用；严禁在培训费中列支公务接待费、会议费；严禁套取培训费设立"小金库"。

培训住宿不得安排高档套房，不得额外配发洗漱用品；培训用餐不得上高档菜肴，不得提供烟酒；除必要的现场教学外，7日以内的培训不得组织调研、考察、参观。

第十五条　邀请境外师资讲课，须严格按照有关外事管理规定，履行审批手续。境内师资能够满足培训需要的，不得邀请境外师资。

第十六条　培训举办单位应当注重教学设计和质量评估，通过需求调研、课程设计和开发、专家论证、评估反馈等环节，推进培训工作科学化、精准化；注重运用大数据、"互联网+"等现代信息技术手段开展培训和管理。所需费用纳入部门预算予以保障。

第五章　报销结算

第十七条　报销培训费，综合定额范围内的，应当提供培训计划审批文件、培训通知、实际参训人员签到表以及培训机构出具的收款票据、费用明细等凭证；师资费范围内的，应当提供讲课费签收单或合同，异地授课的城市间交通费、住宿费、伙食费按照差旅费报销办法提供相关凭据；执行中经单位主要负责同志批准临时增加的培训项目，还应提供单位主要负责同志审批材料。

各单位财务部门应当严格按照规定审核培训费开支，对未履行审批备案程序的培训，以及超范围、超标准开支的费用不予报销。

第十八条　培训费的资金支付应当执行国库集中支付和公务卡管理有关制度规定。

第十九条　培训费由培训举办单位承担，不得向参训人员收取任何费用。

第六章　监督检查

第二十条　各单位应当将非涉密培训的项目、内容、人数、经费等情况，以适当方式公开。

第二十一条 各单位应当于每年3月31日前将上年度培训计划执行情况（包括培训名称、对象、内容、时间、地点、参训人数、工作人员数、经费开支及列支渠道、培训成效、问题建议等）报送中央组织部、财政部、国家公务员局。

第二十二条 中央组织部、财政部、国家公务员局等有关部门对各单位培训活动和培训费管理使用情况进行监督检查。主要内容包括：

（一）培训计划的编报是否符合规定；

（二）临时增加培训计划是否报单位主要负责同志审批；

（三）培训费开支范围和开支标准是否符合规定；

（四）培训费报销和支付是否符合规定；

（五）是否存在虚报培训费用的行为；

（六）是否存在转嫁、摊派培训费用的行为；

（七）是否存在向参训人员收费的行为；

（八）是否存在奢侈浪费现象；

（九）是否存在其他违反本办法的行为。

第二十三条 对于检查中发现的违反本办法的行为，由中央组织部、财政部、国家公务员局等有关部门责令改正，追回资金，并予以通报。对相关责任人员，按规定予以党纪政纪处分；涉嫌违法的，移交司法机关处理。

第七章 附　　则

第二十四条 各单位可以按照本办法，结合本单位业务特点和工作实际，制定培训费管理具体规定。

第二十五条　中央组织部、国家公务员局组织的调训和统一培训，有关部门组织的援外培训，不适用本办法，按有关规定执行。

第二十六条　中央事业单位培训费管理参照本办法执行。

第二十七条　本办法由财政部会同中央组织部、国家公务员局负责解释。

第二十八条　本办法自 2017 年 1 月 1 日起施行。《中央和国家机关培训费管理办法》（财行〔2013〕523 号）同时废止。

中央和国家机关基层
党组织党建活动经费管理办法

（财政部、中央直属机关工委、
中央国家机关工委，2017 年 8 月）

第一章 总 则

第一条 为加强中央和国家机关基层党组织建设，推进"两学一做"学习教育常态化制度化，规范党建活动经费管理，依据《中华人民共和国预算法》《中国共产党党和国家机关基层组织工作条例》等有关法律法规，制定本办法。

第二条 中央和国家机关基层党组织使用财政资金开展的党建活动，适用本办法。

本办法所称中央和国家机关基层党组织，是指党的关系隶属于中央直属机关工委、中央国家机关工委的中央和国家机关各部门、各人民团体（以下简称各单位）按照《中国共产党党和国家机关基层组织工作条例》设置的机关党的基层组织（包括党的基层委员会、党总支、党支部），不包括各单位机关党委。

本办法所称党建活动，是指基层党组织开展的"三会一课"、主题党日活动、党员和入党积极分子教育培训、学习调研等活动。

第三条　各单位基层党组织开展党建活动，必须坚持厉行节约、反对浪费的原则，统筹使用财政资金和党费，结合党建工作要求和机关工作实际，按年度编制计划，实行审批备案管理。

第二章　计划管理

第四条　各单位基层党组织开展党建活动，应当按年度编制党建活动计划（包括活动内容、形式、时间、地点、人数、所需经费及列支渠道等），报单位机关党委审核。

第五条　各单位基层党组织编制党建活动计划，应当充分听取党员意见，并经基层党的委员会或支部（总支）委员会讨论。

第六条　各单位机关党委汇总并审核所属基层党组织年度党建活动计划，经单位财务部门审核后，报部委（党组、党委）批准。

各单位机关党委要严格控制到常驻地以外开展的党建活动规模、时间和数量。

第七条　各单位基层党组织根据党建工作需要，临时增加使用财政资金开展的党建活动，应当报单位机关党委和财务部门批准。

第八条　各单位应当于每年3月31日前按党组织隶属关

系，将党建活动计划分别报中央直属机关工委、中央国家机关工委备案。

第三章　开支范围和标准

第九条　本办法所称党建活动经费支出项目包括：租车费、城市间交通费、伙食费、住宿费、场地费、讲课费、资料费和其他费用。

（一）租车费是指开展党建活动需集体出行发生的租车费用。

（二）城市间交通费是指到常驻地以外开展党建活动发生的城市间交通支出。

（三）伙食费是指开展党建活动期间发生的用餐费用。

（四）住宿费是指开展党建活动期间发生的租住房间的费用。

（五）场地费是指用于党建活动的会议室、活动场地租金。

（六）讲课费是指请师资为党员授课所支付的费用。

（七）资料费是指为党员学习教育集中购买的培训资料费用。

第十条　党建活动经费按支出项目，分别执行下列标准：

（一）城市间交通费、住宿费，参照中央和国家机关差旅费有关规定，按标准执行；个人不得领取交通补助。

（二）伙食费，参照中央和国家机关差旅费有关规定，在差旅费伙食补助费标准内据实报销；一天仅一次就餐的，人均伙食费不超过 40 元；个人不得领取伙食补助。

（三）讲课费，参照中央和国家机关培训费有关标准执行。

（四）租车费，大巴士（25 座以上）每辆每天不超过 1500 元，中巴士（25 座及以下）每辆每天不超过 1000 元；租车到常驻地以外的，租车费可以适当增加。

（五）场地费，每半天人均不得超过 50 元。

（六）资料费和其他有关费用经批准后据实报销。

第四章　活动组织

第十一条　开展党建活动，要突出增强党员的政治意识、大局意识、核心意识、看齐意识，同时注重与中心工作结合，注重质量效果，防止形式主义。

第十二条　开展主题党日活动，应当有详细的活动方案，明确主题，注重活动的政治性和庄重感。

第十三条　开展党建活动，要充分发挥党员的主体作用，必须自行组织，不得将活动组织委托给旅行社等其他单位。

第十四条　开展党建活动，要因地制宜，充分利用本地条件；每个基层党组织到常驻地以外开展党建活动原则上每两年不超过一次；要严格控制租用场地举办活动，确需租用的，要选择安全、经济、便捷的场地。

第十五条　开展党建活动，要根据实际情况集体出行。集体出行确需租用车辆的，应当视人数多少租用大巴车或中巴车，不得租用轿车（5座及以下）。到常驻地以外开展党建活动，一般不得乘坐飞机。

第十六条 开展党建活动，要严格遵守中央八项规定精神，严格执行廉洁自律各项规定。

严禁借党建活动名义安排公款旅游；严禁到党中央、国务院明令禁止的风景名胜区开展党建活动；严禁借党建活动名义组织会餐或安排宴请；严禁组织高消费娱乐健身活动；严禁购置电脑、复印机、打印机、传真机等固定资产以及开支与党建活动无关的其他费用；严禁套取资金设立"小金库"；严禁发放任何形式的个人补助；严禁转嫁党建活动费用。

第五章　报销结算

第十七条 报销党建活动经费，需经单位机关党委审核后履行报销程序。

各单位财务部门应当严格按照规定进行审核报销。

第十八条 党建活动的资金支付，应当执行国库集中支付和公务卡管理有关制度规定。

第十九条 党建活动所需财政资金，原则上在部门预算公用经费中列支，由各单位在年度部门预算中合理保障。

第六章　监督检查

第二十条 各单位应当将党建活动经费开支情况以适当方

式公开。

第二十一条　各单位应当于每年 3 月 31 日前将上年度党建活动开展情况（包括活动形式、内容、时间、地点、人数、经费开支及列支渠道等）按党组织隶属关系，分别报中央直属机关工委、中央国家机关工委备案。

第二十二条　中央直属机关工委、中央国家机关工委、财政部等有关部门对各单位党建活动经费管理使用情况进行监督检查。

（一）党建活动计划的编报是否符合规定；

（二）临时增加党建活动是否报单位机关党委批准；

（三）党建活动经费开支范围和开支标准是否符合规定；

（四）党建活动经费报销和支付是否符合规定；

（五）是否存在奢侈浪费现象；

（六）是否存在其他违反本办法的行为。

第二十三条　有违反本办法的行为，由中央直属机关工委、中央国家机关工委、财政部等有关部门责令改正，追回资金，并予以通报。相关责任人员按规定予以党纪政纪处分；涉嫌违法的，移交司法机关处理。

第七章　附　　则

第二十四条　各单位应当按照本办法，结合本单位业务特点和工作实际，制定基层党组织党建活动经费管理具体规定。

第二十五条　事业单位参照本办法执行。

第二十六条 本办法由财政部会同中央直属机关工委、中央国家机关工委负责解释。

第二十七条 本办法自 2017 年 10 月 1 日起施行。

党政机关办公用房管理办法

（中共中央办公厅、国务院办公厅，2017 年 12 月）

第一章 总 则

第一条 为了进一步规范党政机关办公用房管理，推进办公用房资源合理配置和节约集约使用，保障正常办公，降低行政成本，促进党风廉政建设和节约型机关建设，根据《党政机关厉行节约反对浪费条例》、《机关事务管理条例》、《机关团体建设楼堂馆所管理条例》等有关规定，制定本办法。

第二条 本办法适用于各级党政机关办公用房的规划、权属、配置、使用、维修、处置等管理工作。

本办法所称党政机关，是指党的机关、人大机关、行政机关、政协机关、监察机关、审判机关、检察机关，以及工会、共青团、妇联等人民团体和参照公务员法管理的事业单位。

本办法所称办公用房，是指党政机关占有、使用或者可以确认属于机关资产的，为保障党政机关正常运行需要设置的基本工作场所，包括办公室、服务用房、设备用房和附属用房。

第三条 党政机关办公用房管理应当遵循下列原则：

（一）依法合规，严格执行法律法规和党内有关制度规定，强化监督管理；

（二）科学规划，统筹机关办公和公共服务需求，优化布局和功能；

（三）规范配置，科学制定标准，严格审核程序，合理保障需求；

（四）有效利用，统筹调剂余缺，及时依规处置，避免闲置浪费；

（五）厉行节约，注重庄重朴素、经济适用，节约能源资源。

第四条 建立健全党政机关办公用房集中统一管理制度，统一规划、统一权属、统一配置、统一处置。县级以上党政机关办公用房有关管理部门根据职责分工，负责本级党政机关办公用房管理工作，指导下级党政机关办公用房管理工作。

中央和国家机关办公用房管理，由归口的机关事务管理部门负责规划、权属、调剂、使用监管、处置、维修等，国家发展改革委负责建设项目审批、建设标准制定以及投资安排等，财政部负责预算安排、指导开展资产管理等。中央和国家机关所属垂直管理机构、派出机构和参照公务员法管理的事业单位办公用房的权属、使用、维修等有关管理工作，由归口的机关事务管理部门委托行政主管部门负责。

地方各级党政机关办公用房管理的职责分工，由各省、自治区、直辖市参照前款规定，结合本地区实际情况合理确定相关机构承担办公用房管理职责。

各级党政机关是办公用房的使用单位，负责本单位占有、使用办公用房的内部管理和日常维护。

第二章 权属管理

第五条 党政机关办公用房的房屋所有权、土地使用权等不动产权利（以下统称办公用房权属），统一登记至本级机关事务管理部门名下。

中央和国家机关所属垂直管理机构、派出机构和参照公务员法管理的事业单位办公用房权属应当登记在行政主管部门名下。地方各级党政机关所属垂直管理机构、派出机构办公用房权属的登记主体由各省、自治区、直辖市规定。

涉及国家秘密、国家安全等特殊情况的，经机关事务管理部门核准，可以将办公用房权属登记在使用单位名下。

因历史资料缺失、权属不清等问题无法登记的，由机关事务管理部门协调有关部门进行办公用房权属备案，使用单位不得自行处置。

第六条 建立健全党政机关办公用房清查盘点制度。使用单位应当建立本单位办公用房资产管理分台账，资产信息发生变更的，及时调整更新。机关事务管理部门应当建立本级党政机关办公用房资产管理总台账，定期组织清查盘点，确保总台账信息与使用单位分台账信息账账相符，与办公用房实际状况账实相符，与权属证书信息账证相符。

第七条 建立健全党政机关办公用房管理信息统计报告

制度。

各级机关事务管理部门应当建立健全本级党政机关办公用房管理信息系统，定期统计汇总办公用房管理情况，报上级机关事务管理部门，并送同级发展改革、财政部门。

国家机关事务管理局、中共中央直属机关事务管理局应当会同有关部门，建立全国党政机关办公用房信息数据库，并纳入国家数据共享交换平台，实现与发展改革、财政、国土资源、住房城乡建设等部门共享共用。各省、自治区、直辖市应当统筹推进本地区办公用房管理信息系统建设，实现上下一体、互联互通、动态管理。

第八条 建立健全党政机关办公用房档案管理制度。使用单位应当加强本单位办公用房档案管理，及时归集权属、建设、维修等原始档案，并移交产权单位。产权单位应当加强办公用房档案的收集、保存和利用，确保档案完整。

第三章 配置管理

第九条 县级以上机关事务管理、发展改革、财政部门应当会同有关部门，结合人员编制情况、办公与业务需要等，编制本级党政机关办公用房配置保障规划，优化办公用房布局，具备条件的逐步推进集中或者相对集中办公，共用配套附属设施。

地方各级人民政府编制土地利用总体规划和城乡规划时，应当统筹安排本级党政机关办公用房用地。县级以上党政机关

559

的驻在地人民政府应当有效保障上级党政机关办公用房用地需求。

第十条 党政机关办公用房配置应当严格执行相关标准，从严核定面积。

国家发展改革委会同住房城乡建设部、财政部，制定和完善党政机关办公用房建设标准，并实行标准动态调整。

第十一条 党政机关办公用房配置方式包括调剂、置换、租用和建设。

第十二条 使用单位需要配置办公用房的，由机关事务管理部门优先整合现有办公用房资源调剂解决。

第十三条 采取置换方式配置办公用房的，应当严格履行审批程序，执行新建办公用房各项标准，确保符合办公用房各类功能要求，并按规定组织资产评估，置换所得超出面积标准的办公用房由机关事务管理部门统一调剂，置换所得收益按照非税收入有关规定管理。

置换旧房的，由机关事务管理部门会同发展改革、财政部门报同级人民政府审批；置换新房的，应当严格履行建设审批程序。不得以置换名义量身打造办公用房，不得以未使用政府预算建设资金、资产整合等名义规避审批。

第十四条 无法调剂或者置换解决办公用房的，可以面向市场租用，但应当严格按照规定履行审批程序。

需租用办公用房的，由使用单位提出申请，经机关事务管理部门核准后，报财政部门审核安排预算；或者由机关事务管理部门统筹本级党政机关办公用房使用需求，制定租用方案，报财政部门审核安排预算后，统一租赁并统筹安排使用。

任何单位不得以变相补偿方式租用由企业等单位提供的办公用房。

各级财政部门会同机关事务管理部门，制定本级党政机关办公用房租金标准，并实行标准动态调整。

第十五条 无法调剂、置换、租用办公用房，或者涉及国家秘密、国家安全等特殊情况的，可以采取建设方式解决，但应当按照国家有关政策从严控制，严格履行审批程序。党政机关办公用房建设包括新建、扩建、改建、购置。

中共中央直属机关办公用房建设项目由归口的机关事务管理部门审核同意后统一申报，由国家发展改革委核报国务院审批。

中央国家机关本级办公用房建设项目，由国家发展改革委核报国务院审批，申报前应当由归口的机关事务管理部门出具必要性审查意见。

中央国家机关所属垂直管理机构、派出机构办公用房建设项目，厅（局）级及以上单位的项目由国家发展改革委审批，申报前应当由归口的机关事务管理部门出具必要性审查意见；厅（局）级以下单位的项目由行政主管部门审批，并报国家发展改革委和归口的机关事务管理部门备案。

中央国家机关所属参照公务员法管理的事业单位的办公用房建设项目，由国务院、国家发展改革委和行政主管部门按照中央预算内投资审批权限分别负责审批，其中由国务院、国家发展改革委审批的项目，申报前应当由归口的机关事务管理部门出具必要性审查意见。

省、自治区、直辖市及计划单列市本级党政机关办公用房建设项目，由国家发展改革委核报国务院审批；地方其他党政机关办公用房建设项目，由省级人民政府审批。

县级党政机关直属单位和乡（镇）级党政机关办公用房建设项目，可以由省级人民政府根据实际情况委托市级人民政府审批。

地方各级党政机关所属垂直管理机构、派出机构和参照公务员法管理的事业单位办公用房建设项目的审批程序，由各省、自治区、直辖市规定。

第十六条　党政机关办公用房配置所需资金，应当通过政府预算安排，不得接受任何形式赞助或者捐款，不得搞任何形式集资或者摊派，不得向其他任何单位借款，不得让施工单位垫资，严禁挪用各类专项资金。

土地收益和资产转让收益按照非税收入有关规定管理，不得直接用于办公用房配置。涉及新增资产的，应当向财政部门申报新增资产配置预算。

第十七条　新配置办公用房的党政机关，应当在搬入新办公用房后1个月内，将超出核定面积的原有办公用房腾退移交同级机关事务管理部门统一调剂使用，不得继续占用或者自行处置，不得自行安排其他单位使用。

第四章　使用管理

第十八条　机关事务管理部门应当与使用单位签订办公用

房使用协议，核发办公用房分配使用凭证。

办公用房分配使用凭证可以按照有关规定用于办理使用单位法人登记、集体户籍、大中修项目施工许可等，不得用于出租、出借、经营。

第十九条 使用单位应当严格按照有关规定在核定面积内合理安排使用办公用房，不得擅自改变办公用房使用功能，不得调整给其他单位使用。办公用房安排使用情况应当按年度通过政务内网、公示栏等平台进行内部公示；领导干部办公用房配备情况应当按年度报机关事务管理部门备案，严禁超标准配备、使用办公用房。

领导干部在不同单位同时任职的，应当在主要任职单位安排1处办公用房；主要任职单位与兼职单位相距较远且经常到兼职单位工作的，经严格审批后，可以由兼职单位再安排1处小于标准面积的办公用房，并在免去兼任职务后2个月内腾退兼职单位安排的办公用房。

工作人员调离或者退休的，使用单位应当在办理调离或者退休手续后1个月内收回其办公用房。

第二十条 党政机关工作人员办公室具备条件的，应当采用大开间等形式，提高办公用房利用率。

会议室、接待室等服务用房，可以采取可拆卸式隔断设计，提高空间使用的灵活性。

第二十一条 项目批复中已经明确和机关一并建设办公用房的事业单位，按照面积标准核定后可以继续无偿使用机关办公用房。

公益一类事业单位已经占用的机关办公用房，按照面积标准核定后可以继续无偿使用。公益二类事业单位已经占用的机关办公用房，应当按照规定予以腾退；确有困难的，经机关事务管理部门批准，可以继续有偿使用，租金收益按照非税收入有关规定管理。事业单位已经新建、购置办公用房或者租用其他房屋办公的，应当在 6 个月内将原有办公用房腾退移交机关事务管理部门。

生产经营类事业单位、国有企业和行业协会商会等社团组织，原则上不得占用党政机关办公用房。

第二十二条 党政机关办公用房使用单位机构、编制调整的，机关事务管理部门应当重新核定其办公用房面积。超出面积标准的，使用单位应当在 6 个月内将超出部分的办公用房腾退移交机关事务管理部门。

党政机关转为企业的，应当在办理企业工商注册后 6 个月内将原有办公用房腾退移交机关事务管理部门。转企单位确有困难的，经机关事务管理部门批准，可以继续有偿使用，租金收益按照非税收入有关规定管理；新建、购置或者租用办公用房的，应当在 6 个月内将原有办公用房腾退移交机关事务管理部门。

党政机关撤销的，应当在 6 个月内将原有办公用房腾退移交机关事务管理部门。

第二十三条 建立健全政府向社会购买物业服务机制，逐步实现办公用房物业服务社会化、专业化，具备条件的逐步推进统一物业管理服务。

机关事务管理部门应当会同有关部门，按照经济、适度的原则，制定本级党政机关办公用房物业服务内容、服务标准和费用定额。

第二十四条 鼓励有条件的地区探索试行办公用房租金制，逐步推进办公用房经费预算管理和实物资产管理相结合。

第五章 维修管理

第二十五条 党政机关办公用房维修包括日常维修和大中修。中央和国家机关办公用房维修标准由归口的机关事务管理部门、财政部会同住房城乡建设部制定，地方各级党政机关办公用房维修标准由各省、自治区、直辖市结合实际制定，并建立标准动态调整机制。

第二十六条 使用单位负责办公用房的日常检查和维修，所需资金通过部门预算安排。

第二十七条 党政机关办公用房因使用时间较长、设施设备老化、功能不全、存在安全隐患等原因需要大中修的，使用单位向机关事务管理部门提出申请；机关事务管理部门结合办公用房建筑年代、历史维修记录、老化损坏程度、单位建筑面积能耗水平和使用单位的实际需求，统筹安排办公用房大中修项目，报财政部门审核安排预算。

办公用房大中修项目应当严格按照规定履行审批程序，未经审批的项目，不得安排预算。中央和国家机关本级办公用房大中修项目，由归口的机关事务管理部门审批。中央和国家机关所属垂直管理机构、派出机构和参照公务员法管理的事业单位办公用房大中修项目，机关事务管理部门委托行政主管部门审批，其中厅（局）级及以上单位办公用房大中修项目审批情况应当报归口的机关事务管理部门备案。地方各级党政机关办公用房大中修项目的审批程序，由各省、自治区、直辖市规定。

第六章　处置利用管理

第二十八条　党政机关办公用房有下列情形之一闲置的，可以按照有关规定采取调剂使用、转换用途、置换、出租、拍卖、拆除等方式及时处置利用：

（一）同级党政机关办公用房总量满足使用需求，仍有余量的；

（二）因地理位置、周边环境、房屋结构等原因，不适合继续作为办公用房使用的；

（三）因城乡规划调整等需要拆迁的；

（四）经专业机构鉴定属于危房，且无加固改造价值的；

（五）其他原因导致办公用房闲置的。

处置利用党政机关办公用房涉及权属、用途等变更的，应当依法办理相关手续。

第二十九条　同一区域内闲置办公用房具备条件的，应当加强跨系统、跨层级调剂使用。

中央和国家机关所属垂直管理机构、派出机构之间调剂使用的，由行政主管部门审核提出意见，经归口的机关事务管理部门批准后实施，调剂使用情况报财政部备案。

中央和国家机关所属垂直管理机构、派出机构与地方各级党政机关之间调剂使用的，由行政主管部门会同有关地方人民政府审核提出意见，经归口的机关事务管理部门会同财政部批准后实施。

地方同级或者上下级党政机关之间，以及地方各级党政机关所属垂直管理机构、派出机构之间调剂使用的，参照前两款规定办理。

第三十条 具备条件的，机关事务管理部门可以商有关部门将闲置办公用房转为便民服务、社区活动等公益场所，或者按照有关规定置换为其他符合国家政策和需要的资产。

机关事务管理部门可以通过公共资源交易平台统一招租，租金收益按照非税收入有关规定管理。党政机关如有需要，应当及时收回出租的办公用房，统筹调剂使用。使用单位不得擅自出租办公用房。

第三十一条 闲置办公用房无法通过调剂使用、转换用途、置换、出租等方式处置利用的，机关事务管理部门报财政部门批准后，可以通过公共资源交易平台依法公开拍卖，拍卖收益按照非税收入有关规定管理。

第七章 监督问责

第三十二条 党政机关办公用房使用单位应当建立本单位

内部使用管理制度，加强监督检查和责任追究，及时发现和纠正违规问题。

党政机关办公用房有关管理部门应当根据职责分工，加强办公用房监管，严格履行相关管理程序，对使用单位的办公用房违规管理使用问题及时按照规定移交有关部门和单位查处。

纪检监察机关应当及时受理群众举报和有关部门移送的办公用房管理案件线索，严肃查处违规违纪问题。

第三十三条 建立健全党政机关办公用房巡检考核制度。

县级以上机关事务管理、发展改革、财政部门会同有关部门，定期对本级党政机关（含所属垂直管理机构、派出机构）办公用房使用情况以及下级党政机关办公用房管理情况进行专项联合巡检，及时发现和纠正违规问题。

办公用房专项巡检应当与党风廉政建设责任制检查考核、政府绩效考核以及党政领导班子和领导干部年度考核相结合，巡检考核结果作为干部管理监督、选拔任用的依据。

第三十四条 建立健全党政机关办公用房管理信息公开制度。除依照法律法规和有关要求需要保密的内容和事项外，办公用房建设、使用、维修、处置利用、运行费用支出等情况，应当在政府门户网站等公共平台定期公开，主动接受社会监督。

第三十五条 建立健全党政机关办公用房管理责任追究制度，对有令不行、有禁不止的，依照有关规定严肃追究相关人员责任。

管理部门有下列情形之一的，依纪依法追究相关人员责任：

（一）违规审批项目或者安排投资计划、预算的；

（二）不按照规定履行调剂、置换、租用、建设等审批程序的；

（三）为使用单位超标准配置办公用房的；

（四）不按照规定处置办公用房的；

（五）办公用房管理信息统计报送中瞒报、漏报的；

（六）对发现的违规问题不及时处理的；

（七）有其他违反办公用房管理规定情形的。

使用单位有下列情形之一的，依纪依法追究相关人员责任：

（一）擅自将办公用房权属登记至本单位或者所属单位名下，或者不配合办理权属登记的；

（二）未经批准建设或者大中修办公用房的；

（三）不按规定腾退移交办公用房的；

（四）未经批准租用、借用办公用房的；

（五）擅自改变办公用房使用功能或者处置办公用房的；

（六）擅自安排企事业单位、社会组织等使用机关办公用房的；

（七）为工作人员超标准配备办公用房，或者未经批准配备两处以上办公用房的；

（八）有其他违反办公用房管理规定情形的。

第八章　附　　则

第三十六条　党政机关本级的技术业务用房以及机关办公区内的技术业务用房，权属统一登记至本级机关事务管理部门名下，从严控制使用范围和用途，原则上不得调整用作办公用房。

党政机关本级的技术业务用房建设项目以及机关办公区内的技术业务用房建设项目，应当严格按规定履行审批程序，项目申报前由机关事务管理部门出具土地、人防等审查意见。

住房城乡建设部会同国家发展改革委、有关业务主管部门，制定和完善各类技术业务用房建设标准，合理区分办公用房和技术业务用房。

第三十七条　各省、自治区、直辖市以及中央和国家机关各部门，应当根据本办法，结合实际制定具体管理办法。

第三十八条　各民主党派机关办公用房管理适用本办法。

不参照公务员法管理的事业单位办公用房管理办法，另行制定。

第三十九条　本办法由国家机关事务管理局、中共中央直属机关事务管理局、国家发展改革委和财政部负责解释。

第四十条　本办法自2017年12月5日起施行。其他有关党政机关办公用房管理的规定，凡与本办法不一致的，按照本办法执行。

党政机关公务用车管理办法

（中共中央办公厅、国务院办公厅，2017 年 12 月）

第一章 总 则

第一条 为了进一步规范党政机关公务用车管理，有效保障公务活动，促进党风廉政建设和节约型机关建设，根据《党政机关厉行节约反对浪费条例》、《机关事务管理条例》等有关规定，制定本办法。

第二条 本办法适用于党的机关、人大机关、行政机关、政协机关、监察机关、审判机关、检察机关，以及工会、共青团、妇联等人民团体和参照公务员法管理的事业单位。

第三条 本办法所称公务用车，是指党政机关配备的用于定向保障公务活动的机动车辆，包括机要通信用车、应急保障用车、执法执勤用车、特种专业技术用车以及其他按照规定配备的公务用车。

机要通信用车是指用于传递、运送机要文件和涉密载体的机动车辆。

应急保障用车是指用于处理突发事件、抢险救灾或者其他紧急公务的机动车辆。

执法执勤用车是指中央批准的执法执勤部门（系统）用于一线执法执勤公务的机动车辆。

特种专业技术用车是指固定搭载专业技术设备、用于执行特殊工作任务的机动车辆。

第四条　党政机关公务用车管理遵循统一管理、定向保障、经济适用、节能环保的原则。

第五条　党政机关公务用车实行统一制度规范、分级分类管理。党政机关公务用车主管部门负责本级党政机关公务用车管理工作，根据职责实行统一编制、统一标准、统一购置经费、统一采购配备管理；指导监督下级党政机关公务用车管理工作。

第二章　编制和标准管理

第六条　党政机关公务用车实行编制管理。车辆编制根据机构设置、人员编制和工作需要等因素确定。

机要通信用车、应急保障用车和其他按照规定配备的公务用车编制由公务用车主管部门会同有关部门确定。

执法执勤用车、特种专业技术用车编制由财政部门会同有关部门确定，并送公务用车主管部门备案。

第七条　党政机关配备公务用车应当严格执行以下标准：

（一）机要通信用车配备价格 12 万元以内、排气量 1.6 升（含）以下的轿车或者其他小型客车。

（二）应急保障用车和其他按照规定配备的公务用车配备价格18万元以内、排气量1.8升（含）以下的轿车或者其他小型客车。确因情况特殊，可以适当配备价格25万元以内、排气量3.0升（含）以下的其他小型客车、中型客车或者价格45万元以内的大型客车。

（三）执法执勤用车配备价格12万元以内、排气量1.6升（含）以下的轿车或者其他小型客车，因工作需要可以配备价格18万元以内、排气量1.8升（含）以下的轿车或者其他小型客车。确因情况特殊，可以适当配备价格25万元以内、排气量3.0升（含）以下的其他小型客车、中型客车或者价格45万元以内的大型客车。

（四）特种专业技术用车配备标准由有关部门会同财政部门按照保障工作需要、厉行节约的原则确定。

公务用车配备新能源轿车的，价格不得超过18万元。

上述配备标准应当根据公务保障需要、汽车行业技术发展、市场价格变化等因素适时调整。

第八条 严格控制执法执勤用车的配备范围、编制和标准。执法执勤用车配备应当严格限定在一线执法执勤岗位。

第三章 配备和经费管理

第九条 公务用车主管部门根据公务用车配备更新标准和现状，编制年度公务用车配备更新计划。

第十条 财政部门根据年度公务用车配备更新计划，按照预算管理有关规定统筹安排购置经费，列入公务用车主管部门预算。

第十一条 财政部门会同公务用车主管部门制定公务用车运行费用定额标准，统筹安排公务用车运行费用，列入党政机关部门预算。

第十二条 公务用车主管部门按照政府采购法律法规和国家有关政策规定，统一组织实施公务用车集中采购。

第十三条 党政机关应当配备使用国产汽车，带头使用新能源汽车，按照规定逐步扩大新能源汽车配备比例。

第十四条 地方各级党政机关确因工作需要超出规定标准配备公务用车的，必须报省级公务用车主管部门批准。

党政机关原则上不配备越野车。确因工作需要，按照程序报批后，可以适当配备国产越野车。越野车不得作为领导干部固定用车。

第十五条 除涉及国家安全、侦查办案等有保密要求的特殊工作用车外，党政机关公务用车产权注册登记所有人应当为本机关法人，不得将公务用车登记在下属单位、企业或者个人名下。

第四章　使用和处置管理

第十六条 党政机关应当加强公务用车使用管理，严格按照规定使用公务用车，严禁公车私用、私车公养，不得既领取公务交通补贴又违规使用公务用车。

第十七条　党政机关应当推进公务用车服务平台建设。各地区应当结合实际，将各类公务用车纳入平台集中管理，采用信息化手段统筹调度、高效使用，鼓励通过社会化专业机构提高平台管理运行效率。

第十八条　党政机关应当推进公务用车标识化管理。除涉及国家安全、侦查办案和其他有保密要求的特殊工作用车外，公务用车应当统一标识。

第十九条　党政机关应当建立公务用车管理台账，加强相关证照档案的保存和管理。

各省、自治区、直辖市以及中央和国家机关公务用车主管部门应当建立统一的公务用车管理信息系统，提高公务用车配备使用管理信息化水平。

第二十条　党政机关应当建立健全公务用车使用管理制度，严格执行，加强监督，降低运行成本。

严格公务用车使用时间、事由、地点、里程、油耗、费用等信息登记和公示制度。严格执行回单位或者其他指定地点停放制度，节假日期间除工作需要外应当封存停驶。

实行公务用车保险、维修、加油政府集中采购和定点保险、定点维修、定点加油制度，健全公务用车油耗、运行费用单车核算和年度绩效评价制度。

第二十一条　党政机关应当减少公务用车长途行驶，工作人员到外地办理公务，除特殊情况外，应当乘用公共交通工具。外事接待、会议和集体活动用车主要通过社会租赁方式解决。

第二十二条　公务用车使用年限超过 8 年的可以更新；达到更新年限仍能继续使用的，应当继续使用。因安全等原因确需提前更新的，应当严格履行审批手续。

公务用车按照规定更新后，可以采取拍卖、厂家回收、报废等方式规范处置旧车。处置收入按照非税收入有关规定管理。

第五章　监督问责

第二十三条　党政机关应当建立公务用车配备更新和使用情况统计报告制度。各省、自治区、直辖市公务用车主管部门负责统计汇总本地区公务用车配备更新和使用情况。国家机关事务管理局、中共中央直属机关事务管理局负责统计汇总中央和国家机关公务用车配备更新和使用情况。

第二十四条　党政机关应当严格执行公务用车配备使用管理各项规定，将公务用车配备更新、使用、处置和经费预算执行等情况纳入内部审计、政务公开和政务诚信建设范围，接受社会监督。

公务用车主管部门应当加强对党政机关公务用车配备更新、使用、处置等情况的监督检查，定期通报或者公示相关情况。

财政、审计部门应当加强对公务用车经费预算管理使用情况的监督检查，依法处理、督促整改违规问题，并将涉嫌违纪违法问题移送有关部门查处。

公安交通管理部门应当定期与公务用车主管部门交换公务用车注册登记信息、使用状态等情况。

纪检监察机关应当及时受理群众举报和有关部门移送的公务用车管理问题线索，严肃查处违纪违法问题。

第二十五条 公务用车主管部门有下列情形之一的，依纪依法追究相关人员责任：

（一）违规核定公务用车编制的；

（二）违规审批超编制、超标准配备公务用车的；

（三）违规审批未到年限更新公务用车的；

（四）违规安排公务用车经费预算的；

（五）有其他未按规定履行管理监督职责行为的。

第二十六条 党政机关有下列情形之一的，依纪依法追究相关人员责任：

（一）超编制、超标准配备公务用车的；

（二）违反规定将公务用车登记在下属单位、企业或者个人名下的；

（三）公车私用、私车公养，或者既领取公务交通补贴又违规使用公务用车的；

（四）换用、借用、占用下属单位或者其他单位和个人的车辆，或者擅自接受企事业单位和个人赠送车辆的；

（五）挪用或者固定给个人使用执法执勤、机要通信等公务用车的；

（六）为公务用车增加高档配置或者豪华内饰的；

（七）在车辆维修等费用中虚列名目或者夹带其他费用，

为非本单位车辆报销运行维护费用的；

（八）违规处置公务用车的；

（九）有其他违反公务用车配备使用管理规定行为的。

第六章　附　　则

第二十七条　本办法所称小型客车、中型客车、大型客车等，依据中华人民共和国公共安全行业标准 GA802-2014《机动车类型　术语和定义》界定。

第二十八条　各省、自治区、直辖市以及中央和国家机关各部门，应当根据本办法，结合实际制定具体管理办法。

第二十九条　中央和国家机关所属垂直管理机构、派出机构公务用车由行政主管部门依照本办法进行管理。

各民主党派机关公务用车管理适用本办法。

不参照公务员法管理的事业单位公务用车，按照本办法的原则管理。

第三十条　本办法由国家机关事务管理局、中共中央直属机关事务管理局会同有关部门负责解释。

第三十一条　本办法自 2017 年 12 月 5 日起施行。中共中央办公厅、国务院办公厅 2011 年 1 月 6 日印发的《党政机关公务用车配备使用管理办法》同时废止。

脱钩后行业协会商会
资产管理暂行办法

（财政部、民政部，2017 年 12 月）

第一章　总　　则

第一条　为了规范和加强脱钩后行业协会商会（以下简称协会商会）资产管理，维护各类资产安全完整，促进协会商会健康发展，根据《行业协会商会与行政机关脱钩总体方案》《关于改革社会组织管理制度促进社会组织健康有序发展的意见》《行业协会商会综合监管办法》等，制定本办法。

第二条　本办法适用于与行政机关脱钩后的协会商会各类资产的管理活动。

第三条　协会商会资产是指协会商会占有使用的、能以货币计量的各种经济资源的总称。包括依据国家有关规定确认的国有资产、暂按国有资产管理的资产和其他资产，其表现形式为流动资产、固定资产、对外投资和无形资产等。

第四条　协会商会资产管理，应当遵循以下原则：

（一）坚持内部治理与外部监管相结合；

（二）坚持全链条管理与重点环节管理相结合；

（三）坚持资产监管与其他综合监管相结合；

（四）坚持资产信息主动公开与强制公开相结合。

第五条 协会商会资产管理的主要内容是：

（一）完善资产管理体制，明晰管理职责；

（二）建立健全内部资产管理制度体系；

（三）规范资产管理流程。

第六条 协会商会对其管理和使用的各类资产承担主体责任。协会商会应当建立内部治理和外部监管相结合的资产管理体制，完善法人治理结构，厉行节约，科学配置资产，合理合规使用和处置资产，主动接受监督。

第七条 协会商会资产受法律保护，任何个人和团体不得私分、挪用和违规处置。

第八条 各级财政部门、民政部门负责指导和监管协会商会资产管理工作。财政部门负责牵头制定资产管理制度并组织实施和监督检查，重点加强国有资产监督管理，建立资产报告制度等；民政部门负责统一的信息平台建设，构建协会商会资产信息披露渠道，会同财政部门和其他相关部门共同做好协会商会资产监管工作。

第二章 一般规定

第九条 协会商会应当根据国家有关法律法规和资产管理制度，在章程中明确经费来源、资产管理和使用原则、对外投资等重要事项的工作程序，以及终止时剩余资产的处置规定等。

第十条 协会商会应当根据本办法，按照节约高效、科学规范的原则，制定涵盖资产配置、使用、处置、资产收入、对外投资、资产清查、资产报告、资产评估等全过程，以及资产配置标准和内部管理程序的资产管理办法。

协会商会资产管理办法需经会员大会或会员代表大会审议通过。

第十一条 协会商会应当建立党组织参与资产配置、对外投资、资产处置、资产收益分配等重要管理事项的决策机制。

第十二条 协会商会各项资产收入和支出全部纳入单位财务预算，实行统一核算和统一管理。

第十三条 协会商会配置资产应当符合规定的配置标准；没有配置标准的，应当从严控制，合理配置。

第十四条 协会商会应当加强资产购置、验收、登记、入账、保管、使用等管理，充分发挥资产使用效益，确保资产安全完整。对实物资产进行定期清查盘点，做到账、卡、实相符，提高资产管理信息化水平。

第十五条 协会商会应当严格控制对外投资。对确有需要的对外股权投资行为，应与协会商会宗旨和业务范围相符，按照依法合规、安全稳健、风险可控的原则，进行可行性论证，并严格履行协会商会章程和资产管理办法规定的程序。

对外股权投资收益统筹用于章程规定的各项业务活动，不得在管理层、工作人员和会员之间进行分配。

第十六条 协会商会所办企业应当按照建立现代企业制度要求，完善法人治理结构，健全决策机制，不断提升企业管理水平。

第十七条 协会商会及其所办企业对展会主办权、体育赛事商务运营及转播权等各类无形资产进行转让或委托管理经营时，应当按照竞争、择优的原则，通过市场化方式选择受让方或委托管理方。已签订合作合同的，合同期满后按照本办法要求重新公开选择合作方。

第十八条 协会商会不得与关联方进行不正当交易，损害协会商会及会员利益。协会商会不得无偿向关联方提供资金、商品、服务或者其他资产，不得以不公平的价格与关联方进行交易。

关联方是指协会商会在职人员和离职人员及其近亲属，以及上述人员所有、实际控制或参股的企业，具体认定标准参照《企业会计准则——关联方披露》执行，涉及上市公司的还应当参照《上市公司信息披露管理办法》执行。

第十九条 协会商会出租出借和处置资产应当按照公开、公平、公正原则进行，并履行协会商会章程和资产管理办法规定的程序。

第二十条 按照《资产评估法》《国有资产评估管理办法》等法律法规，协会商会发生资产出售、转让、置换或利用非货币性资产对外投资等需要进行资产评估的情形时，应当委托评估机构进行评估。

第二十一条 协会商会应当于年度终了4个月内，编制包

582

括国有资产和暂按国有资产管理的资产在内的资产报告，全面反映各类资产总量、结构、增减变化、对外投资、资产处置及负债等信息。

资产报告需经会计师事务所审计后，于每年5月31日前，按照《社会团体登记管理条例》有关规定，通过民政部门统一的信息平台和协会商会网站等渠道，向社会公开。

第二十二条　协会商会终止时，应当按照《社会团体登记管理条例》有关规定进行清算。清算后的剩余财产，按照协会商会章程的规定进行处置。

为公益目的成立的协会商会终止时，应当执行《民法总则》及相关规定，不得向出资人、设立人、会员和协会商会工作人员分配剩余财产。剩余财产按照章程规定或权力机构的决议用于公益目的；无法按照章程规定或权力机构决议处理的，由主管机关主持转给宗旨相同或相近的法人，并向社会公告。

第三章　国有资产管理特殊规定

第二十三条　协会商会应当按照所有权与使用权相分离的原则，加强对国有资产和暂按国有资产管理资产的管理。

第二十四条　对确认为国有资产或暂按国有资产管理的资产，协会商会应当进行单独登记与核算。

使用国有资产或暂按国有资产管理的资产形成的新增资产，仍为国有资产或暂按国有资产管理。国家法律法规另有规定的，从其规定。

第二十五条 协会商会国有资产和暂按国有资产管理资产中的房屋、土地处置事项，根据职责分工报同级财政部门、机关事务主管部门或相关部门审核。

协会商会占用的行政办公用房和由财政性资金形成的事业单位办公用房，按照行业协会商会脱钩改革中关于办公用房管理的有关规定执行。

第二十六条 协会商会应当按照《企业国有资产法》等法律法规，对持有的企业国有股权履行保值增值责任。

第四章 监督管理

第二十七条 财政部门会同民政部门和相关部门，加强对协会商会财务、会计等政策执行情况，以及资产配置、使用、对外投资、处置、收益管理等情况的监督检查。审计机关对协会商会的资产管理情况依法进行审计监督。

对监督检查中发现的不按规定程序决策资产重要事项、违规对外投资和进行资产收益分配等问题开展联合惩戒。各有关部门根据工作职责，分别依法依规采取限制从事相关行业服务、调整信用记录、取消评先评优资格、取消税收优惠资格等惩戒措施。

第二十八条 协会商会应当加大资产信息公开力度，通过协会商会网站、民政部门统一信息平台等渠道，向社会公开资产管理办法、资产报告等信息，主动接受政府监督和社会监督。

第二十九条 协会商会主要负责人按规定向会员大会（会员代表大会）或理事会（常务理事会）进行年度工作报告时，应当将资产管理情况作为重要内容，接受内部质询和监督。

第三十条 协会商会工作人员违反本办法，存在擅自占有、使用、处置协会商会资产等违法违规行为的，按照有关法律法规追究相应责任；涉嫌犯罪的，移送司法机关处理。

国家机关及其工作人员在监督协会商会资产管理工作的过程中，存在违反本办法规定的行为，以及其他滥用职权、玩忽职守、徇私舞弊等违法违纪行为的，按照《中华人民共和国公务员法》《财政违法行为处罚处分条例》等国家有关规定追究相应责任；涉嫌犯罪的，移送司法机关处理。

第五章 附 则

第三十一条 在民政部门直接登记的协会商会资产管理，依照本办法执行。按规定程序认定的承担特殊职能的协会商会，暂按现行资产管理办法执行。

第三十二条 地方财政部门可以根据本办法及本地区实际，制定具体实施办法，并报上级财政部门备案。

第三十三条 本办法自 2018 年 1 月 1 日起施行。

关于深入推进审批服务
便民化的指导意见

（中共中央办公厅、国务院办公厅，
2018 年 5 月）

党的十八大以来，地方各级党委和政府认真贯彻党中央决策部署，切实践行以人民为中心的发展思想，聚焦企业和群众反映突出的办事难、办事慢，多头跑、来回跑等问题，扎实推进简政放权、放管结合、优化服务改革，探索了许多行之有效的措施办法，在方便企业和群众办事创业，有效降低制度性交易成本，加快转变政府职能和工作作风，提升政府治理能力和水平等方面取得了明显成效。为进一步推广地方典型经验、带动面上改革上新台阶，现就深入推进审批服务便民化提出以下指导意见。

一、总体要求

（一）指导思想。深入贯彻落实党的十九大和十九届二中、三中全会精神，以习近平新时代中国特色社会主义思想为指导，加大转变政府职能和简政放权力度，以更快更好方便企业和群众办事创业为导向，围绕直接面向企业和群众、依申请办理的行政审批和公共服务事项，推动审批服务理念、制度、作风全方位深层次变革，着力打造"宽进、快办、严管、便民、公开"的审批服务模式，最大限度减少企业和群众跑政府的次数，不断优化办事创业和营商环境，切实增强政府公信力和执行力，推动政府治理体系和治理能力现代化，建设人民满意的服务型政府。

（二）基本原则

——坚持以人民为中心。把党的群众路线贯彻到审批服务便民化全过程，聚焦影响企业和群众办事创业的堵点痛点，用最短的时间、最快的速度，把服务企业和群众的事项办理好，让群众成为改革的监督者、推动者、受益者。

——坚持改革与法治辩证统一。在法治下推进改革、在改革中完善法治，着力破除审批服务中的体制机制障碍，加快推进相关政策法规立改废释工作，构建更加系统完善、科学规范、运行有效的审批服务制度体系。

——坚持放管并重、放管结合。协同推进审批服务便民和监管方式创新，积极探索新型监管模式，落实监管责任，以更高效的监管促进更好地简政放权和政府职能转变，推动政府管理真正转向宽进严管。

——坚持体制创新与"互联网+"融合促进。强化互联网思维，推动政府管理创新与互联网、物联网、大数据、云计算、人工智能等信息技术深度融合，推进审批服务扁平化、便捷化、智能化，让数据多跑路、群众少跑腿。

二、主要任务

（一）全面推行审批服务"马上办、网上办、就近办、一次办"。在梳理公布政府权责清单和公共服务事项清单基础上，以企业和群众办好"一件事"为标准，进一步提升审批服务效能。合法合规的事项"马上办"，减少企业和群众现场办理等候时间。积极推行"网上办"，凡与企业生产经营、群众生产生活密切相关的审批服务事项"应上尽上、全程在线"，切实提高网上办理比例。除法律法规有特别规定外，有条件的市县和开发区80%以上审批服务事项实现网上能办。已在实体大厅办理的事项，不得要求企业和群众补填网上流程。面向个人的事项"就近办"，完善基层综合便民服务平台功能，将审批服务延伸到乡镇（街道）、城乡社区等，实现就近能办、多点可办、少跑快办。推动一般事项"不见面"、复杂事项"一次办"，符合法定受理条件、申报材料齐全的原则上一次办结；需要现场踏勘、技术审查、听证论证的，实行马上响应、联合办理和限时办结。以省为单位公布各层级政府"马上办、网上办、就近办、一次办"审批服务事项目录，具体形式可结合各自实际确定，成熟一批、公布一批，2018年10月底前实现全覆盖。

（二）深入推进审批服务标准化。聚焦不动产登记、市场准入、企业投资、建设工程、民生事务等办理量大、企业和群众关注的重点领域重点事项，按照减环节、减材料、减时限、减费用的要求，逐项编制标准化工作规程和办事指南，推行一次告知、一表申请。按照国家推进审批服务标准化的有关要求，科学细化量化审批服务标准，压减自由裁量权，完善适用规则，推进同一事项无差别受理、同标准办理。构建和完善形式直观、易看易懂的审批服务事项办理流程图（表），实现网上可查、电话可询，为企业和群众办事提供清晰指引。有条件的地方可以探索制定审批服务运行评价标准，建立相应考核评价机制。消除审批服务中的模糊条款，属于兜底性质的"其他材料"、"有关材料"等，应逐一加以明确，不能明确且不会危害国家安全和公共安全的，不得要求申请人提供。上一个审批服务环节已收取的申报材料，不再要求重复提交。

（三）持续开展"减证便民"行动。全面清理烦扰企业和群众的"奇葩"证明、循环证明、重复证明等各类无谓证明，大力减少盖章、审核、备案、确认、告知等各种繁琐环节和手续。凡没有法律法规依据的一律取消，能通过个人现有证照来证明的一律取消，能采取申请人书面承诺方式解决的一律取消，能被其他材料涵盖或替代的一律取消，能通过网络核验的一律取消，开具单位无法调查核实的证明一律取消。清理过程中需要修改法律法规的，及时提出修改建议，按照法定程序提请修改。大力推进中央和地方之间、职能部门之间政务信息共享，从源头上避免"奇葩"证明等现象。确需保留的证明事项，要广泛征求意见，充分说明理由并对外公布清单，逐项列明设定依据、索要单位、开具单位、办理指南等，严格实行清单式管理。对保留的证明，要加强互认共享，减少不必要的重复举证。

（四）大力推行审批服务集中办理。优化提升各级政务服务大厅"一站式"功能，进一步推动审批服务事项进驻大厅统一办理。将部门分设的办事窗口整合为综合窗口，完善"前台综合受理、后台分类审批、综合窗口出件"工作模式，实行一窗受理、集成服务，实现"一窗通办"。根据企业和群众办件频率、办事习惯，不断优化调整窗口设置。对涉及多个部门的事项，建立健全部门联办机制，探索推行全程帮办制。通过预约、轮休等办法，为企业和群众办事提供错时、延时服务和节假日受理、办理通道，有条件的地方可探索实行"5+X"工作日模式。对重点区域重点项目可有针对性地提供个性化定制化服务。健全市县审批服务部门与同级监管部门及上下级部门间的工作协调配合机制。完善政务服务效能监督，全面推行审批服务过程和结果公开公示，接受社会监督。深化和扩大相对集中行政许可权改革试点，整合优化审批服务机构和职责，有条件的市县和开发区可设立行政审批局，实行"一枚印章管审批"。依法设立的行政审批局办理的行政许可等事项具有法律效力，原主管部门不得要求企业和群众再加盖本部门印章，杜绝重复盖章。

（五）着力提升"互联网+政务服务"水平。打破信息孤岛，统一明确各部门信息共享的种类、标准、范围、流程，加快推进部门政务信息联通共用。按照"整合是原则、孤网是例外"的要求，清理整合分散、独立的政务信息系统，统一接入国家数据共享交换平台，构建网络安全防护体系，实现跨部门跨地区跨层级政务信息可靠交换与安全共享，并依法依规向社会开放。完善网上实名身份认证体系，明确电子证照、电子公文、电子印章法律效力，建立健全基本标准规范，实现"一次采集、一库管理、多方使用、即调即用"。中央和省级部门审批服务系统尽快向各级政务服务机构开放端口、权限和共享数据，打通数据查询互认通道，实现对自然人和企业身份核验、纳税证明、不动产登记、学位学历证明、资格资质、社会保险等数据查询需求。整合省级各部门信息建设资金资源和管理职能，探索建立统一的政务数据管理机构，加快实现全省域"一平台、一张网、一个库"。除有特殊保密要求外，各业务部门原则上不再单独建设审批服务业务平台系统。探索对适宜的事项开展智能审批，实现即报即批、即批即得。深度开发各类便民应用，推动更多审批服务事项通过互联网移动端办理。开展市民个人网页和企业专属网页建设，提高网上办事精细化水平。运用大数据精准分析和评估审批服务办件情况，有针对性地改进办理流程，让办事更快捷、服务更优质。加大非紧急类热线整合力度，建设统一的政务咨询投诉举报平台，除因专业性强、集成度高、咨询服务量大确需保留的热线外，其他热线力争做到"一号响应"企业和群众诉求。以审批智能化、服务自助化、办事移动化为重点，把实体大厅、网上平台、移动客户端、自助终端、服务热线等结合起来，实现线上线下功能互补、融合发展。

（六）创新便民利企审批服务方式。在全国推开"证照分离"改革，扎实推进"照后减证"，进一步压缩企业开办时间。全面推动在建设工程领域实行联合勘验、联合审图、联合测绘、联合验收。实行企业投资项目"多评合一"、并联审批。对国家鼓励类企业投资项目探索不再审批。对不新增用地"零土地"技改项目推行承诺备案制。在各类开发区推行由政府统一组织对一定区域内土地勘测、矿产压覆、地质灾害、水土保持、文物保护、洪水影响、地震安全性、气候可行性等事项实行区域评估，切实减轻企业负担。在实行"多规合一"基础上，探索"规划同评"。加快推进居民身份证、驾驶证、出入境证件、医保社保、住房公积金等便民服务事项互联互通、在线可查、异地可办。推广容缺后补、绿色通道、首席服务官和数字化审图、告知承诺、邮政或快递送达等便利化措施，推行预约办理、同城通办、异地代办、跨层联办、智能导办、一对一专办等多种服务方式，多渠道多途径提高办理效率和服务水平，切实解决企业和群众反映突出的排号等号、耗时长、来回跑等问题。对量大面广的个人事项可利用银行、邮政等网点实现服务端口前移。针对交通不便、居住分散、留守老人多等农村地区实际，积极开展代缴代办代理等便民服务，在村庄普遍建立网上服务站点，加快完善乡村便民服务体系。

（七）深化行政审批中介服务改革。进一步减少不必要的行政审批中介服务事项，无法定依据的一律取消。对已取消的中央指定地方实施行政审批中介服务事项和证明材料，各地不再作为行政审批的前置条件。对保留的审批中介服务事项要明确办理时限、工作流程、申报条件、收费标准并对外公开。加快推进中介服务机构与主管部门脱钩，切断利益关联。放宽中介服务市场准入，鼓励支持各类资本进入中介服务行业和领域，破除中介服务垄断。对导致垄断的行业政策进行合法性合理性审查清理，除法律法规有特别规定外，各部门设定的区域性、行业性和部门间中介服务机构执业限制一律取消。严禁限额管理中介服务机构数量，营造服务高效、公平竞争、监督有力的中介服务市场。企业自主选择中介服务机构，政府部门不得强制指定或变相指定。依托政务服务网开发建设中介服务网上交易平台，中介服务机构"零门槛、零限制"入驻，实现网上展示、网上竞价、网上中标、网上评价。政府部门在审批过程中委托开展的技术性服务活动，必须通过竞争方式选择服务机构，服务费用一律由部门支付并纳入部门预算。强化中介服务监管，全面开展中介服务信用评价，建立健全中介服务机构退出机制。

（八）切实加强事中事后监管。改变重审批轻监管的行政管理方式，把更多行政资源从事前审批转到加强事中事后监管上来。按照权责对等、权责一致和"谁审批谁监管、谁主管谁监管"原则，厘清审批和监管权责边界，强化落实监管责任，健全工作会商、联合核验、业务协同和信息互通的审管衔接机制。以"双随机、一公开"为原则，积极推进综合监管和检查处罚信息公开。加快建立以信用承诺、信息公示为特点的新型监管机制，加强市场主体信用信息归集、共享和应用，推动全国信用信息共享平台向各级政府监管部门开放数据，并与政府审批服务、监管处罚等工作有效衔接。探索智慧监管、包容审慎监管，提高监管的公平性、规范性、简约性。联动推进行政审批制度改革、综合行政执法体制改革和社会信用体系建设，建立健全失信联合惩戒机制，实现"事前管标准、事中管检查、事后管处罚、信用管终身"。梳理行政处罚、行政强制、行政征收、行政检查等执法类职权事项，规范程序、行为和自由裁量权，推进严格公正规范文明执法。深入推进综合行政执法体制改革，整合各类执法机构、职责和队伍，大幅减少市县政府执法队伍种类，进一步推动力量下沉、重心下移。整合优化基层治理网格，实现"多网合一、一员多能"，提升基层监管执法能力。

三、组织实施

（一）加强组织领导。各级党委要高度重视深入推进审批服务便民化工作，切实履行领导责任，把这项工作列入重要议事日程，做好与地方机构改革统筹结合，研究重大问题，把握改革方向，蹄疾步稳扎实推进。各省、自治区、直辖市政府要制定本地区工作方案，细化分解任务，明确时间节点，层层压实责任，指导市县两级政府制定具体实施办法，将改革任务清单化、项目化，明确施工图、时间表、责任链，确保改革措施落地生效。

（二）做好上下结合。鼓励各地因地制宜大胆探索，形成各具特色经验做法，创造更多管用可行的"土特产"、"一招鲜"。建立健全协作攻关机制，对不动产登记、市场准入、企业投资、建设工程、综合行政执法等重点领域改革事项和政务信息共享等重点难点问题，省市两级要组织力量进行集中攻关，尽快实现突破。中央和省级部门要主动服务基层，对不适应实践发展的法律法规和政策规定积极进行清理、修改和完善，为地方改革创新提供及时有效的制度支持。中央有关部门要及时总结经验，加强工作指导。

（三）抓好督查落实。严格责任落实，明确工作要求，做细做实各项工作，防止空喊口号、流于形式。按照"三个区分开来"原则，完善进一步激励广大干部担当作为的制度机制，对落实到位、积极作为的典型要通报表扬、给予奖励。严禁上级部门以考核评优、经费划拨、数据端口、印章效力等方式干预基层改革创新。将深入推进审批服务便民化的相关情况作为地方党政领导干部综合考核评价的重要参考，列入重点督查事项。协同推进政府职能转变和作风建设，适时开展督查督办和明察暗访，着力革除"管卡压"、"推绕拖"和官僚主义、部门本位主义等"四风"新表现形式。对不作为的，抓住典型，严肃问责。

（四）强化宣传引导。充分利用报纸、广播、电视、网络、新媒体等载体宣传典型经验和做法，加大总结推广力度，促进相互学习借鉴提高。将改革宣传与信息公开、政策解读、社会监督等结合起来，多渠道听取企业群众意见建议。建立健全企业群众满意度评价机制，运用营商环境监测、电子监察、现场和在线评价、统计抽样调查、第三方评估等多种方式开展满意度调查。正确引导社会预期，积极回应社会关切，广泛凝聚社会共识，营造良好改革氛围。

关于进一步加强科研诚信
建设的若干意见

（中共中央办公厅、国务院办公厅，
2018 年 5 月）

　　科研诚信是科技创新的基石。近年来，我国科研诚信建设在工作机制、制度规范、教育引导、监督惩戒等方面取得了显著成效，但整体上仍存在短板和薄弱环节，违背科研诚信要求的行为时有发生。为全面贯彻党的十九大精神，培育和践行社会主义核心价值观，弘扬科学精神，倡导创新文化，加快建设创新型国家，现就进一步加强科研诚信建设、营造诚实守信的良好科研环境提出以下意见。

一、总体要求

　　（一）指导思想。全面贯彻党的十九大和十九届二中、三中全会精神，以习近平新时代中国特色社会主义思想为指导，落实党中央、国务院关于社会信用体系建设的总体要求，以优化科技创新环境为目标，以推进科研诚信建设制度化为重点，以健全完善科研诚信工作机制为保障，坚持预防与惩治并举，坚持自律与监督并重，坚持无禁区、全覆盖、零容忍，严肃查处违背科研诚信要求的行为，着力打造共建共享共治的科研诚信建设新格局，营造诚实守信、追求真理、崇尚创新、鼓励探索、勇攀高峰的良好氛围，为建设世界科技强国奠定坚实的社会文化基础。

（二）基本原则

——明确责任，协调有序。加强顶层设计、统筹协调，明确科研诚信建设各主体职责，加强部门沟通、协同、联动，形成全社会推进科研诚信建设合力。

——系统推进，重点突破。构建符合科研规律、适应建设世界科技强国要求的科研诚信体系。坚持问题导向，重点在实践养成、调查处理等方面实现突破，在提高诚信意识、优化科研环境等方面取得实效。

——激励创新，宽容失败。充分尊重科学研究灵感瞬间性、方式多样性、路径不确定性的特点，重视科研试错探索的价值，建立鼓励创新、宽容失败的容错纠错机制，形成敢为人先、勇于探索的科研氛围。

——坚守底线，终身追责。综合采取教育引导、合同约定、社会监督等多种方式，营造坚守底线、严格自律的制度环境和社会氛围，让守信者一路绿灯，失信者处处受限。坚持零容忍，强化责任追究，对严重违背科研诚信要求的行为依法依规终身追责。

（三）主要目标。在各方共同努力下，科学规范、激励有效、惩处有力的科研诚信制度规则健全完备，职责清晰、协调有序、监管到位的科研诚信工作机制有效运行，覆盖全面、共享联动、动态管理的科研诚信信息系统建立完善，广大科研人员的诚信意识显著增强，弘扬科学精神、恪守诚信规范成为科技界的共同理念和自觉行动，全社会的诚信基础和创新生态持续巩固发展，为建设创新型国家和世界科技强国奠定坚实基础，为把我国建成富强民主文明和谐美丽的社会主义现代化强国提供重要支撑。

二、完善科研诚信管理工作机制和责任体系

（四）建立健全职责明确、高效协同的科研诚信管理体系。科技部、中国社科院分别负责自然科学领域和哲学社会科学领域科研诚信工作的统筹协调和宏观指导。地方各级政府和相关行业主管部门要积极采取措施加强本地区本系统的科研诚信建设，充实工作力量，强化工作保障。科技计划管理部门要加强科技计划的科研诚信管理，建立健全以诚信为基础的科技计划监管机制，将科研诚信要求融入科技计划管理全过程。教育、卫生健康、新闻出版等部门要明确要求教育、医疗、学术期刊出版等单位完善内控制度，加强科研诚信建设。中国科学院、中国工程院、中国科协要强化对院士的科研诚信要求和监督管理，加强院士推荐（提名）的诚信审核。

（五）从事科研活动及参与科技管理服务的各类机构要切实履行科研诚信建设的主体责任。从事科研活动的各类企业、事业单位、社会组织等是科研诚信建设第一责任主体，要对加强科研诚信建设作出具体安排，将科研诚信工作纳入常态化管理。通过单位章程、员工行为规范、岗位说明书等内部规章制度及聘用合同，对本单位员工遵守科研诚信要求及责任追究作出明确规定或约定。

科研机构、高等学校要通过单位章程或制定学术委员会章程，对学术委员会科研诚信工作任务、职责权限作出明确规定，并在工作经费、办事机构、专职人员等方面提供必要保障。学术委员会要认真履行科研诚信建设职责，切实发挥审议、评定、受理、调查、监督、咨询等作用，对违背科研诚信要求的行为，发现一起，查处一起。学术委员会要组织开展或委托基层学术组织、第三方机构对本单位科研人员的重要学术论文等科研成果进行全覆盖核查，核查工作应以3—5年为周期持续开展。

科技计划（专项、基金等）项目管理专业机构要严格按照科研诚信要求，加强立项评审、项目管理、验收评估等科技计划全过程和项目承担单位、评审专家等科技计划各类主体的科研诚信管理，对违背科研诚信要求的行为要严肃查处。

从事科技评估、科技咨询、科技成果转化、科技企业孵化和科研经费审计等的科技中介服务机构要严格遵守行业规范，强化诚信管理，自觉接受监督。

（六）学会、协会、研究会等社会团体要发挥自律自净功能。学会、协会、研究会等社会团体要主动发挥作用，在各自领域积极开展科研活动行为规范制定、诚信教育引导、诚信案件调查认定、科研诚信理论研究等工作，实现自我规范、自我管理、自我净化。

（七）从事科研活动和参与科技管理服务的各类人员要坚守底线、严格自律。科研人员要恪守科学道德准则，遵守科研活动规范，践行科研诚信要求，不得抄袭、剽窃他人科研成果或者伪造、篡改研究数据、研究结论；不得购买、代写、代投论文，虚构同行评议专家及评议意见；不得违反论文署名规范，擅自标注或虚假标注获得科技计划（专项、基金等）等资助；不得弄虚作假，骗取科技计划（专项、基金等）项目、科研经费以及奖励、荣誉等；不得有其他违背科研诚信要求的行为。

项目（课题）负责人、研究生导师等要充分发挥言传身教作用，加强对项目（课题）成员、学生的科研诚信管理，对重要论文等科研成果的署名、研究数据真实性、实验可重复性等进行诚信审核和学术把关。院士等杰出高级专家要在科研诚信建设中发挥示范带动作用，做遵守科研道德的模范和表率。

评审专家、咨询专家、评估人员、经费审计人员等要忠于职守，严格遵守科研诚信要求和职业道德，按照有关规定、程序和办法，实事求是，独立、客观、公正开展工作，为科技管理决策提供负责任、高质量的咨询评审意见。科技管理人员要正确履行管理、指导、监督职责，全面落实科研诚信要求。

三、加强科研活动全流程诚信管理

（八）加强科技计划全过程的科研诚信管理。科技计划管理部门要修改完善各级各类科技计划项目管理制度，将科研诚信建设要求落实到项目指南、立项评审、过程管理、结题验收和监督评估等科技计划管理全过程。要在各类科研合同（任务书、协议等）中约定科研诚信义务和违约责任追究条款，加强科研诚信合同管理。完善科技计划监督检查机制，加强对相关责任主体科研诚信履责情况的经常性检查。

（九）全面实施科研诚信承诺制。相关行业主管部门、项目管理专业机构等要在科技计划项目、创新基地、院士增选、科技奖励、重大人才工程等工作中实施科研诚信承诺制度，要求从事推荐（提名）、申报、评审、评估等工作的相关人员签署科研诚信承诺书，明确承诺事项和违背承诺的处理要求。

（十）强化科研诚信审核。科技计划管理部门、项目管理专业机构要对科技计划项目申请人开展科研诚信审核，将具备良好的科研诚信状况作为参与各类科技计划的必备条件。对严重违背科研诚信要求的责任者，实行"一票否决"。相关行业主管部门要将科研诚信审核作为院士增选、科技奖励、职称评定、学位授予等工作的必经程序。

（十一）建立健全学术论文等科研成果管理制度。科技计划管理部门、项目管理专业机构要加强对科技计划成果质量、效益、影响的评估。从事科学研究活动的企业、事业单位、社会组织等应加强科研成果管理，建立学术论文发表诚信承诺制度、科研过程可追溯制度、科研成果检查和报告制度等成果管理制度。学术论文等科研成果存在违背科研诚信要求情形的，应对相应责任人严肃处理并要求其采取撤回论文等措施，消除不良影响。

（十二）着力深化科研评价制度改革。推进项目评审、人才评价、机构评估改革，建立以科技创新质量、贡献、绩效为导向的分类评价制度，将科研诚信状况作为各类评价的重要指标，提倡严谨治学，反对急功近利。坚持分类评价，突出品德、能力、业绩导向，注重标志性成果质量、贡献、影响，推行代表作评价制度，不把论文、专利、荣誉性头衔、承担项目、获奖等情况作为限制性条件，防止简单量化、重数量轻质量、"一刀切"等倾向。尊重科学研究规律，合理设定评价周期，建立重大科学研究长周期考核机制。开展临床医学研究人员评价改革试点，建立设置合理、评价科学、管理规范、运转协调、服务全面的临床医学研究人员考核评价体系。

四、进一步推进科研诚信制度化建设

（十三）完善科研诚信管理制度。科技部、中国社科院要会同相关单位加强科研诚信制度建设，完善教育宣传、诚信案件调查处理、信息采集、分类评价等管理制度。从事科学研究的企业、事业单位、社会组织等应建立健全本单位教育预防、科研活动记录、科研档案保存等各项制度，明晰责任主体，完善内部监督约束机制。

（十四）完善违背科研诚信要求行为的调查处理规则。科技部、中国社科院要会同教育部、国家卫生健康委、中国科学院、中国科协等部门和单位依法依规研究制定统一的调查处理规则，对举报受理、调查程序、职责分工、处理尺度、申诉、实名举报人及被举报人保护等作出明确规定。从事科学研究的企业、事业单位、社会组织等应制定本单位的调查处理办法，明确调查程序、处理规则、处理措施等具体要求。

（十五）建立健全学术期刊管理和预警制度。新闻出版等部门要完善期刊管理制度，采取有效措施，加强高水平学术期刊建设，强化学术水平和社会效益优先要求，提升我国学术期刊影响力，提高学术期刊国际话语权。学术期刊应充分发挥在科研诚信建设中的作用，切实提高审稿质量，加强对学术论文的审核把关。

科技部要建立学术期刊预警机制，支持相关机构发布国内和国际学术期刊预警名单，并实行动态跟踪、及时调整。将罔顾学术质量、管理混乱、商业利益至上，造成恶劣影响的学术期刊，列入黑名单。论文作者所在单位应加强对本单位科研人员发表论文的管理，对在列入预警名单的学术期刊上发表论文的科研人员，要及时警示提醒；对在列入黑名单的学术期刊上发表的论文，在各类评审评价中不予认可，不得报销论文发表的相关费用。

五、切实加强科研诚信的教育和宣传

（十六）加强科研诚信教育。从事科学研究的企业、事业单位、社会组织应将科研诚信工作纳入日常管理，加强对科研人员、教师、青年学生等的科研诚信教育，在入学入职、职称晋升、参与科技计划项目等重要节点必须开展科研诚信教育。对在科研诚信方面存在倾向性、苗头性问题的人员，所在单位应当及时开展科研诚信诫勉谈话，加强教育。

科技计划管理部门、项目管理专业机构以及项目承担单位，应当结合科技计划组织实施的特点，对承担或参与科技计划项目的科研人员有效开展科研诚信教育。

（十七）充分发挥学会、协会、研究会等社会团体的教育培训作用。学会、协会、研究会等社会团体要主动加强科研诚信教育培训工作，帮助科研人员熟悉和掌握科研诚信具体要求，引导科研人员自觉抵制弄虚作假、欺诈剽窃等行为，开展负责任的科学研究。

（十八）加强科研诚信宣传。创新手段，拓宽渠道，充分利用广播电视、报刊杂志等传统媒体及微博、微信、手机客户端等新媒体，加强科研诚信宣传教育。大力宣传科研诚信典范榜样，发挥典型人物示范作用。及时曝光违背科研诚信要求的典型案例，开展警示教育。

六、严肃查处严重违背科研诚信要求的行为

（十九）切实履行调查处理责任。自然科学论文造假监管由科技部负责，哲学社会科学论文造假监管由中国社科院负责。科技部、中国社科院要明确相关机构负责科研诚信工作，做好受理举报、核查事实、日常监管等工作，建立跨部门联合调查机制，组织开展对科研诚信重大案件联合调查。违背科研诚信要求行为人所在单位是调查处理第一责任主体，应当明确本单位科研诚信机构和监察审计机构等调查处理职责分工，积极主动、公正公平开展调查处理。相关行业主管部门应按照职责权限和隶属关系，加强指导和及时督促，坚持学术、行政两条线，注重发挥学会、协会、研究会等社会团体作用。对从事学术论文买卖、代写代投以及伪造、虚构、篡改研究数据等违法违规活动的中介服务机构，市场监督管理、公安等部门应主动开展调查，严肃惩处。保障相关责任主体申诉权等合法权利，事实认定和处理决定应履行对当事人的告知义务，依法依规及时公布处理结果。科研人员应当积极配合调查，及时提供完整有效的科学研究记录，对拒不配合调查、隐匿销毁研究记录的，要从重处理。对捏造事实、诬告陷害的，要依据有关规定严肃处理；对举报不实、给被举报单位和个人造成严重影响的，要及时澄清、消除影响。

（二十）严厉打击严重违背科研诚信要求的行为。坚持零容忍，保持对严重违背科研诚信要求行为严厉打击的高压

态势，严肃责任追究。建立终身追究制度，依法依规对严重违背科研诚信要求行为实行终身追究，一经发现，随时调查处理。积极开展对严重违背科研诚信要求行为的刑事规制理论研究，推动立法、司法部门适时出台相应刑事制裁措施。

相关行业主管部门或严重违背科研诚信要求责任人所在单位要区分不同情况，对责任人给予科研诚信诫勉谈话；取消项目立项资格，撤销已获资助项目或终止项目合同，追回科研项目经费；撤销获得的奖励、荣誉称号，追回奖金；依法开除学籍，撤销学位、教师资格，收回医师执业证书等；一定期限直至终身取消晋升职务职称、申报科技计划项目、担任评审评估专家、被提名为院士候选人等资格；依法依规解除劳动合同、聘用合同；终身禁止在政府举办的学校、医院、科研机构等从事教学、科研工作等处罚，以及记入科研诚信严重失信行为数据库或列入观察名单等其他处理。严重违背科研诚信要求责任人属于公职人员的，依法依规给予处分；属于党员的，依纪依规给予党纪处分。涉嫌存在诈骗、贪污科研经费等违法犯罪行为的，依法移交监察、司法机关处理。

对包庇、纵容甚至骗取各类财政资助项目或奖励的单位，有关主管部门要给予约谈主要负责人、停拨或核减经费、记入科研诚信严重失信行为数据库、移送司法机关等处理。

（二十一）开展联合惩戒。加强科研诚信信息跨部门跨区域共享共用，依法依规对严重违背科研诚信要求责任人采取联合惩戒措施。推动各级各类科技计划统一处理规则，对相关处理结果互认。将科研诚信状况与学籍管理、学历学位授予、科研项目立项、专业技术职务评聘、岗位聘用、评选表彰、院士增选、人才基地评审等挂钩。推动在行政许可、公共采购、评先创优、金融支持、资质等级评定、纳税信用评价等工作中将科研诚信状况作为重要参考。

七、加快推进科研诚信信息化建设

（二十二）建立完善科研诚信信息系统。科技部会同中国社科院建立完善覆盖全国的自然科学和哲学社会科学科研诚信信息系统，对科研人员、相关机构、组织等的科研诚信状况进行记录。研究拟订科学合理、适用不同类型科研活动和对象特点的科研诚信评价指标、方法模型，明确评价方式、周期、程序等内容。重点对参与科技计划（项目）组织管理或实施、科技统计等科技活动的项目承担人员、咨询评审专家，以及项目管理专业机构、项目承担单位、中介服务机构等相关责任主体开展诚信评价。

（二十三）规范科研诚信信息管理。建立健全科研诚信信息采集、记录、评价、应用等管理制度，明确实施主体、程序、要求。根据不同责任主体的特点，制定面向不同类型科技活动的科研诚信信息目录，明确信息类别和管理流程，规范信息采集的范围、内容、方式和信息应用等。

（二十四）加强科研诚信信息共享应用。逐步推动科研诚信信息系统与全国信用信息共享平台、地方科研诚信信息系统互联互通，分阶段分权限实现信息共享，为实现跨部门跨地区联合惩戒提供支撑。

八、保障措施

（二十五）加强党对科研诚信建设工作的领导。各级党委（党组）要高度重视科研诚信建设，切实加强领导，明确任务，细化分工，扎实推进。有关部门、地方应整合现有科研保障措施，建立科研诚信建设目标责任制，明确任务分工，细化目标责任，明确完成时间。科技部要建立科研诚信建设情况督查和通报制度，对工作取得明显成效的地方、部门和机构进行表彰；对措施不得力、工作不落实的，予以通报批评，督促整改。

（二十六）发挥社会监督和舆论引导作用。充分发挥社会公众、新闻媒体等对科研诚信建设的监督作用。畅通举报渠道，鼓励对违背科研诚信要求的行为进行负责任实名举报。新闻媒体要加强对科研诚信正面引导。对社会舆论广泛关注的科研诚信事件，当事人所在单位和行业主管部门要及时采取措施调查处理，及时公布调查处理结果。

（二十七）加强监测评估。开展科研诚信建设情况动态监测和第三方评估，监测和评估结果作为改进完善相关工作的重要基础以及科研事业单位绩效评价、企业享受政府资助等的重要依据。对重大科研诚信事件及时开展跟踪监测和分析。定期发布中国科研诚信状况报告。

（二十八）积极开展国际交流合作。积极开展与相关国家、国际组织等的交流合作，加强对科技发展带来的科研诚信建设新情况新问题研究，共同完善国际科研规范，有效应对跨国跨地区科研诚信案件。

关于做好党和国家机构改革有关
国有资产管理工作的通知

（财政部、中直管理局、国管局，
2018 年 5 月）

党中央有关部门，国务院各部委、各直属机构，全国人大常委
会办公厅，全国政协办公厅，高法院、高检院，有关人民
团体：

为贯彻落实《深化党和国家机构改革方案》（以下简称
《改革方案》），确保党和国家机构改革工作平稳有序推进，
根据行政事业单位国有资产管理的有关规定，现就做好党和国
家机构改革有关国有资产管理工作通知如下：

一、高度重视党和国家机构改革
有关国有资产管理工作

行政事业单位国有资产是行政事业单位履行职能，保障政
权运转以及提供公共服务的物质基础，加强国有资产管理、依
法依规管理处置机构变动部门和单位的国有资产是党和国家机

610

构改革工作的重要内容。机构改革涉及部门和单位要站在讲政治、讲大局的高度，以习近平新时代中国特色社会主义思想为指导，增强"四个意识"、坚定"四个自信"，把思想和行动统一到党中央关于深化党和国家机构改革的决策部署上来，充分认识做好党和国家机构改革有关国有资产管理工作的重要意义，按照分类施策、简化程序、把握重点、防止流失的原则，切实做好党和国家机构改革涉及的资产清查、划转、接收等工作，确保资产随党和国家机构改革及时有序调整到位。

二、分类做好党和国家机构改革
有关国有资产管理工作

此次机构改革时间紧、任务重，在保证国有资产安全完整前提下，根据现行国有资产管理体制及职责分工，结合各部门机构改革组织实施工作方案，分类明确有关工作程序。

（一）部分资产划转。主管部门部分下属单位资产或部分资产划转的，由划出方主管部门对拟划转资产完成清查后，划出方和接收方协商一致并分别报各自主管部门审核同意，由划出方按照现行行政事业单位国有资产管理制度和管理权限，按归口分别报送财政部、中直管理局、国管局按规定履行资产处置审批程序。经批准后，划出方和接收方做好资产划转工作。

（二）整体资产划转。主管部门资产整体划转至其他部门或多个主管部门资产整体合并到新组建部门的，划出方要先冻结相关资产，盘点各类资产，核对资产账簿，编制账册目录，

611

并做好资产清查和划转准备工作。接收方主管部门或新组建部门在完成挂牌后，整体接收相关资产，再根据《行政事业单位资产清查核实管理办法》（财资〔2016〕1号）的规定，组织开展整体资产清查，按要求将资产清查报告以及相关资产报表、资产账册目录按归口报送中直管理局、国管局，同时报财政部进行审核确认。新组建部门依据财政部审核确认的资产清查结果办理资产划转，并及时调整相关账务，不再单独履行资产划转审批程序。

（三）跨军地资产划转。接收军方资产的，由接收方主管部门接到划出方同意划转的手续后接收相关资产，并将接收情况按归口报送中直管理局、国管局，同时报财政部备案；资产划转至军方的，由划出方主管部门按照规定报财政部审批后办理资产划转。

（四）跨央地资产划转。中央单位和地方单位合并组建新单位的相关资产管理事项，按照中央批准的有关方案执行。

三、切实加强党和国家机构改革有关办公用房、土地、公务用车等重点资产管理

对于党和国家机构改革涉及的办公用房、土地和公务用车等重点资产，应当按照《党政机关办公用房管理办法》、《国务院办公厅转发国管局 中直管理局关于进一步加强和改进中央单位用地管理工作通知》（国办发〔2006〕84号）、《党政机关公务用车管理办法》和《党政机关执法执勤用车配备使用管理办

法》（财行〔2011〕180号）等规定，规范程序，强化管理。

（一）办公用房和土地。机构改革涉及部门和单位办公用房的调配使用，由中直管理局、国管局按归口分别征求相关部门和单位意见后提出方案，按程序报中央办公厅、国务院办公厅批准后组织实施。在调配使用过程中，中直管理局、国管局优先通过整合现有办公用房资源调剂解决；确实难以通过调剂解决的，经批准后可以通过租赁方式解决。涉及土地资产调配、划转等事项的，应当报中直管理局、国管局同意后，按照资产处置有关规定程序办理。

（二）公务用车。机构改革涉及部门和单位公务用车无偿划转的，原则上"车辆随职能走"，由划出方和接收方根据职能、机构、人员划转情况和车辆管理有关规定，科学合理确定划转数量，确保划转各方工作用车需要，公务用车接收方应当符合车辆编制的有关规定。新组建部门在核定公务用车编制后，要优先通过整合现有公务用车资源调剂解决，确实难以通过调剂解决的，可按规定申请配置。公务用车主管部门按照政府采购法律法规和国家有关政策规定，统一组织实施公务用车集中采购。

四、严格落实党和国家机构改革有关国有资产管理工作要求

做好党和国家机构改革有关国有资产管理工作，相关部门和单位责任重大，要整体谋划，主动作为，规范管理，扎实推进，严防国有资产流失。

（一）全面清理。机构改革涉及的部门和单位要对拟移交资产、保留资产等情况进行全面清理，严格按照行政事业单位国有资产管理等规定，对流动资产、无形资产、在建工程以及房屋、土地、车辆、办公设备及家具、文物陈列品、低值易耗品、易携带资产等进行清查、登记，真实全面反映资产状况，确保账账相符、账实相符。为简化程序，需要进行资产清查的部门和单位，将《改革方案》作为启动资产清查的依据，以2018年3月31日为基准日开展清查工作，不再单独履行资产清查立项报批程序。需要进行资产核实的，按照《行政事业单位资产清查核实管理办法》（财资〔2016〕1号）的规定执行。

（二）加快办理。机构改革涉及部门和单位要按照《改革方案》关于"中央和国家机关机构改革要在2018年年底前落实到位"的要求，统筹规划，倒排时间表，提高工作效率，加快工作进度，确保按要求完成相关资产管理工作。相关部门和单位要建立资产划出方、接收方密切协作的工作机制，明确专门机构和专人，负责办理资产清查、资产划转等事项，及时协调解决工作中出现的问题。在改革过程中人员发生变动的，要做好工作交接，不得因人员变动影响资产管理工作正常开展。

（三）规范管理。机构改革涉及部门和单位要在清查盘点的基础上，编制划转资产清单，拟划转资产应当权属清晰，涉及纠纷等历史遗留问题的，要由划出方和接收方妥善研究处理方案。在资产划转过程中，程序要规范，手续要齐备。对于办公设备、软件等可方便移动的资产，原则上"资产随职能和人员走"，不得违规更换办公设备。接收方接收资产，已有资产配置标准的，应当在相关资产配置标准限定范围内接收资产，确保不超编、不超标。资产交接手续完成后，划出方、接收方要按照规定及时进行账务处理，并在资产管理信息系统中作相应调整，确保账账相符、账实相符。

（四）严肃纪律。机构改革涉及部门和单位在资产划转过程中，要注意盘活存量、严控增量。一方面，要充分保障部门和单位正常履职和事业发展需要；另一方面，严禁借机构改革之机违规处置、更新资产，未达使用年限等不符合处置更新要求的，不得处置更新；已达使用年限但仍有使用价值的，应当继续使用。机构改革涉及部门和单位及其工作人员在改革过程中，要按照资产调整和资产处置方案办理相关手续，不得漏报、瞒报、隐匿和违规处置国有资产。发现违反规定行为，以及其他滥用职权、玩忽职守、徇私舞弊等违法违纪行为的，将依照《中华人民共和国公务员法》、《中华人民共和国监察法》、《财政违法行为处罚处分条例》等国家有关规定严肃追究相关人员责任；涉嫌犯罪的，依法移送司法机关处理。财政部会同中直管理局、国管局等部门加强监督检查，适时抽查机构改革涉及部门和单位的资产管理情况。

对于执行中遇到的问题，以及深化党和国家机构改革有关国有资产管理的重要情况，请及时向财政部、中直管理局和国管局反映。

防范和惩治统计造假、弄虚作假督察工作规定

（中共中央办公厅、国务院办公厅，
2018 年 8 月）

第一条 为了构建防范和惩治统计造假、弄虚作假督察机制，推动各地区各部门严格执行统计法律法规，确保统计数据真实准确，根据《关于深化统计管理体制改革提高统计数据真实性的意见》、《统计违纪违法责任人处分处理建议办法》等有关规定和《中华人民共和国统计法》、《中华人民共和国统计法实施条例》等法律法规，制定本规定。

第二条 统计督察必须坚持以习近平新时代中国特色社会主义思想为指导，全面贯彻党的十九大和十九届二中、三中全会精神，牢固树立政治意识、大局意识、核心意识、看齐意识，坚持和加强党的全面领导，坚持稳中求进工作总基调，坚持新发展理念，紧扣我国社会主要矛盾变化，按照高质量发展的要求，围绕统筹推进"五位一体"总体布局和协调推进"四个全面"战略布局，聚焦统计法定职责履行、统计违纪违法现象治理、统计数据质量提升，注重实效、突出重点、发现

问题、严明纪律，维护统计法律法规权威，推动统计改革发展，为经济社会发展做好统计制度保障。

第三条 根据党中央、国务院授权，国家统计局组织开展统计督察，监督检查各地区各部门贯彻执行党中央、国务院关于统计工作的决策部署和要求、统计法律法规、国家统计政令等情况。

第四条 国家统计局负责统筹、指导、协调、监督统计督察工作，主要职责是制定年度督察计划，批准督察事项，审定督察报告，研究解决督察中存在的重大问题。国家统计局统计执法监督局承担统计督察日常工作。

国家统计局通过组建统计督察组开展统计督察工作，统计督察组设组长、副组长，实行组长负责制，副组长协助组长开展工作。

第五条 统计督察对象是与统计工作相关的各地区、各有关部门。重点是各省、自治区、直辖市党委和政府主要负责同志和与统计工作相关的领导班子成员，必要时可以延伸至市级党委和政府主要负责同志和与统计工作相关的领导班子成员；国务院有关部门主要负责同志和与统计工作相关的领导班子成员；省级统计机构和省级政府有关部门领导班子成员。

第六条 对省级党委和政府、国务院有关部门开展统计督察的内容包括：

（一）贯彻落实党中央、国务院关于统计改革发展各项决策部署，加强对统计工作组织领导，指导重大国情国力调查，推动统计改革发展，研究解决统计建设重大问题等情况；

（二）履行统计法定职责，遵守执行统计法律法规，严守领导干部统计法律底线，依法设立统计机构，维护统计机构和人员依法行使统计职权，保障统计工作条件，支持统计活动依法开展等情况；

（三）建立防范和惩治统计造假、弄虚作假责任制，问责统计违纪违法行为，建立统计违纪违法案件移送机制，追究统计违纪违法责任人责任，发挥统计典型违纪违法案件警示教育作用等情况；

（四）应当督察的其他情况。

对市级及以下党委和政府、地方政府有关部门，可以参照上述规定开展统计督察。

第七条 对各级统计机构、国务院有关部门行使统计职能的内设机构开展统计督察的内容包括：

（一）贯彻落实党中央、国务院关于统计改革发展各项决策部署，完成国家统计调查任务，执行国家统计标准和统计调查制度，组织实施重大国情国力调查等情况；

（二）履行统计法定职责，遵守执行统计法律法规，严守统计机构、统计人员法律底线，依法独立行使统计职权，依法组织开展统计工作，依法实施和监管统计调查，依法报请审批或者备案统计调查项目及其统计调查制度，落实统计普法责任制等情况；

（三）执行国家统计规则，遵守国家统计政令，遵守统计职业道德，执行统计部门规章和规范性文件，落实各项统计工作部署，组织实施统计改革，加强统计基层基础建设，参与构建新时代现代化统计调查体系，建立统计数据质量控制体系等情况；

（四）落实防范和惩治统计造假、弄虚作假责任制，监督检查统计工作，开展统计执法检查，依法查处统计违法行为，依照有关规定移送统计违纪违法责任人处分处理建议或者违纪违法问题线索，落实统计领域诚信建设制度等情况；

（五）应当督察的其他情况。

对国务院有关部门行使统计职能的内设机构开展统计督察的内容还包括：依法提供统计资料、行政记录，建立统计信息共享机制，贯彻落实统计信息共享要求等情况。

对地方政府有关部门行使统计职能的内设机构，可以参照上述规定开展统计督察。

第八条　统计督察主要采取以下方式进行：

（一）召开有关统计工作座谈会，听取被督察地区、部门遵守执行统计法律法规、履行统计法定职责等情况汇报；

（二）与被督察地区、部门有关领导干部和统计人员进行个别谈话，向知情人员询问有关情况；

（三）设立统计违纪违法举报渠道，受理反映被督察地区、部门以及有关领导干部统计违纪违法行为问题的来信、来电、来访等；

（四）调阅、复制有关统计资料和与统计工作有关的文件、会议记录等材料，进入被督察地区、部门统计机构统计数据处理信息系统进行比对、查询；

（五）进行遵守执行统计法律法规等情况的问卷调查，开展统计执法"双随机"抽查，赴被督察地区、部门进行实地调查了解；

（六）经国家统计局批准的其他方式。

第九条 统计督察工作一般按照以下程序进行：

（一）制定方案。国家统计局根据具体任务组建统计督察组，确定统计督察组组长、副组长、成员，明确督察组及其成员职责。统计督察组根据其职责制定实施方案，明确督察目的、对象、内容、方式、期限等。

（二）实地督察。统计督察组赴有关地区、部门督察前应当先收集了解督察对象有关统计工作的基本情况，并向被督察地区、部门送达统计督察通知书。统计督察组到达后应当向被督察地区、部门通报督察内容，严格按照督察实施方案开展督察。

（三）报告情况。统计督察组实地督察结束后应当在规定时间内形成书面督察报告以及督察意见书，经与督察对象沟通后，向国家统计局报告督察基本情况，反映发现的统计违纪违法问题，提出处理建议。

第十条 国家统计局应当及时听取统计督察组的督察情况汇报，研究提出处理意见。对涉及有关国家工作人员涉嫌统计违纪违法、应当依纪依法给予处分处理的，按照有关规定办理。

第十一条 国家统计局应当及时向被督察地区、部门反馈相关督察情况，指出有关统计工作问题，有针对性地提出整改意见，将督察意见书提供给被督察地区、部门，并将督察报告以及督察意见书移交中央纪委国家监委、中央组织部。其中，对各省、自治区、直辖市党委和政府以及国务院有关部门的督察意见应当报经党中央、国务院同意后再反馈。统计督察情况应当以适当方式向社会公开。

第十二条　被督察地区、部门收到统计督察组反馈意见后，应当对存在的问题认真整改落实，并在3个月内将整改情况反馈国家统计局。国家统计局应当以适当方式监督整改落实情况。

第十三条　督察中发现统计违纪违法问题和线索的，按照《统计违纪违法责任人处分处理建议办法》有关规定办理。

第十四条　国家统计局每年年初应当向党中央、国务院报告上年度统计督察情况。

第十五条　被督察地区、部门应当支持配合统计督察工作。被督察地区、部门领导班子成员应当自觉接受统计督察监督，积极配合统计督察组开展工作。督察涉及的相关人员有义务向统计督察组如实反映情况。

第十六条　被督察地区、部门及其工作人员违反规定不支持配合甚至拒绝、阻碍和干扰统计督察工作的，应当视为包庇、纵容统计违纪违法行为，依照有关规定严肃处理。

第十七条　统计督察组应当坚持实事求是，深入调查研究，全面准确了解情况，客观公正反映问题。

统计督察工作人员应当严格遵守政治纪律、组织纪律、廉洁纪律、工作纪律等有关纪律要求，有下列情形之一的，视情节轻重，给予批评教育、组织处理或者党纪政务处分；涉嫌犯罪的，移送有关机关依法处理：

（一）对统计造假、弄虚作假问题瞒案不报、有案不查、查案不力，不如实报告统计督察情况，甚至隐瞒、歪曲、捏造事实的；

（二）泄露统计督察工作中知悉的国家秘密、商业秘密、个人信息及其工作秘密的；

（三）统计督察工作中超越权限造成不良后果的；

（四）违反中央八项规定精神，或者利用统计督察工作便利，谋取私利或者为他人谋取不正当利益的；

（五）有其他违反统计督察纪律行为的。

第十八条　国家统计局根据本规定制定具体实施办法。

第十九条　本规定由国家统计局负责解释。

第二十条　本规定自 2018 年 8 月 24 日起施行。

中共中央　国务院关于全面实施
预算绩效管理的意见

（中共中央、国务院，2018 年 9 月）

全面实施预算绩效管理是推进国家治理体系和治理能力现代化的内在要求，是深化财税体制改革、建立现代财政制度的重要内容，是优化财政资源配置、提升公共服务质量的关键举措。为解决当前预算绩效管理存在的突出问题，加快建成全方位、全过程、全覆盖的预算绩效管理体系，现提出如下意见。

一、全面实施预算绩效管理的必要性

党的十八大以来，在以习近平同志为核心的党中央坚强领导下，各地区各部门认真贯彻落实党中央、国务院决策部署，财税体制改革加快推进，预算管理制度持续完善，财政资金使用绩效不断提升，对我国经济社会发展发挥了重要支持作用。但也要看到，现行预算绩效管理仍然存在一些突出问题，主要是：绩效理念尚未牢固树立，一些地方和部门存在重投入轻管理、重支出轻绩效的意识；绩效管理的广度和深度不足，尚未覆盖所有财政资金，一些领域财政资金低效无效、闲置沉淀、损失浪费的问题较为突出，克扣挪用、截留私分、虚报冒领的问题时有发生；绩效激励约束作用不强，绩效评价结果与预算安排和政策调整的挂钩机制尚未建立。

当前，我国经济已由高速增长阶段转向高质量发展阶段，正处在转变发展方式、优化经济结构、转换增长动力的攻关期，建设现代化经济体系是跨越关口的迫切要求和我国发展的战略目标。发挥好财政职能作用，必须按照全面深化改革的要求，加快建立现代财政制度，建立全面规范透明、标准科学、约束有力的预算制度，以全面实施预算绩效管理为关键点和突破口，解决好绩效管理中存在的突出问题，推动财政资金聚力增效，提高公共服务供给质量，增强政府公信力和执行力。

二、总体要求

（一）指导思想。以习近平新时代中国特色社会主义思想为指导，全面贯彻党的十九大和十九届二中、三中全会精神，坚持和加强党的全面领导，坚持稳中求进工作总基调，坚持新发展理念，紧扣我国社会主要矛盾变化，按照高质量发展的要求，紧紧围绕统筹推进"五位一体"总体布局和协调推进"四个全面"战略布局，坚持以供给侧结构性改革为主线，创新预算管理方式，更加注重结果导向、强调成本效益、硬化责任约束，力争用3—5年时间基本建成全方位、全过程、全覆盖的预算绩效管理体系，实现预算和绩效管理一体化，着力提高财政资源配置效率和使用效益，改变预算资金分配的固化格局，提高预算管理水平和政策实施效果，为经济社会发展提供有力保障。

（二）基本原则

——坚持总体设计、统筹兼顾。按照深化财税体制改革和建立现代财政制度的总体要求，统筹谋划全面实施预算绩效管理的路径和制度体系。既聚焦解决当前最紧迫问题，又着眼健全长效机制；既关注预算资金的直接产出和效果，又关注宏观政策目标的实现程度；既关注新出台政策、项目的科学性和精准度，又兼顾延续政策、项目的必要性和有效性。

——坚持全面推进、突出重点。预算绩效管理既要全面推进，将绩效理念和方法深度融入预算编制、执行、监督全过程，构建事前事中事后绩效管理闭环系统，又要突出重点，坚持问题导向，聚焦提升覆盖面广、社会关注度高、持续时间长的重大政策、项目的实施效果。

——坚持科学规范、公开透明。抓紧健全科学规范的管理制度，完善绩效目标、绩效监控、绩效评价、结果应用等管理流程，健全共性的绩效指标框架和分行业领域的绩效指标体系，推动预算绩效管理标准科学、程序规范、方法合理、结果可信。大力推进绩效信息公开透明，主动向同级人大报告、向社会公开，自觉接受人大和社会各界监督。

——坚持权责对等、约束有力。建立责任约束制度，明确各方预算绩效管理职责，清晰界定权责边界。健全激励约束机制，实现绩效评价结果与预算安排和政策调整挂钩。增强预算统筹能力，优化预算管理流程，调动地方和部门的积极性、主动性。

三、构建全方位预算绩效管理格局

（三）实施政府预算绩效管理。将各级政府收支预算全面纳入绩效管理。各级政府预算收入要实事求是、积极稳妥、讲求质量，必须与经济社会发展水平相适应，严格落实各项减税降费政策，严禁脱离实际制定增长目标，严禁虚收空转、收取过头税费，严禁超出限额举借政府债务。各级政府预算支出要统筹兼顾、突出重点、量力而行，着力支持国家重大发展战略和重点领域改革，提高保障和改善民生水平，同时不得设定过高民生标准和擅自扩大保障范围，确保财政资源高效配置，增强财政可持续性。

（四）实施部门和单位预算绩效管理。将部门和单位预算收支全面纳入绩效管理，赋予部门和资金使用单位更多的管理自主权，围绕部门和单位职责、行业发展规划，以预算资金管理为主线，统筹考虑资产和业务活动，从运行成本、管理效率、履职效能、社会效应、可持续发展能力和服务对象满意度等方面，衡量部门和单位整体及核心业务实施效果，推动提高部门和单位整体绩效水平。

（五）实施政策和项目预算绩效管理。将政策和项目全面纳入绩效管理，从数量、质量、时效、成本、效益等方面，综合衡量政策和项目预算资金使用效果。对实施期超过一年的重大政策和项目实行全周期跟踪问效，建立动态评价调整机制，政策到期、绩效低下的政策和项目要及时清理退出。

四、建立全过程预算绩效管理链条

（六）建立绩效评估机制。各部门各单位要结合预算评审、项目审批等，对新出台重大政策、项目开展事前绩效评估，重点论证立项必要性、投入经济性、绩效目标合理性、实施方案可行性、筹资合规性等，投资主管部门要加强基建投资绩效评估，评估结果作为申请预算的必备要件。各级财政部门要加强新增重大政策和项目预算审核，必要时可以组织第三方机构独立开展绩效评估，审核和评估结果作为预算安排的重要参考依据。

（七）强化绩效目标管理。各地区各部门编制预算时要贯彻落实党中央、国务院各项决策部署，分解细化各项工作要求，结合本地区本部门实际情况，全面设置部门和单位整体绩效目标、政策及项目绩效目标。绩效目标不仅要包括产出、成本，还要包括经济效益、社会效益、生态效益、可持续影响和服务对象满意度等绩效指标。各级财政部门要将绩效目标设置作为预算安排的前置条件，加强绩效目标审核，将绩效目标与预算同步批复下达。

（八）做好绩效运行监控。各级政府和各部门各单位对绩效目标实现程度和预算执行进度实行"双监控"，发现问题要及时纠正，确保绩效目标如期保质保量实现。各级财政部门建

627

立重大政策、项目绩效跟踪机制，对存在严重问题的政策、项目要暂缓或停止预算拨款，督促及时整改落实。各级财政部门要按照预算绩效管理要求，加强国库现金管理，降低资金运行成本。

（九）开展绩效评价和结果应用。通过自评和外部评价相结合的方式，对预算执行情况开展绩效评价。各部门各单位对预算执行情况以及政策、项目实施效果开展绩效自评，评价结果报送本级财政部门。各级财政部门建立重大政策、项目预算绩效评价机制，逐步开展部门整体绩效评价，对下级政府财政运行情况实施综合绩效评价，必要时可以引入第三方机构参与绩效评价。健全绩效评价结果反馈制度和绩效问题整改责任制，加强绩效评价结果应用。

五、完善全覆盖预算绩效管理体系

（十）建立一般公共预算绩效管理体系。各级政府要加强一般公共预算绩效管理。收入方面，要重点关注收入结构、征收效率和优惠政策实施效果。支出方面，要重点关注预算资金配置效率、使用效益，特别是重大政策和项目实施效果，其中转移支付预算绩效管理要符合财政事权和支出责任划分规定，重点关注促进地区间财力协调和区域均衡发展。同时，积极开展涉及一般公共预算等财政资金的政府投资基金、主权财富基金、政府和社会资本合作（PPP）、政府采购、政府购买服务、政府债务项目绩效管理。

（十一）建立其他政府预算绩效管理体系。除一般公共预算外，各级政府还要将政府性基金预算、国有资本经营预算、社会保险基金预算全部纳入绩效管理，加强四本预算之间的衔接。政府性基金预算绩效管理，要重点关注基金政策设立延续依据、征收标准、使用效果等情况，地方政府还要关注其对专项债务的支撑能力。国有资本经营预算绩效管理，要重点关注贯彻国家战略、收益上缴、支出结构、使用效果等情况。社会保险基金预算绩效管理，要重点关注各类社会保险基金收支政策效果、基金管理、精算平衡、地区结构、运行风险等情况。

六、健全预算绩效管理制度

（十二）完善预算绩效管理流程。围绕预算管理的主要内容和环节，完善涵盖绩效目标管理、绩效运行监控、绩效评价管理、评价结果应用等各环节的管理流程，制定预算绩效管理制度和实施细则。建立专家咨询机制，引导和规范第三方机构参与预算绩效管理，严格执业质量监督管理。加快预算绩效管理信息化建设，打破"信息孤岛"和"数据烟囱"，促进各级政府和各部门各单位的业务、财务、资产等信息互联互通。

（十三）健全预算绩效标准体系。各级财政部门要建立健全定量和定性相结合的共性绩效指标框架。各行业主管部门要加快构建分行业、分领域、分层次的核心绩效指标和标准体系，实现科学合理、细化量化、可比可测、动态调整、共建共享。绩效指标和标准体系要与基本公共服务标准、部门预算项目支出标准等衔接匹配，突出结果导向，重点考核实绩。创新评估评价方法，立足多维视角和多元数据，依托大数据分析技术，运用成本效益分析法、比较法、因素分析法、公众评判法、标杆管理法等，提高绩效评估评价结果的客观性和准确性。

七、硬化预算绩效管理约束

（十四）明确绩效管理责任约束。按照党中央、国务院统一部署，财政部要完善绩效管理的责任约束机制，地方各级政府和各部门各单位是预算绩效管理的责任主体。地方各级党委和政府主要负责同志对本地区预算绩效负责，部门和单位主要负责同志对本部门本单位预算绩效负责，项目责任人对项目预算绩效负责，对重大项目的责任人实行绩效终身责任追究制，切实做到花钱必问效、无效必问责。

（十五）强化绩效管理激励约束。各级财政部门要抓紧建立绩效评价结果与预算安排和政策调整挂钩机制，将本级部门整体绩效与部门预算安排挂钩，将下级政府财政运行综合绩效与转移支付分配挂钩。对绩效好的政策和项目原则上优先保障，对绩效一般的政策和项目要督促改进，对交叉重复、碎片化的政策和项目予以调整，对低效无效资金一律削减或取消，对长期沉淀的资金一律收回并按照有关规定统筹用于亟需支持的领域。

八、保障措施

（十六）加强绩效管理组织领导。坚持党对全面实施预算绩效管理工作的领导，充分发挥党组织的领导作用，增强把方向、谋大局、定政策、促改革的能力和定力。财政部要加强对全面实施预算绩效管理工作的组织协调。各地区各部门要加强对本地区本部门预算绩效管理的组织领导，切实转变思想观念，牢固树立绩效意识，结合实际制定实施办法，加强预算绩效管理力量，充实预算绩效管理人员，督促指导有关政策措施落实，确保预算绩效管理延伸至基层单位和资金使用终端。

（十七）加强绩效管理监督问责。审计机关要依法对预算绩效管理情况开展审计监督，财政、审计等部门发现违纪违法问题线索，应当及时移送纪检监察机关。各级财政部门要推进绩效信息公开，重要绩效目标、绩效评价结果要与预决算草案同步报送同级人大、同步向社会主动公开，搭建社会公众参与绩效管理的途径和平台，自觉接受人大和社会各界监督。

（十八）加强绩效管理工作考核。各级政府要将预算绩效结果纳入政府绩效和干部政绩考核体系，作为领导干部选拔任用、公务员考核的重要参考，充分调动各地区各部门履职尽责和干事创业的积极性。各级财政部门负责对本级部门和预算单位、下级财政部门预算绩效管理工作情况进行考核。建立考核结果通报制度，对工作成效明显的地区和部门给予表彰，对工作推进不力的进行约谈并责令限期整改。

　　全面实施预算绩效管理是党中央、国务院作出的重大战略部署，是政府治理和预算管理的深刻变革。各地区各部门要更加紧密地团结在以习近平同志为核心的党中央周围，把思想认识和行动统一到党中央、国务院决策部署上来，增强"四个意识"，坚定"四个自信"，提高政治站位，把全面实施预算绩效管理各项措施落到实处，为决胜全面建成小康社会、夺取新时代中国特色社会主义伟大胜利、实现中华民族伟大复兴的中国梦奠定坚实基础。

关于统筹规范督查检查
考核工作的通知

（中共中央办公厅，2018年10月）

为了更好推动党的十九大精神和党中央决策部署贯彻落实，深入推进全面从严治党，进一步改进工作作风，坚决克服形式主义、官僚主义，经中央领导同志同意，现就统筹规范督查检查考核工作通知如下。

一、提高思想认识，明确总体要求

督查检查考核工作是推动党的理论和路线方针政策、党中央决策部署贯彻落实的重要手段，是改进党的作风、激励广大干部担当作为的重要举措。近年来，督查检查考核工作不断加强，激励鞭策的指挥棒作用有力发挥，必须坚持不懈抓下去。但也存在名目繁多、频率过高、多头重复、重留痕轻实绩等问题，地方和基层应接不暇、不堪重负，干部群众反映强烈，既不利于集中精力抓落实，也助长了形式主义、官僚主义，损害党群干群关系，必须下决心加以解决，把督查检查考核工作做得更好更有成效。

做好督查检查考核工作的总体要求是：以习近平新时代中国特色社会主义思想为指导，全面贯彻党的十九大和十九届二中、三中全会精神，牢固树立"四个意识"、坚决做到"两个维护"，着力加强党中央集中统一领导，强化各级党委统筹协调，严格控制总量，坚持以上率下，不断增强督查检查考核工作的科学性、针对性、实效性，切实减轻基层负担，进一步激发干部崇尚实干、攻坚克难的责任担当，凝聚起决胜全面建成小康社会、夺取新时代中国特色社会主义伟大胜利、实现中华民族伟大复兴中国梦的强大力量。

二、严格控制总量，实行计划管理

规范督查检查考核工作，必须从源头抓起，从上级机关做起。除党中央、国务院统一部署和依法依规开展的督查检查考核外，中央和国家机关各部门不得自行设置以地方党委和政府为对象的督查检查考核项目，不得在部门文件中自行规定全国性督查检查考核事项，确需开展的要一事一报。要严格控制总量和频次，中央和国家机关各部门原则上每年搞 1 次综合性督查检查考核，同类事项可合并进行，涉及多部门的联合组团下去，防止重复扎堆、层层加码，不能兴师动众，动辄对着县乡村和厂矿企业学校，影响地方和基层的正常工作。部门督查检查考核不能打着中央的旗号，日常调研指导工作不能随意冠以督查、检查、巡查、督察、督导等名义。

实行年度计划和审批报备制度。中央和国家机关各部门拟开展的涉及地方党委和政府以及本系统全国性的业务督查检查考核事项，要按照归口管理原则，年初分别报中央办公厅、国务院办公厅研究审核，由中央办公厅统一报党中央审批，以年度计划的形式印发执行。对紧急突发事项的督查检查，可以按程序报批后实施。省区市开展的全省性督查检查考核也要制定年度计划，报中央办公厅备案。

三、注重工作实绩，改进方式方法

要完善考核评价体系，突出党中央决策部署的贯彻执行情况，科学合理设置指标，视内容区分发达与欠发达地区、城市与乡村、地方与部门、机关与企事业单位等，体现差异化要求，避免"一刀切"、"一锅煮"。改进督查检查考核办法，必要的记录、台账要看，但主要看工作实绩，不能一味要求基层填表格报材料，不能简单以留痕多少评判工作好坏，不能工作刚安排就督查检查、刚部署就进行考核，不搞花拳绣腿，不要繁文缛节，不做表面文章。坚持走群众路线，加强常态化了解，多到现场看，多见具体事，多听群众说，更多关注改革发展、政策落地情况和群众获得感满意度。督查检查要突出问题导向，既着重发现落实中存在的问题，又及时了解有关政策需要完善的地方。对督查检查考核中发现的问题，要以适当方式进行反馈，加强督促整改，不能简单以问责代替整改，也不能简单搞终身问责。创新督查检查考核方式，充分运用信息化手段，实现信息资源共享，优化第三方评估，提高督查检查考核的质量和效率。

四、加强组织领导，激励担当作为

各地区各部门党委（党组）要强化主体责任，加强组织领导。中央层面建立由中央办公厅牵头，中央和国家机关有关部门参加的统筹协调机制，加强对督查检查考核工作的计划管理和监督实施。开展专项清理，从中央和国家机关做起，各级党委和政府要坚决撤销形式主义、劳民伤财、虚头巴脑的督查检查考核事项，大幅度压缩数量，对县乡村和厂矿企业学校的督查检查考核事项要减少50%以上。清理后保留的事项实行清单管理，可以公开的公开，接受社会监督，确保执行到位，严防反弹回潮。各地区各部门清理情况报中央办公厅。

要强化督查检查考核结果的分析运用，鲜明树立重实干重实绩的导向，对政治坚定、奋发有为的干部要褒奖和鼓励，对慢作为、不作为、乱作为的干部要警醒和惩戒。对各种告状信、检举信，经核实有问题的要依纪依法处理，没问题的要及时澄清、公开正名，对诬告陷害的要严肃追究责任，推动形成勇于担当作为、敢于抵制歪风邪气的良好政治生态。

各地区各部门要结合实际，制定贯彻落实通知的具体措施。

事业单位人事管理回避规定

（中共中央组织部、人力资源社会保障部，
2019 年 9 月）

第一章 总 则

第一条 为规范事业单位人事管理工作，维护人事管理公平公正，根据《事业单位人事管理条例》及有关法律法规，制定本规定。

第二条 坚持以习近平新时代中国特色社会主义思想为指导，贯彻落实全面从严治党要求，坚持党管干部、党管人才原则，以公正廉洁高效履职为准则，加强事业单位人事管理回避工作，加强对任职岗位和履职情况的监督约束，促进社会事业健康发展。

第三条 本规定所称事业单位人事管理回避包括岗位回避和履职回避。

第四条 事业单位人事管理工作所有参与方以及可能影响公正的特定关系人需要回避的，适用本规定。

事业单位领导人员回避按照本规定执行，法律法规另有规定的，从其规定。

第五条　事业单位、主管部门、事业单位人事综合管理部门按照干部人事管理权限，负责事业单位人事管理回避的执行和监督。

第二章　岗位回避

第六条　事业单位工作人员凡有下列亲属关系的，不得在同一事业单位聘用至具有直接上下级领导关系的管理岗位，不得在其中一方担任领导人员的事业单位聘用至从事组织（人事）、纪检监察、审计、财务工作的岗位，也不得聘用至双方直接隶属于同一领导人员的从事组织（人事）、纪检监察、审计、财务工作的内设机构正职岗位：

（一）夫妻关系；

（二）直系血亲关系，包括祖父母、外祖父母、父母、子女、孙子女、外孙子女；

（三）三代以内旁系血亲关系，包括叔伯姑舅姨、兄弟姐妹、堂兄弟姐妹、表兄弟姐妹、侄子女、甥子女；

（四）近姻亲关系，包括配偶的父母、配偶的兄弟姐妹及其配偶、子女的配偶及子女配偶的父母、三代以内旁系血亲的配偶；

（五）其他亲属关系，包括养父母子女、形成抚养关系的继父母子女及由此形成的直系血亲、三代以内旁系血亲和近姻亲关系。

前款所称同一事业单位，是指依法登记的同一事业单位法人。

第七条 本规定所称直接上下级领导关系包括：

（一）领导班子正职与副职；

（二）同一内设机构正职与副职；

（三）上级正职、副职与下级正职；

（四）单位无内设机构的，其正职、副职与其他管理人员以及从事审计、财务工作的专业技术人员；

（五）内设机构无下一级单位的，其正职、副职与其他管理人员以及从事审计、财务工作的专业技术人员。

第八条 事业单位工作人员岗位回避按照以下程序办理：

（一）本人提出回避申请，或者有关单位、人员提出回避要求。

（二）所在单位或者主管部门按照干部人事管理权限在1个月内作出回避决定。作出回避决定前，应当听取需要回避人员及相关人员的意见。

（三）回避决定作出后，及时通知申请人，需要回避的，应当自回避决定作出之日起1个月内调整至相应岗位，并变更或者重新订立聘用合同。

第九条 岗位等级不同的一般由岗位等级较低的一方回避；岗位等级相同或者岗位类别不同的，根据工作需要和实际情况决定其中一方回避。

第十条 因地域、专业、工作性质特殊等因素，需要灵活执行岗位回避政策的，可由省级以上事业单位人事综合管理部门、中央和国家机关各部门结合实际作出具体规定。

第三章　履职回避

第十一条　事业单位工作人员应当回避的履职活动包括：

（一）岗位设置、公开招聘、聘用解聘（任免）、考核考察、奖励、处分、交流、人事争议处理、出国（境）审批；

（二）人事考试、职称评审、人才评价；

（三）招生考试、项目评审、成果评选、资金审批与监管；

（四）其他应当回避的履职活动。

第十二条　事业单位工作人员履行第十一条所列职责时，有下列情形之一的，应当回避，不得参加相关调查、考察、讨论、评议、投票、评分、审核、决定等活动，也不得以任何方式施加影响：

（一）涉及本人利害关系的；

（二）涉及与本人有本规定第六条所列亲属关系人员的利害关系的；

（三）其他可能影响公正履行职责的。

第十三条　事业单位工作人员履职回避按照以下程序办理：

（一）本人或利害关系人提出回避申请，或者有关单位提出回避要求。

（二）本人所在单位或者主管部门按照干部人事管理权限作出回避决定。其中，成立聘用工作组织、考核工作组织、申诉公正委员会、学术委员会等专项工作组织的，工作组织负责人的回避由成立该工作组织的单位决定，工作组织其他工作人员的回避可授权工作组织负责人决定。作出回避决定前，应当听取需要回避的人员及相关人员的意见。

（三）根据回避决定需要回避的，应当自回避决定作出之日起退出相关工作。

回避决定应当及时作出。回避决定作出前，本人可视情况确定是否先行退出相关履职活动。

第十四条 事业单位外请专家及其他人员参加本规定第十一条所列相关活动时，具有本规定第十二条所列情形的，应当回避。回避办理程序一般参照本规定第十三条进行。回避决定由邀请单位或者授权其组织（人事）部门、专项工作组织负责人作出。

第四章 管理与监督

第十五条 按照干部人事管理权限应当由事业单位作出或者授权作出回避决定的，特殊情况下，主管部门或者事业单位人事综合管理部门可以直接作出。

第十六条 事业单位工作人员必须服从回避决定，无正当理由拒不服从的，视情节轻重依法依规给予组织处理或处分。所在单位、主管部门负责督促回避决定落实到位。

事业单位工作人员应当主动报告应回避的情形。有需要回避的情形不及时报告或者有意隐瞒的，予以批评教育；造成不良后果的，依法依规给予组织处理或处分。

第十七条 事业单位外请专家及其他人员有需要回避的情形不及时报告或者有意隐瞒造成不良后果的，有关部门予以记录，在一定期限内不得邀请其参加相关活动；适用组织处理或处分的，可建议有关部门按照干部人事管理权限依法依规给予组织处理或处分。

第十八条 由于相关人员隐瞒应当回避情形，造成工作结果不公正的，按照国家有关规定取消或者撤销获取的资质、资格、荣誉、奖金、学籍、岗位、项目、资金等。

第十九条 事业单位及其主管部门对拟新进人员和拟调整岗位人员，应当依据本规定严格审查把关，避免形成回避关系。对因婚姻、岗位变化等新形成的回避关系，应当及时予以调整。

事业单位违反本规定的，由同级事业单位人事综合管理部门或者主管部门责令限期改正；逾期不改正的，按照干部人事管理权限对负有领导责任和直接责任的人员依法依规给予组织处理或处分。

第二十条 对个人、组织据实反映本规定所列各类需要回避情形的，有关单位、部门应当按照干部人事管理权限及时处理。

第五章 附 则

第二十一条 主管部门对所属事业单位实施人事管理工作

需要回避的，参照本规定执行，法律法规另有规定的从其规定。

第二十二条 机关工勤人员的回避，参照本规定执行。

第二十三条 本规定由中共中央组织部、人力资源社会保障部负责解释。

第二十四条 本规定自 2020 年 1 月 1 日起施行。

关于落实中央八项规定精神
坚决刹住中秋国庆期间公款
送礼等不正之风的通知

（中共中央纪委、中央党的群众路线教育
实践活动领导小组，2013 年 9 月）

近日，习近平总书记在辽宁考察时强调，重大节日期间，是对干部作风的重要检验；中秋节、国庆节就要到了，要坚决刹住公款送节礼、公款吃喝、公款旅游和奢侈浪费等不正之风，过一个风清气正的中秋节、国庆节。为贯彻习近平总书记重要指示，深入推进党的群众路线教育实践活动，切实落实中央八项规定精神，坚决反对"四风"，现重申如下纪律要求：

节日期间，严禁用公款送月饼送节礼；严禁用公款大吃大喝或安排与公务无关的宴请；严禁用公款安排旅游、健身和高消费娱乐活动；严禁以各种名义突击花钱和滥发津贴、补贴、奖金、实物。

各级领导机关、领导干部要把刹住节日期间公款送礼等不正之风作为党的群众路线教育实践活动正风肃纪的重要内容，对出现的问题敢抓敢管，及时提醒、坚决纠正。各级领导干部特别是一把手，要严于律己，从我做起，并加强对亲属和身边工作人员的教育和约束。

各级纪检监察机关要充分发挥职能作用，强化监督检查，对顶风违纪的，发现一起，查处一起，严肃追究直接责任人和有关领导的责任，并对典型案例予以通报曝光，坚决刹住"两节"期间公款送礼等不正之风，切实巩固改进作风的成果。

关于严禁公款购买印制寄送
贺年卡等物品的通知

(中共中央纪委，2013年10月)

最近，习近平总书记在指导河北省委常委班子专题民主生活会时强调，要认清"四风"的严重性、危害性和顽固性、反复性，锲而不舍、驰而不息抓下去。多年来，每逢元旦、春节，一些地方和单位用公款大量购买、印制、邮寄、赠送贺年卡、明信片、年历等物品，印制越来越奢华、浪费越来越严重。这既是形式主义的表现，又助长了奢靡之风。党的群众路线教育实践活动开展以来，对纠正此风，从党内到社会均有反思、倡议和呼声。为深入落实中央八项规定精神，坚决反对"四风"，现就严禁公款购买印制寄送贺年卡等物品提出如下要求：

各级党政机关、国有企事业单位和金融机构，严禁用公款购买、印制、邮寄、赠送贺年卡、明信片、年历等物品。涉及外事、港澳台事务、侨务等工作需要不在此限，但也要提倡节俭。要严肃财经纪律，强化审计监督，相关费用不准转嫁摊派，一律不予公款报销。

　　各级纪检监察机关要持之以恒强化监督检查，及时发现问题，坚决予以纠正。对顶风违纪的，发现一起、查处一起，严肃责任追究，通报曝光典型案例。以改进作风的实际成效，不断深化和巩固落实中央八项规定精神的成果。

关于严禁元旦春节期间公款购买赠送烟花爆竹等年货节礼的通知

（中共中央纪委，2013 年 11 月）

元旦、春节将至，遵照中央指示，要继续落实好八项规定精神、坚决反对"四风"。节日期间，公款赠送节礼现象普遍，不正之风易发多发，广大群众反映强烈。现提出如下纪律要求：

各级党政机关、人民团体、国有企事业单位和金融机构，严禁用公款购买赠送烟花爆竹、烟酒、花卉、食品等年货节礼（慰问困难群众职工不在此限）。要严肃财经纪律，强化审计监督，相关费用不准转嫁摊派，一律不予公款报销。

各级纪检监察机关要强化执纪监督，对违纪行为快查快办，严格责任追究，及时通报曝光。深入落实八项规定精神，必须在坚持中深化，在深化中坚持，不断巩固纠正"四风"成果。广大党员干部要带头勤俭节约、移风易俗，以优良党风政风带动民风社风，过一个平安欢乐祥和的佳节。

严禁干部用公款互相宴请、
赠送节礼、违规消费

（《中国共产党第十八届中央纪律检查委员会
第三次全体会议公报》节选，2014 年 1 月）

第一，深入贯彻党的十八大和十八届三中全会精神，加强反腐败体制机制创新和制度保障。各级党委（党组）要切实担负党风廉政建设主体责任，纪委（纪检组）要承担监督责任。党的组织、宣传、统战、政法等部门要把党风廉政建设的要求融入各自工作，人大、政府、政协和法院、检察院的党组织都要按照中央要求，履行党风廉政建设主体责任。各级党委（党组）特别是主要领导必须树立不抓党风廉政建设就是严重失职的意识，主要领导是第一责任人，领导班子成员对职责范围内的党风廉政建设负领导责任。要实行严格的责任追究。推进党的纪律检查体制机制改革和创新，制定党的纪律检查工作双重领导体制具体化、程序化、制度化意见，强化上级纪委对下级纪委的领导，改革和完善纪检监察派驻机构，改进中央和省区市巡视制度。

第二，深入落实中央八项规定精神，强化纪律建设，持之以恒纠正"四风"。要全面加强党的纪律建设，严格执行党的政治纪律、组织纪律、工作纪律、财经纪律和生活纪律等各项纪律，克服组织涣散、纪律松弛现象。坚决落实党政机关厉行节约反对浪费条例，严禁用公款互相宴请、赠送节礼、违规消费。严肃查处党员领导干部到私人会所活动、变相公款旅游问题。重点纠正领导干部利用各种名义收受下属以及有利害关系单位和个人的礼金行为。加大执纪检查力度，及时查处违纪违规行为，点名道姓通报曝光。

第三，坚持以零容忍态度惩治腐败，坚决遏制腐败蔓延势头。严格审查和处置党员干部违反党纪政纪、涉嫌违法的行为，严肃查办贪污贿赂、买官卖官、徇私枉法、腐化堕落、失职渎职案件。坚持抓早抓小，对党员干部身上的问题早发现、早提醒、早纠正、早查处。加大国际追逃追赃力度，决不让腐败分子逍遥法外。

第四，强化对领导干部的监督、管理和教育。深入开展理想信念和宗旨教育、党风党纪和廉洁自律教育。落实惩治和预防腐败体系工作规划，加强对领导干部特别是主要领导干部的监督，反对特权思想和作风。对领导干部报告个人有关事项情况开展有针对性的抽查核实。

第五，转职能、转方式、转作风，用铁的纪律打造纪检监察队伍。打铁还需自身硬。信任不能代替监督。对纪检监察干部严格要求、严格监督、严格管理，坚决查处违纪违法行为。创新组织制度，强化自我监督，自觉接受党组织、人民群众和新闻舆论的监督。纪检监察机关要在国家治理体系中发挥重要作用，探索实现治理能力现代化。广大纪检监察干部要求真务实、真抓实干，刚正不阿、铁面执纪，肩负起党风廉政建设和反腐败斗争的历史使命。

紧盯"四风"问题新形式新动向，坚决查处公款吃喝、旅游和送礼等问题

（《中国共产党第十八届中央纪律检查委员会第五次全体会议公报》节选，2015年1月）

第一，从严治党、依规治党，加强党的纪律建设。强化对四中全会精神落实情况的监督检查，确保中央政令畅通。纪律是党的生命，纪律建设就是治本之策。我们党是肩负着历史使命的政治组织，必须有严明的政治纪律和政治规矩。党员领导干部特别是高级领导干部，必须遵守政治规矩，以更强的党性意识、政治觉悟和组织观念要求自己。守纪律是底线，守规矩靠自觉。我们党决不容忍结党营私、拉帮结派；决不允许自行其是、阳奉阴违。要强化对纪律执行情况的检查，抓紧修改党风廉政建设党规党纪和相关法律，保证党内监督权威、有效。

第二，深化纪律检查体制改革，推动组织和制度创新。实行下级纪委向上级纪委报告线索处置和案件查办情况制度，制定实施省区市、中管企业纪委书记、副书记提名考察办法。围绕"四个着力"，聚焦突出问题，创新方式方法，深入开展专项巡视，提高频次、机动灵活，扩大巡视覆盖面。对已巡视过

的地方或部门开展回头看。今年要加大对国有企业的巡视力度，实现对中管国有重点骨干企业巡视全覆盖。加强派驻监督，新设 8 家中央纪委派驻机构，完成对保留派驻机构的改革和调整，实现派驻全覆盖。

第三，深入落实主体责任，强化责任追究。要巩固成果，推动地市一级和国有企业党组织落实主体责任。没有问责，责任就落实不下去。今年开始，尤其要突出问责。坚持"一案双查"，对违反政治纪律和政治规矩、组织纪律；"四风"问题突出，发生顶风违纪问题；出现区域性、系统性腐败案件的地方、部门和单位，既追究主体责任、监督责任，又严肃追究领导责任。

第四，深入落实中央八项规定精神，驰而不息纠正"四风"。要在坚持中深化，在深化中坚持，锲而不舍、狠抓节点、扩大成果。紧盯"四风"问题新形式新动向，坚决查处公款吃喝、旅游和送礼等问题。加强对中央关于厉行节约、公务接待、公车配备等规定执行情况的监督检查，把违反中央八项规定精神列入纪律审查重点，对顶风违纪者所在地区、部门和单位党委、纪委进行问责。以优良党风带动民风社风，倡导时代新风。

第五，持续保持高压态势，坚决遏制腐败蔓延势头。突出纪律审查重点，严肃查办发生在领导机关和重要岗位领导干部中插手工程建设、土地出让，侵吞国有资产，买官卖官、以权谋私、腐化堕落、失职渎职案件。把违反政治纪律、组织纪律等行为作为审查重点，对转移赃款赃物、销毁证据，搞攻守同盟、对抗组织审查的行为，必须纳入依规惩处的重点内容。加大对群众身边不正之风和腐败问题查处力度。

第六，加强国际合作，狠抓追逃追赃，把腐败分子追回来绳之以法。健全追逃追赃协调机制，强化与有关国家、地区司法协助和执法合作，突破重大个案，形成威慑。加强法规制度建设，推动落实《北京反腐败宣言》，做好防逃工作，布下天罗地网。

第七，落实监督责任，建设忠诚、干净、担当的纪检监察干部队伍。坚决克服不想监督、不敢监督、不作为、乱作为问题，对尸位素餐、碌碌无为的干部，该撤换的撤换、该调整的调整。对不敢抓、不敢管，监督责任缺位的坚决问责。打铁还需自身硬，信任不能代替监督。要充分发挥纪检监察干部监督机构的作用，完善自我监督机制，健全内控措施，严肃查处跑风漏气、以案谋私行为，坚决防止"灯下黑"。

关于做好 2020 年元旦春节期间
有关工作的通知

（中共中央办公厅、国务院办公厅，2019 年 12 月）

2020 年是全面建成小康社会和"十三五"规划收官之年，做好元旦春节期间各项工作十分重要。各地区各部门要以习近平新时代中国特色社会主义思想为指导，全面贯彻党的十九大和十九届二中、三中、四中全会精神，增强"四个意识"、坚定"四个自信"、做到"两个维护"，不忘初心、牢记使命，坚定信心、锐意进取，统筹做好节日期间各项工作，确保全国各族人民度过喜庆祥和的节日。经党中央、国务院同意，现将有关事项通知如下。

一、关心困难群众冷暖，扎牢民生保障"安全网"。各级党委和政府要按照"小康路上一个都不能掉队"的要求，全面落实社会保障政策，广泛开展走访慰问、帮扶救助等活动，将以习近平同志为核心的党中央的关心和温暖送到困难群众心坎上。落实特困人员救助供养制度，加强对分散供养特困人员的定期探访，加大临时救助工作力度，及时足额发放救助金。及时启动社会救助和保障标准与物价上涨挂钩联动机制，确保困难群众基本生活水平不因物价上涨而降低。加大对生活无着的流浪乞讨人员、特别困难的进城务工人员、困难老年人、精神病人、危重病人、残疾人的帮扶救助和安全保护力度，做好孤儿、事实无人抚养儿童、农村留守儿童、困境儿童等的关心关爱工作，让各类特殊困难群体有饭吃、有暖衣、有避寒场所。做好受灾群众冬春基本生活保障和救助工作，确保他们安全温暖过冬。开展"根治欠薪冬季攻坚行动"，依法处置拖欠农民工工资违法行为，严厉打击拒不支付劳动报酬犯罪，维护劳动者权益。

二、保障市场供应，满足群众节日消费需求。加强煤电油气运供需监测和协调保障，做好煤炭、天然气迎峰度冬保供稳价工作。全面落实"菜篮子"市长负责制，扎实做好猪肉等重要农产品生产保供稳价工作，切实保障城乡居民"菜篮子"产品需求，注意防止物价联动上涨。培育夜间消费、假日消费、定制消费、绿色消费、品牌消费等新增长点，增加品质商品、特色餐饮、休闲娱乐、文化旅游、体育健康等供给，满足人民群众个性化多样化消费需求。加大对餐饮住宿、购物娱乐、景区门票、停车收费等民生重点领域价格监管力度。严格落实食品安全主体责任，保障人民群众"舌尖上的安全"。

三、弘扬主流价值观，丰富群众节日精神文化生活。深入宣传贯彻党的十九届四中全会精神，结合庆祝新中国成立70周年，进一步坚定全党全国各族人民的道路自信、理论自信、制度自信、文化自信。在全国范围内开展"我们的中国梦——文化进万家"活动，围绕打赢脱贫攻坚战、全面建成小康社会和实现中华民族伟大复兴中国梦的主题，创作推出一批人民群众喜闻乐见的高质量文化文艺产品，开展形式多样、内涵丰富的文化文艺活动。实施"新时代精品"工程，推出更多讴歌党、讴歌祖国、讴歌人民、讴歌英雄、讴歌新时代的精品力作。开展"非遗过大年文化进万家"系列文化活动，传承弘扬中华优秀传统文化。广泛开展乡村春晚、庙会灯会、花会歌会、舞龙舞狮等群众性文化活动，营造欢乐和谐的节日氛围。加强文化和旅游市场执法监管，规范和保障节日市场秩序。

四、用心做好春运工作，保障群众安全便捷满意出行。加大运力供给，注重挖潜提效，最大限度满足群众出行需求。合理调配各方式运力资源，确保城市内外旅客运输衔接畅通。针对"两客一危"车辆、农村客运、重点桥隧、客运枢纽场站、城市轨道交通、港口客运站和水运码头等开展专项安全检查，加强跨部门、跨区域协同监管执法，从严查处交通违法行为，保证群众出行安全。加强高速公路运行管理，发挥电子不停车收费系统（ETC）全国联网优势，提高车辆通行效率。利用大数据等信息技术，强化交通疏导和信息引导，防止发生大范围、长时间道路交通拥堵。铁路全面实施候补购票服务，大范围推广电子客票应用，改进站车环境，推广自助实名制核验闸机，在地市级以上车站全面实现旅客刷身份证进站，加强无轨车站建设，为旅客出行营造温馨舒适便利的环境。制定完善应急预案，及时应对各类灾害事故，疏散滞留旅客。依法惩戒"机闹"、"车闹"、"霸座"等行为，规范出行秩序。

　　五、加强公共安全治理，遏制重特大事故发生。牢固树立以人民为中心的发展思想和生命至上、安全第一的理念，压实地方党委和政府领导责任以及部门监管责任，突出企业主体责任，细化强化安全生产工作。深化煤矿、消防、交通运输、建筑施工、城市燃气、烟花爆竹等重点行业领域安全整治，严厉打击违法违规行为。加强危险化学品各环节安全监管，强化重大危险源和特殊作业风险管控，严防危化品泄漏、爆炸事故发生。对大型商业综合体、文博单位、学校医院、养老机构和棚户区、"三合一"、群租房等高危场所进行火灾防控重点整治。严格大型活动审批，加强大型庆典和集会活动人流监控，做好旅游景区安全管理，严防拥挤踩踏事故发生。加强客运索道、大型游乐设施、场（厂）内专用机动车辆和电梯等特种设备隐患排查，确保运行安全。做好重大传染疾病防控工作。加强雨雪冰冻、寒潮、暴雪、大风、凌汛等灾害天气变化和森林草原火险火情的监测预警和应急处置。

　　六、强化底线思维，确保社会大局稳定。坚持和发展新时代"枫桥经验"，深入排查特定利益群体和金融、劳资、债务等领域矛盾风险，将矛盾风险化解在基层和萌芽状态。深入推进扫黑除恶专项斗争、缉枪治爆斗争和禁毒人民战争，严厉打击黑拐枪、盗抢骗、黄赌毒、食药环和电信网络诈骗、黑客攻击、侵犯公民个人信息等违法犯罪活动，营造良好社会治安环境。强化社会面巡防巡控，加强城乡结合部等社会治安重点地区排查整治，强化公交地铁高铁、车站机场港口、校园医院广场等人员密集场所安全防范，强化寄递物流、小旅馆、加油站、二手车市场、枪支弹药、危爆物品、管制刀具等重点行业场所物品的安全管理，增强人民群众安全感。加强重点人员排查管控。持续深化严打暴恐专项行动。

七、加强关心关爱，激励广大干部新担当新作为。贯彻落实激励干部新时代新担当新作为各项举措，关怀干部身心健康，保障干部职工按规定享有的正常福利待遇。注重关心工作在困难艰苦地区的干部，加大对基层干部特别是战斗在脱贫攻坚一线的第一书记、驻村干部、村干部、到村任职高校毕业生等关心关爱力度，做好对"共和国勋章"、国家荣誉称号获得者和因公去世干部家属走访慰问、照顾救助和长期帮扶工作，让他们深切感受到党中央的关怀和温暖。加强党内激励关怀帮扶，深入走访慰问生活困难党员、老党员和老干部，做好新中国成立前入党的农村老党员和未享受离退休待遇的城镇老党员生活补贴发放工作。开展"关爱功臣"、"双拥在基层"等活动，深入走访慰问军队离退休干部和无军籍退休退职职工、红军老战士、老复员军人、伤残军人、烈军属等。

八、持之以恒正风肃纪，营造风清气正的政治生态。落实全面从严治党责任，严格执行中央八项规定精神，严防节日期间"四风"问题反弹回潮。大力纠治形式主义、官僚主义，坚决纠正在落实扶贫惠民政策、帮扶救助、安全生产、生态环境保护、维护社会稳定等方面不担当、不作为、乱作为、假作为等问题，深化治理文山会海、督查考核过多过滥等问题。严防细查公款旅游、公车私用和违规公款吃喝、发放津补贴、收送礼品礼金、操办婚丧喜庆、接受管理服务对象宴请等易发多发问题，及时发现和甄别收送电子红包、私车公养等隐形变异问题，对顶风违纪问题从严查处、绝不姑息。严禁利用公共资源和地方名贵特产等特殊资源结"人缘"拉关系，坚决抵制说情打招呼、跑官要官、买官卖官等不正之风。以优良党风政风带动社风民风，倡导理性健康的消费观和人情观，培育形成务实节俭文明过节的良好风尚。

九、认真做好应急值守，保证节日期间各项工作正常运转。严格执行 24 小时专人值班和领导干部在岗带班、外出报备制度。遇有重要紧急情况，及时请示报告并采取应急处置措施。加强应急演练，提前做好装备、物资、通信等应急保障工作。直接服务群众的单位要安排好节日期间值班执勤并保证服务质量。

各地区各部门要提高政治站位，加强组织领导，认真研究部署节日期间有关工作，确保本通知精神落到实处。

责任编辑：洪　琼

封面设计：吴燕妮

图书在版编目（CIP）数据

十八大以来廉政新规定：2020 年版／人民出版社 编. —北京：

　人民出版社，2020.5

ISBN 978-7-01-021893-9

Ⅰ.①十…　Ⅱ.①人…　Ⅲ.①中国共产党-廉政建设-学习参考

　资料　Ⅳ.①D261.3

中国版本图书馆 CIP 数据核字（2020）第 030184 号

十八大以来廉政新规定

SHIBADA YILAI LIANZHENG XINGUIDING

（2020 年版）

人民出版社　编

人民出版社 出版发行

（100706　北京市东城区隆福寺街 99 号）

河北新华第一印刷有限责任公司印刷　新华书店经销

2020 年 5 月第 1 版　2020 年 5 月北京第 1 次印刷

开本：880 毫米×1230 毫米 1/32　印张：21.125

字数：460 千字

ISBN 978-7-01-021893-9　定价：59.00 元

邮购地址 100706　北京市东城区隆福寺街 99 号

人民东方图书销售中心　电话（010）65250042　65289539